广州铁路职业技术学院资助出版
城市轨道交通机电技术系列规划教材

城市轨道交通车站空调与通风系统

主　编　陈舒萍

西南交通大学出版社
·成都·

图书在版编目（CIP）数据

城市轨道交通车站空调与通风系统 / 陈舒萍主编
. —成都：西南交通大学出版社，2018.7（2022.1 重印）
城市轨道交通机电技术系列规划教材
ISBN 978-7-5643-6301-7

Ⅰ. ①城… Ⅱ. ①陈… Ⅲ. ①城市铁路 – 车站设备 – 空调 – 职业教育 – 教材②城市铁路 – 车站设备 – 通风系统 – 职业教育 – 教材 Ⅳ. ①U239.5

中国版本图书馆 CIP 数据核字（2018）第 170448 号

城市轨道交通机电技术系列规划教材

城市轨道交通车站空调与通风系统

主编　陈舒萍

责任编辑	穆　丰
助理编辑	李华宇
封面设计	何东琳设计工作室
出版发行	西南交通大学出版社 （四川省成都市金牛区二环路北一段 111 号 　西南交通大学创新大厦 21 楼）
邮政编码	610031
发行部电话	028-87600564　028-87600533
官网	http://www.xnjdcbs.com
印刷	成都中永印务有限责任公司
成品尺寸	185 mm×260 mm
印张	21.25
字数	556 千
版次	2018 年 7 月第 1 版
印次	2022 年 1 月第 4 次
定价	49.80 元
书号	ISBN 978-7-5643-6301-7

课件咨询电话：028-81435775
图书如有印装质量问题　本社负责退换
版权所有　盗版必究　举报电话：028-87600562

城市轨道交通机电技术系列规划教材
编写委员会

主　任	陈　敏	欧阳丽	张俊明
副主任	向成军	李助军	彭树林
委　员	陈　沪	陈舒萍	刘　超
	刘冬香	刘桂兰	亓晓彬
	邵　玫	申利民	万学春
	王先彪	翁桂鹏	张茂贵
	张晓东	张　杨	邹伟全

前　言

本书根据国家职业教育的要求和城市轨道交通车站机电设备运行管理专业人才培养的需要，从高职教育的目的出发，结合机电设备运行管理岗位的实际需求，将散落在基础和专业课程中的知识点重新整合，遵循知识必须适用的原则，同时考虑高职学生的基础和发展的需要，对轨道交通车站空调与通风系统的理论和实践进行了有机融合。

本书共分9个模块。前7个模块为空调与通风系统运行管理专业学生必须掌握的专业基础知识，包括制冷原理、空气调节基础、通风与防排烟系统、冷热源设备、空气调节系统、中央空调风系统和空调水系统；后2个模块为学生在实际工作岗位必须掌握的技能，包括典型车站空调与通风系统施工图识读和地铁空调与通风系统运行管理。

为了培养生产一线高技能人才，适应城市轨道机电技术复合型人才的需求，本书打破原有培养常规空调专业人才的知识体系，剔除"高、深、尖"的知识，将"流体与热工学基础""制冷技术""通风与空调工程"等多门课程进行了整合。根据国家人力资源和社会保障部组织编写的城市轨道交通岗位技能培训教材中对机电设备检修工——环控系统检修的必备知识与技能要求，本书围绕空调检修与管理专业必备基础知识，按照专业内在的逻辑关系重新组织知识内容，注重内容的典型性和针对性，符合由浅入深的原则，符合学生的认知规律，贯彻"重概念理解""重知识应用""重技能操作"等指导思想。

本书为广州铁路职业技术学院资助教材，是广州市第三批特色学院——轨道装备制造学院、广东省二类品牌建设"机电设备维修与管理"专业、广东省一流高职院校建设计划成果。

本书可作为高职高专、成人教育城市轨道交通机电技术、建筑设备、空调等专业的教材，选择本书作为教材的教师可根据教学计划选择不同模块灵活组合教学；也可作为相关企业培训教材；还可作为相关领域技术人员参考用书。

本书由广州铁路职业技术学院陈舒萍副教授担任主编并统稿，广州铁路职业技术学院刘桂兰、袁泉、刘超参与编写模块1，6的部分内容。

全书得以成稿，在此感谢为本书提供宝贵意见的中铁第四勘察设计院集团有限公司教授级高工车轮飞先生，感谢谭蓉女士和学生陈健勇先生的无私帮助，感谢广州铁路职业技术学院机械与电子学院陈敏教授对本书的整体规划与督促，感谢广州铁路职业技术学院机械与电子学院张杨博士以及万学春老师在本书成稿过程中的无私帮助。

由于编者水平有限，书中难免存在不足之处，恳请业内人士不吝赐教，批评指正。

编　者
2018年7月

目 录

绪 论 ... 1

模块1 制冷原理 ... 4
  项目1 热力学基础 ... 5
    知识点1 工质 ... 5
    知识点2 热力系统 ... 10
    知识点3 热力学定律 ... 13
  项目2 制冷原理 ... 26
    知识点1 单级压缩蒸汽制冷理论循环 ... 27
    知识点2 单级压缩蒸汽制冷实际循环 ... 30
    习 题 ... 31

模块2 空气调节基础 ... 32
  项目1 湿空气 ... 33
    知识点1 湿空气的组成 ... 33
    知识点2 湿空气的物理性质 ... 34
  项目2 焓湿图 ... 37
    知识点1 焓湿图的构成 ... 37
    知识点2 焓湿图的应用 ... 39
  项目3 空调冷、热、湿负荷确定方法 ... 47
    知识点1 室内外计算参数的确定 ... 48
    知识点2 空调房间的冷负荷 ... 50
    知识点3 空调房间的湿负荷 ... 60
    知识点4 空调房间的热负荷 ... 62
  项目4 空调冷、热、湿负荷估算方法 ... 63
    习 题 ... 65

模块3 通风与防排烟系统 ... 66
  项目1 通风系统 ... 66
    知识点1 室内污染物 ... 66
    知识点2 民用建筑通风 ... 69
  项目2 防排烟系统 ... 77
    知识点1 防排烟措施 ... 78
    知识点2 防火、防排烟设备及部件 ... 87

习　题 ··· 90

模块 4　冷热源设备 ··· 91
项目 1　制冷机组 ·· 91
　　知识点 1　制冷压缩机 ·· 93
　　知识点 2　冷凝器 ··· 102
　　知识点 3　蒸发器 ··· 108
　　知识点 4　节流装置 ·· 111
　　知识点 5　制冷系统的辅助设备 ·· 117
项目 2　制冷剂、载冷剂和冷冻润滑油 ·· 120
　　知识点 1　制冷剂 ··· 120
　　知识点 2　载冷剂 ··· 126
　　知识点 3　润滑油 ··· 127
　　习　题 ··· 129

模块 5　空气调节系统 ·· 130
项目 1　空调房间的送风状态和送风量的确定 ·· 130
　　知识点 1　夏季空调房间送风状态和送风量 ·· 130
　　知识点 2　冬季空调房间的送风状态和送风量 ··· 133
项目 2　空气热湿处理设备 ·· 135
　　知识点 1　空气热湿处理途径和热湿处理设备类型 ····································· 135
　　知识点 2　接触式热湿交换设备——喷水室 ··· 137
　　知识点 3　表面式热湿交换设备 ··· 140
项目 3　空气调节系统 ·· 145
　　知识点 1　空调系统的分类 ··· 145
　　知识点 2　集中式空调系统 ··· 148
　　知识点 3　半集中式空调系统 ·· 157
　　知识点 4　空调系统消声 ·· 165
　　知识点 5　空调系统减振 ·· 169
　　习　题 ··· 170

模块 6　中央空调风系统 ··· 172
项目 1　空调风系统组成 ··· 172
　　知识点 1　风机 ·· 172
　　知识点 2　风管 ·· 173
　　知识点 3　风口 ·· 175
　　知识点 4　风管附件 ·· 176
　　知识点 5　风阀 ·· 177
项目 2　空气调节的气流组织 ·· 177
　　知识点 1　空调工程常用气流组织形式 ··· 178

知识点2　送、回风口的位置 …………………………………… 180
　　知识点3　侧送和散流器送风方式的确定 ………………………… 181
　项目3　空调风系统的确定 …………………………………………… 186
　　知识点1　空调风系统的确定方法 ………………………………… 186
　　知识点2　风管内压力分布规律 …………………………………… 197
　习　题 …………………………………………………………………… 198

模块7　中央空调水系统 …………………………………………………… 199
　项目1　冷冻水系统 …………………………………………………… 200
　　知识点1　冷冻水系统分类 ………………………………………… 201
　　知识点2　冷冻水系统的承压与垂直分区 ………………………… 207
　　知识点3　冷冻水系统管路的常用形式 …………………………… 211
　　知识点4　冷冻水系统管路确定方法 ……………………………… 213
　项目2　冷却水系统 …………………………………………………… 218
　　知识点1　冷却塔 …………………………………………………… 218
　　知识点2　冷却水管路系统 ………………………………………… 220
　　知识点3　冷却水系统管路确定方法 ……………………………… 222
　项目3　空调循环水泵 ………………………………………………… 224
　项目4　管路附件及设备 ……………………………………………… 234
　项目5　冷凝水系统管路确定方法 …………………………………… 237
　习　题 …………………………………………………………………… 238

模块8　典型车站空调与通风系统施工图识读 …………………………… 240
　项目1　空调与通风系统施工图的识图方法 ………………………… 241
　项目2　典型地铁空调与通风系统施工图识读 ……………………… 242
　习　题 …………………………………………………………………… 254

模块9　地铁空调与通风系统运行管理及检修 …………………………… 255
　项目1　空调与通风系统运行管理制度 ……………………………… 255
　项目2　空调与通风系统运行工况的测定与调整 …………………… 261
　　知识点1　风量的测定及调整 ……………………………………… 261
　　知识点2　风机和水泵运行工况调节 ……………………………… 266
　　知识点3　空调系统运行效果测定与调整 ………………………… 271
　　知识点4　地铁空调与通风系统的控制 …………………………… 273
　项目3　空调与通风系统操作规程 …………………………………… 281
　　知识点1　冷水机组运行管理 ……………………………………… 281
　　知识点2　水泵运行管理 …………………………………………… 285
　　知识点3　冷却塔运行管理 ………………………………………… 287
　　知识点4　组合式空调机组运行管理 ……………………………… 291
　　知识点5　空气处理机组运行管理 ………………………………… 292

知识点6　风机盘管运行管理………………………………………………293
　　知识点7　风机运行管理……………………………………………………294
　　知识点8　风阀、电动风阀运行管理………………………………………297
　　知识点9　防火阀、消声器运行管理………………………………………298
　　知识点10　VRV空调系统运行管理………………………………………299
　项目4　空调与通风系统检修规程………………………………………………301
　　知识点1　制冷机组检修……………………………………………………301
　　知识点2　水泵检修…………………………………………………………308
　　知识点3　冷却塔检修………………………………………………………311
　　知识点4　空气处理设备检修………………………………………………314
　　知识点5　风机检修…………………………………………………………317
　　知识点6　风阀、消声器检修………………………………………………322
　　知识点7　VRV空调系统、分体空调检修…………………………………323
　习　题……………………………………………………………………………324

参考文献……………………………………………………………………………325

附　录………………………………………………………………………………327

绪 论

一、城市轨道交通发展概况

交通运输对社会的发展具有深远的影响,改变了人类的生产生活方式,并带动辐射区域的经济发展。而交通运输的重要组成部分——轨道交通则是不可回避的重要环节。保证高效、畅通的轨道交通是我国交通运输业发展规划的重要内容。谈及轨道交通,不可避免地要涉及城市轨道交通。

城市轨道交通是指具有固定线路,铺设固定轨道,配备运输车辆及服务设施等的城市交通设施。城市轨道交通是一个范围外延很大的概念,在国际上没有统一的定义。一般而言,广义的城市轨道交通包括城市铁路、有轨电车、地下铁道、轻轨交通、磁悬浮轨道交通等,是一个复杂而庞大的交通系统;狭义的城市轨道交通特指地下铁道、轻轨系统,即本教材所指城市轨道交通。

随着社会经济的发展,城市化进程加快,城市的规模不断扩大,城市人口增长迅猛。人口密度的增加和机动车数量猛增导致的交通阻塞、环境污染、能源匮乏,已经严重影响到我国的可持续性发展战略。因此,探索解决城市交通问题的有效途径是国家迫切需要解决的问题。我国城市轨道交通建设经历了早期建设、高速发展、建设调整的长期过程,现已经步入稳定、持续、有序的蓬勃发展阶段。《国家中长期科学和技术发展纲要》明确提出了构建以城市轨道交通为骨架的城市公共综合交通体系,城市轨道交通具有安全、清洁、高效、便捷、准点、运量大等诸多优点,已被我国越来越多的城市进行规划和实施。我国轨道交通(含港、澳、台地区)建设规模见表 0-1。

表 0-1 中国城市交通建设规模

年 度	2010	2011	2012	2013	2014	2015	2020
城市数	15	15	17	19	22	38	79
运营里程/km	1 760	1 970	2 064	2 539	3 137	4 190	>10 000

截至 2016 年底,我国(不含港、澳、台地区)共计 30 座城市开通了地铁,运营里程达 4 153 km;同时,在建线路总里程达 5 636 km。

第三轮建设规划至 2021 年,全国 79 个城市规划轨道交通建设总里程为 13 385 km。未来全国有 86 个城市规划轨道交通，总计里程将达 30 556 km。

二、城市轨道交通车站空调与通风系统概述

现代化城市轨道交通车站大都配备了营造舒适环境的中央空调系统，在车站设计、施工、运营的全过程中，中央空调系统的初投资并不算高，但运行过程中的能耗高，以耗电量计算，几乎占到城市地下铁道系统总耗电量的 40%。因此，进行节能减排和保证安全高效运行几乎是所有地铁车站运维必须考虑的问题。

城市轨道交通车站的空调与通风系统在城市轨道交通系统中又称为环境控制系统（简称环控系统），是指在城市轨道交通系统中的可以调节指定区域空气的温度、湿度、新风量，组织有害气体排出和排出余热量的空气处理系统。根据城市轨道交通车站建筑形式的不同，空调与通风系统也有不同的形式。车站建筑形式可分为地面高架车站、地面车站和地下车站三种主要形式。城市轨道交通空调与通风系统服务对象分为地面车站（包括地面高架车站）、地下车站、地下区间隧道、主变电所、牵引变电所等。城市轨道交通的空调与通风系统主要包括以下子系统：隧道通风系统（包括区间隧道通风系统、车站隧道通风系统、隧道洞口射流风机系统、地下配线通风系统）、车站通风空调系统、空调制冷供冷系统、多联空调系统、局部通风空调系统等。地下铁道通风系统，按照地铁内部与外界大气的连通方式，分为开式系统和闭式系统（闭式系统通过风阀的开关，可进行开/闭式运行）。在闭式系统的基础上，站台设置一道全封闭的站台门（屏蔽门），将车站内部空气与区间隧道隔离开来，衍生出屏蔽门式系统。我国长江流域及其以南地区的地下铁道通风系统，普遍采用屏蔽门式系统。

三、城市轨道交通车站通风空调技术发展展望

城市轨道交通通风空调系统，除了部分采用常规智能楼宇中央空调系统外，应根据不同地区因地制宜地选择更适合的系统方式。从降低初投资和节省运营成本等方面，众多专业技术人员进行尝试和实践，研发出很多新技术和新设备，并且在一些城市轨道交通车站的运行过程中取得了良好的经济效益和社会效益。主要的创新技术可从以下 6 个方面来展望。

（1）节能方面，可从系统的合理配置、新型高效制冷主机的应用、冷量的高效输配送等方面考虑。如采用小型磁悬浮离心机达到高效制冷，采用直接蒸发和蒸发冷凝等技术省去冷冻水和冷却水输送能耗等。

（2）从设计的源头合理简化、优化系统形式和运行模式。包括车站排热系统的优化、简化；车站通风空调大系统运行模式的简化；车站通风空调小系统的精细化设计；二线城市通风空调系统的简化设计，车站大、小系统空调冷源分开设置；车站通风空调大系统采用单端送风、回风；灵活采用分散式"空气-水"系统等。

（3）相关产品的工业化、集成化、自动化和智能化。可从多联空调系统、集成式冷站、机电一体化设备、集成式系统等方面考虑。如通风空调多功能集成设备系统、高效一体化集成式冷冻站、一体化变风量变水量空调器、可调通风型站台门通风空调系统、蒸发冷却式通风空调系统等。

（4）探索轨道交通能耗指标和标准体系。根据不同的气候分区、城市等级、线路功能定

位、运能、车站类型等因素,将轨道交通车站分类,研究其合理的能耗指标。

(5)研究解决建筑内更高的综合空气品质相关技术。包括综合解决室内空气的含尘量、有机污染物、细菌、CO_2浓度、异味、噪声、温度场、风速场等问题。

(6)运营大数据、既有节能改造、设备物联网等技术。测试运营线路的设计,收集运营数据,建立大数据库,分析出规律和状态,为节能改造做好技术储备;利用互联网、云平台,搭建网络管理平台,集成运营管理、设备维护、能耗管理、节能控制、专家诊断等功能。研究通风空调设备物联网技术的应用,主要用于远程设备(系统)运行状态监控、运营维护、状态分析等方面。

随着科技的进步,还会有大量的技术创新不断涌现。

四、学习制冷与空调知识的必要性

城市轨道交通车站属于大型公共交通建筑,其空气调节系统涉及热工学、制冷原理等基础知识。从事轨道交通车站通风空调系统维护的人员需要有热工学、制冷原理、流体力学、设备构造等知识储备,才能够在解决系统运行出现的专业技术问题时,做到得心应手,触类旁通。

模块 1　制冷原理

制冷就是使自然界的某物体或空间温度达到低于周围环境温度，并在一定时间内维持该温度。实现制冷有两种途径，一是利用天然冷源；二是利用人工冷源。

天然冷源如利用深井水或天然冰冷却物体或空间的空气。天然冷源具有价廉和不需要复杂技术设备等优点，但受时间、地区等条件限制，而且不宜用来大量获取 0 ℃ 以下温度。

19 世纪中叶，第一台机械制冷装置问世，人们开始采用人工冷源。人工制冷，是利用人工方法，依靠一定的机械装置，通过工质的状态变化，消耗一定的能量（电能、热能、太阳能等）来达到人工制冷的目的。人工制冷的方法及所能达到的温度范围见表 1-1。

表 1-1　人工制冷的方法及温度范围

人工制冷方法	制冷原理	温度范围	制冷工质	制冷范围
蒸汽压缩式制冷	利用液体气化时吸热的原理	环境温度~ −153.15 ℃	氟利昂 氨水 溴化锂溶液 碳氢化合物	普通制冷
吸收式制冷	利用液体气化时吸热的原理			
蒸汽喷射式制冷	利用喷射器来引射气体提高蒸汽压力			
气体绝热膨胀制冷	利用高压气体膨胀时吸热使空间温度降低原理制冷	−153.15 ℃ ~ −268.94 ℃	空气 甲烷 氮气 氧气	深度制冷
绝热放气制冷	是在刚性容器中高压气体绝热放气时温度要降低的原理制冷			
半导体制冷	也称热电制冷，是利用金属的温差电效应，在两种不同金属组成的热电偶中通电流，在不同结点中产生吸热和放热效应来制冷			
磁制冷	利用顺磁性物质绝热去磁过程中温度会降低的磁热效应来制冷	−268.94 ℃ 以下	氦气	低温和超低温制冷

空气调节用制冷技术属于普通制冷范畴，主要采用液体气化制冷法，其中包括蒸汽压缩式制冷、蒸汽喷射式制冷等。本书重点讲述单级蒸汽压缩式制冷。

项目1 热力学基础

热力学是从物理的热学发展而来，是研究与热现象有关的能量转换规律的一门学科。工程热力学是热力学的重要分支，是从工程应用的角度研究热能与机械能相互转换的规律。能量转换实例见图 1-1。

（a）热电厂（热能→机械能）

（b）汽车（热能→机械能）

（c）飞机（热能→机械能）

（d）冰箱（机械能→热能）

图 1-1 能量转换实例

热力学第零定律、热力学第一定律、热力学第二定律是从无数实践中归纳总结的定律，是分析各种热力过程的依据，也是各种热力设备分析计算的理论基础。

知识点1 工质

热能与机械能之间的转换必须借助转换设备和载体。设备一般是指热力设备（热机），而载体一般是指工质，即能够装载热能的物质。各种形式能量的转换或转移，需要借助携带热能的工作物质来完成，这种工作物质称为工质。因此能量与物质实质上是不可分割的，能量可认为是物质运动的量度。

工质是多种多样的，有气态、液态、固态。液态与气态具有良好的热膨胀性和流动性，在工程上应用广泛，如水、水蒸气、湿空气、烟气、制冷剂等。

一、工质的热力状态及状态参数

在热力设备中，能量的转换与转移是通过工质吸热或放热、膨胀或压缩等变化来实现的。例如，锅炉中燃料燃烧生成的高温烟气将锅筒中的水加热成为高温热水，即高温烟气与水之间的温差导致热量的转移。从上例可看出，工质（如烟气）在热量转移过程中，其温度、压力等物理性质发生改变，为表达变化前后的状态，我们将工质在某一瞬间的表现出来的宏观热力性质状态称为热力状态或状态,用来描述状态的各宏观物理量,称为工质的状态参数,简称状态参数。

工质状态发生变化,其状态参数也相应发生变化。工质发生状态变化的终状态参数变化值仅与初、终状态有关,而与工质状态变化的途径无关,如图1-2所示。因此,状态参数的数学特征是点函数,即

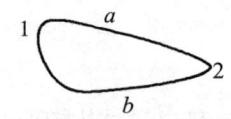

图1-2 工质状态变化过程

$$\int_1^2 dx = x_2 - x_1 \tag{1-1}$$

$$\oint dx = 0 \tag{1-2}$$

式中 x——工质的某一状态参数。

根据式（1-1）和式（1-2）总结状态参数的特征有：① 状态确定,则状态参数也确定,反之亦然；② 状态参数的积分特征是状态参数的变化量与路径无关,只与初终态有关。

二、工质的状态参数介绍

常用的状态参数有温度（T）、压力（p）、体积（V）或比体积 v（密度ρ）、热能（U）、焓（H）、熵（S）等,其中只有温度（T）、压力（p）、体积（V）可以通过仪器、仪表直接或间接测量,称为基本状态参数。其他参数由基本状态参数间接计算求得,称为导出参数。

1. 温 度

宏观上,温度可以描述物体的冷热程度。如两个存在温差的物体接触,冷物体变热,热物体变冷,经过足够长时间,两物体温度趋于一致,则说明两物体的冷热程度是相同的,即处于热平衡状态。

微观上,温度实际上是表示大量分子热运动的强烈程度。根据分子运动学说,理想气体热力学温度与分子热运动的平均动能之间存在如下关系

$$\frac{m\bar{\omega}^2}{2} = BT \tag{1-3}$$

式中 $\frac{m\bar{\omega}^2}{2}$——分子平移运动的平均动能,其中 m 是一个分子的质量,$\bar{\omega}$ 是分子平移运动的均方根速度；

B——比例常数；

T——热力学温度。

由式（1-3）可知,工质的热力学温度与其分子平移运动的平均动能成正比。

温度的高低用温标来衡量,目前国际上用得较多的温标有3种,华氏温标 T_f（单位符号°F）、摄氏温标 t（单位符号°C）、绝对温标（又称开氏温标）T（单位符号K）。

绝对温标是以纯水的三相点温度（冰、水、汽三相共存平衡时的温度）为基准点,热力学温度为273.16 K,每1 K为水三相点温度的1/273.16。

摄氏温标是根据标准压力下水的冰点为0 °C,沸点为100 °C,将水银柱的高度划分为100个等分得出。

温标之间的关系如下：

$$T_f = 32 + \left(\frac{9}{5}\right)t \tag{1-4}$$

$$T = t + 273.15 \tag{1-5}$$

温度不能直接测量,只能通过物体随温度变化的某些特性来间接测量。测量温度的仪表有普通温度计、热电偶温度计、双金属温度计、红外线温度计等。

2. 压 力

宏观上,压力是指垂直作用于容器壁单位面积的力,也称为压强,一般用 p 表示。即

$$p = \frac{P}{f} \tag{1-6}$$

式中　P——作用于容器壁的总压力,N;

　　　f——容器壁的总面积,m²。

微观上,气体分子运动学说认为,气体的压力是气体分子做不规则运动时撞击容器壁的结果。由于气体分子撞击频繁,人们不可能分辨出气体单个分子的撞击作用,只能观测到大量分子撞击的平均结果。因此,作用在单位面积上的压力与分子运动的平均动能以及分子浓度之间存在相互关系如下

$$p = \frac{2}{3}n\frac{m\overline{\omega}^2}{2} = \frac{2}{3}nBT \tag{1-7}$$

式中　p——单位面积的绝对压力;

　　　n——分子浓度,即单位容积内含有气体的分子数。

国际单位制(SI)规定压力单位是帕斯卡,即 Pa,1 Pa = 1 N/m²。工程常用压力单位换算见表 1-2。

表 1-2　工程常用压力单位换算

压力名称	帕斯卡(Pa)	标准大气压(atm)	工程大气压(at)	米水柱高(mH₂O)	毫米汞柱高(mmHg)
帕斯卡	1	9.869 23×10⁻⁶	1.019 72×10⁻⁵	1.019 72×10⁻⁴	7.500 62×10⁻³
标准大气压	101 325	1	1.033 23	10.332 3	760
工程大气压	98 066.5	0.967 841	1	10	735.559
米水柱高	9 806.65	9.678 41×10⁻³	1.000×10⁻¹	1	73.555 9
毫米汞柱高	133.332	1.315 79×10⁻³	1.359 5×10⁻³	0.013 595	1

工程上,压力大小通过各种压力表来测量。图 1-3 所示为测量压力的装置。压力表是根据力的平衡原理来进行测量,如利用弹簧的弹力、液柱的重力或活塞上的载荷去平衡工质的压力来测量工质的压力的大小。压力测量都是在大气环境中进行的,受当时当地大气压力的影响,所测的压力值是工质的实际压力(绝对压力)与当地大气压力的差值,也称为相对压力,是随大气压力的变化而变化。所测压力不是工质的实际压力(即绝对压力),只有绝对压力 p 才是状态参数,是定值。

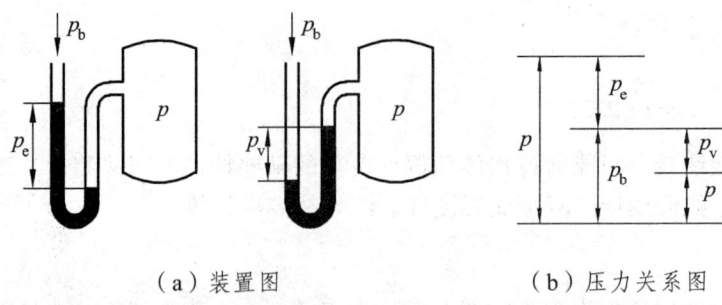

(a)装置图　　　　　　（b）压力关系图

图 1-3　测量压力的装置

绝对压力 p、相对压力 p_e（或 p_v）、大气压力 p_b 之间的关系如下（见图 1-3）：

当 $p > p_b$，则通过该装置测量所得是表压力 p_e，$p = p_e + p_b$；当 $p < p_b$，则通过该装置测量所得是真空度 p_v，$p = p_b - p_v$。

【例 1-1】　某蒸汽锅炉压力表读数 $p_e = 3.23$ MPa，凝汽器真空表读数 $p_v = 90$ kPa。若大气压力为 1 个标准大气压，试求锅炉与凝汽器中蒸汽的绝对压力。

【解】　大气压力为 $p_b = 101\,325$ Pa $= 0.101\,325$ MPa；

锅炉中蒸汽的绝对压力 $p = p_e + p_b = 3.23 + 0.101\,325 = 3.331\,325$ MPa；

凝汽器中蒸汽的绝对压力 $p = p_b - p_v = 101.325 - 90 = 11.325$ kPa。

3. 比体积与密度

单位质量的工质占有的体积称为比体积，用符号 v 表示，单位为 m³/kg。若工质质量为 m kg，所占体积为 V m³，则

$$v = \frac{V}{m} \tag{1-8}$$

物理上常用密度 ρ 来表达。单位体积的工质所具有的质量称为密度，用符号 ρ 表示，单位为 kg/m³，即

$$\rho = \frac{m}{V} \tag{1-9}$$

显然，

$$\rho v = 1 \tag{1-10}$$

比体积与密度互为倒数。对于同一种工质，比体积与密度不是独立的状态参数，而是一致的结果。

4. 内　能

系统的内部储存能又称内能、热力学能。内能是储存在系统内部的能量，它与系统内工质内部粒子的微观运动和粒子的空间位置有关，是状态参数，是热力状态的单值函数，是下列各种能量的总和：

（1）分子热运动形成的内动能。它是温度的函数。

（2）分子间相互作用形成的内位能。它是比体积和温度的函数。

（3）维持一定分子结构的化学能、原子核内部的原子能及电磁场作用下的电磁能等。

内能用 U 表示，是广延参数，单位 J 或 kJ；u 是单位质量的内能，是比参数，单位符号为 J/kg 或 kJ/kg。

$$\Delta U = \int_1^2 \mathrm{d}U = U_2 - U_1 \tag{1-11}$$

即

$$\oint \mathrm{d}U = 0 \tag{1-12}$$

5. 焓

焓是热力学中表征物质系统能量的一个重要状态参量，常用符号 H 表示，单位 J 或 kJ；焓的物理意义是系统中热力学能 U 再附加上 pV 这部分能量的一种能量。一定质量的物质按定压可逆过程由一种状态变为另一种状态，焓的增量便等于在此过程中吸入的热量。单位质量的焓称比焓，用符号 h 表示，单位符号为 J/kg 或 kJ/kg。

$$H = U + pV \tag{1-13}$$

$$h = u + pv \tag{1-14}$$

式中　U——物质的内能，J 或 kJ；
　　　p——压力，Pa；
　　　V——体积，m^3；
　　　u——比内能，J/kg 或 kJ/kg；
　　　v——比体积，m^3/kg。

由于 U、p、V 都是状态函数，通过不同的状态函数的线性组合构成一个新的状态函数，所以 $U + pV$ 也是状态函数。热力学中定义一个新的状态函数——焓（enthalpy），用符号 H 表示。焓是系统的状态函数，与变化的途径无关，只要系统的状态确定，焓就有唯一确定的值。焓虽然是通过非体积功的等压变化引出的，但在其他过程也存在焓。焓不是守恒量，如氢气和氧气在绝热钢瓶中反应生成水，$Q = W = 0$，$\Delta U = 0$，即热力学能守恒，但过程非等压。

因为　　　　　　　$p_2 > p_1$

所以　　　　　　　$\Delta H = \Delta U + (p_2 - p_1)V > 0$

焓不守恒。焓适用范围与热力学能一样，其绝对值无法确定。焓有如下应用：

（1）系统吸热，焓值升高；放热，焓值降低。

（2）对于均匀系统的简单状态变化，由于吸热时系统的温度升高，因此高温物质的焓要高于低温物质的焓。

（3）对于相变化，如固体变为液体、固体变为气体及液体变为气体都要吸收热量，所以同种物质的不同聚集状态在同一温度下的焓值不相等，$H_{固} < H_{液} < H_{气}$。

（4）对于等温下的化学反应，若反应吸热，化学反应后产物的焓高于反应物的焓；若反应放热，化学反应后产物的焓应低于反应物的焓。

6. 熵

熵是热力学中表示物质状态的参数，物理意义是用来度量系统混乱程度。用符号 S 表示，单位 J/K。单位质量的工质的熵称比熵，用 s 表示，单位 J/（kg·K）。熵是根据热力学第二定律引出的一个反映自发过程不可逆性的物质状态参量。在孤立系统中，系统与环境没有能量交换，系统总是自发地向混乱度增大的方向变化，总使整个系统的熵值增大，此即熵增原理。摩擦使一部分机械能不可逆地转变为热，使熵增加，所以说整个宇宙可以看作一个孤立系统，是朝着熵增加的方向演变的。如某自发热力过程，热量 Q 由高温（T_1）物体传至低温（T_2）物体，高温物体的熵减少 $dS_1 = \dfrac{dQ}{T_1}$，低温物体的熵增加 $dS_2 = \dfrac{dQ}{T_2}$，将两个物体组合成一个系统，则熵的变化是 $dS = dS_2 - dS_1 > 0$，熵是增加的。

知识点 2　热力系统

在工程热力学中，通常把研究对象从周围物体（外界或环境）中分离出来，并分析研究对象与周围物体（外界或环境）之间的能量和物质的交换，这种人为分离出来的研究对象称为热力系统，简称热力系或系统。系统与外界或环境之间的分界面称为边界。边界可能是实际存在的，也可能是假想的虚拟边界，可固定、可变化或运动的。

在图 1-4（a）中，取气缸中的气体作为研究对象，缸体所封闭的气体就是一个热力系统，而由缸内壁与运动的活塞构成缸内气体与外界环境的真实存在的边界，且活塞边界是运动的。图 1-4（b）是汽轮机工作原理示意图，我们取汽轮机外壳及进出口截面所包围的部分作为热力系统，边界部分即为图中虚线所示，部分边界如汽轮机外壳部分是真实存在的，而汽轮机入口 1 和出口 2 的截面即是虚拟的边界。

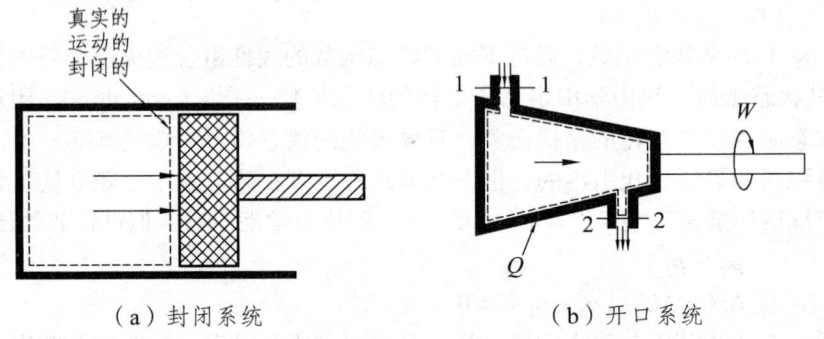

图 1-4　热力系统示意图

热力系统的分类有闭口系统和开口系统之分；也可有绝热系统和孤立系统之分。闭口系统是指与外界无物质交换热力系统，如图 1-4（a）中的缸体内气体，没有物质通过边界，系统质量保持恒定，因此闭口系统有时又称为控制质量系统。开口系统是指与外界有物质交换热力系统，系统物质通过边界，质量可以变化，也可能不变。由于开口系统通常会有一个固定的空间范围，因此又称为控制体积系统。绝热系统是指与外界无热量交换系统，但可以有功和物质交换，如用隔热材料包裹起来的系统，就是绝热系统。孤立系统是与外界没有物质交换和能量（包括功和热量）交换。

最常见的热力系统是系统与外界之间功的交换只有体积变化功（膨胀或压缩做功）的简单可压缩系统形式。

一、热力过程

处于平衡状态的一个热力系统具有确定的宏观特性参数,如果通过系统与外界的边界发生能量传递或系统内部有新的不平衡势产生,则处于平衡状态的热力系统必然偏离平衡态,发生状态变化,直至新的平衡状态的出现。我们称这种由于系统与外界相互作用而引起的热力系统由一个平衡状态经过连续的中间状态变化达到另一个新的平衡状态的全过程,称为热力过程,简称过程。任何热力过程的始状态和终状态都是平衡状态,如果中间状态处处平衡,则该热力过程称为平衡过程。反之,如果中间状态存在不平衡状态,则为不平衡过程。

在不受外界影响的条件下(重力场除外),如果系统的状态参数不随时间变化,则该系统处于平衡状态。系统状态参数发生改变是由于存在不平衡势。常见的不平衡势有温差、压差、化学反应、重力势差等。平衡的本质就是不存在不平衡势。

二、准静态过程

热力过程实质上是热力系统在不平衡势差的作用下,由一个平衡态向另外一个平衡态变化的过程。变化过程中,系统与外界之间就存在能量的转换与传递。平衡状态下状态不变化,能量不能转换,但非平衡状态又无法简单描述。因此,热力学引入准静态(准平衡)过程。一般过程如图 1-5 所示。

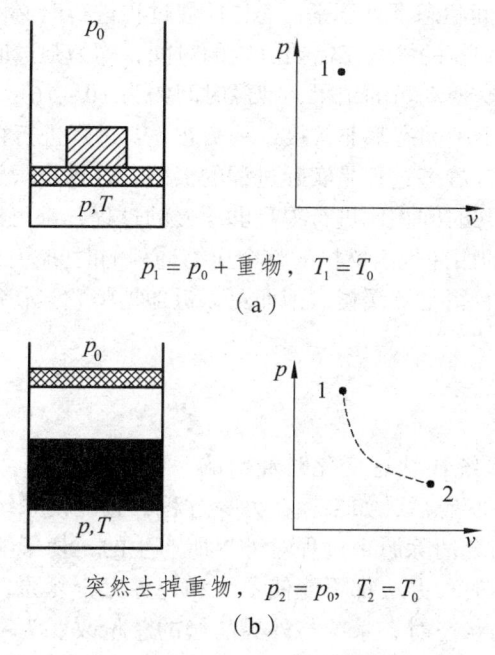

$p_1 = p_0 + $ 重物,$T_1 = T_0$
(a)

突然去掉重物,$p_2 = p_0$,$T_2 = T_0$
(b)

图 1-5　一般过程

假如重物有无限多层,每次只去掉无限薄一层,系统随时接近于平衡态,如图 1-6 所示。

若系统从一个平衡状态连续经过无数个中间的平衡状态过渡到另一个平衡状态,即过程中系统偏离平衡状态无限小并且随时恢复平衡状态,过程均匀缓慢且无任何突变,这样的过程称为准平衡过程或准静态过程。

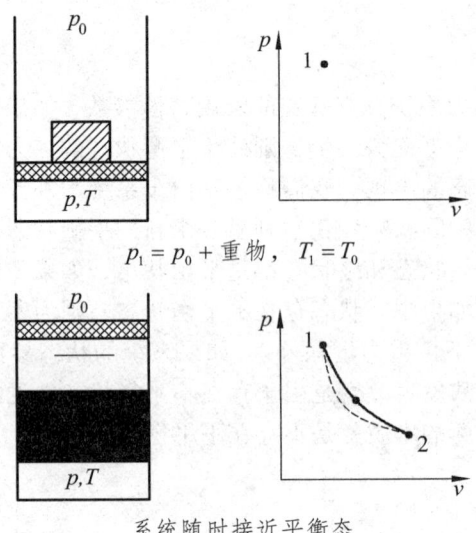

图 1-6 准静态过程

准静态过程既是平衡，又是变化。既可以用状态参数描述，又可进行热功转换。理论上准静态过程应无限缓慢。在工程上，如果满足破坏平衡所需时间（外部作用时间）远大于恢复平衡所需时间（弛豫时间）即可认为该热力过程为准静态过程。

准静态过程中的每一中间状态都处于平衡态。任何过程进行时必然破坏原来的平衡，使系统处于非平衡态。要使系统达到新的平衡态需要一定的时间，称为弛豫时间。例如，在气体中压强趋于平衡是分子碰撞、互相交换动量的结果，弛豫时间约为 10~16 s。若过程进行的时间与弛豫时间相比很长时，它的每一个中间态都非常接近平衡态；若过程进行得无限缓慢时，其中间状态便无限接近平衡态。因此，准静态过程是实际过程的极限，这种极限情况虽然不可能完全实现，但可以无限接近。凡是同弛豫时间相比进行得足够缓慢的过程，都可以当作准静态过程来处理。例如，转速 $n = 1\,500$ r/min 的四冲程内燃机的整个压缩冲程的时间为 2×10^{-2} s，与压强的弛豫时间相比，可认为这一过程进行得足够缓慢，因而可以近似地将它当作准静态过程来处理。

三、可逆过程

可逆过程是指热力学系统在状态变化时经历的一种理想过程。热力学系统由某一状态出发，经过某一过程到达另一状态后，如果存在另一过程，它能使系统和外界完全复原，即使系统回到原来状态，同时又完全消除原来过程对外界所产生的一切影响，则原来的过程称为可逆过程。反之，如果无论采用何种办法都不能使系统和外界完全复原，则原来的过程称为不可逆过程。当可逆过程改变系统状态时，系统与外界的熵的总量改变为零；当系统经不可逆过程改变状态后熵总是增加的。

可逆过程总是准静态的，但反过来不一定成立。例如，在一个器壁存在摩擦的圆柱体容器中，对圆柱体和活塞之间的气体进行无穷小的压缩，这一过程是准静态的，但不是可逆的。虽然这个系统只是从平衡态发生了一个无穷小的改变，因摩擦产生的热量损耗是不可逆的，仅仅把活塞向相反方向移动无穷小的距离也无法将这些热量还原，由此可知存在能量耗散的准静态过程不是可逆过程，如自然界中经常发生的热传导、气体的自由膨胀、扩散等都是不可逆过程。

过程不可逆根本原因是存在不平衡势差和耗散效应（即通过摩擦使功变热的效应，如摩阻、电阻、弹性变形、磁阻等。无耗散效应的准静态过程称为可逆过程。

如图 1-7 所示，当气缸内的气体膨胀对外做功，全部用于推动飞轮旋转，功转换为飞轮的动能。当活塞运行到下止点后，飞轮由于存在惯性使活塞逆行，对气缸内气体进行压缩，压缩最终使外界和系统都恢复到初始状态，在整个过程中不存在任何不可逆的耗散，这就是一个可逆过程。

因此，要实现可逆过程必须同时具备下列条件：一是过程必须是准静态过程，即热力系统内部和外部恒平衡；二是过程中无任何温差传热、摩擦等耗散效应。因此，可逆过程一定是准静态过程，但准静态过程未必是可逆过程。

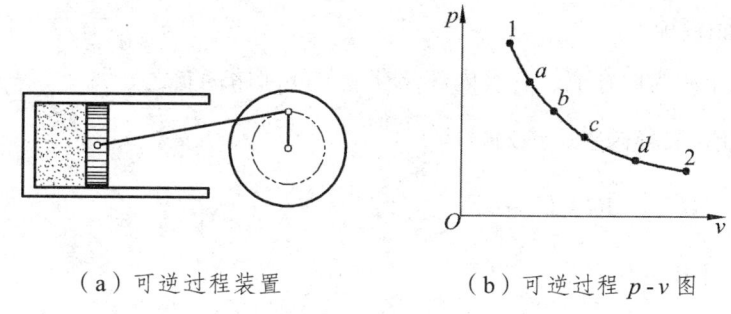

（a）可逆过程装置　　　　（b）可逆过程 p-v 图

图 1-7　可逆过程

引入可逆过程的意义是因为准静态过程是实际过程的理想化过程，但并非最优过程，可逆过程是最优过程；可逆过程的功与热完全可用系统内工质的状态参数表达，可不考虑系统与外界的复杂关系，易分析；实际过程不是可逆过程，但为了研究方便，先按理想情况（可逆过程）处理，用系统参数加以分析，然后考虑不可逆因素加以修正。

知识点 3　热力学定律

一、热力学第零定律

如果两个热力学系统中的每一个都与第三个热力学系统处于热平衡（温度相同），则它们彼此也必定处于热平衡，这一结论称为"热力学第零定律"，如图 1-8 所示。

热力学第零定律的重要性在于它给出了温度的定义和温度的测量方法。这个定律反映了处在同一热平衡状态的所有热力学系统都具有一个共同的宏观特征，这一特征是由这些互为热平衡系统的状态所决定的一个数值相等的状态函数，这个状态函数被定义为温度。而温度相等是热平衡的必要条件。

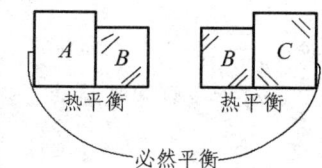

图 1-8　热力学第零定律

二、热力学第一定律

19 世纪三四十年代，迈尔·焦耳（德国医生）发现并确定了能量转换与守恒定律。热力第一定律是能量守恒原理的一种表达方式。此定律是指在一个热力学系统内，能量可转换，即可从一种形式转变成另一种形式，但不能自行产生，也不能毁灭。在热力学中，系统发生变化时，设与环境之间交换的热为 Q，与环境交换的功为 W，可得热力学能（亦称内能）的变化为 $\Delta U = Q + W$。

在工程热力学的范围内，主要考虑热能与机械能之间的相互转换与守恒，因此热力学第一定律又可表述为：热可以变为功，功也可以变为热，在相互转变时能量的总值是不变的。

根据热力学第一定律，为了获得机械能，则必须耗费热能或其他形式能量，因此，第一类永动机是不可能实现的。

（一）系统的储存能

系统储存的能量称为储存能，它有内部储存能与外部储存能之分。

1. 内部储存能（又称内能、热力学能）

$$\Delta U = \int_1^2 \mathrm{d}U = U_2 - U_1 \tag{1-15}$$

$$\oint \mathrm{d}U = 0 \tag{1-16}$$

2. 外部储存能

需要用系统外的参考坐标系测量的参数来表示的能量，称为外部储存能，它包括系统的宏观动能和重力位能。例如，重力位能 E_p 是系统工质与外力场的相互作用所具有的能量。

$$E_p = mgz \tag{1-17}$$

式中　z——工质在参考坐标系中的高度，m。

例如，宏观动能 E_k 是以外界为参考坐标的系统宏观运动所具有的能量。

$$E_k = \frac{1}{2}mc^2 \tag{1-18}$$

式中　c——工质的运动速度，m/s。

3. 系统总储存能（简称总能）

$$E = U + E_k + E_p \tag{1-19}$$

或

$$e = u + e_k + e_p \tag{1-20}$$

对于没有宏观运动，并且高度为零的系统，系统储存能就等于内能，即

$$E = U \tag{1-21}$$

或

$$e = u \tag{1-22}$$

（二）能量的传递与转化

做功和传热是能量传递的两种方式，因此功量与热量都是系统与外界所传递的能量，而不是系统本身的能量，其值并不由系统的状态确定，而是与传递时所经历的具体过程有关。所以，功量和热量不是系统的状态参数，而是与过程特征有关的过程量，称为迁移能。例如，系统与

外界热源存在热量交换；系统与外界功源存在做功；系统与外界质源通过物质传递的能量。

1. 功

当热力系统与外界存在压力差时，系统通过边界与外界之间相互传递的能量称为功。功是描述物体状态改变过程的物理量，是能量变化的量度。做功与物体的宏观位移有关，做功过程中往往伴随着能量形态的变化。

做功的种类有：

（1）膨胀功 W 是在力差作用下，通过系统容积变化与外界传递的能量。膨胀功是热变功的源泉。单位符号为 J，1 J = 1 N·m。一般规定系统对外做功为正，外界对系统做功为负。

（2）轴功 W 是通过轴系统与外界传递的机械功。要注意的是，刚性闭口系统轴功不可能为正，轴功来源于能量转换。

我们以膨胀功的例子来看功的大小的确定。如图 1-9 所示，封闭的气缸带活塞，缸内气体压力为 p，外界压力为 $p_{外}$。该系统是一个准平衡过程，当缸内气压大于外界压力时，气缸内气体膨胀，活塞向外移动一微小距离 dl，假设活塞横截面积为 A，则气缸体积增加一微小量 dV，活塞向外移动对外界做元功 δW。

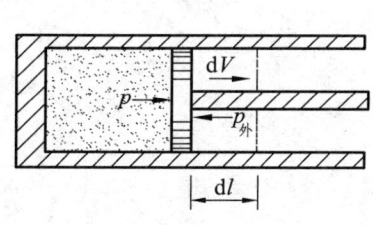 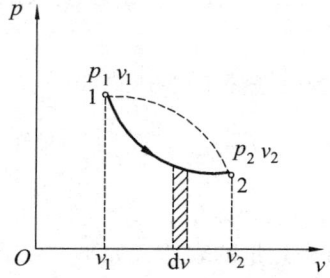

（a）气体膨胀做功（准平衡过程）　　（b）压容图（示功图）

图 1-9　气体膨胀做功示意图

则

$$\delta W = p_{外} A dl = p_{外} dV \tag{1-23}$$

由于过程为可逆过程，则系统内外压力始终处于平衡状态，因此

$$\delta W = p dV \tag{1-24}$$

式（1-24）表明：系统体积发生微小变化所做的元功只与系统压力和体积的增量有关。如系统体积从 V_1 变化到 V_2 时，系统对外做功为

$$W = \int_1^2 p dV \tag{1-25}$$

单位质量工质所做的膨胀功称为比膨胀功，用 w 表示

$$\delta w = p dv \tag{1-26}$$

$$w = \int_1^2 p dv \tag{1-27}$$

热力学中经常使用 p-v 图，即压力为纵坐标，比体积为横坐标的压容图，图上任何一点都代表系统的一个平衡状态，每一条曲线代表系统的一个热力过程，并且是可逆的。过程线与横坐标之间的曲边梯形面积则表示过程中系统与外界交换的比功，p-v 图又称为示功图。

如果只给初始状态和终了状态并不能确定功的大小，必须是从初始状态到终状态之间的变化轨迹（即过程曲线）才可以在示功图上形成封闭的区域，从而确定功的大小。如图1-9（b）所示，状态1到状态2不同的过程所做功的大小是不一样的。

2. 热 量

传热是相互接触的物体间存在温差时发生的能量传递过程。传热用热量来量度，热量是指在温差作用下，系统与外界通过界面传递的能量。一般规定系统吸热热量为正，系统放热热量为负。单位符号为 J 或 kJ。工程上还习惯用卡（cal）或千卡（kcal）做热量的单位，然而根据《中华人民共和国法定计量单位》的规定，卡和千卡未被列为法定单位。1 cal = 4.183 J。

热量传递特点是传递过程中能量的一种形式，与热力过程有关。

功量与热量分别是系统与外界之间通过界面所传递的两种不同形式的能量。功与热量是可以互相转换的。消耗一定的功必然产生一定量的热；反之，为获得一定量的功必然要消耗一定量的热量。工程上，功与热不能直接转换，必须通过一定的系统介质（即工质）来完成。

在可逆过程中，热量的表达式如下

$$\delta Q = T dS \tag{1-28}$$

式中　S——熵，J/K 或 kJ/K。

微元可逆过程热量的表达式如下

$$\delta q = T ds \tag{1-29}$$

式中　s——比熵，J/(kg·K) 或 kJ/(kg·K)。

热力学中也使用 T-s 图，即以热力学温度 T 为纵坐标，比熵 s 为横坐标的温熵图。如图1-10所示，图上的每一点代表一个平衡状态，每一条曲线代表系统的一个热力过程，并且是可逆的。过程线与横坐标之间的曲边梯形面积则表示过程中系统与外界交换的热量。T-s 图又称为示热图。

在热力学中，压容图与温熵图具有同等重要的实用价值。

根据热量微元公式可知，$ds = \dfrac{\delta q}{T}$，而 T 恒为正值，因此，在可逆过程中，若 $ds > 0$，则 $\delta q > 0$，过程中工质的熵增加，外界对工质加热；若 $ds < 0$，则 $\delta q < 0$，过程中工质的熵减少，系统对外界放热；$ds = 0$，表示系统工质与外界无热量传递。

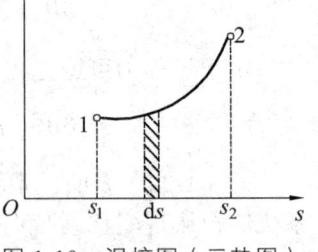

图1-10　温熵图（示热图）

3. 比热容

比热容是单位质量的某种物质升高单位温度所需的热量。其国际单位制中的单位符号是 kJ/(kg·℃) 或 kJ/(kg·K)，即令 1 kg 物质的温度上升（或下降）1 ℃（K）所需的能量。通常用符号 C 表示。

假设某物体质量为 m（kg），当其吸收热量 Q（kJ），温度由 T_1（K）升高到 T_2（K），则该物质的比热容 C 表达式如下

$$C = \frac{Q}{m(T_2 - T_1)} \tag{1-30}$$

如果已知物质的比热容 C，质量为 m（kg）的物质被加热或冷却，温度从 T_1（K）升高（或降低）到 T_2（K），则该物质吸收（或放出）热量 Q 表达如下

$$Q = mC(T_2 - T_1) \tag{1-31}$$

物质的比热容与所进行的过程有关。在工程应用上常用的有定压比热容 C_p、定容比热容 C_V 和饱和状态比热容三种。

定压比热容 C_p 是单位质量的物质在压力不变的条件下，温度升高或下降 1 ℃ 或 1 K 所吸收或放出的能量。

定容比热容 C_V 是单位质量的物质在容积（体积）不变的条件下，温度升高或下降 1 ℃ 或 1 K 吸收或放出的内能。

饱和状态比热容是单位质量的物质在某饱和状态时，温度升高或下降 1 ℃ 或 1 K 所吸收或放出的热量。

水的比热容为 4.187 kJ/（kg·K），干空气的定压比热容为 1.01 kJ/（kg·K），水蒸气的定压比热容 1.84 kJ/（kg·K）。对于相同质量的不同物质，如果升高（或降低）的温度相同，比热容大的物质需要吸收或放出的热量更多。比热容与物质性质有关，还与物质所处的温度有关，严格说，温度有变化，比热容也会变化。但实际工程上，温度变化范围不大或要求计算精度不高的情况下，可将比热容视为定值。

4. 显热与潜热

对固态、液态或气态的物质进行加热或冷却时，物质的相态不发生改变，但物质的温度会发生改变（升温或降温），这个过程中物质所吸收和放出的热量称为显热。直观看，是有明显的冷热感觉。如在标准大气压下对水进行加热，水温度升高，水随温度升高所获得的热量就是显热；同理，将 100 ℃ 水冷却到 0 ℃，仍然没有改变水的相态，所释放出的热量也是显热。因此，显热只影响温度的变化而不引起物质形态的变化。如机房中计算机或程控交换机的发热量很大，它属于显热。

对固态、液态或气态的物质进行加热或冷却时，物质的相态发生改变，但物质的温度维持在某个温度不变化，这个相变过程中物质所吸收和放出的热量称为潜热。如对液态的水加热，水的温度升高，当达到沸点时，虽然热量不断地加入，但水的温度不升高，一直停留在沸点，加进的热量仅使水变成水蒸气，即由液态变为气态。如计算机房中工作人员人体发热以及换气带进来的空气含湿量，这些热量称为潜热。常见的相变过程有物质的汽化与凝结、凝固与熔解、升华与凝华。在这些相变过程中也伴随吸热与放热现象，吸收和放出的热量也是潜热，分别称为汽化热与凝结热、凝固热与熔解热、升华热与凝华热。

（三）热力学第一定律的基本能量方程式

热力学第一定律的能量方程式就是系统变化过程中的能量平衡方程式，任何系统、任何过

程均可根据以下原则建立能量方程式：

进入系统的能量 – 离开系统的能量 = 系统中储存能量的增加

1. 闭口系统的能量方程

闭口系统的能量方程是热力学第一定律在控制质量系统中的具体应用，是热力学第一定律的基本能量方程式。

设闭口系统中工质从外界吸热 Q 后，从状态 1 变化到状态 2，同时对外做功 W，则

$$Q - W = E_2 - E_1 = \Delta E \tag{1-32}$$

$$Q = \Delta E + W \tag{1-33}$$

式（1-32）和式（1-33）就是闭口系统的能量方程式。

对于控制质量的闭口系统来说，常见的情况是在状态变化过程中，系统的宏观动能与位能的变化为零，或可以忽略不计，因此常见的闭口系统的能量方程是

$$Q = \Delta U + W \tag{1-34}$$

若闭口系经过一个微元过程，则能量方程为微分形式

$$\delta Q = \mathrm{d}U + \delta W \tag{1-35}$$

对于 1 kg 工质，能量方程式为

$$q = \Delta u + w \tag{1-36}$$

$$\delta q = \mathrm{d}u + \delta w \tag{1-37}$$

对于循环

$$\oint \delta Q = \oint \mathrm{d}U + \oint \delta W \tag{1-38}$$

$$\oint \mathrm{d}U = 0 \tag{1-39}$$

$$\oint \delta Q = \oint \delta W \tag{1-40}$$

式（1-34）~（1-40）适用于闭口系统各种过程（可逆或不可逆）及各种工质（理想气体、实际气体或液体）。

【例 1-2】 有一闭口系统从外界吸收的热量为 1 000 kJ，吸热后对外做的膨胀功为 700 kJ，试计算该闭口系统热力学能的变化量。

【解】 由题意可知，$Q = 1\,000$ kJ，$W = 700$ kJ，根据闭口系统 $Q = \Delta U + W$ 可知

$$\Delta U = Q - W = 1\,000 - 700 = 300 \text{ kJ}$$

表明外界传入闭口系统的 1 000 kJ 热量，一部分用作对外做膨胀功 700 kJ，另一部分使系统内能增加 300 kJ。

【例 1-3】 一个装有 2 kg 工质的闭口系统经历了如下过程，过程中系统散热 25 kJ，外界对系统做功 100 kJ，比热力学能（比内能）减小 15 kJ/kg，并且整个系统被举高 1 000 m。试确定过程中系统动能的变化。

【解】 系统散热 $Q = 25 \text{ kJ}$，对系统做功 $W = 100 \text{ kJ}$，内能减少 $\Delta U = 15 \text{ kJ/kg} \times 2 \text{ kg} = 30 \text{ kJ}$
根据闭口系统 $Q = \Delta E + W$ 可知，$\Delta E = Q - W = 25 - 100 = -75 \text{ kJ}$

$$\Delta E = E_p + E_k = -75 \text{ kJ}$$

$$E_p = mgz = 2 \text{ kg} \times 9.8 \text{ N/kg} \times 1\,000 \text{ m} \approx 20\,000 \text{ N·m} = 20 \text{ kJ}$$

$$E_k = \Delta E - E_p = -75 - 20 = -95 \text{ kJ}$$

由此可见，系统动能减少了 95 kJ。

2．开口系统能量方程式

实际热力设备中的能量转换往往是工质在热力装置中循环不断地流经各相互衔接的热力设备，完成不同的热力过程后才能实现能量转换。因此分析这类热力设备时，常采用开口系即控制容积的分析方法。

图 1-11 中的开口系统在 $\mathrm{d}t$ 时间内进行了一个微元过程：有 $\mathrm{d}m_1$ 的微元工质流入进口截面 1-1，有 $\mathrm{d}m_2$ 的微元工质流出出口截面 2-2；系统从外界接受热量 $\mathrm{d}Q$；系统对机器做内部功 $\mathrm{d}W_i$。

W_i 表示工质在机器内部对机器所做的功，而轴功 W_s 为 W_i 的有用功部分，两者的差为机器各部分的摩擦损失。

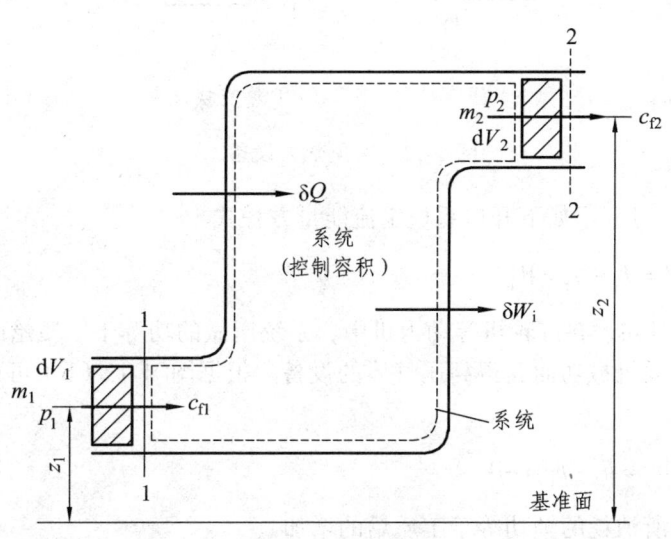

图 1-11 开口系统

（1）进入系统的能量：$\mathrm{d}E_1 + p_1\mathrm{d}V_1 + \delta Q$；
（2）离开系统的能量：$\mathrm{d}E_2 + p_2\mathrm{d}V_2 + \delta W_i$；
（3）控制容积系统储存能量的增加量：$\mathrm{d}E_{cv}$。
根据热力学第一定律的基本能量方程式

进入系统的能量 − 离开系统的能量 = 系统中储存能量的增加

可得

$$(\mathrm{d}E_1 + p_1\mathrm{d}V_1 + \delta Q) - (\mathrm{d}E_2 + p_2\mathrm{d}V_2 + \delta W_i) = \mathrm{d}E_{cv}$$

则
$$\delta Q = dE_{cv} + (dE_2 + p_2 dV_2) - (dE_1 + p_1 dV_1) + \delta W_i$$

因为
$$E = me, \quad V = mv$$

$$e = u + \frac{1}{2}c_f^2 + gz$$

$$h = u + pv$$

所以
$$\delta Q = dE_{cv} + \left(h_2 + \frac{1}{2}c_{f2}^2 + gz_2\right)\delta m_2 - \left(h_1 + \frac{1}{2}c_{f1}^2 + gz_1\right)\delta m_1 + \delta W_i \tag{1-41}$$

式（1-41）为开口系统能量方程的一般表达式。

开口系统能量方程式在几种常见热力设备中的应用如下：

（1）动力机：利用工质的膨胀而获得机械功的设备，例如汽轮机、燃气涡轮等。能量变化如图 1-12（a）所示。

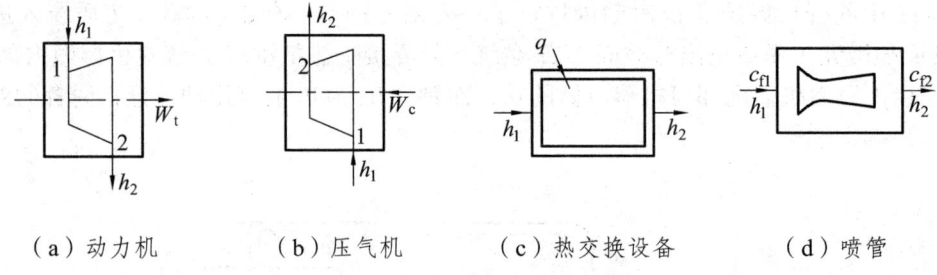

（a）动力机　　　（b）压气机　　　（c）热交换设备　　　（d）喷管

图 1-12　常见热力设备

根据图 1-12（a）可列出如下开口系稳定流能量方程式

$$W_i = h_1 - h_2 = W_t \tag{1-42}$$

根据式（1-42）可知，在汽轮机等动力机中，系统所做的功等于工质焓的减少。

（2）压气机：消耗机械功而获得高压气体的设备。根据图 1-12（b）可列出如下开口系统稳定流能量方程式

$$-W_i = h_2 - h_1 = -W_c \tag{1-43}$$

压气机绝热压缩所消耗的轴功等于工质焓的增加。

（3）热交换设备：以热量交换为主要工作方式的设备，如锅炉、空气加热器、蒸发器、冷凝器等。根据图 1-12（c）可列出如下开口系稳定流能量方程式

$$q = h_2 - h_1 \tag{1-44}$$

在锅炉等热交换设备中，工质所吸收的热量等于焓的增加。

（4）喷管：用以使气流加速的一种短管称为喷管。根据图 1-12（d）可列出如下开口系稳定流能量方程式

$$\frac{1}{2}c_{f2}^2 - \frac{1}{2}c_{f1}^2 = h_1 - h_2 \tag{1-45}$$

在喷管中，工质动能的增加等于其焓的减少。

三、热力学第二定律

(一)热力循环

热力学第一定律表述了在热力过程中各项能量的转换和转移必须遵循能量守恒的规律,它指出了各项能量之间的数量关系,但对于能量转换的方向,热力过程在什么条件下能够进行及进行到何种程度却没有表述。热力学第二定律将描述能量转换和转移时的方向、条件及限度问题。

所有的热力过程必须同时符合热力学第一定律和第二定律才能实现。由热力学第一定律可知,通过工质的体积膨胀可以将热能转变为机械能,但是单一的膨胀过程做功有限,要想连续地使热能转变为机械能,必须使膨胀后的工质恢复到原来的状态,重新具有做功能力。工质经过一系列的状态变化,又重新回到最初状态的全部过程称为热力循环,简称循环。若组成循环的所有过程均为可逆过程,则该循环为可逆循环,否则为不可逆循环。可逆循环在状态参数坐标图上表示为一条封闭的曲线。根据循环所产生的不同效果,可分为正向循环和逆向循环。

1. 正向循环及其热效率

将热能转变为机械能的循环称为正向循环。热力发动机都是按正向循环工作的,所以正向循环又称为动力循环或热机循环,图 1-13 表示 1 个正向循环。

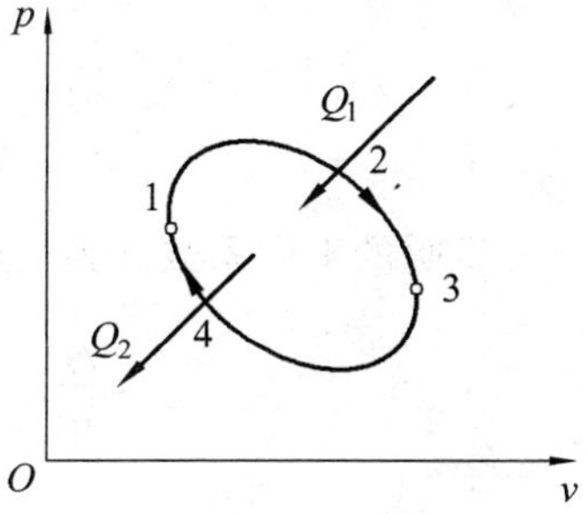

在正向循环中,系统经历 1—2—3 的膨胀过程从高温热源 T_1 吸收热量 Q_1,对外做功 W。为实现循环,系统还要经历 3—4—1 的压缩过程,在此过程中,系统向低温热源 T_2 放热 Q_2。由图 1-13 可以看出,膨胀过程 1—2—3 所做的功大于 3—4—1 压缩过程消耗的功,膨胀功与压缩功的差值在 $p\text{-}v$ 图用循环曲线 1—2—3—4—1 围成的面积表示。

系统经历一个循环回到初始状态,热力学能变化为零,即 $\oint \mathrm{d}U = 0$,根据热力学第一定律能量方程

图 1-13 正向循环

$$\oint \delta Q = \oint \mathrm{d}U + \oint \delta W = \oint \delta W \tag{1-46}$$

式(1-46)表明循环净功等于循环净热量。

$$Q_1 - Q_2 = W \tag{1-47}$$

在正向循环中,工质从热源得到的热量不能全部转变为机械能,所获得的机械能与吸收的热量之比称为热效率。工程上,将循环净功 W 与从高温热源的吸热量 Q_1 之比称为热效率,以 η_t 表示

$$\eta_\mathrm{t} = \frac{W}{Q_1} = \frac{Q_1 - Q_2}{Q_1} = 1 - \frac{Q_2}{Q_1} \tag{1-48}$$

热效率反映了热能转变为机械能的程度大小。热效率越高,热能转换成机械能越大,循环的经济性越好。但实际的循环中,热效率率 η_t 总是小于 1 的,即热能不可能全部转变为机械能。

2. 逆向循环和工作系数

逆向循环是消耗机械能（或其他能量），将热量从低温热源传递到高温热源的循环。如制冷装置及供暖的工作循环。在 p-v 图上，逆向循环是按逆时针方向进行的，如图 1-14 所示。1—4—3 为膨胀做功过程，工质从低温热源吸收热量 Q_2，3—2—1 为消耗功的压缩过程，并向高温热源放出热量 Q_1。循环中消耗净功为 W。

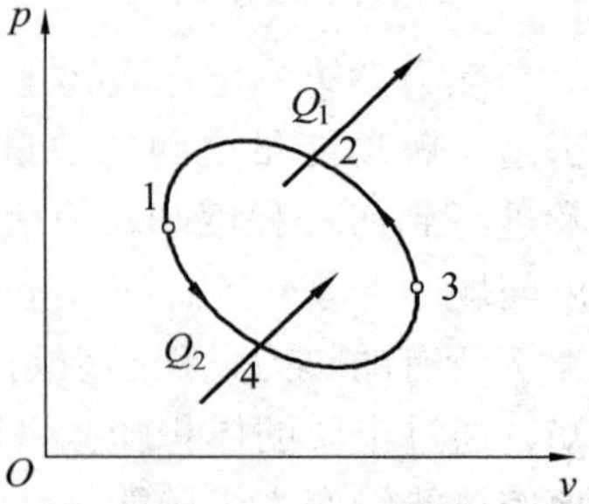

由热力学第一定律能量方程

$$\oint \delta Q = \oint dU + \oint \delta W \tag{1-49}$$

即 $Q_1 - Q_2 = W$ 或 $Q_1 = Q_2 + W$

图 1-14 逆向循环

可见，逆向循环中向高温热源放出热量 Q_1，来自于从低温热源的吸热量 Q_2 和消耗的循环净功 W。消耗功是完成逆向循环的必要条件。

逆向循环的经济性通常用工作系数来表示，工作系数是逆向循环的收益与代价的比值，在制冷循环中目的是将热量从低温空间取出，排向温度较高的大气。供暖装置（热泵）是从大气中取热，送至温度较高的屋内，从而达到取暖的目的。

制冷装置的工作系数称为制冷系数，用 ε 表示

$$\varepsilon = \frac{Q_2}{W} = \frac{Q_2}{Q_1 - Q_2} \tag{1-50}$$

供暖的工作系数称为供热系数，用 ε' 表示

$$\varepsilon' = \frac{Q_1}{W} = \frac{Q_1}{Q_1 - Q_2} \tag{1-51}$$

3. 可逆循环与不可逆循环

循环依据可逆性分为可逆循环与不可逆循环。全部由可逆过程组成的循环称为可逆循环。系统经历一个可逆循环后，整个系统与外界都恢复到原态，而不留下任何改变。一切可逆循环均为理想循环。

如果循环中有部分过程或者全部过程是不可逆的，就是不可逆循环。不可逆循环中存在一定的内外耗散。实际循环严格地讲均属于不可逆循环。

（二）热力学第二定律描述

1. 过程的方向性与不可逆性

自然界中的一切热力过程均有方向性和不可逆性。例如，机械能可以全部转变为热能，不需要任何的条件就可以进行。反之，热能却不能无条件地全部转变为机械能。再如，热量传递过程中，热量可以无条件地由高温物体传向低温物体，却不能无条件地从低温物体传向高温物体，必须消耗一定的能量来辅助完成热量的逆向传递。

我们把不需要任何外界作用而可以自动进行的过程称为自发过程。自发过程都具有方向性。例如，水自发地由高处流向低处，热量自发地由高温物体传向低温物体，气体的扩散、混合等现象均属于自发过程。反之，那些不能无条件进行的过程称为非自发过程。它是自发过程

的逆过程，它的进行需要一定条件，付出一定的代价。例如，热量由低温传向高温需要消耗功等。可见，自发过程是不可逆过程。

2. 热力学第二定律的经典描述

热力学第二定律揭示了一切热过程进行的方向、条件和限度。对于不同的热过程，热力学第二定律有不同的表述方法。下面介绍两种经典表述。

（1）克劳修斯表述。

不可能将热量从低温物体传向高温物体而不引起其他变化。这是克劳修斯于1850年提出的，它从热量传递的角度来表述热力学第二定律。它指出热量只能自发地从高温物体传向低温物体，但热量不能自发由低温物体传向高温物体，要花费一定的代价。例如，制冷装置就是消耗了一定的机械能作为实现热量从低温物体传向高温物体的补偿代价。

（2）开尔文-普朗克表述。

不可能从单一热源取热，并使之完全转变为功而不引起其他影响。这是从热工转换的角度来表述热力学第二定律，开尔文在1851年提出，普朗克在1897年发表了相同内容的表述，通常称为开尔文-普朗克表述。

人们把从单一热源取热并使之完全转变为功的热机成为"第二类永动机"。如果这样的热机存在，就可以无偿地利用大气环境和海洋中的能量转变功而永不停息，这显然是不可能的，它没有违反热力学第一定律，没有创造能量，转变过程符合能量守恒，但它违反了热力学第二定律的开尔文–普朗克表述。为此，热力学第二定律也可以表述为"第二类永动机是不可能存在的"或单热源热机不做功。

热力学第二定律的上述两种表述从不同的角度反映了热过程的方向性，实质上是统一的，如果违反了其中一种表述，也必然违反另一种表述。

3. 卡诺循环

热力学第二定律指出，热机的热效率不可能达到100%，那么在确定的工作条件下热机的工作效率可能达到的最大限度是多少？1824年法国工程师卡诺（Carnot）提出了一种理想的热机工作循环——卡诺循环。

（1）卡诺循环及热效率。

卡诺循环是由两个定温过程和两个可逆绝热过程组成的可逆循环，如图1-15所示。

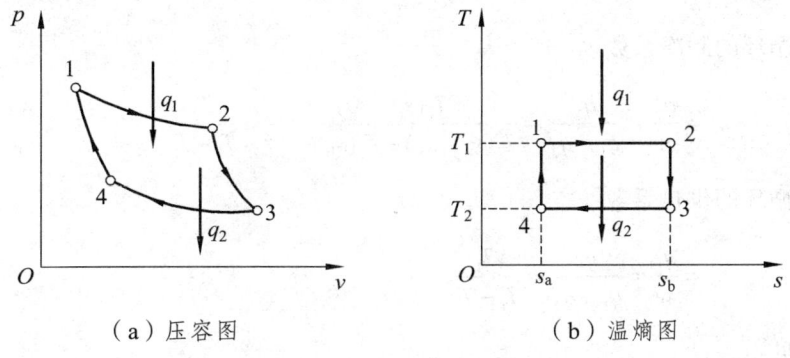

（a）压容图　　　　（b）温熵图

图1-15　卡诺循环示意图

图1-15中，1—2为定温吸热过程，系统从高温热源T_1吸热q_1；2—3为绝热膨胀过程，系

统对外做功；3—4 为定温放热过程，系统向低温热源 T_2 放出热量 q_2；4—1 为绝热压缩过程，外界对系统做功。由 T-s 图得出

$$q_1 = T_1(S_b - S_a) \tag{1-52}$$

$$q_2 = T_2(S_b - S_a) \tag{1-53}$$

代入式（1-48），可得卡诺循环的热效率为

$$\eta_{tc} = \frac{w}{q_1} = 1 - \frac{q_2}{q_1} = 1 - \frac{T_2(s_b - s_a)}{T_1(s_b - s_a)} = 1 - \frac{T_2}{T_1} \tag{1-54}$$

由式（1-54）可得出如下结论：

① 卡诺循环的热效率只取决于高温热源的温度 T_1 与低温热源的温度 T_2，而与工质的性质无关。提高高温热源的温度 T_1，或降低低温热源的温度 T_2，都可以提高热效率。

② 因为 $T_2 > 0$，所以热效率总小于 1。

③ 若 $T_1 = T_2$，即只有单一热源提供热量进行循环做功是不可能的。

4．逆卡诺循环

沿卡诺循环的反向进行，即为逆卡诺循环，如图 1-16 所示。图中，2—3 为定温吸热过程，系统从低温热源 T_2 吸收热量 q_2；3—4 为定熵压缩过程；4—1 为定温放热过程，系统向高温热源 T_1 放热 q_1；1—2 为定熵膨胀过程。同样可得逆卡诺循环的工作系数。

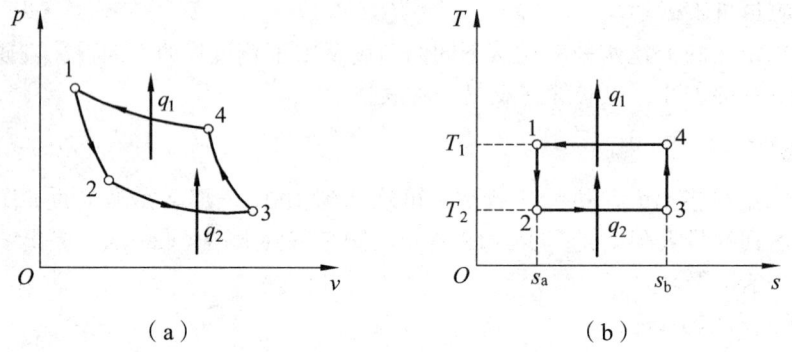

图 1-16 逆卡诺循环示意图

理想制冷循环的制冷系数

$$\varepsilon_c = \frac{q_2}{w} = \frac{q_2}{q_1 - q_2} = \frac{T_1(s_b - s_a)}{T_1(s_b - s_a) - T_2(s_b - s_a)} = \frac{T_2}{T_1 - T_2} \tag{1-55}$$

理想供热循环的供热系数

$$\varepsilon_c' = \frac{q_1}{w} = \frac{q_1}{q_1 - q_2} = \frac{T_1}{T_1 - T_2} \tag{1-56}$$

由以上分析可见：

① 逆卡诺循环的工作系数与工质性质无关，只取决于高温热源 T_1 和低温热源 T_2 的温度。

② 制冷系数随低温热源温度 T_2 升高及高温热源温度 T_1 降低而增大。

③ 供热系数总大于 1，并随高温热源温度 T_1 降低及低温热源温度 T_2 升高而增大。

5. 卡诺定理

卡诺定理的内容包括：

定理一：在相同的高温热源和低温热源间工作的一切热机以可逆热机的热效率为最高。下面利用反证法证明。如图 1-17 所示，任意热机 E 与可逆热机 R 工作于同温热源 T_1、T_2 之间，假设 E 的热效率大于可逆机 R，即 $\eta_E > \eta_R$，则在获得相同功量时，E 的吸热量 Q_1 要小于 R 的吸热量 Q_1'，即 $Q_1' > Q_1$。

让可逆机 R 按逆循环工作，利用不可逆热机 E 带动 R 工作即可得

$$W_0 = Q_1 - Q_2 = Q_1' - Q_2'$$

按照假设 $Q_1' > Q_1$，则 $Q_2' - Q_2 > 0$。

可得出结论：不可逆热机 E 与可逆机 R 联合工作的结果，使热量 $Q_2' - Q_2$ 自动从低温热源 T_2 流向高温热源 T_1，这违反了热力学第二定律，$\eta_E > \eta_R$ 是不对的。若 $\eta_E = \eta_R$，则 E 与 R 联合工作的结果是使工质、高温热源、低温热源都恢复到初态而不留下任何变化，这与 E 是不可逆机的假设相反。唯一的可能是 $\eta_R > \eta_E$，则定理一得证。

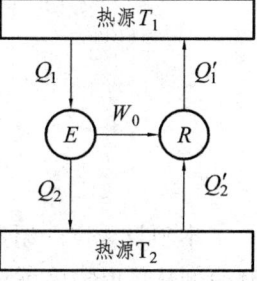

图 1-17 卡诺定理证明

定理二：在相同的高温热源和低温热源间工作的一切可逆热机，其热效率相等。

其证明同样可以采用反证法，思想与定理一相同，不再叙述。

卡诺循环与卡诺定理在热力学的研究中具有重要的意义，它解决了热效率的极限问题，指出了提高热效率的途径。卡诺循环在实际工程中是不能实现的，它的指导意义在于改进实际热机循环的方法是使其尽可能地接近卡诺循环。

【例 1-4】 某热机在高温热源 1 000 K 和低温热源 300 K 之间工作。问能否实现对外做功 1 000 kJ，向低温热源放热 200 kJ。

【解】 计算该热机从高温热源吸收热量

$$Q_1 = Q_2 + W = 1\,200 \text{ kJ}$$

该热机的热效率

$$\eta_t = \frac{W}{Q_1} = \frac{1\,000}{1\,200} = 0.833$$

在相同条件下工作的可逆热机的热效率

$$\eta_{tc} = 1 - \frac{T_2}{T_1} = 1 - \frac{300}{1\,000} = 0.7$$

$\eta_t > \eta_{tc}$，显然这一结果违反了卡诺定理，因此是不能实现的。

【例 1-5】 冬季利用热泵为房屋供暖，使室内温度保持 20 ℃，需向室内供热 3 000 W，室外环境温度为 -5 ℃，试求带动该热泵工作需要的最小功耗是多少？

【解】 热泵按逆卡诺循环工作时耗功最小，此时供热系数

$$\varepsilon_c' = \frac{T_1}{T_1 - T_2} = \frac{20+273}{(273+20)-(273-5)} = \frac{295}{25} = 11.8$$

带动热泵的最小耗功

$$W_{\min} = \frac{Q_1}{\varepsilon_c'} = \frac{3\,000}{11.8} \text{ W} = 254.2 \text{ W}$$

项目 2　制冷原理

本项目重点介绍蒸汽压缩式制冷循环及制冷循环的压焓图（$\lg p\text{-}h$ 图），制冷循环是通过制冷剂从低温物体不断吸走热量，以维持其低温（低于环境温度），并将热量转移到高温物体（环境介质）中的一种逆向循环。根据热力学第二定律可知，热量由低温物体转移到高温物体必须以消耗机械能或热能作为代价。蒸汽压缩制冷循环是目前世界上应用最广泛的一种制冷循环。蒸汽压缩制冷循环是由制冷压缩机抽吸从蒸发器流过来的低压、低温制冷剂蒸汽，经压缩机压缩成高压、高温蒸汽而排出，这样就把制冷剂蒸汽分成了高压区和低压区。从压缩机的排出口至节流元件的入口端为高压区，该区压力称高压压力或冷凝压力，温度称为冷凝温度。从节流元件的出口至压缩机的吸入口为低压区，该区压力称为低压压力或蒸发压力，温度称为蒸发温度。正是由于压缩机造成的高压和低压之间的压力差，才使制冷剂在系统内不断地流动。一旦高、低压之间的压力差消失，即高低压平衡，制冷剂就停止了流动。高压区和低压区压力差的产生及压力差的大小，完全是压缩机压缩蒸汽的结果，压缩机一旦失去推动压缩蒸汽的能力，即形成的压力差很小，制冷循环也就不存在了。压缩机不停地运转是靠消耗电能或机械能来实现的。蒸汽压缩式制冷循环可概括为 4 个过程。

（1）蒸发过程：液体制冷剂经节流元件流入蒸发器后，由于压力的降低，开始沸腾汽化，其汽化（蒸发）温度与压力有关。液体汽化过程中，吸收周围介质（水、空气或物品）的热量，这些介质由于放出热量而温度降低，实现了制冷的目的。液体的汽化是一个逐渐的过程中，最终所有的液体变为干饱和蒸汽，继而流入压缩机的吸气口。

（2）压缩过程：为维持一定的蒸发温度，制冷剂蒸汽必须不断地从蒸发器引出，从蒸发器出来的制冷剂蒸汽被压缩机吸入并被压缩成高压气体，由于压缩过程中，压缩机要消耗一定的机械能，机械能在此过程中转换为热能，所以制冷剂蒸汽的温度有所升高，制冷剂蒸汽呈过热状态。

（3）冷凝过程：从制冷压缩机排出的高压制冷剂蒸汽，在冷凝器放出热量，把热量传给它周围的介质——水或空气，从而使制冷剂蒸汽逐渐冷凝成液体。在冷凝器中，制冷剂蒸汽向介质散发热量有两个基本条件：一是制冷剂蒸汽冷凝时的温度一定要高于周围介质的温度，保持适当的温差；二是根据压缩机送入冷凝器的制冷剂蒸汽的多少，冷凝器要有适当的管长和面积，以保证制冷蒸汽能在冷凝器中充分冷凝。

（4）节流过程：从冷凝器出来的制冷液体经过降压设备（如节流阀、膨胀阀等）减压到蒸发压力。节流后的制冷剂温度也下降到蒸发温度，并产生部分闪发蒸汽。节流后的气流混合物进入蒸发器进行蒸发过程。

下面就单级压缩蒸汽制冷循环来说明其工作原理。

知识点 1　单级压缩蒸汽制冷理论循环

单级压缩蒸汽制冷装置主要由压缩机、冷凝器、节流阀和蒸发器组成，其装置原理图见图 1-18。

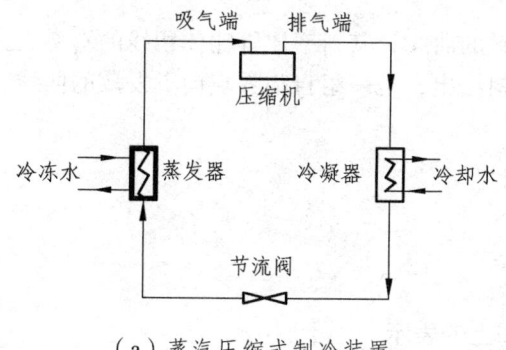

（a）蒸汽压缩式制冷装置

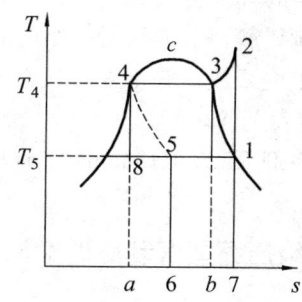

（b）压缩式制冷循环

图 1-18　蒸汽压缩式制冷

蒸汽压缩式制冷理论循环如图 1-18（b）中 1—2—3—4—5 所示。压缩机将蒸发器出来的低温低压的干饱和蒸汽吸入，经定熵压缩（过程 1—2）后成为高温高压的过热蒸汽，送入冷凝器后，在定压下将热量放给高温物体（环境介质）从而冷却凝结成饱和液体（过程 2—3—4），饱和液体通过节流阀绝热节流后成为低温低压的湿蒸汽（过程 4—5），绝热节流前后熵值不变，湿蒸汽进入蒸发器在定温定压下吸收低温物体放出的热量汽化成为干饱和蒸汽（过程 1—5），干饱和蒸汽被压缩机吸入完成一个理论循环。

一、制冷剂的热力性质表和压焓图（$\lg p$-h 图）

压缩制冷装置中的制冷剂（俗称冷媒、雪种）常用的有氨（R717）和氟利昂等。氟利昂有 R11（一氟三氯甲烷）、R22（二氟一氯甲烷）、R23（三氟甲烷）、R134a（四氟乙烷）、R123（三氟二氯乙烷）等。

在进行制冷循环的热力计算时，通常借助制冷剂热力性质表和 $\lg p$-h 图来确定其状态参数。制冷剂的热力性质表的编制方法有 3 种形式：按温度排列的饱和液体和蒸汽的热力性质表；按压力排列的饱和液体和蒸汽的热力性质表；按压力和温度排列的过热蒸汽热力性质表。制冷剂的压焓图（$\lg p$-h 图）如图 1-19 所示。以制冷剂的焓为横坐标，压力为纵坐标，为了缩小幅面，压力采用对数刻度（但图上读取的仍是压力值，而不是压力的对数值）。

图 1-19　压焓图（$\lg p$-h 图）

在 $\lg p$-h 图中，饱和液体线（$X=0$）与干饱和蒸汽线（$X=1$）相交于临界点 c。整个图分成3个区,下界区（$X=0$）左侧为过冷液体（或未饱和液体）区;下界线与上界线（$X=1$）之间是湿蒸汽区;上界线的右侧为过热蒸汽区。图中共有6组状态参数线簇,详细介绍如下:

（1）等压线簇。等压线是一组水平线。

（2）等焓线簇。等焓线是一组垂直线。

（3）等温线簇。在过冷液体区是一组近似垂直线,在湿蒸汽区是一组水平线,与相应的定压线重合;在过热蒸汽区是一组斜向下的曲线。

（4）等比体积线簇。等比体积线在湿蒸汽区是一组向右上方倾斜的曲线,在过热蒸汽区是向右上方倾斜的幅度更大。

（5）等熵线簇。等熵线是一组向右上方倾斜的曲线,其斜率比等比体积线的斜率大。

（6）等干度线簇。等干度线只在湿蒸汽区内绘出,是一组自临界点向下发散的曲线,由 $X=0$ 线逐渐增大至 $X=1$ 线。

常见制冷剂R22、R134a的 $\lg p\text{-}h$ 图见附录A、B。

二、单级压缩蒸汽制冷理论循环分析

1. 单级压缩蒸汽制冷理论循环在 $\lg p\text{-}h$ 图上的表示

如蒸汽压缩式制冷循环过程不存在吸气过热和液体冷凝过冷的情况,则理论循环如图1-20所示。

在图1-20中,状态点1为压缩机的吸气状态点。由蒸发压力 p_0 的定压线与 $X=1$ 的饱和蒸汽线的交点可确定状态点1。

状态点2为压缩机的排汽状态点。由过点1的定熵线与冷凝压力 p_k 的定压线的交点可确定状态点2。1—2过程表示制冷剂蒸汽在压缩机进行绝热压缩的过程。

状态点4为冷凝器的出口状态点。由定压线 p_k 与 $X=0$ 的饱和液体线的交点确定4。2—3—4过程表示制冷剂在冷凝器中的定压冷却过程（2—3）、凝结（3—4）过程。

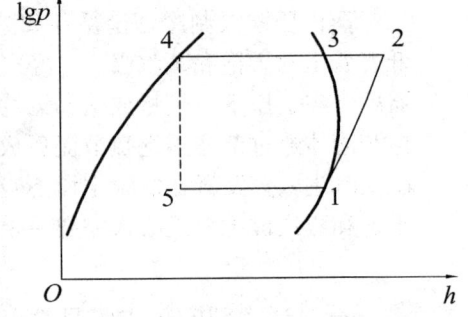

图1-20 单级压缩蒸汽制冷理论循环 $\lg p\text{-}h$ 图（不存在吸气过热和液体冷凝过冷）

状态点5为蒸发器进口的状态点。由过点4的垂直线与 p_0 的定压线的交点确定点5。4—5过程表示制冷剂在节流阀中绝热节流过程。5—1过程表示制冷剂在蒸发器内进行定压蒸发吸热过程。

2. 单级压缩蒸汽制冷理论循环性能分析

（1）制冷剂在蒸发器内吸收低温物体的热量 q_0

$$q_0 = h_1 - h_5 \tag{1-57}$$

（2）制冷剂在冷凝器内向外界环境排出的热量 q_k

$$q_k = h_2 - h_4 \tag{1-58}$$

（3）循环净功 w_0

$$w_0 = h_2 - h_1 \tag{1-59}$$

（4）制冷系数 ε_0

$$\varepsilon_0 = \frac{q_0}{w_0} = \frac{h_1 - h_5}{h_2 - h_1} \tag{1-60}$$

【例 1-6】 以 R134a 为制冷剂的单级压缩制冷理论循环，蒸发温度为 -20 ℃，冷凝温度 40 ℃，求理论循环的制冷系数。

【解】 根据题意，查 R134a 的热力性能表及 $\lg p\text{-}h$ 图可得

$$p_0 = 133 \text{ kPa}$$
$$h_1 = 235.8 \text{ kJ/kg}$$
$$p_k = 1\,017 \text{ kPa}$$
$$h_2 = 280.3 \text{ kJ/kg}$$
$$h_4 = h_5 = 105.7 \text{ kJ/kg}$$

故可求得

$$q_0 = h_1 - h_5 = (235.8 - 105.7) \text{ kJ/kg} = 1\,301 \text{ kJ/kg}$$
$$w_0 = h_2 - h_1 = (280.3 - 235.8) \text{ kJ/kg} = 44.5 \text{ kJ/kg}$$
$$\delta_0 = \frac{q_0}{w_0} = \frac{130.1}{44.5} = 2.92$$

3. 过冷和过热对制冷理论循环的影响

如考虑压缩机吸气过热度 Δt_H 和冷凝后的液体过冷度为 Δt_C，假定压缩机是等熵过程，则理论循环过程在 $\lg p\text{-}h$ 图上如图 1-21 所示。

在图 1-21 中，状态点 1′ 是蒸发器中制冷剂达到干饱和蒸汽的状态点。由蒸发压力的定压线与 $X=1$ 的饱和蒸汽线的交点可确定状态点 1′。

状态点 1 是压缩机的吸气状态点，是状态点 1′ 等压吸热升温后的过热蒸汽状态点，与蒸发器的过热度大小有关。1′—1 过程是制冷剂蒸汽在蒸发器中等压吸热升温过热过程。

状态点 2 是压缩机的排气状态点。由过点 1 的定熵线与冷凝压力的定压线的交点可确定状态点 2。1—2 过程表示制冷剂蒸汽在压缩机进行绝热压缩的过程。

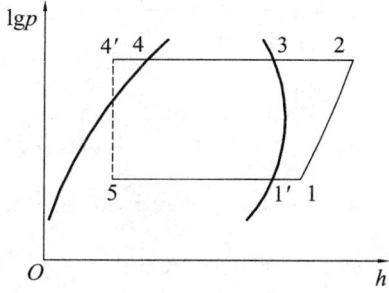

图 1-21 单级压缩蒸汽制冷理论循环 $\lg p\text{-}h$ 图（存在吸气过热和液体冷凝过冷）

状态点 3 是制冷剂在冷凝器中定压冷却降温到制冷剂饱和干蒸汽的状态点。2—3 过程表示制冷剂在冷凝器中的定压冷却过程。

状态点 4 是冷凝器的中制冷剂凝结成饱和液体的状态点。由定压线与 $X=0$ 的饱和液体线的交点确定 4。3—4 过程表示制冷剂在冷凝器中的等温液化的过程。

状态点 4′ 是冷凝器的出口状态点。由饱和液态制冷剂状态 4 等压放热降温到过冷状态。与蒸发器的过冷度大小有关。4—4′过程表示饱和制冷剂液体等压降温到过冷的过程。

状态点 5 是蒸发器进口的状态点。由过点 4′ 的垂直线与的定压线的交点确定点 5。4′—5

过程表示制冷剂在节流阀中绝热节流（等焓绝热降压）过程。5—1'过程表示制冷剂在蒸发器内进行定压等温蒸发汽化的过程。由图1-21可知，实现适量的过冷和过热都能够使制冷量提高。

4. 蒸发压力对制冷量的影响

在冷凝压力不变的情况下，蒸发压力提高，制冷量增大。用压焓图对蒸发压力变化引起制冷量变化的分析过程如图1-22所示。图中1—2—3—4是一个制冷循环系统，蒸发温度为0 °C，冷凝温度为30 °C，对应的单位质量制冷量为(h_1-h_4) kJ/kg，如果将蒸发温度提高到5 °C（蒸发压力也相应提高），维持冷凝压力不变，制冷循环系统变为1'—2'—3—4'。对应的单位质量制冷量变为$(h_1'-h_4)$ kJ/kg，其中$h_1' > h_1$，制冷量变大，而消耗的功由原来的h_2-h_1减少到$h_2'-h_1'$。因此，从以上分析可知，蒸发压力提高（蒸发温度提高），产出的制冷量增大，制冷系数提高。

5. 冷凝压力对制冷量的影响

在蒸发压力不变的条件下，冷凝压力增高，制冷量将下降。用压焓图对冷凝压力变化引起制冷量变化的分析过程如图1-23所示。图中1—2—3—4是一个制冷循环系统，蒸发温度为0 °C，冷凝温度为30 °C，对应的单位质量制冷量为(h_1-h_4) kJ/kg，如果将冷凝温度提高到35 °C（冷凝压力也相应提高），维持蒸发压力不变，制冷循环系统变为1—2'—3'—4'。对应的单位质量制冷量变为(h_1-h_4') kJ/kg，由于$h_4' > h_4$，因此制冷量会变小，而消耗的功由原来的h_2-h_1增加到$h_2'-h_1$。因此，从以上分析可知，冷凝压力提高（冷凝温度提高），产出的制冷量会减小，制冷系数下降。

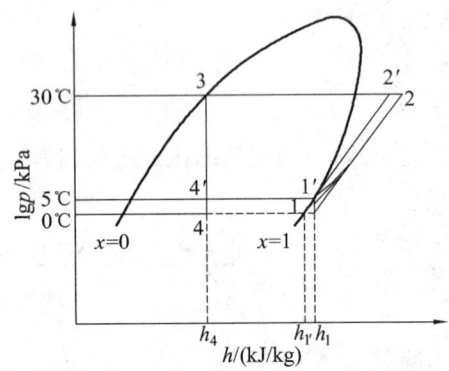

图1-22 蒸发压力对制冷量的影响

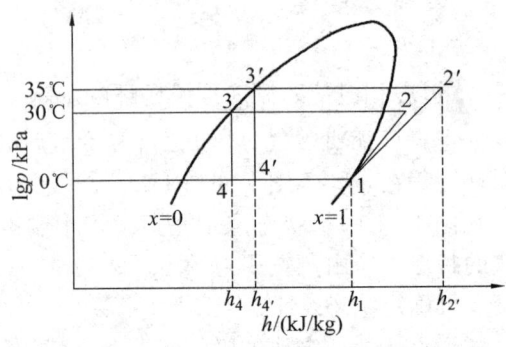

图1-23 冷凝压力对制冷量的影响

知识点2 单级压缩蒸汽制冷实际循环

实际制冷循环过程与理论循环存在一定的区别，理论循环是由两个定压过程、一个绝热压缩过程和一个绝热节流过程组成，实际循环与理论循环之间存在如下差别：

（1）制冷剂在压缩机中的压缩过程非等熵过程（即非绝热过程）。

（2）制冷剂通过压缩机吸、排气阀有流动阻力和热量交换。

（3）制冷剂通过管道和设备时，与管壁和设备壁之间存在摩擦阻力，并与外界存在热交换。

（4）冷凝器和蒸发器内存在流动阻力，导致高压气体在冷凝器中冷却、冷凝和在蒸发器中汽化都非等压过程，并与外界存在热交换。

因此，实际制冷循环存在阻力损失和与外界的热量交换，4个基本热力过程（压缩、冷凝、节流、蒸发）均为不可逆过程，导致实际循环的制冷系数小于理论制冷系数。

蒸汽压缩式实际制冷循环如图1-24所示。其中4′—1表示制冷剂在蒸发器中的气化与降压过程；1—1′表示蒸汽在吸气管中的加热和降压过程；1′—1″表示蒸汽经过吸气阀的加热与降压过程；1″—2′表示实际的多变压缩过程；2′—2″表示排气经排气阀的降压过程；2″—3表示气体经排气管进入冷凝器的降压过程；3—4′表示制冷剂液体流经节流阀进行的降温降压过程。

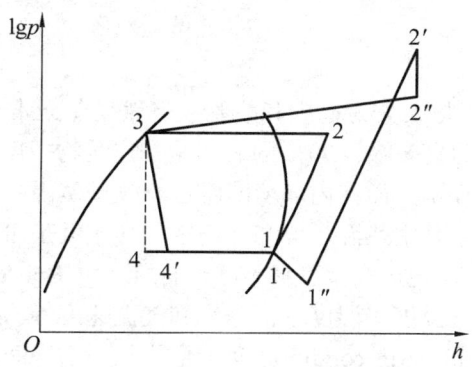

图1-24　蒸气压缩式实际制冷循环 $\lg p$-h 图

实际制冷循环在实际工作中很难进行计算，一般都是以理论循环作为计算基础，然后再进行修正来提高制冷系统的经济性。

习　题

1. 热力系统与外界相互作用有哪些？
2. 气体的基本状态参数有哪些？导出参数有哪些？
3. 热力学温标中变化1 K，摄氏温度变化多少℃？
4. 压力表或真空计测量系统压力时读数不变，是否说明系统的压力保持不变？
5. 准静态过程与可逆过程有何区别？相互间有何关系？
6. 功、热量和内能有何异同？
7. 什么是热力循环？什么是可逆循环？什么是不可逆循环？工质经过一个不可逆循环，能否恢复原状态？
8. 什么是正向循环与逆向循环？作用有什么不同？在状态参数坐标图上如何表达？
9. 热力学第二定律的两种经典表述是什么？实质是什么？解决了什么问题？
10. 下列说法是否成立？
（1）功可以转变成热，但热不能转变为功。
（2）自发过程是不可逆的，但非自发过程是可逆的。
11. 卡诺循环由哪些过程组成？
12. 逆卡诺循环由哪些过程组成？
13. 蒸发压力变化对制冷循环有什么影响？
14. 冷凝压力变化对制冷循环有什么影响？

模块 2　空气调节基础

空气调节简称"空调",是人类为适应和战胜大自然变化无常而发展的技术。建筑物是空调所依附的场所,现代人类约有 80%~90% 的时间是在建筑物中度过。因此,空气调节又可以认为是营造一个适合的室内环境。而室内环境的舒适有赖于室内的热湿环境、室内空气品质、室内光环境、室内声环境等。其中热湿环境和室内空气品质就是由空气调节技术来保证。空气调节的定义有很多版本,《采暖通风与空气调节术语标准》(GB/T 50155—2015)对空调的定义为:使房间或封闭空间的空气温度、湿度、洁净度和气流速度等参数,达到给定要求的技术。但通用的定义如下:空气调节(Air conditioning)是使某一个房间或空间内的空气温度、空气湿度、空气流动速度、洁净度(俗称四度)等参数达到给定要求的技术。

根据不同建筑类型(如民用建筑和工业建筑),其具体要求的参数数值和允许波动范围不同,因此,根据服务对象不同空调可分为舒适性空调和工艺性空调两大类。舒适性空调是以室内人员作为对象,是营造人体卫生要求和舒适的室内环境。它主要用于民用建筑(如办公楼、商场、宾馆、酒店、机场、电影院、地铁站、高铁车站、普通铁路车站等),满足人们办公、休闲、娱乐等需要,如家用空调、中央空调等。工艺性空调则是以生产工艺、机器设备或存放物品为对象,着眼于创造工艺过程所要求的室内环境,同时也兼顾人体的需求。它主要用于工业建筑,如生产车间、实验室、机房、控制室、温室大棚等,满足加工工艺、恒温、恒湿、空气净化等需要,如恒温恒湿空调、净化空调等。

建筑物室内环境受很多因素干扰。综合起来,主要有两方面:一是室内因素干扰,如室内生产过程和人所产生的余热、余湿及其他有害物的干扰;二是来自室外因素干扰,如太阳辐射所产生的热作用及外部有害物的干扰。因此,空气调节的目的就是采用合适的技术手段,消除室内外两方面的干扰,达到控制和保持室内适宜环境的目的。

现代空调技术的起源地是美国。1901 年,美国的威利斯·开利博士在美国建立了世界上第一所空调实验室。1902 年 7 月 17 日,开利博士为纽约布鲁克林的一家印刷厂设计了一套空调系统,解决了因夏季湿度太高,而导致纸张变形无法印刷的难题。它首次向世界证明了人类对环境、湿度、通风和空气品质的控制能力。

开利不仅是空调的发明者,而且创办了现在世界上最大的空调公司之一——开利公司。在纪念开利发明空调 100 周年的会议上,强烈重复着这样一种说法:假如没有空调,世界的工作效率会降低 40%。

与开利博士同时期对空调发展史产生一定影响的人物是美国工程师克勒谋。1904 年,身为纺织工程师的克勒谋负责设计和安装了美国南部约 1/3 纺织厂的空调系统。系统开始采用集中处理空气的喷水室,装置了洁净空气的过滤设备,共包括 60 项专利,都达到了能够调节空气的湿度、温度和使空气具有一定的流动速度及洁净程度的要求。为了描述他所做的工作,克勒谋于1906年5月在一次美国棉业协会的会议上正式提出了"空气调节"术语从而为空气调节命名。

舒适空调首先用于电影院、剧场和大型商店等公共场所是在第二次世界大战期间，其次用于办公室以及深矿井。1930年后，由于小型制冷的发展以及可靠性的提高，舒适空调才扩大到各类商店、旅馆、餐厅以及运输工具（火车、大客车、轮船）等。1945年后舒适空调才进入家庭。

在我国，空气调节技术发展并不太迟，工艺性空调和舒适空调几乎是同时起步的。20世纪30年代，曾有过一个高峰时期。1931年首先在上海的许多纺织厂安装了带喷水室的空调系统，其冷源为深井水。

1952年，以哈尔滨工业大学为首的暖通专业"老八校"开始创办"供热供煤气及通风"专业；中国建筑科学研究院设置空气技术研究室（现发展为空气调节研究所），有专门的研究人员从事空调方面的研究开发工作至今。

国内现代空调技术在最近几十年得到飞速发展。追溯我国真正意义的空调系统产生于1931年上海纺织厂。随后在电影院、餐馆、商场、银行、高档办公楼、车站、机场、体育馆等采用空气调节系统。现在，空调已不是奢侈品，而是提高人们生活质量的必需品。

我国的采暖通风与空气调节设计规范到目前为止，经历了多个版本的变迁。1976年颁布了《工业企业采暖通风与空气调节设计规范》（TJ19—75）；1989年颁布了《采暖通风与空气调节设计规范》（GBJ19—87）；2003年颁布了《采暖通风与空气调节设计规范》（GB50019—2003）；2012年2月颁布了《民用建筑供暖通风与空气调节设计规范》（GB50736—2012）；2015年年颁布了《工业建筑供暖通风与空气调节设计规范》（GB50019—2015）。

项目1 湿空气

知识点1 湿空气的组成

湿空气是一种混合气体，指含有水蒸气的空气。完全不含水蒸气的空气称为干空气。自然界中的空气或多或少都含一定的水蒸气，因此平时生活中的空气不存在绝对的干空气，都是指湿空气，空调工程中所指的空气环境也是湿空气。湿空气由干空气和水蒸气组成。其中干空气是由氮、氧、氩、二氧化碳、氖、氦及其他微量气体组成的混合气体。

大自然中的水蒸气主要是由江河湖海中的水分蒸发进入空气，而工程上所说的水蒸气一般是由锅炉在定压下对水进行加热而得到的。如水经过预热过程进入饱和水汽化过程然后到饱和蒸汽过热过程而形成水蒸气。水蒸气对人、工艺都有很大的影响。如在南方多雨地区，空气就比较潮湿，湿衣服就不容易干；夏天，会感到身上的汗总是不干，很不舒服；北方的兰州、乌鲁木齐等地区，由于空气干燥，在同样的温度下，就要舒适得多；在纺织车间，湿度小时，纱线变粗变脆，容易产生飞花和断头，可是空气太潮湿也不行，纱线会黏结，不好加工。

理想气体是一种经过科学抽象的假想气体，必须符合两个假定：①气体分子是一些弹性的、不占体积的质点；②分子之间没有相互作用力。因此，常温常压下干空气可视为理想气体，湿空气中的水蒸气可近似视为理想气体。湿空气也遵循理想气体的变化规律，适用以下理想气体状态方程：

$$PV = mRT \text{ 或 } Pv = RT \tag{2-1}$$

式中　P——气体的绝对压力，Pa；
　　　v——气体的比体积，m³/kg；
　　　T——气体的热力学温度，K；
　　　R——气体常数，J/(kg·K)，水蒸气为461.5 J/(kg·K)，空气为287 J/(kg·K)；
　　　m——气体质量，kg；
　　　V——气体所占的体积，m³。

理想气体状态方程式表达了压力、密度、含湿量、相对湿度、焓、露点温度等状态参数之间的关系。

知识点2　湿空气的物理性质

工程中常用的湿空气状态参数有温度、压力、密度、焓湿量、相对湿度、焓、露点温度等。湿空气的物理性质不仅取决于其组成成分，而且与它所处的状态有关。

一、温　度

温度是用来表示物体冷热程度的物理量，根据分子运动学说，温度是物质分子热运动激烈程度的标志。温度的高低用温标来衡量，温度不能直接测量，只能通过物体随温度变化的某些特性来间接测量。测量温度的仪表有普通温度计、热电偶温度计、双金属温度计、红外线温度计。

二、压　力

根据混合气体道尔顿分压力定律，混合气体的总压力等于各组成气体的分压力之和。

$$p = \sum_{i=1}^{n} p_i \tag{2-2}$$

因此，湿空气的总压力等于水蒸气分压力与干空气分压力之和。

$$P = P_g + P_q \tag{2-3}$$

式中　P——大气压力，Pa；
　　　P_g——干空气的分压力，Pa；
　　　P_q——水蒸气的分压力，Pa。

地球表面单位面积上的空气压力称为大气压力。用P或B表示，单位为Pa或kPa。大气压力不是一个定值，它随着各地海拔高度的不同而不同，还随季节、气候的变化而略有不同。

在物理学中，把纬度为 45° 海平面（即海拔高度为零）上的常年平均大气压力规定为 1 标准大气压（atm）。此标准大气压为一定值。其值为 1 atm = 760 mm 汞柱 = 1.013 25 × 10⁵ Pa。

海拔越高，大气压力越小；两地的海拔相差越悬殊，其气压差也越大。单位体积内空气的质量越多，其所产生的大气压力也越大，即空气的压力还与密度有关。例如，查《民用建筑供暖通风与空气调节设计规范》可知南京市海拔 8.9 m，夏季大气压力为 100 400 Pa，冬季大气压力为 102 520 Pa；广州市海拔 9.3 m，夏季大气压力为 99 992 Pa，冬季大气压力为 101 325 Pa；拉萨海拔 3 658 m，夏季大气压力为 65 194 Pa，冬季大气压力为 65 061 Pa。

水蒸气的分压力是湿空气中，具有与湿空气相同温度的水蒸气产生的压力，用 P_q 表示，单位为 Pa 或 kPa，水蒸气分压力大小直接反映了水蒸气含量的多少。

湿空气中的水蒸气通常处于过热状态，即水蒸气的分压力低于当时湿空气的温度（也是水蒸气温度）所对应的水蒸气饱和压力，这种湿空气称为未饱和空气，这是干空气和过热水蒸气的混合物。若湿空气中水蒸气的含量达到最大限度时，这时的湿空气便称为饱和空气，相应的水蒸气分压力称为饱和水蒸气分压力，用 $P_{q,b}$ 表示。

三、密 度

单位容积的空气所具有的质量称为空气的密度，用符号 ρ 表示，单位 m³/kg。根据密度定义可知湿空气的密度是干空气密度和水蒸气密度之和。湿空气的密度表达式如下：

$$\rho = 0.003\,48\frac{B}{T} - 0.001\,32\frac{P_q}{T} \tag{2-4}$$

由式（2-4）可得湿空气的密度随水蒸气的分压力升高而降低，因此湿空气比干空气轻；空气温度越高，空气密度越小，大气压力也越低。因此，同一地区夏季比冬季气压低。在实际工程计算中，可近似取湿空气的密度为 1.2 kg/m³。

四、含湿量

在湿空气中，与 1 kg 干空气同时并存的水蒸气量称为含湿量，用符号 d 表示，单位为 g/kg 干空气，即

$$d = 622\frac{P_q}{B - P_q} \tag{2-5}$$

式中　B——当地大气压。

公式表明：当大气压力 B 一定时，水蒸气分压力只取决于含湿量，水蒸气分压力越大，含湿量也越大；当含湿量一定时，水蒸气分压力将随大气压力的增加而增加，随大气压的减少而减少。

五、相对湿度

相对湿度是指空气中水蒸气分压力与同温度下饱和水蒸气分压力之比，用符号 φ 表示，反映空气接近饱和的程度。

$$\varphi = \frac{P_q}{P_{q,b}} \times 100\% \qquad (2\text{-}6)$$

式中　P_q——水蒸气分压力；

　　　$P_{q,b}$——饱和水蒸气分压力。

公式表明：φ 越小，则空气饱和程度越小，空气越干燥，吸收水蒸气能力越强；φ 越大，则空气饱和程度越大，空气越湿润，吸收水蒸气能力越弱。$\varphi=100\%$ 时湿空气为饱和空气；$\varphi=0$ 时湿空气为绝对干空气。

六、比焓

焓是热力学上一个名词，简单地说湿空气的焓就是湿空气所具有做功能力（不包括位置势能）。湿空气的质量焓是以 1 kg 干空气为基准来计算，应为 1 kg 干空气的焓和 $10^{-3}d$ kg 的水蒸气的质量焓之和，湿空气的比焓用 h 表达，单位符号为 kJ/kg。

湿空气比焓的表达式如下：

$$h = 1.01t + d(2\,500 + 1.84t) = (1.01 + 1.84d)t + 2\,500d \qquad (2\text{-}7)$$

根据比焓的定义，有

$$h = h_g + 10^{-3} d h_q$$

一般热力学上取 0 ℃ 时干空气焓值为 0；0 ℃ 时水的焓值为 0。

当干空气从 0 ℃ 加热到 t ℃ 时的焓差如下：

$$h_g = C_{p,g} \times m_g \times (t-0) = 1.01t$$

干空气的定压比热容 $C_{p,g} = 1.01\,\text{kJ/kg}\cdot\text{℃}$，水蒸气的定压比热容 $C_{p,g} = 1.84\,\text{kJ/kg}\cdot\text{℃}$。0 ℃ 时水的汽化潜热 2 500 kJ/kg，即 0 ℃ 的水变成 0 ℃ 的水蒸气需要吸收的热量。

当 0 ℃ 水加热变成 t ℃ 水蒸气时的焓差如下：

$$h_q = 2\,500 + C_{p,g} \times m_q \times (t-0) = 2\,500 + 1.84t$$

因此，可得湿空气的比焓的表达式。

在空气处理工程中经常要确定状态变化过程中热量的变化。空调工程中湿空气的状态变化属于定压过程，可用空气状态变化前后的焓差来计算空气热量的变化。

七、露点温度

未饱和湿空气在含湿量不变的条件下，使未饱和空气温度降低，达到饱和状态的温度称为露点温度，用 t_l 表示。形象地说，就是空气中的水蒸气变为露珠时候的温度叫作露点温度。当空气中水汽已达到饱和时，气温与露点温度相同；当水汽未达到饱和时，气温一定高于露点温度。所以露点与气温的差值可以表示空气中的水汽距离饱和的程度。

未饱和湿空气在达到露点温度后，温度继续下降，则达到饱和的湿空气中的一部分水蒸气凝结成水滴而分离出来，这种现象称结露。如秋天清晨草地的露珠；夏季从冰箱取出冰冻饮料瓶表面的水珠等都是结露现象。是否结露取决于结露表面温度与空气露点温度之间的关系，当物体表面温度低于空气的露点温度，则物体表面产生结露现象；反之则不结露。

现实生活中，我们有时候利用空调冷却的方法使空气温度降到露点温度以下，让空气中的水蒸气析出凝结成水，达到干燥空气的目的。

八、干、湿球温度

用普通温度计测量的空气的温度称为干球温度。湿球温度是在定压绝热条件下，空气与水直接接触达到稳定热湿平衡时的绝热饱和温度，也称热力学湿球温度。用 t_s 表示。干、湿球温度计是由两支普通温度计组成，如图 2-1 所示。

一支温度计球部包有潮湿的纱布，纱布的下端浸入盛有水的玻璃杯中，待湿纱布水温保持恒定，达到平衡时温度计所测量的温度称为湿球温度。湿球温度的含义在空调中至关重要。根据干球温度和湿球温度温差可以确定被测空气的相对湿度的大小。相对湿度与干湿球温度的关系如下：

$$P_{bs} - P_q = AB(T - T_s) \quad (2-8)$$

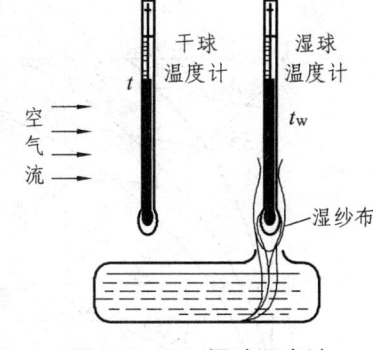

图 2-1　干、湿球温度计

因为　　　　　　$P_q = \varphi P_b$

所以　　　　　　$\varphi = \dfrac{P_{bs} - AB(T - T_s)}{P_b} \times 100\%$ 　　　　　（2-9）

式中　P_{bs}——温度为湿球温度时的饱和水蒸气分压力，Pa；

　　　P_q——干球温度时空气中的水蒸气分压力，Pa；

　　　A——与风速有关的系数；

　　　B——大气压力，Pa；

　　　T——空气干球温度，℃；

　　　T_s——空气湿球温度，℃；

　　　P_b——温度为干球温度时的饱和水蒸气分压力，Pa。

显然，T 和 T_s 分别对应确定的 P_b 和 P_{bs}，由干湿球温度计读数的差值，即可通过式（2-9）确定被测空气的相对湿度。干湿球温度计的差值越大，则空气的相对湿度越小；反之，差值越小，空气的相对湿度越大。

项目 2　焓湿图

知识点 1　焓湿图的构成

湿空气的主要状态参数有 t、d、B、h、P_q、ρ、φ 等。这些参数可通过各自的公式计算求得，但在进行工程计算时，过程烦琐且易出错。空调工程中涉及的空气状态参数之间的关系除了用公式表达还可以有更直观的表达。将一定的大气压力 B 作用下的 t、d、h、φ、p_q 等湿空气的状态参数之间关系用线算图表示。线算图有焓湿图、温湿图、焓温图等。其中最常用就是焓湿图。

湿空气的焓湿图是在不同的大气压力下，取比焓值作为纵坐标，含湿量值作为横坐标，绘出其他参数的关系线，如图 2-2 所示。h-d 图由下列 5 种线群组成，分别为定 d 线（等湿线）、等 p_q 线（水蒸气分压力线）、定 t 线（等温线）、定 h 线（等焓线）、定 φ 线（等相对湿度线），如图 2-3 所示。

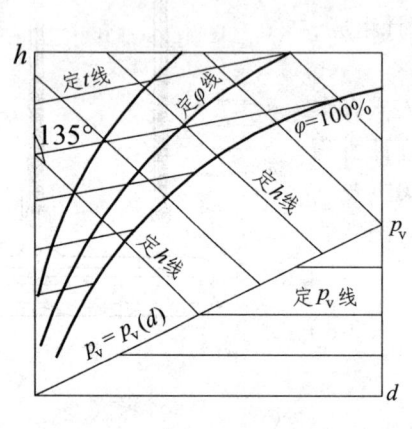

图 2-2　湿空气的焓湿图构成　　　　　图 2-3　焓湿图

（1）定含湿量线簇（等 d 线）：等 d 线是一垂直线。在一定的总压力下，p_q 与 d 值具有一定函数关系，是一一对应的，因此等 d 线也是等 P_q 线。并且，湿空气的露点温度 t_l 仅确定于蒸汽分压力 p_q，因此垂直线簇又是定露点温度线簇。

（2）定焓线簇（等 h 线）：在 h-d 图上以参数 i 为纵坐标，为使图线不致于过于密集，定 h 线做成一组与纵坐标轴夹角为 135° 的平行直线。

（3）定温（干球温度）线（等 t 线）：在 h-d 图上定温线是一组斜率为正的斜直线。随着温度值的增大，斜率也逐渐增大。

（4）定相对湿度线（等 φ 线）：定相对湿度线是一组向上凸的曲线。在一定值下随着焓值（或随温度）的增加，湿空气中的含湿量相应增加。在一定的 d 值下，相对湿度 φ 随着温度的降低而增大，因此定 φ 线随相对湿度值增大而位置下移。φ=100% 的定 φ 线处于最下位置，称为饱和空气曲线。在饱和空气曲线上的湿空气的干球湿度 t、湿球温度 t_s 和露点温度 t_l 是同一个数值，所以在饱和空气曲线上标出的温度值既是露点温度，又是湿球温度，也是干球温度，这是现实中不存在的湿空气状态，因此湿空气状态点都在 φ=100% 饱和曲线的上方。

（5）水蒸气分压力线（等 p_q 线）：在 d 轴上方绘一条水平线，标上 d 值对应的 p_d 值即为水蒸气分压力线。

焓湿图是在一定的大气压力下绘制的，对应于不同的大气压力值下有不同的焓湿图。在

h-d 图上，任意一点就代表空气的一个状态，各种状态参数均可以由图查出。

h-d 图上右下角标注的热湿比线表明空气由一个状态变为另一个状态的热湿变化过程，如图 2-4 所示。假如湿空气由 A 点到 B 点，其状态变化前后的焓差（Δi）和含湿量差（Δd）之比值，称为热湿比，用符号 ε 表示。且 A 点到 B 点在焓湿图上所连直线即为热湿比线，表示空气状态变化过程线，又称为"角系数"。

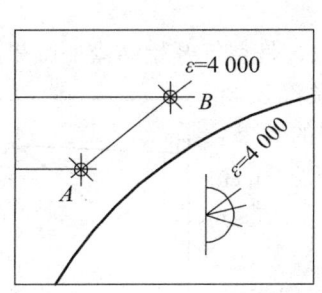 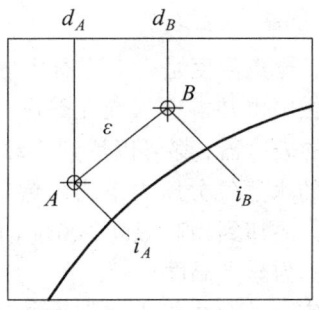

图 2-4　湿空气变化过程焓湿图

$$\varepsilon = \frac{i_B - i_A}{d_B - d_A} = \frac{\Delta i}{\Delta d} = \frac{G \times \Delta i}{G \times \Delta d} = \frac{Q}{W} \tag{2-10}$$

在式（2-10）中，Q、W 分别为湿空气状态变化时吸收（或放出）的热量和湿量。

标准大气压下湿空气的焓湿图见附录 C。

知识点 2　焓湿图的应用

工程中凡涉及空气状态以及空气状态的变化、处理过程均需要借助焓湿图来解决问题。如确定湿空气的状态及状态参数、表示湿空气的状态变化过程、求两种或多种湿空气的混合状态等。

一、确定湿空气的状态及状态参数

1. 确定空气的状态参数

根据湿空气的任意两个独立参数，可在焓湿图上确定湿空气的状态点，并查出其他参数，从而确定湿空气的状态。独立参数是指干球温度、湿球温度、焓值、含湿量、空气的相对湿度。含湿量与水蒸气分压力就不是独立参数。

【例 2-1】　已知大气压力 $B = 101\,325$ Pa，空气温度 $t = 25$ ℃，相对湿度 $\varphi = 60\%$，求该空气的状态参数。

【解】　在大气压力 $B = 101\,325$ Pa 的焓湿图上，首先根据温度 $t = 25$ ℃ 的等温线和相对湿度 $\varphi = 60\%$ 的等相对湿度线的交点，确定空气状态点 A，即为要求的空气状态点，如图 2-5 所示。查出其余状态参数为：

焓值：55.5 kJ/kg；

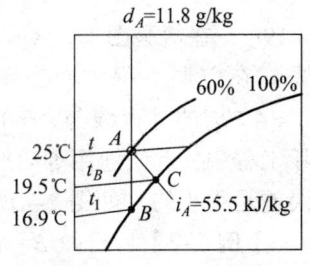

图 2-5　A 点状态参数

湿球温度：19.50 ℃；
露点温度：16.90 ℃；
含湿量：11.80 g/kg；
水蒸气分压力：1 923.11 Pa；
饱和水蒸气分压力：3 205.18 Pa。

2. 确定湿空气的露点温度

在空调技术中，露点温度是一个很有用的参数，是空气开始结露的临界温度。如利用低于空气露点温度的水去喷淋热湿空气或让热湿空气流经表面温度低于露点温度的表冷器，都可以达到冷却减湿的效果。露点温度是在一定的水蒸气分压力下的未饱和空气，在含湿量不变的情况下，冷却到相对湿度100%（即饱和状态）时所对应的温度，称为露点温度。

露点温度的确定方法是先根据已知参数确定该空气状态点 A，过 A 点沿等含湿量线向下与 $\varphi=100\%$ 相交的交点 B 所对应的温度即 A 状态空气的露点温度。从图 2-6 可知，等含湿量线上的任意点都具有相同的露点温度，含湿量越大，露点温度越高。

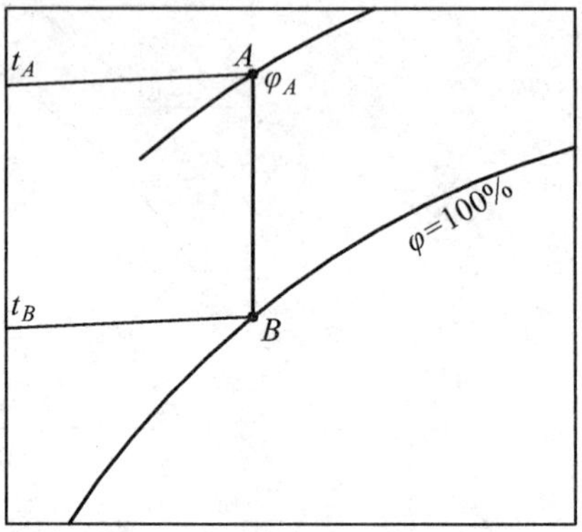

图 2-6 湿空气的露点温度确定

3. 确定湿空气的湿球温度

在空调工程中，利用干湿球温度计很容易测量干、湿球温度，然后利用干湿球温度就可以在焓湿图上查找到其他的状态参数。干湿球温度计的原理是利用缠有纱布的温度计所测量的温度实际上是反映了纱布上水的温度。如果测量开始时纱布上的水温与空气温度一致，则干球温度计与湿球温度计读数应一致，则表明空气的相对湿度达到100%，实际上是不存在相对湿度达到100%的状况。现实中空气的相对湿度都是小于100%的，此时纱布中的水分就会蒸发，吸收汽化热，使纱布上的水温度降低。一旦纱布水温低于空气温度，热量就会从温度高的空气传递给温度低的纱布。当湿球温度计纱布中的水温降低到某一温度时，空气对流的传热量正好等于蒸发水分所需要的汽化热，则达到一种平衡状态，纱布上的水温不再变化，则此时的湿球温度的读数就是该状态空气的湿球温度。

当空气流经湿球温度计时，湿球表面的水与空气存在热湿交换，且空气状态会发生变化，其热湿比为 $\varepsilon \approx \dfrac{\Delta i}{\Delta d} \approx 4.19 t_s$，在焓湿图上，$\varepsilon = 4.19 t_s$ 的过程线即为等湿球温度线。在空调工程中，当湿球温度 $t_s \leqslant 30$ ℃时，热湿比 $\varepsilon = 4.19 t_s$ 的过程线与 $\varepsilon = 0$ 的等焓线非常接近，因此在实际工程中，近似地用等焓线代替等湿球温度线，所造成的误差是很小的，如图 2-7 所示。

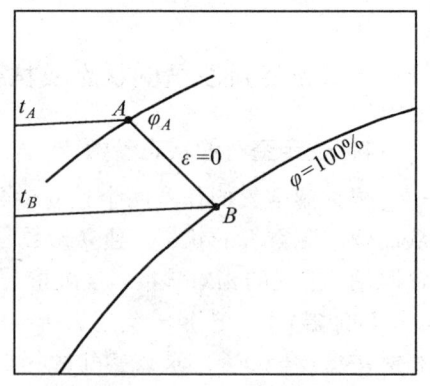

图 2-7 湿球温度的确定

【例 2-2】 已知 $B = 101\ 325$ Pa，用通风干、湿球温度计测得 $t = 40$ ℃，$t_s = 25$ ℃，试确定湿空气的其他状态参数。

h-d 图上，任意一点就代表空气的一个状态，各种状态参数均可以由图查出。

h-d 图上右下角标注的热湿比线表明空气由一个状态变为另一个状态的热湿变化过程，如图 2-4 所示。假如湿空气由 A 点到 B 点，其状态变化前后的焓差（Δi）和含湿量差（Δd）之比值，称为热湿比，用符号 ε 表示。且 A 点到 B 点在焓湿图上所连直线即为热湿比线，表示空气状态变化过程线，又称为"角系数"。

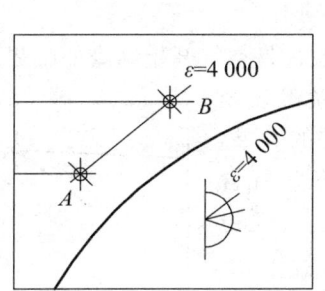 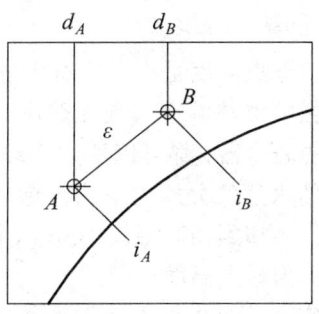

图 2-4 湿空气变化过程焓湿图

$$\varepsilon = \frac{i_B - i_A}{d_B - d_A} = \frac{\Delta i}{\Delta d} = \frac{G \times \Delta i}{G \times \Delta d} = \frac{Q}{W} \tag{2-10}$$

在式（2-10）中，Q、W 分别为湿空气状态变化时吸收（或放出）的热量和湿量。

标准大气压下湿空气的焓湿图见附录 C。

知识点 2 焓湿图的应用

工程中凡涉及空气状态以及空气状态的变化、处理过程均需要借助焓湿图来解决问题。如确定湿空气的状态及状态参数、表示湿空气的状态变化过程、求两种或多种湿空气的混合状态等。

一、确定湿空气的状态及状态参数

1. 确定空气的状态参数

根据湿空气的任意两个独立参数，可在焓湿图上确定湿空气的状态点，并查出其他参数，从而确定湿空气的状态。独立参数是指干球温度、湿球温度、焓值、含湿量、空气的相对湿度。含湿量与水蒸气分压力就不是独立参数。

【例 2-1】 已知大气压力 $B = 101\,325$ Pa，空气温度 $t = 25$ ℃，相对湿度 $\varphi = 60\%$，求该空气的状态参数。

【解】 在大气压力 $B = 101\,325$ Pa 的焓湿图上，首先根据温度 $t = 25$ ℃ 的等温线和相对湿度 $\varphi = 60\%$ 的等相对湿度线的交点，确定空气状态点 A，即为要求的空气状态点，如图 2-5 所示。查出其余状态参数为：

焓值：55.5 kJ/kg；

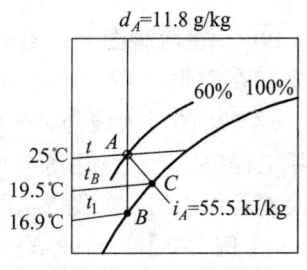

图 2-5 A 点状态参数

湿球温度：19.50 ℃；
露点温度：16.90 ℃；
含湿量：11.80 g/kg；
水蒸气分压力：1 923.11 Pa；
饱和水蒸气分压力：3 205.18 Pa。

2. 确定湿空气的露点温度

在空调技术中，露点温度是一个很有用的参数，是空气开始结露的临界温度。如利用低于空气露点温度的水去喷淋热湿空气或让热湿空气流经表面温度低于露点温度的表冷器，都可以达到冷却减湿的效果。露点温度是在一定的水蒸气分压力下的未饱和空气，在含湿量不变的情况下，冷却到相对湿度100%（即饱和状态）时所对应的温度，称为露点温度。

露点温度的确定方法是先根据已知参数确定该空气状态点 A，过 A 点沿等含湿量线向下与 $\varphi = 100\%$ 相交的交点 B 所对应的温度即 A 状态空气的露点温度。从图 2-6 可知，等含湿量线上的任意点都具有相同的露点温度，含湿量越大，露点温度越高。

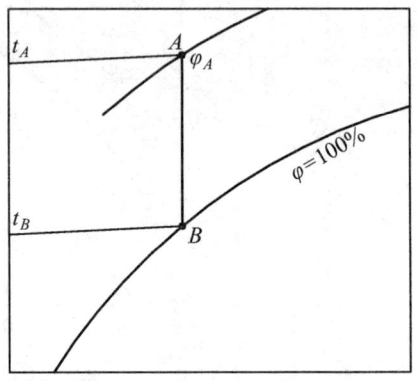

图 2-6　湿空气的露点温度确定

3. 确定湿空气的湿球温度

在空调工程中，利用干湿球温度计很容易测量干、湿球温度，然后利用干湿球温度就可以在焓湿图上查找到其他的状态参数。干湿球温度计的原理是利用缠有纱布的温度计所测量的温度实际上是反映了纱布上水的温度。如果测量开始时纱布上的水温与空气温度一致，则干球温度计与湿球温度计读数应一致，则表明空气的相对湿度达到100%，实际上是不存在相对湿度达到100%的状况。现实中空气的相对湿度都是小于100%的，此时纱布中的水分就会蒸发，吸收汽化热，使纱布上的水温度降低。一旦纱布水温低于空气温度，热量就会从温度高的空气传递给温度低的纱布。当湿球温度计纱布中的水温降低到某一温度时，空气对流的传热量正好等于蒸发水分所需要的汽化热，则达到一种平衡状态，纱布上的水温不再变化，则此时的湿球温度的读数就是该状态空气的湿球温度。

当空气流经湿球温度计时，湿球表面的水与空气存在热湿交换，且空气状态会发生变化，其热湿比为 $\varepsilon \approx \dfrac{\Delta i}{\Delta d} \approx 4.19 t_s$，在焓湿图上，$\varepsilon = 4.19 t_s$ 的过程线即为等湿球温度线。在空调工程中，当湿球温度 $t_s \leqslant 30$ ℃ 时，热湿比 $\varepsilon = 4.19 t_s$ 的过程线与 $\varepsilon = 0$ 的等焓线非常接近，因此在实际工程中，近似地用等焓线代替等湿球温度线，所造成的误差是很小的，如图 2-7 所示。

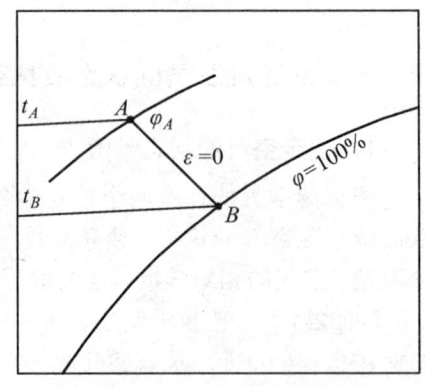

图 2-7　湿球温度的确定

【例 2-2】　已知 $B = 101\ 325$ Pa，用通风干、湿球温度计测得 $t = 40$ ℃，$t_s = 25$ ℃，试确定湿空气的其他状态参数。

【解】 在 $B=101\,325$ Pa 焓湿图上，由 t_s 与 $\varphi=100\%$ 的饱和线相交得 S 点，过 S 点作等焓线与 $t=40\,℃$ 的等温线相交于 A 点。该点就是所求的湿空气状态点，由焓湿图所知 A 状态点的其他状态参数 $\varphi_A=30\%$，$i_A=76$ kJ/kg，$d_A=14$ g/kg 干空气。A 点实际是近似状态点。实际状态点是过 S 点作 $\varepsilon=4.19t_s=4.19\times25$ kJ/kg $=104.75$ kJ/kg 的热湿比线与 $t=40\,℃$ 的等温线相交于 A' 点，A' 点才是真正的空气状态点，由焓湿图查的 $\varphi_{A'}=29.9\%$，$i_{A'}=75$ kJ/kg，$d_{A'}=13.8$ g/kg 干空气，如图 2-8 所示。

比较结果，两者误差很小，工程上为方便起见，用等焓线近似确定湿球温度即可。

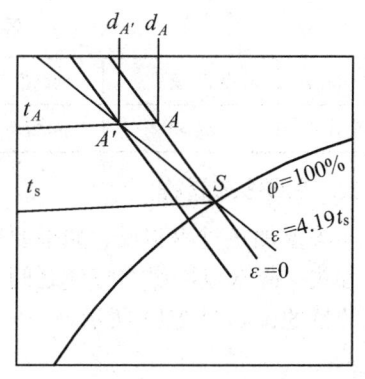

图 2-8 已知干、湿球温度确定空气状态

二、湿空气的状态变化过程

焓湿图不仅可以确定空气的状态参数，而且可以表达空气经过加热、加湿、冷却、去湿等处理过程。比较典型的空气处理过程有等湿加热过程、等湿冷却过程、等焓加湿过程、等焓减湿过程、等温加湿过程、减湿冷却（或干燥）过程。

1. 等湿加热过程

实际工作中，使湿空气温度升高可采用加热方式，如利用热水、蒸汽、电等对空气进行加热，要使湿空气含湿量不变，则热水和蒸汽不可以与空气直接接触。若要不直接接触，电加热器满足要求，如图 2-9 所示。而水和蒸汽就只有采用表面式换热器的方式，如图 2-10 所示。热水、蒸汽与空气之间通过互相不连通但又可以通过热交换的方式达到加热的目的。

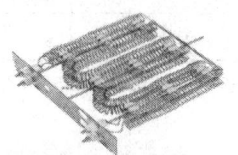 

图 2-9 电加热器　　　图 2-10 表面式换热器

表面式加热器是在管内通热媒（热水或蒸汽），管外流过空气，通过管壁将热媒的热量传给空气。而电加热器是空气与电阻丝直接接触被加热。空气经空气加热器加热后，温度升高，但含湿量没有改变，是等湿加热过程。

以电加热器的处理过程为例，如图 2-11 中过程线 1—2。

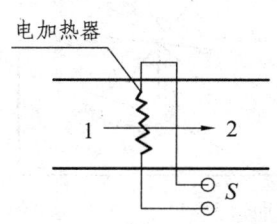 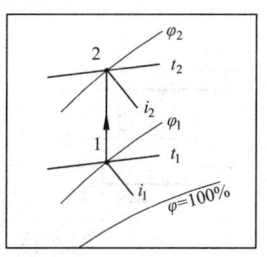

图 2-11 电加热器的处理过程

过程参数变化特点见表 2-1。

表 2-1 等湿加热过程参数变化

加热特点	温度变化	焓值变化	含湿量变化	相对湿度的变化	热湿比
等湿升温	$\Delta t > 0$	$\Delta i > 0$	$\Delta d = 0$	φ 减小	$\varepsilon \to +\infty$

2. 等湿冷却过程

与等湿加热过程相反，如果要保持湿空气含湿量不变而温度又降低也可以采用表面式冷却器的方式，冷水或冷媒与空气之间通过互相不连通但又可以通过冷表面进行热交换的方式达到降温的目的，如图 2-12 所示。

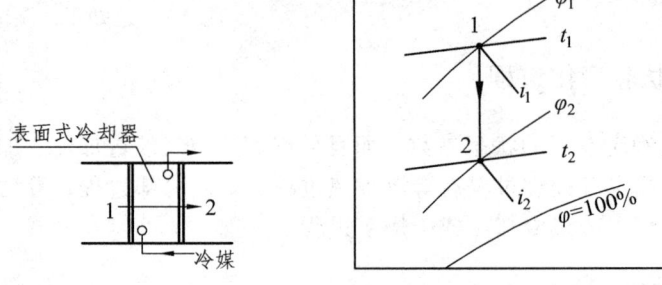

图 2-12 表面式冷却器的处理过程

过程参数变化特点见表 2-2。

表 2-2 等湿冷却过程参数变化

加热特点	冷媒温度	温度变化	焓值变化	含湿量变化	相对湿度的变化	热湿比
等湿升温	$t > t_1$	$\Delta t < 0$	$\Delta i < 0$	$\Delta d = 0$	φ 增加	$\varepsilon \to -\infty$

注：表冷器表面温度必须高于或等于湿空气的露点温度，水蒸气不凝结，含湿量才能保持不变。

（三）等焓加湿过程

湿空气加湿，意味着增加了水蒸气，也增加了焓，怎么才能保证焓值不变呢？可以采用喷水室循环水处理空气，该过程增加水蒸气，增加的焓值，与湿空气温度降低减少的焓值可以近似抵消。喷水室等焓加湿过程如图 2-13 所示。

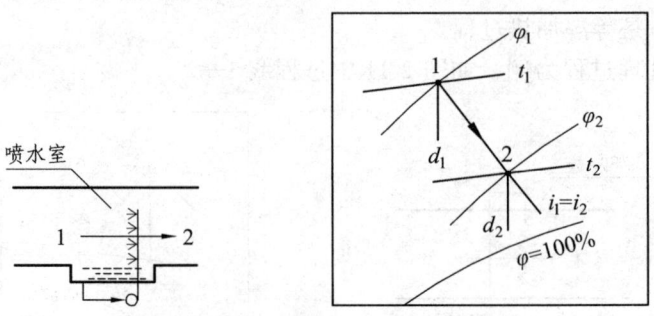

图 2-13 喷水室等焓加湿过程

过程参数变化特点见表2-3。

表2-3 等焓加湿过程参数变化

加热特点	温度变化	焓值变化	含湿量变化	相对湿度的变化	热湿比
等焓加湿	降低	$\Delta i \approx 0$	$\Delta d > 0$	φ增加	$\varepsilon = 0$

喷雾加湿空气加湿器也是等焓加湿过程，如图2-14所示。喷雾加湿原理是将常温水喷成水雾直接混入空气中，此时空气的状态变化过程和湿球温度计周围空气状态的变化过程十分相似，都是等焓加湿过程。

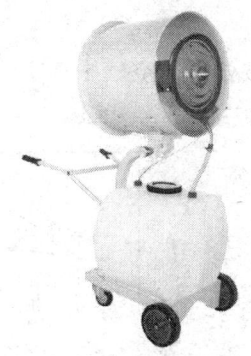 

（a）喷雾加湿器　　　　（b）工业用喷雾加湿风扇

图2-14 其他喷雾加湿设备

4. 等焓减湿过程

用固体吸湿剂（如硅胶、活性炭、分子筛，见图2-15）处理空气时，空气中的水蒸气被吸附，则空气中的水蒸气含量减少，意味着空气中的焓值降低，含湿量降低，但吸附水蒸气变为液态水会释放汽化热，使空气温度增高，则焓值增加。焓值的降低与增加基本持平，近似不变。焓湿图处理过程如图2-16所示。

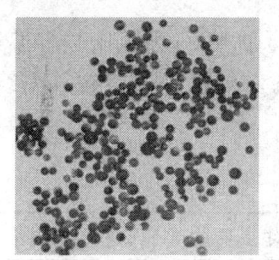  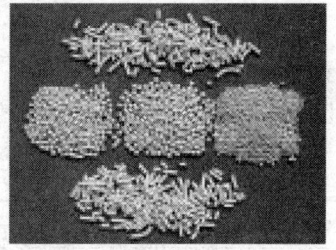

（1）硅胶　　　　　　（2）活性炭　　　　　　（3）分子筛

图2-15 固体吸湿剂

过程参数变化特点见表2-4。

表2-4 等焓减湿过程参数变化

加热特点	温度变化	焓值变化	含湿量变化	相对湿度的变化	热湿比
等焓减湿	升高	$\Delta i \approx 0$	$\Delta d < 0$	φ减少	$\varepsilon = 0$

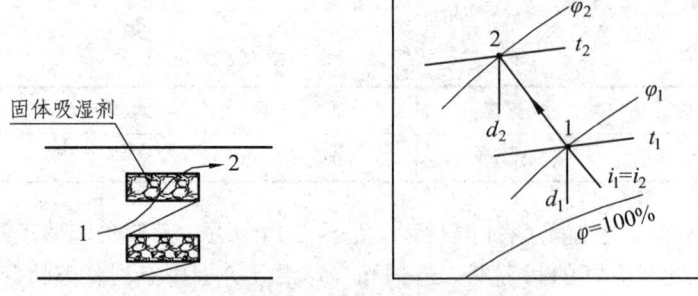

图 2-16　固体吸湿剂等焓减湿过程

5. 等温加湿过程

喷蒸汽空气加湿器是用多孔管把水蒸气直接喷入被处理的空气中，空气温度保持不变，是等温加湿过程。电加湿器也有同样作用，如图 2-17 所示。

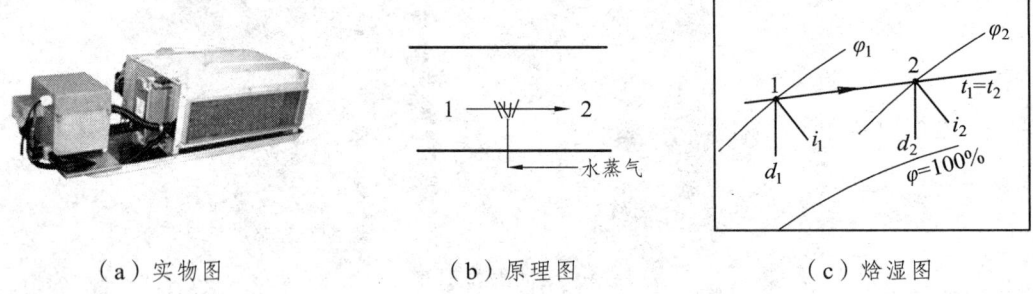

（a）实物图　　　　　　（b）原理图　　　　　　（c）焓湿图

图 2-17　水蒸气加湿器等温加湿过程

空气增加的焓值为加入的水蒸气的全热量，因此，$\Delta i = \Delta d(2\,500+1.84t)$，其中 Δd 为每千克干空气所增加的含湿量。此过程的热湿比为

$$\varepsilon = \frac{\Delta i}{\Delta d} = \frac{\Delta d \times i_q}{\Delta d} = i_q = 2\,500+1.84t_q \tag{2-11}$$

如果喷入的水蒸气温度为 100 ℃，则 $\varepsilon \approx 2\,690$，在焓湿图上，这样的热湿比与等温线近似平行，所以，在工程上，我们一般认为向空气中喷水蒸气，其状态变化过程近似按等温线进行。因此称为等温加湿过程。过程参数变化特点见表 2-5。

表 2-5　等温加湿过程参数变化

加热特点	温度变化	焓值变化	含湿量变化	相对湿度的变化	热湿比
等温加湿	几乎不变	增加	$\Delta d > 0$	φ 增加	$\varepsilon > 0$

6. 减湿冷却（或干燥）过程

空气冷却器是在管内通入冷媒，管外流过被冷却空气，如果冷媒温度过低，使空气冷却器表面温度低于空气的露点温度时，空气中的一部分水蒸气就会在冷表面凝结而使空气的含湿量降低，这时对空气的处理是减湿降温过程。液体吸湿剂处理空气的过程也是减湿冷却过程。但液体吸湿剂以减湿为主，如图 2-18 所示。过程参数变化特点见表 2-6。

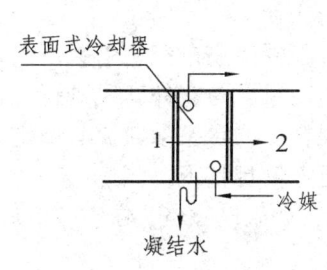 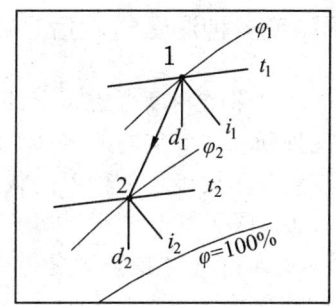

图 2-18 表面式冷却器减湿冷却（或干燥）过程

$$\varepsilon = \frac{i_2 - i_1}{\Delta d} = \frac{-\Delta i}{-\Delta d} > 0 \tag{2-12}$$

表 2-6 减湿冷却（或干燥）过程参数变化

加热特点	冷媒温度	温度变化	焓值变化	含湿量变化	相对湿度的变化	热湿比
减湿降温	$t < t_1$	$\Delta t < 0$	$\Delta i < 0$	$\Delta d < 0$	φ 通常降低	$\varepsilon > 0$

上面介绍了 6 种典型空气状态变化过程，总结归纳成图 2-19，从图中可见 h-d 图被 $\varepsilon = \pm \infty$ 和 $\varepsilon = 0$ 两条过程线分成 4 个象限，可每个象限内的空气状态变化过程的特征归纳成表 2-7。

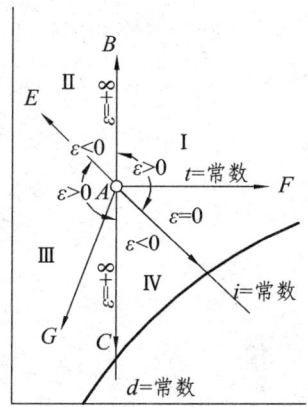

图 2-19 六种典型空气状态变化过程

表 2-7 空气状态变化的 4 个象限及特征表

象 限	热湿比	状态参数变化趋势			过程特征
		h	d	t	
Ⅰ	$\varepsilon > 0$	+	+	±	增焓增湿，喷蒸汽可近似实现等湿过程
Ⅱ	$\varepsilon < 0$	+	−	+	增焓，减湿，升温
Ⅲ	$\varepsilon > 0$	−	−	±	减焓，减湿
Ⅳ	$\varepsilon < 0$	−	+	−	减焓，增湿，降温

三、确定两种或多种湿空气混合之后的状态变化

在空调工程中，从节能角度考虑，全部处理室外新风到室内空气参数所消耗的能源较多，因此，在空调房间抽回一部分室内的空气（称为室内回风）与室外新风进行混合后再经过空气处理机组处理，就存在需要确定两种不同状态空气混合后的状态参数。其确定方法有两种，一种是公式法，另一种是图解法。利用焓湿图图解法更方便且直观。

如图 2-20 所示，A 空气与 B 空气混合成 C 状态，如果已知 A、B 空气的质量和状态参数，需要确定混合后 C 空气的状态参数。

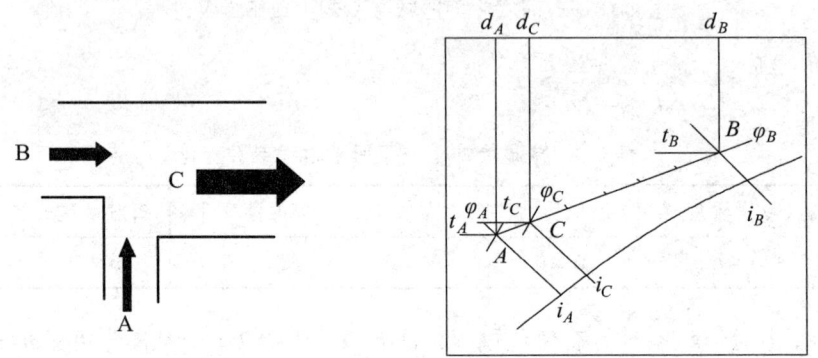

图 2-20 两种空气混合的状态变化过程

根据能量守恒和质量守恒定律，混合前后空气的能量不变，水蒸气的含量不变，有下面的表达式：

$$G_A i_A + G_B i_B = G_C i_C = (G_A + G_B) i_C$$

$$G_A d_A + G_B d_B = G_C d_C = (G_A + G_B) d_C$$

可得：

$$\frac{G_A}{G_B} = \frac{i_B - i_C}{i_C - i_A} = \frac{d_B - d_C}{d_C - d_A} \tag{2-13}$$

则

$$\frac{\overline{BC}}{\overline{CA}} = \frac{i_B - i_C}{i_C - i_A} = \frac{d_B - d_C}{d_C - d_A} = \frac{G_A}{G_B} \tag{2-14}$$

根据式（2-14），就可求出 C 点的焓值和含湿量，其他状态参数也就可以查出来。根据式（2-14）可知参与混合的两种空气质量与混合点 C 将线段 AB 分成两段的长度成反比，并且混合点靠近质量大的空气状态一端。

【例 2-3】 某空调系统采用两种状态空气混合，已知 $G_A = 3\,000 \text{ kg/h}$，$t_A = 20\,°\text{C}$，$\varphi_A = 55\%$，$G_B = 600 \text{ kg/h}$，$t_B = 33\,°\text{C}$，$\varphi_B = 80\%$，求混合后空气的状态（当地大气压力 $B = 101\,325 \text{ Pa}$）。

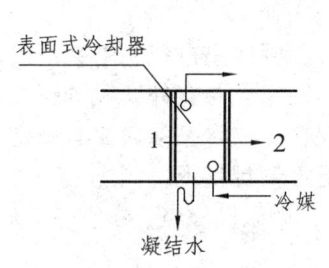 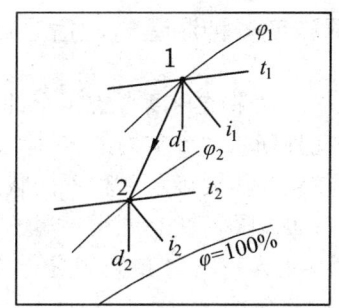

图 2-18 表面式冷却器减湿冷却（或干燥）过程

$$\varepsilon = \frac{i_2 - i_1}{\Delta d} = \frac{-\Delta i}{-\Delta d} > 0 \qquad (2\text{-}12)$$

表 2-6 减湿冷却（或干燥）过程参数变化

加热特点	冷媒温度	温度变化	焓值变化	含湿量变化	相对湿度的变化	热湿比
减湿降温	$t < t_1$	$\Delta t < 0$	$\Delta i < 0$	$\Delta d < 0$	φ 通常降低	$\varepsilon > 0$

上面介绍了 6 种典型空气状态变化过程，总结归纳成图 2-19，从图中可见 $h\text{-}d$ 图被 $\varepsilon = \pm\infty$ 和 $\varepsilon = 0$ 两条过程线分成 4 个象限，可每个象限内的空气状态变化过程的特征归纳成表 2-7。

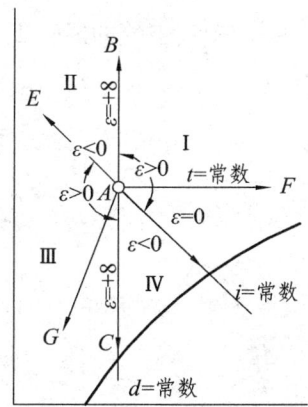

图 2-19 六种典型空气状态变化过程

表 2-7 空气状态变化的 4 个象限及特征表

象限	热湿比	状态参数变化趋势			过程特征
		h	d	t	
Ⅰ	$\varepsilon > 0$	+	+	±	增焓增湿，喷蒸汽可近似实现等湿过程
Ⅱ	$\varepsilon < 0$	+	−	+	增焓，减湿，升温
Ⅲ	$\varepsilon > 0$	−	−	±	减焓，减湿
Ⅳ	$\varepsilon < 0$	−	+	−	减焓，增湿，降温

三、确定两种或多种湿空气混合之后的状态变化

在空调工程中，从节能角度考虑，全部处理室外新风到室内空气参数所消耗的能源较多，因此，在空调房间抽回一部分室内的空气（称为室内回风）与室外新风进行混合后再经过空气处理机组处理，就存在需要确定两种不同状态空气混合后的状态参数。其确定方法有两种，一种是公式法，另一种是图解法。利用焓湿图图解法更方便且直观。

如图 2-20 所示，A 空气与 B 空气混合成 C 状态，如果已知 A、B 空气的质量和状态参数，需要确定混合后 C 空气的状态参数。

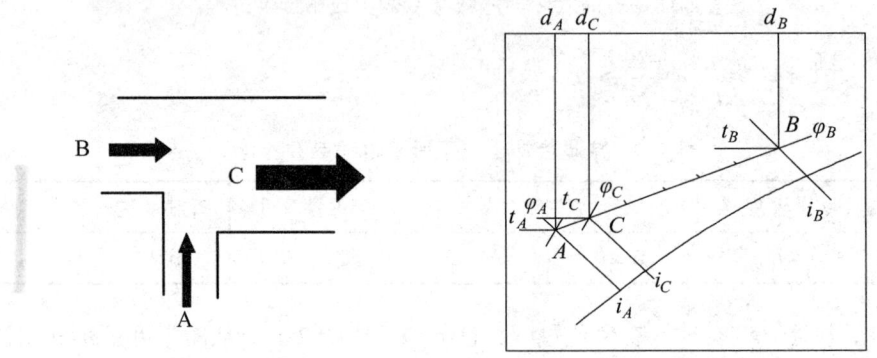

图 2-20 两种空气混合的状态变化过程

根据能量守恒和质量守恒定律，混合前后空气的能量不变，水蒸气的含量不变，有下面的表达式：

$$G_A i_A + G_B i_B = G_C i_C = (G_A + G_B) i_C$$

$$G_A d_A + G_B d_B = G_C d_C = (G_A + G_B) d_C$$

可得：

$$\frac{G_A}{G_B} = \frac{i_B - i_C}{i_C - i_A} = \frac{d_B - d_C}{d_C - d_A} \quad (2\text{-}13)$$

则

$$\frac{\overline{BC}}{\overline{CA}} = \frac{i_B - i_C}{i_C - i_A} = \frac{d_B - d_C}{d_C - d_A} = \frac{G_A}{G_B} \quad (2\text{-}14)$$

根据式（2-14），就可求出 C 点的焓值和含湿量，其他状态参数也就可以查出来。根据式（2-14）可知参与混合的两种空气质量与混合点 C 将线段 AB 分成两段的长度成反比，并且混合点靠近质量大的空气状态一端。

【例 2-3】 某空调系统采用两种状态空气混合，已知 $G_A = 3\,000$ kg/h，$t_A = 20$ ℃，$\varphi_A = 55\%$，$G_B = 600$ kg/h，$t_B = 33$ ℃，$\varphi_B = 80\%$，求混合后空气的状态（当地大气压力 $B = 101\,325$ Pa）。

（1）图解法。

【解】 在 $B = 101\,325$ Pa 的 h-d 图上根据已知条件确定空气状态点 A、B，并连接成直线段。混合点 C 的位置满足下式：

$$\frac{\overline{BC}}{\overline{CA}} = \frac{G_A}{G_B} = \frac{3\,000}{600} = \frac{5}{1}$$

在图上将 AB 线段分成6等分，混合点 C 靠近 A 状态一端的一等分处，查图可知混合点 C 的状态参数 $t_C = 22\ ℃$，$\varphi_C = 65\%$，$i_C = 50.3$ kJ/kg（干空气），$d_C = 10.9$ g/kg（干空气）。

（2）公式法。

【解】 先根据已知参数在 h-d 图上查出 i_A、d_A、i_B、d_B，根据下列公式计算：

$$i_C = \frac{G_A i_A + G_B i_B}{G_A + G_B} = 50.3\ \text{kJ/kg}（干空气）$$

$$d_C = \frac{G_A d_A + G_B d_B}{G_A + G_B} = 10.9\ \text{g/kg}（干空气）$$

其他参数根据焓值与含湿量在焓湿图上查得。

项目3 空调冷、热、湿负荷确定方法

空调负荷是空调设计和合理选用空调设备的主要依据。空调负荷包括空调房间负荷、新风负荷、空调系统及制冷系统负荷。空调房间热湿负荷来源很多，总结有以下几方面的因素：

（1）热负荷来源。
① 通过房间建筑围护结构传入室内的热量。
② 建筑外窗进入房间的太阳热辐射。
③ 房间照明设备的散热量。
④ 房间人体的散热。
⑤ 房间内的电器设备或其他热源的散热。
⑥ 室外空气渗入房间的热量。
⑦ 伴随散湿过程产生的潜热等。

（2）湿负荷来源。
① 房间内人体散湿量。
② 房间设备、器具散湿量。
③ 潮湿物体表面或液体表面散湿量。
④ 各种物料或饮料散湿量。

综合起来，热湿负荷来源分为室内和室外两部分。在进行冷负荷计算之前，必须先确定室内外的计算参数。

知识点 1 室内外计算参数的确定

一、室外空气的计算参数

室外空气计算参数是负荷计算的重要基础数据,《民用建筑供暖通风与空气调节设计规范》（GB 50736—2016）以全国地级单位划分为基础，结合国家气象局气象观测台站的设置，基本保证每地级单位 1 个台站，直辖市 3 个台站，共计选取 347 个台站制作了室外空气计算参数表，具体参见《民用建筑供暖通风与空气调节设计规范》（GB 50736—2016）。

近年来受温室效应的影响，全球气候变化较大，室外空气计算参数随环境温度的变化也发生了改变。规范选取 30 年（1970 年 1 月 1 日至 2000 年 12 月 31 日）的 6 小时定时观测数据为基础进行计算，总体来说，夏季计算参数变化不大，冬季北方供暖城市计算参数有上升现象。我国使用的室外空气计算参数确定方法与国外不同，一般是按平均或累年不保证日（时）数确定。

空调室外空气的计算参数是指现行空调设计规范中所规定的用于空调设计计算的室外参数。室外参数选取的合理与否，直接影响到室内空气的状态和空调系统的初投资额的大小。

二、空气的室内计算参数

（1）舒适性空调根据最新设计规范规定，参照表 2-8 选择室内计算参数。

表 2-8 长期逗留区域空气调节室内计算参数

参数	热舒适度等级	温度/°C	相对湿度/%	风速/（m/s）
冬季	Ⅰ级	22~24	30~60	≤0.2
冬季	Ⅱ级	18~21	≤60	≤0.2
夏季	Ⅰ级	24~26	40~70	≤0.25
夏季	Ⅱ级	27~28	40~70	≤0.25

民用建筑短期逗留区域空气调节室内计算参数，可在长期逗留区域参数基础上适当放低要求。夏季空调室内计算温度宜在长期逗留区域基础上提高 2 °C，冬季空调室内计算温度宜在长期逗留区域基础上降低 2 °C。常见建筑类型的室内计算参数见表 2-9。

表 2-9 常见建筑类型的室内计算参数

建筑类型	房间类型	夏季 温度/°C	夏季 相对湿度/%	夏季 气流速度/(m/s)	冬季 温度/°C	冬季 相对湿度/%	冬季 气流速度/(m/s)
住宅	卧室和起居室	26~28	64~45	≤0.3	18~20	—	≤0.2
旅馆	客厅	24~27	65~50	≤0.25	18~22	50~40	≤0.15
旅馆	宴会厅、餐厅	24~27	65~55	≤0.25	18~22	50~40	≤0.15
旅馆	文体娱乐房间	25~27	60~40	≤0.3	18~20	50~40	≤0.2

续表

建筑类型	房间类型	夏季			冬季		
		温度/℃	相对湿度/%	气流速度/(m/s)	温度/℃	相对湿度/%	气流速度/(m/s)
旅馆	大厅、休息厅	26~28	65~50	≤0.3	16~18	50~40	≤0.2
医院	病房	25~27	65~45	≤0.3	18~22	55~40	≤0.2
	手术室、产房	25~27	60~40	≤0.2	22~26	60~40	≤0.2
	检查室、诊断室	25~27	60~40	≤0.25	18~22	60~40	≤0.2
办公楼	一般办公室	26~28	<65	≤0.3	18~20	—	≤0.2
	高级办公室	24~27	60~40	≤0.3	20~22	55~40	≤0.2
	会议室	25~27	<65	≤0.3	16~18	—	≤0.2
	计算机房	25~27	65~45	≤0.3	16~18	—	≤0.2
	电话机房	24~28	65~45	≤0.3	18~20	—	≤0.2
影剧院	观众厅	26~28	≤65	≤0.3	16~18	≥35	≤0.2
	舞台	25~27	≤65	≤0.3	16~20	≥35	≤0.2
	化妆室	25~27	<60	≤0.3	18~22	≥35	≤0.2
	休息室	28~30	<65	≤0.3	16~18	—	≤0.2
学校	教室	26~28	≤65	≤0.3	16~18	—	≤0.2
	礼堂	26~28	≤65	≤0.3	16~18	—	≤0.2
	实验室	25~27	≤65	≤0.3	16~20	—	≤0.2
图书馆	阅览室	26~28	65~45	≤0.3	16~18	—	≤0.2
博物馆美术馆	展览厅	26~28	60~45	≤0.3	16~18	50~40	≤0.2
	档案库和书库	22~24	60~45	≤0.3	12~16	60~45	≤0.2
档案馆	缩微胶片库	20~22	50~30	≤0.3	12~16	50~30	≤0.2
体育馆	观众席	26~28	≤65	0.15~0.3	16~18	50~35	≤0.2
	比赛厅	26~28	≤65	0.2~0.5（乒乓球）≤0.2（羽毛球）	16~18	—	≤0.2
	练习厅	26~28	≤65	0.2~0.5（乒乓球）≤0.2（羽毛球）	16~18	—	≤0.2
	游泳池大厅	25~28	≤75	0.15~0.3	25~27	≤75	≤0.2
	休息厅	28~30	≤65	≤0.5	16~18	—	≤0.2
百货商店	营业厅	26~28	65~50	0.2~0.3	16~18		0.1~0.3
电视、广播中心	播音室、演播室	25~27	60~40	≤0.3	18~20	50~40	≤0.2
	控制室	24~26	60~40	≤0.3	20~22	55~40	≤0.2
	机房	25~27	60~40	≤0.3	16~18	55~40	≤0.2
	节目制作室、录音室	25~27	60~40	≤0.3	18~20	50~40	≤0.2

（2）工艺性空调工艺性空调室内温、湿度基数及其允许波动范围，应根据工艺需要并考虑必要的卫生条件来确定。活动区的风速冬季不宜大于 0.3 m/s，夏季宜采用 0.2~0.5 m/s；当室内温度高于 30 ℃，可大于 0.5 m/s。

对于设置工艺性空调的民用建筑，其室内参数应根据工艺要求，并考虑必要的卫生条件确定。在可能的条件下，应尽量提高夏季室内温度基数，以节省建设投资和运行费用。另外，室温基数过低（如 20 ℃），由于夏季室内外温差太大，工作人员普遍感到不舒适，室温基数提高一些，对改善室内工作人员的卫生条件也是有好处的。

知识点 2 空调房间的冷负荷

空调冷负荷计算方法很多，如谐波反应法、反应系数法、传递函数法和冷负荷系数法。我国目前常采用谐波反应法和冷负荷系数法的简化计算空调冷负荷。谐波反应法是很多计算机软件计算的基础，而冷负荷系数法比较便于工程上手工计算。现将具体计算方法介绍如下：

一、维护结构瞬变传热形成冷负荷

1. 外墙和屋顶瞬变传热引起的冷负荷

在日射和室外气温综合作用下，外墙和屋顶瞬变传热形成的逐时冷负荷可按式（2-15）计算：

$$LQ_1 = F \times K \times (t_w - t_n) \tag{2-15}$$

式中　LQ_1——外墙或屋顶瞬变传热形成的逐时冷负荷，W；
　　　F——外墙或屋顶的计算面积，m²；
　　　K——外墙或屋顶的传热系数，W/(m²·K)，具体数据查相关设计手册；
　　　t_n——夏季空调室内计算温度，℃；
　　　t_w——外墙或屋顶的冷负荷计算室外温度的逐时值，单位℃，具体数据查相关设计手册。

（1）各围护结构的冷负荷温度的逐时值都是以北京地区气象参数数据为依据计算出来的，对于不同设计地点，应对 t_w 值进行地点修正。

（2）当外表面传热系数不等于 18.6 W/(m²·K)时，应将 $t_w + t_d$ 值乘以外表面传热系数修正值 K_α 和外表面吸收系数修正值 K_ρ 进行修正。

（3）当内表面换热系数不同时，可不加修正。

修正后的公式如下：

$$LQ_1 = F \times K \times [(t_w + t_d)K_\alpha K_\rho - t_n] \tag{2-16}$$

式中　t_d——地点修正值，℃；具体数据查相关设计手册；
　　　K_α——外表面传热系数修正值，具体数据查相关设计手册；
　　　K_ρ——外表面吸收系数修正值，考虑到城市大气污染和中浅颜色耐久性差的原因，建议吸收系数均采用 $K_\rho = 0.9$，即对 t_w 不加吸收系数修正。

2. 内墙、楼板等室内维护结构传热形成的瞬时冷负荷

当空调房间的温度与相邻非空调房间的温度大于 3 ℃ 时，需要考虑内维护结构的温差传热对空调房间形成的瞬时负荷。内围护结构是指内隔墙及内楼板，它们的冷负荷也是通过温差传热（即与邻室的温差）而产生的，这部分冷负荷可视为不随时间而变化的稳定传热，可按如下的稳定传热公式计算：

$$LQ_2 = F \times K \times (t_{wp} + \Delta t_{ls} - t_n) \tag{2-17}$$

式中 LQ_2——室内维护结构传热形成的瞬时冷负荷，W；
F——内维护结构传热面积，m^2；
K——内维护结构的传热系数，$W/(m^2 \cdot K)$，具体数据查相关设计手册；
t_n——夏季空调室内设计温度，℃；
t_{wp}——夏季空调室外计算日平均温度，℃；
Δt_{ls}——相邻房间的平均计算温度与夏季空调室外计算日平均温度的差值，即附加温升，℃，见表2-10。

表 2-10 附加温升 Δt_{ls}

邻室散热量/(W/m²)	Δt_{ls}/℃	邻室散热量/(W/m²)	Δt_{ls}/℃
很少（如办公室、走廊）	0~2	23~116	5
<23	3	>116	7

3. 外玻璃窗瞬变传热引起的冷负荷

在室内外温差作用下，玻璃窗瞬变传热引起的逐时冷负荷，可按式（2-18）计算：

$$LQ_3 = F \times K \times (t_1 - t_n) \tag{2-18}$$

式中 LQ_3——外玻璃窗瞬变传热引起的冷负荷，W；
F——外玻璃窗面积，m^2；
K——玻璃窗的传热系数，$W/(m^2 \cdot K)$，具体数据查相关设计手册；
t_n——夏季空调室内设计温度，℃；
t_1——玻璃窗冷负荷计算室外温度的逐时值，℃，具体数据查相关设计手册。

（1）如果计算地点不是北京，则应进行地点修正。
（2）对窗玻璃的 K 值，要根据窗框和遮阳等情况不同加以修正，即乘以玻璃窗传热系数的修正值 C_K，见表 2-11 所示。

表 2-11 玻璃窗传热系数的修正值 C_K

窗框类型	单层窗	双层窗	窗框类型	单层窗	双层窗
全部玻璃	1.00	1.00	木窗框，60%玻璃	0.80	0.85
木玻璃，80%玻璃	0.90	0.95	金属窗框，80%玻璃	1.00	1.20

修正后的公式如下：

$$LQ_3 = F \times K \times C_K \times (t_1 + t_d - t_n) \tag{2-19}$$

式中 t_d——地点修正值，℃；
C_K——玻璃窗传热系数的修正值。

二、透过玻璃进入室内的日射得热形成的冷负荷

无外遮阳时，通过日射得热形成的逐时冷负荷 LQ_4 可按式（2-20）计算：

$$LQ_4 = A \times C_Z \times D_{j,max} \times C_{LQ} \tag{2-20}$$

式中 LQ_4——透过玻璃进入室内的日射得热形成的冷负荷，W；
A——玻璃窗的净面积，单位 m^2，是窗口面积 F 乘以有效面积系数 C_α，C_α 具体数据查表 2-12。
C_Z——玻璃窗的综合遮挡系数，$C_Z = C_S C_n$；
C_S——玻璃窗的遮阳系数，见表 2-13；
C_n——室内遮阳设施的遮阳系数，见表 2-14；
$D_{j,max}$——日射得热因数的最大值，W/m^2，见表 2-15。
C_{LQ}——太阳辐射冷负荷系数，查相关设计手册。C_{LQ} 值按南北方的划分而不同，南北方划分标准为建筑地点在北纬 27°30′ 以南的地区为南方，该纬度以北的地区为北方。

表 2-12 有效面积系数 C_α

窗的类别	单层钢窗	单层木窗	双层钢窗	双层木窗
有效面积系数 C_α	0.85	0.70	0.75	0.60

表 2-13 玻璃窗的遮阳系数 C_S

玻璃类型	厚度/mm	C_S	玻璃类型	厚度/mm	C_S
单层透明普通玻璃	3	1.00	双层透明浮法玻璃	6+6	0.84
	5	0.93	茶色浮法玻璃+透明浮法玻璃	4+4	0.66
	6	0.89		6+6	0.55
单层浅蓝色吸热玻璃	3	0.96		10+6	0.40
	5	0.88	灰色浮法玻璃+透明浮法玻璃	4+4	0.63
	6	0.83		6+6	0.55
双层透明普通玻璃	3+3	0.86		10+6	0.40
	5+5	0.78	绿色浮法玻璃+透明浮法玻璃	6+6	0.55
	6+6	0.74			

注：表中 C_S 对应的内、外表面换热系数为 $\alpha_n = 8.7 \ W/(m^2 \cdot K)$ 和 $\alpha_w = 18.6 \ W/(m^2 \cdot K)$。

表 2-14　室内遮阳设施的遮阳系数 C_n

内遮阳类型	颜色	C_n	内遮阳类型	颜色	C_n
白布帘	浅色	0.50	深黄布帘、紫红布帘、深绿布帘	深色	0.65
浅蓝布帘	中间色	0.60	活动百叶帘（叶片45°）	白色	0.60
窗上涂白	白色	0.6	活动百叶帘（叶片45°）	淡黄色	0.68
毛玻璃	次白色	0.4	活动百叶帘（叶片45°）	浅灰色	0.75

表 2-15　夏季各纬度带的日射得热因数最大值 $D_{j,max}$　　（单位：W/m²）

纬度带	朝向								
	S	SE	E	NE	N	NW	W	SW	水平
20°	130	311	541	465	130	465	541	311	876
25°	146	332	509	421	134	421	509	332	834
30°	174	374	539	415	115	415	539	374	833
35°	251	436	575	430	122	430	575	436	844
40°	302	477	599	442	114	442	599	477	842
45°	368	508	598	432	109	432	598	508	811
拉萨	174	462	727	592	133	593	727	727	991

注：每一纬度带包括的宽度为 ±2°30′。

有外遮阳时，通过日射得热形成的逐时冷负荷 LQ_4 可按下式计算：

$$LQ_4 = LQ_s + LQ_r = F_s \times C_Z \times D_{j,max北向} \times C_{LQ北向} + F_r \times C_Z \times D_{j,max} \times C_{LQ} \qquad (2-21)$$

式中　F_s——窗户的阴影面积，m²；

　　　F_r——窗户的照光面积，m²；

　　　$D_{j,max北向}$——北向的日射得热因数的最大值，W/m²；

　　　$C_{LQ北向}$——北向玻璃窗冷负荷系数。

三、室内热源散热形成的冷负荷

室内热源包括照明散热、人体散热及工艺设备散热等。室内热源散出的热量包括显热和潜热两部分，潜热散热作为瞬时冷负荷，显热散热中对流热成为瞬时负荷，而辐射热则先被维护结构等物体表面所吸收，然后再缓慢地逐渐散出，形成滞后冷负荷。因此，必须采用相应的冷负荷系数进行计算。

1. 照明散热形成的冷负荷

照明散热属于稳定得热，电压稳定，得热量是不随时间变化的。照明设备所散发的热量由对流和辐射两部分组成，照明散热形成的冷负荷，可按下式计算：

白炽灯：

$$LQ_5 = 1\,000 \times N \times C_{LQ} \tag{2-22}$$

荧光灯：

$$LQ_5 = 1\,000 \times n_1 \times n_2 \times N \times C_{LQ} \tag{2-23}$$

式中　LQ_5——照明散热形成的冷负荷，W；

　　　N——照明灯具所需功率，W；

　　　n_1——镇流器消耗功率系数，当明装荧光灯的镇流器装在房间内时，取 $n_1 = 1.2$，当暗装荧光灯镇流器装在空调房间内时，取 $n_1 = 1.2$；

　　　n_2——灯罩隔热系数，当荧光灯罩上部穿有小孔（下部为玻璃板），可利用自然通风散热于顶棚内时，取 $n_2 = 0.5 \sim 0.6$，而荧光灯罩无通风孔者，则视顶棚内通风情况，取 $n_2 = 0.6 \sim 0.8$；

　　　C_{LQ}——照明散热冷负荷系数，根据明装和暗装荧光灯及白炽灯，按照不同的空调设备运行时间和开灯时间及开灯后的小时数，由相关的设计手册查得。

2. 人体散热形成的冷负荷

人体散热引起的冷负荷，可按下式计算：

$$LQ_6 = LQ_{显热} + LQ_{潜热} \tag{2-24}$$

可得

$$LQ_6 = q_s \times n \times n' \times C_{LQ} + q_L \times n \times n' \tag{2-25}$$

式中　LQ_6——人体散热形成的冷负荷，W；

　　　$LQ_{显热}$——人体显热散热形成的冷负荷，W；

　　　$LQ_{潜热}$——人体潜热散热形成的冷负荷，W；

　　　C_{LQ}——人体显热散热冷负荷系数，查相关设计手册。

　　　q_s——成年男子的显热散热量，W，见表2-16；

　　　n——室内全部人数；

　　　q_L——成年男子的潜热散热量，W，见表2-16；

　　　n'——群集系数，见表2-17。

表2-16　不同室温和劳动性质下成年男子的散热量和散湿量

体力活动性质		热量湿量	室温/℃										
			20	21	22	23	24	25	26	27	28	29	30
静坐	影剧院	显热	84	81	78	74	71	67	63	58	53	48	43
	会议室	潜热	26	27	30	34	37	41	45	50	55	60	65
	阅览室	全热	110	108	108	108	108	108	108	108	108	108	108
		散湿量	38	40	45	45	56	61	68	75	82	90	97

续表

体力活动性质		热量湿量	室温/°C										
			20	21	22	23	24	25	26	27	28	29	30
极轻劳动	旅馆	显热	90	85	79	75	70	65	61	57	51	45	41
	体育馆	潜热	47	51	56	59	64	69	73	77	83	89	93
	手表装配	全热	137	135	135	134	134	134	134	134	134	134	134
	电子元件	散湿量	69	76	83	89	96	109	109	115	132	132	139
轻度劳动	百货商店	显热	93	87	81	76	70	64	58	51	47	40	35
	实验室	潜热	90	94	100	106	112	117	123	130	135	142	147
	计算机房	全热	183	181	181	182	182	181	181	181	182	182	182
		散湿量	134	140	150	158	167	175	184	194	203	212	220
重度劳动	排练厅	显热	169	163	157	151	145	140	134	128	122	116	110
	室内运动场	潜热	238	244	250	256	262	267	273	279	285	291	297
		全热	407	407	407	407	407	407	407	407	407	407	407
		散湿量	356	365	373	382	391	400	408	417	425	434	443

注：热量单位 W，散湿量单位 g/h。

表 2-17　不同建筑类别的群集系数 n'

工作场所	影剧院	百货商店（售货）	旅馆	体育馆	图书阅览室	工厂轻劳动	银行	工厂重劳动
群集系数	0.89	0.89	0.93	0.92	0.96	0.90	1.0	1.0

3. 设备和用具的散热量引起的冷负荷

设备和用具的散热量引起的冷负荷，可按式（2-26）计算：

$$LQ_7 = Q \times C_{LQ} + Q_q \tag{2-26}$$

式中　LQ_7——设备和用具的散热量引起的冷负荷，W；

Q——设备和用具实际的显热散热量，W；

C_{LQ}——设备和用具散热冷负荷系数，由相关的设计手册查得；

Q_q——设备和用具实际的潜热散热量，W。

常用家用电器的设备功率、运行时间、散热量和散湿量由相关的设计手册查得。

设备和用具的实际显热散热量按下面的方法计算。

（1）电动设备。

当工艺设备及其电动机都放在室内时：

$$Q = \frac{1\,000 n_1 n_2 n_3 N}{\eta} \tag{2-27}$$

当只有工艺设备在室内，而电动机不在室内时：

$$Q = 1\,000 n_1 n_2 n_3 N \tag{2-28}$$

当只有电动机放在室内时:

$$Q = 1\,000 n_1 n_2 n_3 N \frac{1-\eta}{\eta} \tag{2-29}$$

式中　N——电动设备的安装功率,kW;

　　　η——电动机效率,可由产品样本查得;

　　　n_1——利用系数,即电动机最大实耗功率与安装功率之比,反映安装功率的利用程度,一般取 0.7~0.9;

　　　n_2——电动机负荷系数,即电动机每小时平均实际消耗功率与设计的最大功率之比,反映了平均负荷达到最大负荷的程度,一般取 0.5 左右,精密机床可取 0.15~0.4;

　　　n_3——同时使用系数,即室内电动机同时使用的安装功率与总安装功率之比,一般取 0.5~0.8。

(2) 电热设备。

对于无保温密闭罩的电热设备,按式(2-30)计算:

$$Q = 1\,000 n_1 n_2 n_3 n_4 N \tag{2-30}$$

式中　n_4——考虑排风带走的热量系数,一般取 0.5。

(3) 电子设备。

计算公式同只有电动机放在室内时的电动设备:

$$Q = 1\,000 n_1 n_2 n_3 N \frac{1-\eta}{\eta} \tag{2-31}$$

式中系数 n_2 的值根据使用情况而定,对于计算机可取 1.0,一般仪表取 0.5~0.9。

四、新风负荷

空调系统中引入室外新鲜空气(简称新风)是保障良好的室内空气品质的关键。在夏季,当室外空气焓值和气温分别高于室内空气焓值和气温时,空调系统为处理新风也要消耗冷量。而冬季室外气温比室内气温低且含湿量也低时,空调系统为加热、加湿新风同样需要消耗能量,此时新风负荷体现为热负荷。本书中论述的新风负荷以夏季冷负荷为主。

1. 新风量的确定

新风量的确定遵循三条原则:

(1) 补充局部排风的排风量。如房间设有机械排风时,新风量应能补充这部分排风量的要求。

(2) 保证空调房间正压要求的正压风量。空调房间相对于室外保持正压是为了防止室外空气渗入空调房间内,干扰室内空调参数。空调房间正压值按规范规定不应大于 50 Pa,通常保持 5~10 Pa 即可。

(3) 卫生标准要求的风量。民用建筑中人员所需要的最小新风量按国家卫生标准确定。

根据上述三项计算取最大值确定新风量或参照新风量约为送风量的 10%~15% 来确定。

公共建筑主要房间每人所需最小新风量应符合《民用建筑供暖通风与空气调节设计规范》（GB 50736—2016）的规定，见表2-18。

表2-18 民用建筑主要房间每人所需最小新风量　　　　单位：$m^3/(h·人)$

建筑类型	新风量	建筑类型	新风量
办公室	30	美容室	45
客房	30	理发室	20
多功能厅	20	宴会厅	20
大堂	10	餐厅	20
四季厅	10	咖啡厅	10
游艺厅	30		

注：旅馆客房等的卫生间，当其排风量大于本表，则新风量应按排风量确定。

设置新风系统的居住建筑和医院建筑，其设计最小新风量宜按照换气次数法确定。

由于居住建筑和医院建筑的建筑污染部分比重一般要高于人员污染部分，按照现有人员新风量指标所确定的新风量没有考虑建筑污染部分，从而不能保证始终完全满足室内卫生要求。因此，对于这两类建筑应将建筑的污染构成按建筑污染与人员污染同时考虑，并以换气次数的形式给出所需最小新风量。其中，居住建筑的换气次数参照 ASHRAE9 Standard 62.1—2007 确定，医院建筑的换气次数按照日本医院设计和管理指南（HEAS-02—2004）确定，结果见表2-19。

表2-19 住宅和医院建筑最小新风量　　　　单位：h^{-1}

建筑类型	房间形式	换气次数
居住建筑	人均居住面积≤10 m^2	0.70
	10 m^2＜人均居住面积≤20 m^2	0.60
	20 m^2＜人均居住面积≤50 m^2	0.50
	人均居住面积＞50 m^2	2
医院建筑	门诊室	2
	病房	2
	手术室	5

高密人群建筑设计最小新风量宜按照不同人员密度下的每人所需最小新风量确定。

按照目前我国现有新风量指标，计算得到的高密人群建筑新风量所形成的新风负荷在空调负荷中的比重一般高达20%～40%，对于人员密度超高建筑，新风能耗有时会高到人们难以接受的程度；另一方面，高密人群建筑的人流量变化幅度大，且受季节、气候和节假日等因素影响明显。因此，该类建筑应该考虑不同人员密度条件下对新风量指标的具体要求，并且应重视室内人员的适应性和控制一定比例的不满意率等因素对新风量指标的影响。鉴于此，为了反映以上因素对新风量指标的具体要求，该类建筑新风量大小宜参考 ASHRAE Standard 62.1—2007 的规定设计，其对不同人员密度下的每人所需最小新风量做出的规定见表2-20。

表 2-20　不同人员密度下的每人所需最小新风量　　　　　单位：m³/(h·人)

建筑对象	人员密度 PF（人/m²）		
	PF≤0.4	0.4 < PF≤1.0	PF > 1.0
影剧院	13	10	9
音乐厅	13	10	9
商场	17	15	14
超市	17	15	14
歌厅	22	19	18
游艺厅	26	18	16
酒吧	25	17	15
多功能厅	13	10	9
宴会厅	25	18	15
餐厅	25	18	15
咖啡厅	13	10	9
体育馆	17	15	14
健身房	40	37	36
保龄球房	26	20	19
图书馆	17	11	10
教室	26	20	19
博物馆	17	15	14
展览厅	17	15	14
大会厅	13	10	9
交通工具等候室	17	15	14

2. 新风负荷的确定

在湿空气的 $h\text{-}d$ 图上，根据设计的室外空气的夏季空调计算干球温度 t_w 和湿球温度 t_{ws} 确定新风状态点 W 得出新风的焓 t_W；根据室内空气的设计温度 t_N 和相对湿度 φ_N，确定回风状态点 N（也就是室内空气设计状态点），得出回风的焓 i_N，则夏季空调的新风冷负荷 LQ_w 可按下式计算：

$$LQ_w = 1.2 \times L_W \times (i_w - i_N) \tag{2-32}$$

式中　LQ_w——夏季空调的新风冷负荷，W；
　　　L_W——新风量，m³/h；
　　　i_W——新风状态点 W 的焓值，kJ/kg；
　　　i_N——回风状态点 N 的焓值，kJ/kg；
　　　1.2——空气在 20 ℃ 的密度，kg/m³。

五、空调房间冷负荷汇总

前面已分项介绍了空调房间各项冷负荷的计算方法，它们大多是按不稳定得热计算得到的逐时值。同一项冷负荷不同时刻的逐时值一般不同；同一时刻各项冷负荷逐时值相加的结构也随钟点而异。设计规范规定：空调房间的夏季冷负荷，应按各项逐时冷负荷的综合最大值确定，具体方法为：

分项计算各项得热引起的冷负荷的逐时值，计算时间一般取 7:00—19:00，外墙负荷、窗日射负荷应按南、东、西、北等各朝向分别逐时计算，再按钟点将各朝向的冷负荷逐时相加。将同一时刻点的各项冷负荷抄列于表 2-21 中，并逐时相加得出各时刻点的各项冷负荷的总和。考虑最不利情况，取上表中逐时累计的各项冷负荷总和中的最大值作为该空调房间的冷负荷。如果空调系统中新风直接送入房间处理（新风不承担室内空气负荷时），则空调房间冷负荷还应包括新风负荷。

表 2-21　各项冷负荷汇总表　　　　　　　　　　单位：W

项目	时间				
	7:00	8:00	……	18:00	19:00
外墙负荷					
内墙负荷					
屋面负荷					
窗传热负荷					
窗日射负荷					
照明负荷					
人员负荷					
设备负荷					
$\sum LQ$					

六、建筑空调系统冷负荷的确定

多个房间共用同一空调系统时，空调系统的冷负荷可按上述方法算出的各个房间的空调逐时综合冷负荷相加，并取逐时累计中最大值为该空调系统的冷负荷，参照表 2-22。

表 2-22　空调系统冷负荷汇总表　　　　　　　　单位：W

房号	时间	7:00	8:00	……	18:00	19:00
1	$\sum LQ_1$					
2	$\sum LQ_2$					
3	$\sum LQ_3$					
…	$\sum LQ…$					
累计	$\sum LQ$					

若在计算每个房间的空调冷负荷时,没有考虑新风负荷,则应在上述确定的空调系统冷负荷的基础上加上新风负荷。此外,还有空气处理过程中产生冷热抵消现象引起的冷负荷,空气通过风机、风管的温升引起的冷负荷。当回风管敷设在非空调空间时,应考虑漏入风量对回风参数的影响,风管漏风引起的附加冷负荷等。综合以上所有负荷才构成建筑空调系统总冷负荷。

七、制冷系统冷负荷的确定

根据建筑空调系统的总冷负荷及建筑形式,选择不同类型的主机设备装机容量,即制冷系统所能提供的制冷量的大小,也称制冷系统冷负荷。

确定空调用制冷系统的负荷(如冷水机组或独立式空调机组的制冷机的制冷量)时,应考虑空调系统所服务的房间的同期使用率、制冷装置及冷水系统的冷量损失、制冷设备运行一段时间后出力及传热效率降低及设备可能发生故障而需要有一定的备用量等因素的影响。制冷系统负荷 Q_0 可按式(2-33)确定:

$$Q_0 = Q \times K_r \times K_f \times K_\eta \times K_b \tag{2-33}$$

式中 Q_0——制冷系统负荷,W;

Q——空调系统冷负荷,W;

K_r——房间同期使用系数,视建筑物的使用性质、功能、规模、等级及经营管理等因素而定,一般取 $K_r = 0.6 \sim 1.0$;

K_f——冷量损失附加系数,与空调系统的规模、设备类型、管道长短有关,水-风系统取 $K_f = 1.10 \sim 1.15$,直接蒸发式表冷器系统取 $K_f = 1.05 \sim 1.10$;

K_η——效率降低修正系数,采用设备生产厂家提供的设备制冷量已经考虑了出力及传热效率降低的影响,则取 $K_\eta = 1.00$,一般可取 $K_\eta = 1.05 \sim 1.10$;

K_b——事故备用系数,一般不考虑备用。仅在特殊工程中,亦采用 X 台 1 备的方式(即根据制冷系统冷负荷应选机房机器的台数 X 为 2 台或 3 台时,机房则采用 2 台 1 备或 3 台 1 备的方式)。

知识点3　空调房间的湿负荷

空调房间须考虑湿度变化时,应计算房间的湿负荷。

一、人体散湿引起的湿负荷

人体散湿量,可按式(2-34)计算:

$$D_1 = n \times n' \times \omega \times 10^{-3} \tag{2-34}$$

式中 D_1——散湿量,kg/h;

n——室内全部人数;

n'——群集系数，由相关的设计手册查得；
ω——成年男子的散湿量，kg/(h·人)，具体数据由相关的设计手册查得。

二、餐厅食物散湿引起的湿负荷

食物散湿量，可按式（2-35）计算：

$$D_2 = 11.5 \times m \times 10^{-3} \qquad (2\text{-}35)$$

式中 D_2——食物散湿量，kg/h；
m——餐厅额定人数。

三、敞开水面散湿引起的湿负荷

敞开水面的散湿量，可按式（2-36）计算：

$$D_3 = \beta \times (P_{q,b} - P_q) \times F \times \frac{B}{B_1} \qquad (2\text{-}36)$$

式中 D_3——单位符号为 kg/h；
$P_{q,b}$——水表面温度下的饱和空气的水蒸气分压力，Pa；
P_q——空气中水蒸气的分压力，Pa；
F——水槽水面面积，m²；
B——标准大气压，取 $B = 101\,325\text{ Pa}$；
B_1——当地实际大气压，Pa；
β——蒸发系数，kg/(m²·h·Pa)，β 值按式（2-37）计算：

$$\beta = (\alpha + 0.000\,13 \times v) \qquad (2\text{-}37)$$

式中 v——水面上方的空气流速，m/s；
α——为周围空气温度为 15~30 ℃ 时，不同水温下的水蒸气扩散系数，单位 kg/(m²·h·Pa)，见表 2-23，其他具体数据由相关的设计手册查得。

表 2-23 在不同温度下水蒸气的扩散系数 α

水温/℃	<30	40	50	60	70	80	90	100
α/[kg/(m²·h·Pa)]	0.000 17	0.000 21	0.000 25	0.000 28	0.000 3	0.000 35	0.000 38	0.000 45

四、其他设备散湿引起的湿负荷

其他设备散湿引起的湿负荷由相关的设计手册查得。确定散湿量时，应根据散湿源的种类，分别选择适宜的人员群集系数、同时使用系数及通风系数，有条件的需实测。

知识点 4 空调房间的热负荷

空调热负荷是指空调系统在冬季里，当室外空气温度在设计温度条件时，为保持室内的设计温度，系统向房间提供的热量。对于民用建筑来说，空调冬季的经济性对空调系统的影响要比夏季小。因此，空调热负荷一般是按稳定传热理论来计算的。其计算方法与供暖系统热损失的计算方法基本一样。围护结构的基本耗热量按式（2-38）计算：

$$LQ_h = \alpha \times F \times K \times (t_n - t_w) \tag{2-38}$$

式中　α——温差修正系数，见表 2-24；
　　　F——围护结构的传热面积，m²；
　　　K——冬季围护结构的传热系数，W/(m²·K)；
　　　t_n——冬季室内计算温度，℃；
　　　t_w——冬季室外计算温度，℃。

表 2-24　温差修正系数 α

建筑部位类型		修正系数
外墙、屋顶、地面以及与室外相通的楼板等		1.00
屋顶与室外空气相通的非采暖地下室上面的楼板等		0.90
非采暖地下室上面楼板	外墙上有窗时	0.75
	外墙上无窗且位于室外地坪以上时	0.60
	外墙上无窗且位于室外地坪以下时	0.40
与有外门窗的非采暖房间的隔墙		0.70
与无外门窗的非采暖房间的隔墙		0.40
伸缩缝墙、沉降缝墙		0.30
防震缝墙		0.70
与有外墙的、供暖的楼梯间相邻的隔墙	多层建筑的底层部分	0.80
	多层建筑的顶层部分	0.40
	高层建筑的底层部分	0.70
	高层建筑的顶层部分	0.30

空调房间的附加热负荷应按其基本热负荷的百分率确定。各项的附加（或修正）百分率如下：

（1）朝向修正率。
北、东北、西北朝向：0；
东、西朝向：-5%；
西南、东南朝向：-15% ~ -10%；
南向：-25% ~ -15%。

选用修正率时应考虑当地冬季日照率及辐射强度的大小。冬季日照率小于 35% 的地区，东南、西南和南向的修正率宜采用 0~10%，其他朝向可不修正。

（2）风力附加。规范中明确规定：建筑在不避风的高地、河边、海岸、旷野上的建筑物以及城镇、厂区内特别高的建筑物，它们的垂直外围护结构的热负荷附加率为 5%~10%。

（3）高度附加。由于受室内温度梯度的影响，往往使房间上部的传热量加大。因此规定：当房间净高超过 4 m 时，每增加 1 m，附加率增加 2%，但最大附加率不得超过 15%。应注意高度附加率应加在基本耗热量和其他附加耗热量（进行风力、朝向、外门修正之后的耗热量）的总和之上。

注意事项：

① 空调建筑室内通常保持正压，在一般情况下，不计算由门窗缝隙渗入室内的冷空气和由门、孔洞等侵入室内的冷空气引起的热负荷。

② 室内人员、灯光和设备产生的热量会抵消部分热负荷，设计时如何扣除这部分室内热量要仔细研究。扣除时要充分注意到，如果室内人数仍按计算夏季冷负荷时取最大室内人数，将会使冬季供暖的可靠性降低；室内灯光开关的时间、起动时间和室内人数都有一定的随机性。因此，有的文献资料推荐，当室内发热量大，如办公建筑及室内灯光发热量为 30 W/m² 以上时，可以扣除该发热量的 50% 后，作为空调的热负荷。

③ 建筑物内区的空调热负荷以前都不考虑。但随着现代建筑内部热量的不断增加，使内区在冬季里仍有余热，需要空调系统常年供冷。

项目 4 空调冷、热、湿负荷估算方法

用上述方法来计算确定空调房间的冷、热、湿负荷是比较准确的，但较繁杂，下面介绍一些简便的估算方法。

一、简便计算法

简便计算法是根据建筑物条件，用各维护结构传热的面积与对应的建筑物的系数相乘，即可求出建筑物的维护结构的夏季制冷负荷或冬季供暖负荷。再加上室内热源和换气的冷、热负荷，即可得该空调房间的空调负荷。建筑物的系数由相关的设计手册查得。

二、概算指数法

空调负荷的概算指标，是建筑物中每平方米空调面积所需的夏季制冷系统（或冬季供热系统）的负荷值。

1. 综合指标

综合指标是按整幢建筑，全部建筑面积折算出的每平方米建筑面积所需的冷负荷，用于粗略估算空调系统冷源设备的安装容量（即制冷系统负荷）。综合指标的具体数据由相关的设计手

册查得。用综合指标乘以该幢建筑楼的建筑面积，所得制冷系统的负荷，就是选择冷水机组冷量的参考值。

2. 分类指标

宾馆、饭店、大型综合楼等各类建筑，有各种不同使用功能的房间。估算整幢建筑共用的冷源（如冷水机组）及各类房间中的末端空气处理装置（各种非独立式空调器）的安装容量时，可采用按房间使用功能的分类指标计算。具体分类指标的大小由相关的设计手册查得或参照相关表计算。根据经验，本章对部分常见的建筑空调冷负荷概算指标见表2-25。

表2-25 部分民用建筑空调冷负荷估算指标

序号	建筑物类型及房间名称	室内人数/(人/m²)	新风量/[m³/(p·h)]	建筑负荷/(W/m²)	人体负荷/(W/m²)	照明负荷/(W/m²)	新风负荷/(W/m²)	总冷负荷/(W/m²)
1	旅游旅馆：客房	0.063	50	60	7	20	27	114
2	酒吧、咖啡厅	0.5	25	35	70	15	136	256
3	西餐厅	0.5	25	40	84	17	136	277
4	中餐厅	0.67	25	35	116	20	190	360
5	宴会厅	0.8	25	30	134	30	216	410
6	中庭、接待	0.13	18	90	17	60	24	191
7	小会议室（允许少量吸烟）	0.33	25	60	43	40	92	235
8	大会议室（不允许吸烟）	0.67	25	40	88	40	190	358
9	理发、美容	0.25	25	50	41	50	67	208
10	健身房、保龄球	0.2	60	35	87	20	130	272
11	弹子房	0.2	30	35	46	30	65	176
12	棋牌室	0.05	25	35	63	40	136	274
13	舞厅	0.33	33	20	97	20	119	256
14	办公	0.1	25	40	14	50	27	131
15	商店、小卖部	0.2	18	40	31	40	40	151
16	科研、办公楼	0.2	20	40	28	40	43	151
17	商场：底层	1	12	35	160	40	130	365
18	二层	0.83	12	35	128	40	104	307
19	三层及以上	0.50	12	40	80	40	65	225
20	影剧院：观众席	2.00	8	30	228	15	174	447
21	休息厅（允许吸烟）	0.50	40	70	64	20	216	370
22	化妆室	0.25	20	40	35	50	55	180
23	体育馆：比赛馆	0.40	15	35	65	40	65	205
24	观众休息区（允许吸烟）	0.50	40	70	27.5	20	86	203

续表

序号	建筑物类型及房间名称	室内人数/(人/m²)	新风量/[m³/(p·h)]	建筑负荷/(W/m²)	人体负荷/(W/m²)	照明负荷/(W/m²)	新风负荷/(W/m²)	总冷负荷/(W/m²)
25	贵宾室	0.13	50	58	17	30	68	173
26	图书馆、阅览室	0.10	25	50	14	30	27	121
27	展览厅、陈列室	0.25	25	58	31	20	68	177
28	会堂、报告厅	0.50	25	35	58	40	136	269
29	公寓、住宅	0.10	50	70	14	20	54	158
30	医院：高级病房							110
31	一般手术室							150
32	医院：洁净 X 手术室							300
33	X 光、CT、B 超诊室							150
34	餐　馆							300

习　题

1. 湿空气组成是什么？
2. 相对湿度和含湿量有什么区别与联系？
3. 为什么浴室夏天不像冬天一样雾气腾腾？
4. 冬季供暖期，人为什么感觉干燥？有什么方法解决干燥问题？
5. 已知空气大气压力为 $B = 101\ 325\ Pa$，试利用焓湿图确定其他状态参数：
（1） $t = 22\ ℃$，$\varphi = 60\%$。
（2） $i = 60\ kJ/kg$，$d = 11\ g/kg$。
（3） $t = 30\ ℃$，$t_1 = 20\ ℃$。
（4） $t = 34\ ℃$，$t_s = 23\ ℃$。
6. 冬季空调室外计算参数与夏季是否相同？为什么？
7. 舒适性空调与工艺性空调有什么区别？
8. 确定空调房间的新风量有什么原则？
9. 在空调系统中，新风量多好还是少好？为什么？

模块 3 通风与防排烟系统

项目 1 通风系统

知识点 1 室内污染物

室内空气质量,是指一定时间和一定区域内,空气中所含有的各项检测物达到一个恒定不变的检测值。它是用来指示环境健康和适宜居住的重要指标。它主要的标准有含氧量、甲醛含量、水汽含量、颗粒物等。它是一套综合数据,能够充分反应某空间的空气状况。

世界卫生组织 WHO 于 1983 年确认室内空气污染会引起"病态建筑物综合征"、建筑相关疾病、化学物质过敏症等。我国的室内空气质量的研究比较晚,2002 年 11 月我国制定了《室内空气质量标准》(GB/T 18883—2002),于 2003 年 3 月 1 日起实施。

随着工业企业不断发展,空气中不同程度地夹带了各种各样的污染物,通常在自然通风的空旷室外,空气中的污染物不会影响人们的身体健康,但随着人们居住条件的提高,装修普遍化,且为了节约能源,室内通常处于密闭状态,从而导致室内污染物浓度过高,而影响人们身体健康。为了规范装饰材料、建材等的质量达标,保护人们的身体健康,国家颁布了《民用建筑工程室内环境污染控制规范》(GB 50325—2014)对室内空气污染中对人体影响最严重的 5 种污染物提出浓度限制详见表 3-1。

表 3-1 5 种污染物的浓度限制

污染物	Ⅰ类民用建筑工程	Ⅱ类民用建筑工程
氡/(Bq/m^3)	≤200	≤400
游离甲醛/(mg/m^3)	≤0.08	≤0.10
苯/(mg/m^3)	≤0.09	≤0.09
氨/(mg/m^3)	≤0.2	≤0.2
TVOC/(mg/m^3)	≤0.5	≤0.6

注:Ⅰ类建筑包括住宅、医院、老年公寓、幼儿园、学校教室等;Ⅱ类建筑包括办公楼、商务、旅店、文化娱乐场所、书店、展览馆、图书馆、体育馆、公共交通场所、餐厅、理发店等。

一、室内污染物的来源及危害

(一)室内污染物及其分类

室内污染物是指室内空气环境中对人体健康和舒适性产生不良影响的物质或能量因素。按照不同的分类标准可将污染物分类如下：
(1) 按污染物的性质分：物理性污染、化学性污染、生物性污染。
(2) 按污染物在空气中的状态分：悬浮颗粒物、气态污染物。

(二) 室内污染物的来源

民用建筑室内空气污染物主要包括甲醛、挥发性有机物、放射性污染物、病原微生物、悬浮颗粒物及无机化合物等，见表 3-2。

表 3-2 室内污染源

污染物	来源
甲醛	室外：工业废气、汽车尾气、光化学烟雾 室内：建筑材料、装修物品及生活用品，燃料及烟叶的不完全燃烧
挥发性有机物	建筑材料、室内装饰材料及生活和办公用品等
放射性污染物	室内各种装饰装修材料
病原微生物	微生物的滋生繁殖；病毒的大面积蔓延；软质家具中寄住的灰尘螨；猫、狗等宠物
悬浮颗粒物和无机化合物	吸烟产生的烟雾；烹饪过程；室外进入室内的悬浮颗粒物
其他	各种电子产品的使用；铝制品、蚊香、一次性餐具、各种塑料制品等

(三) 室内污染对人体健康的危害

室内污染物对人体健康的危害主要有以下 5 个方面：① "不良建筑物综合征"和刺激作用；② 导致各种呼吸道、神经系统疾病；③ 急慢性中毒；④ 致癌作用；⑤ 其他不利影响。引起这些症状的主要污染物为甲醛、烟草烟雾、挥发性有机物、苯系物和颗粒物、微生物等。

二、影响室内空气品质的因素

影响室内空气品质的主要因素主要集中在建筑外环境、建筑设计、暖通空调系统设置、建筑装饰材料及设备以及室内人员的活动。细化各因素见表 3-3。

表 3-3 影响室内空气品质的因素归类表

影响类别	主要因素
建筑外环境	气候、室外空气品质、土壤、水
建筑设计	外墙、结构、楼层和隔断、污染物路径和驱动力
暖通空调系统	通风系统运行程序和时间、设计参数、日常管理和清洁、设备维护
建筑装饰材料及设备	设备、材料、室内陈列、室内电器
室内人员及其活动	在室人员活动、新陈代谢、个人卫生

国外对室内空气品质的研究会对样本巨大的建筑物室内空气品质变坏的原因进行调查评

估。调查的结果表明，有相当多的空气品质问题是由于不良通风及室内空间的空气污染造成的。不良通风的原因主要集中在：① 空气不流通；② 通风不足；③ 缺乏新鲜空气；④ 气流组织不好。

基于以上各因素，如果要改善室内空气品质可采取如下措施：① 注意室内通风；② 发挥新风效应；③ 消除和控制室内污染源；④ 减少或消除室内人员的污染；⑤ 优化暖通空调系统的设计；⑥ 建筑设计要遵循生态环境的设计原则。

三、室内空气品质检测仪器

室内空气检测是一个新兴的行业。它是针对室内装饰装修、家具添置引起的室内空气污染物超标情况，进行的分析、化验的技术过程，根据检测结果值，出具国家认可（CMA）、具有法律效力的检测报告。依据室内空气质量标准，可以判断室内各项指标的污染状况，并进行有针对性的防控措施。

室内空气检测的主要依据是《室内空气质量标准》（GB/T 18883—2002）和《民用建筑工程室内环境污染控制规范》（GB 50325—2010）。两者的区别在于：

《室内空气质量标准》（GB/T 18883—2002）是原卫生部、原国家环保总局及国家质量监督检验检疫总局联合颁布的；《民用建筑工程室内环境污染控制规范》（GB 50325—2010），是由住房与城乡建设部颁布的。

《室内空气质量标准》（GB/T 18883—2002）规定了与人体健康密切相关的参数的标准；《民用建筑工程室内环境污染控制规范》（GB 50325—2010）是建筑工程环境污染物控制规范。

《室内空气质量标准》（GB/T 18883—2002）涉及19项室内空气质量参数；《民用建筑工程室内环境污染控制规范》（GB 50325—2010）只涉及与室内装饰装修有关的5项指标。

按标准竣工验收的民用建筑工程和室内装修工程的房屋，不等于达到人居健康的充分条件。如果在房屋中引入了家具，无论新居还是旧屋，室内空气质量很可能进一步下降，为生命健康着想而进行的室内空气质量检测，才是衡量房屋是否符合健康人居环境标准的根本依据。常用的空气检测仪器仪表见表3-4。

表3-4 常用的空气检测仪器仪表

名称	实物图	名称	实物图
TES-1360温湿度计和Testo425德图风速仪		HD-2000型智能化γ辐射仪	
4000系列型数字气体分析仪（SO_2）		Interscan4150型二氧化氮分析仪	

续表

名　称	实物图	名　称	实物图
4000 系列型数字气体分析仪（NO）	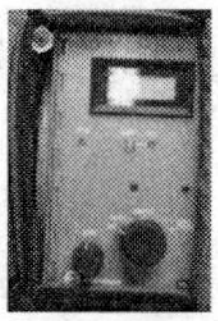	GDYQ-301S 现场氨测定仪	
1027 氡连续测试仪		P-5L2C 型便携式微电脑粉尘仪	
SENTEX 气相色谱仪		4160 型甲醛分析仪	
GXH-3010E 型便携式红外线二氧化碳分析仪		GXH-3011A 型便携式红外线一氧化碳分析仪	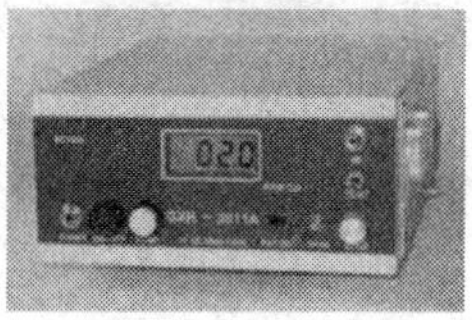

知识点 2　民用建筑通风

创造良好的空气环境条件（如温度、湿度、空气流速、洁净度等），对保障人们的健康、提高劳动生产率、保证产品质量是必不可少的。这个任务由通风和空气调节来实现的。

通风就是用自然或机械的方法向某一房间或空间送入室外空气，或由某一房间或空间排出空气的过程。送入的空气可以是处理的，也可以是不经处理的。换句话说，通风是利用室外空气（称为新鲜空气或新风）来置换建筑物内的空气（简称室内空气），以改善室内空气品质。通风的功能主要有：

（1）提供人呼吸所需要的氧气。
（2）稀释室内污染物或气味。
（3）排除室内工艺过程产生的污染物。
（4）除去室内多余的热量（称余热）或湿量（称余湿）。
（5）提供室内燃烧设备燃烧所需的空气。

建筑中的通风系统可能只完成其中的一项或几项任务。其中利用通风除去室内余热和余湿的功能是有限的，它受室外空气状态的限制。

一、通风系统的分类、组成及原理

通风包括排风、送风。排风是把室内的污浊空气直接或经净化后排至室外；送风是把新鲜空气补充进来，从而保持室内的空气条件，以保证卫生标准和满足生产工艺的要求。

（1）按通风系统动力的不同，可分为自然通风（有组织和无组织通风两种）与机械通风两类。

（2）按通风系统作用范围的不同，可分为全面通风与局部通风。

（3）按通风系统特征的不同，可分为送风与排风。

（一）自然通风

自然通风是依靠室外风力造成的风压和室内外空气温度差所造成的热压使空气流动，以达到交换室内外空气的目的。它是不消耗机械动力的一种经济的通风方式。

图3-1（a）是利用热压作用进行自然通风的示意图，房间内存在热源，因此房间内空气温度高，密度减小，形成上升的力，导致空气从下部引入，从房间上部排出，形成了一种内外空气温差引起的气流流动，改善了室内空气环境。图3-1（b）是具有一定风速的风从建筑物迎风面进入房间，将室内原有空气从建筑物背风面压送出去，从而达到改善室内空气环境的目的。在工程实际中，一般都是热压与风压的共同作用来进行通风换气的。热压变化比较小，而风压随气候条件变化较大。在热压和风压共同作用下，迎风面不能开天窗，背风面不宜开下部侧窗，如图3-2所示。

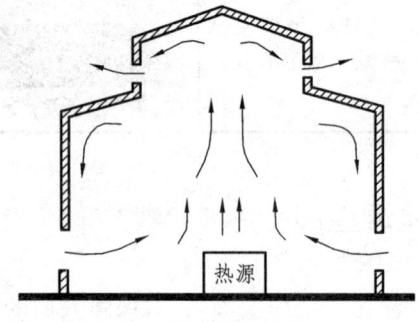
（a）热压作用下的自然通风

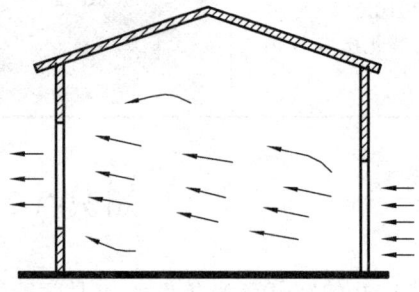
（b）风压作用下的自然通风

图3-1 自然通风示意图

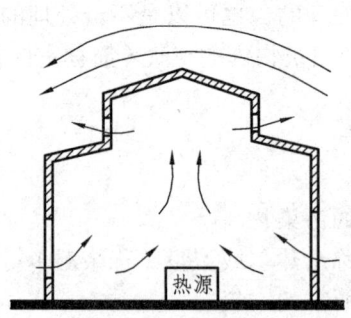

图3-2 热压与风压共同作用下的自然通风

我们来看建筑物四周由于风压作用下的气流分布情况，如图3-3所示。

从图3-3中可以看出，迎风面静压升高，风压大于周围气压。形成正压区，建筑物进风。背风面静压下降，风压小于周围气压。形成负压区，建筑物排风。风压的大小与作用在建筑物外表面上的风速大小、建筑物的几何形状有关。

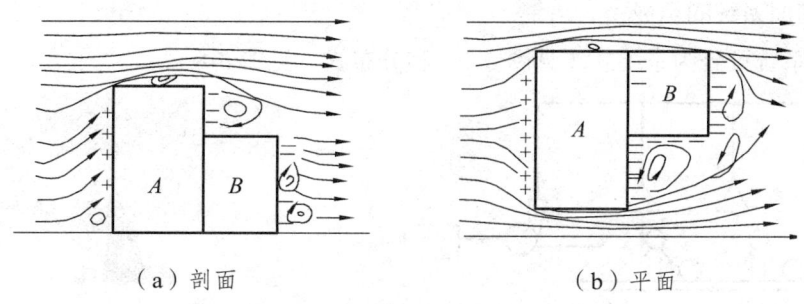

(a) 剖面　　　　　　　　　　(b) 平面

图 3-3　建筑物四周气流分布

自然通风的优点是简单、经济。缺点也很明显，自然通风量受到多种因素的影响，如室内外温差，室外风速、风向，门窗的面积、形式和位置等。因此通风效果不稳定。

（二）局部通风

局部通风就是利用局部气流，使局部地点不受有害物的污染，造成良好的空气环境。可分为局部送风（见图 3-4）和局部排风（见图 3-5）。

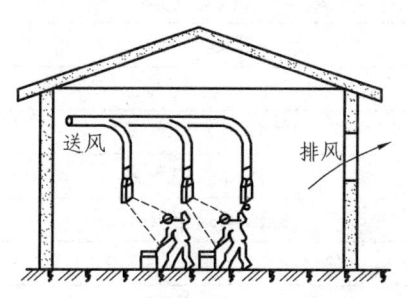　　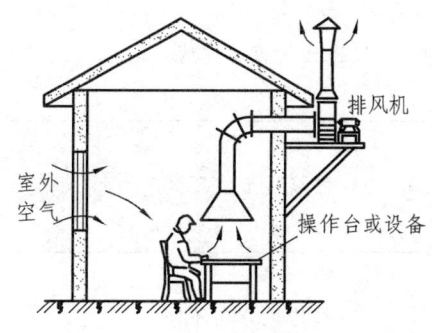

图 3-4　局部送风系统（空气淋浴）　　　图 3-5　局部排风系统

1. 局部排风系统的组成

局部排风系统由局部排风罩、风管、净化设备、风机、进排风口等组成，如图 3-6 所示。

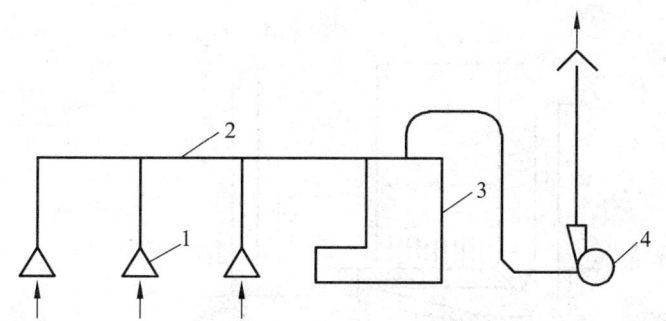

图 3-6　局部排风系统组成

1—局部排风罩；2—风管；3—净化设备；4—风机

净化设备有除尘器、有害气体净化装置等，排风口有单层百叶带滤网排风口、格栅带滤网排风口、防雨百叶风口、风帽等。

2. 局部送风系统的组成

局部送风系统可分为系统式（见图 3-7）和分布式（见图 3-8）。

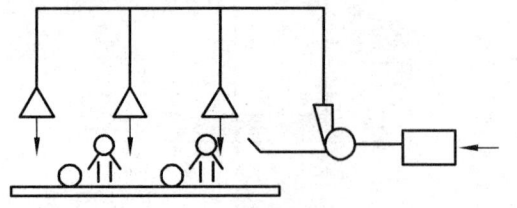

图 3-7 系统式局部送风系统

图 3-8 局部式送风系统

局部送风系统需要考虑送风气流的要求、局部送风方式的要求、局部送风系统风口的位置要求以及送风口的要求。分布式局部送风如电风扇、空气幕等局部送风设备。本书重点讲解空气幕。

空气幕又称为风帘机，分类见表 3-5。

表 3-5 空气幕分类

按送出气流温度的不同	热空气幕
	等温空气幕
	冷空气幕
按风机形式不同	贯流式空气幕
	离心式空气幕
	轴流式空气幕
按送风方向不同	侧送式空气幕见图 3-9（a）
	下送式空气幕见图 3-9（b）
	上送式空气幕见图 3-9（c）
按吹风方向不同	单吹式空气幕
	吹吸式空气幕

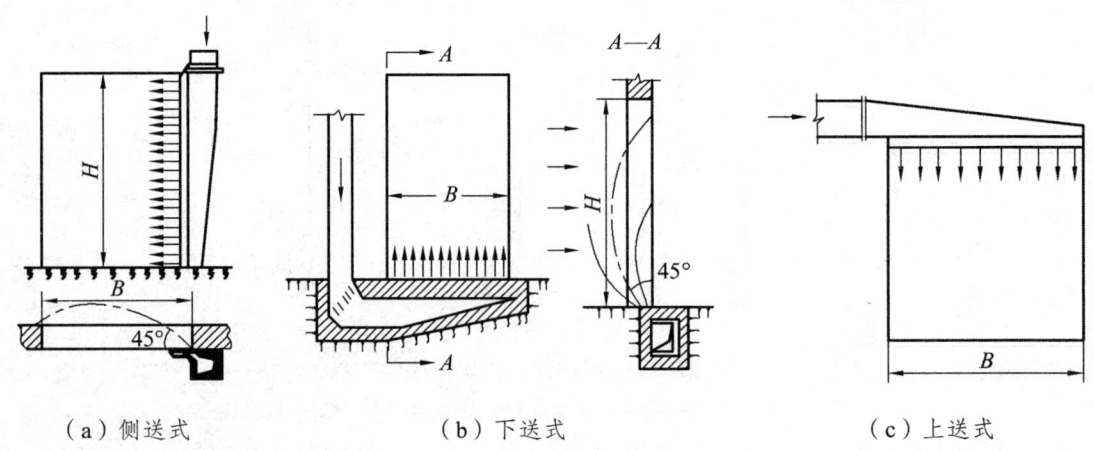

（a）侧送式　　　　　（b）下送式　　　　　（c）上送式

图 3-9 按送风方向不同的空气幕分类

空气幕是一种局部送风装置。它是利用特制的空气分布器喷出一定温度和速度的幕状气流，用来封堵门洞，减少或隔绝外界气流的侵入，以保证室内或某一工作区的温度环境，如图3-10所示。

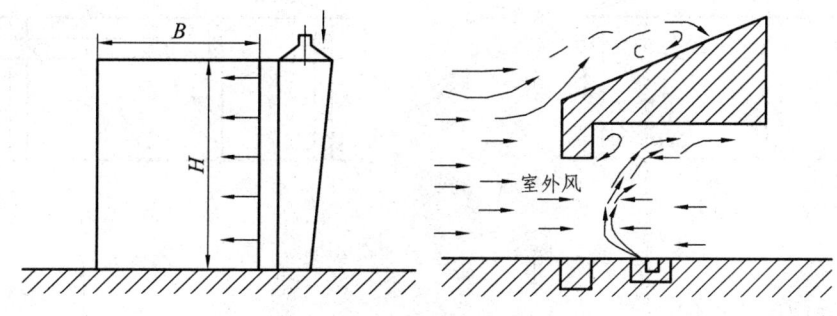

图 3-10 空气幕工作原理图

空气幕由空气处理设备、风机、风管系统及风口构成，空气幕结构图，如图3-11所示。

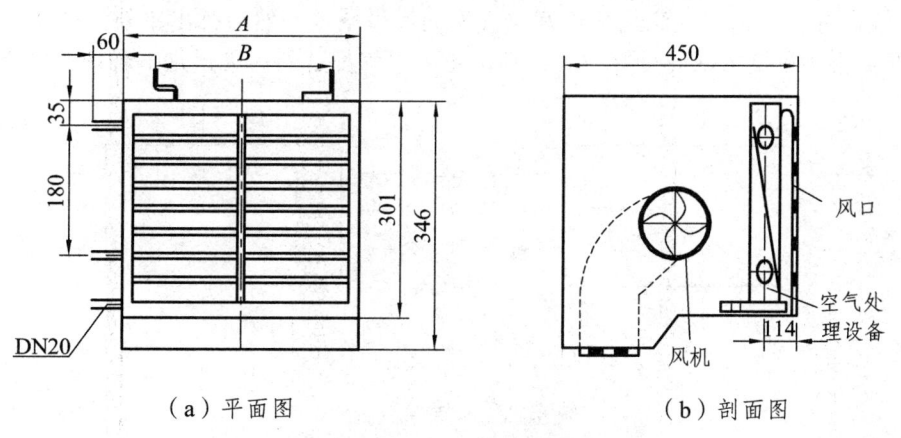

（a）平面图　　　　　　　（b）剖面图

图 3-11 空气幕结构图

空气幕的作用是防止室外冷、热气流侵入，防止余热和有害气体的扩散。空气幕的设置原则如下：

（1）位于严寒地区室外计算温度低于或等于 -20 ℃ 的公共建筑和生产厂房，当大门开启频繁不能设置门斗或前室，且每班开启时间超过 40 min。

（2）不论是否属于严寒地区，也不论大门开启时间长短，当工艺或使用要求不允许降低室内温度。

（3）位于严寒地区的公共建筑和生产厂房，确属经济合理。

（三）全面通风

全面通风是在房间内全面进行通风换气的一种通风方式，也称稀释通风。它主要是对整个房间进行通风换气，如图3-12所示。在有条件限制、污染源分散或不确定、室内人员较多且较分散、房间面积较大，采用局部通风方式难以保证卫生标准时，应采用全面通风。按系统特征不同分为全面送风、全面排风、全面送排风。按作用机理不同分为稀释通风（混合通风）和置换通风。

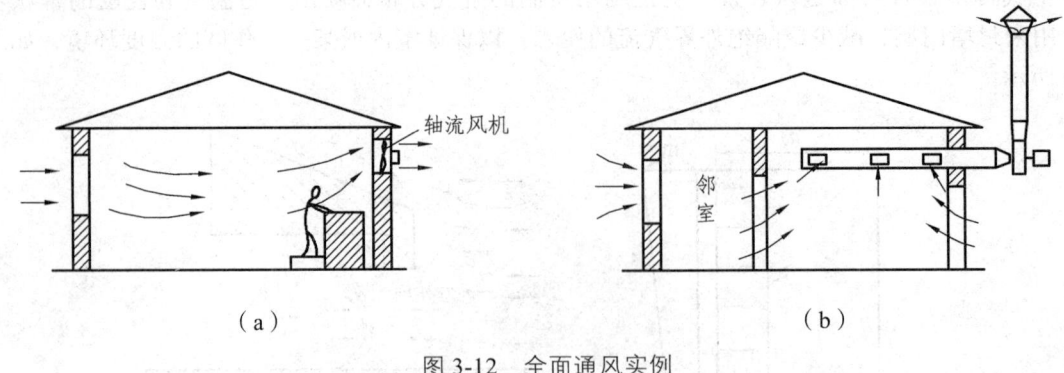

图 3-12 全面通风实例

1. 全面通风气流组织

要使全面通风达到良好的通风效果，不仅需要有足够的通风量，而且还要对气流进行合理的组织。比较图 3-13 中的两个方案，哪个更好些？图中带"×"的地方为空气中含有污染物。"○"为空气良好。方案 1 气流是从良好空气吹向污染空气，然后排出室外，是比较理想的方案。而方案 2 将污染空气吹向良好空气，整个室内空气都遭到污染，是不合理的气流组织。

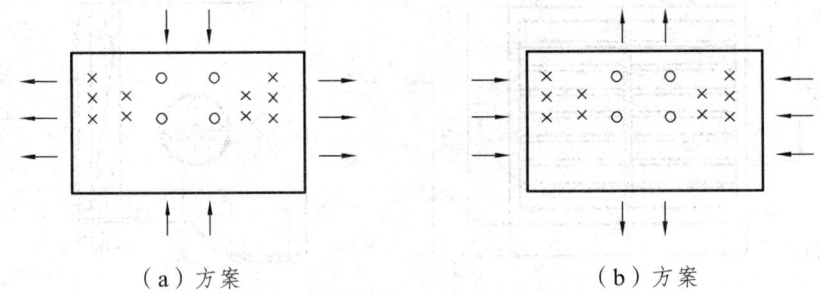

图 3-13 全面通风方案

气流组织就是合理地选择和布置送、排风口的形式、数量和位置，合理地分配各风口的风量，使送风和排风能以最短的流程进入工作区或排出，从而以最小的风量获得最佳的效果。全面通风的气流组织形式有上送下排、上送上排、下送下排、中间送上下排等。

气流组织确定的原则如下：

（1）送风口应尽量靠近操作地点。

（2）排风口应尽量靠近有害物源或有害物浓度高的地区。

（3）进风系统气流分布均匀，避免在房间局部地区出现涡流，使有害物聚积。

（4）合理布置机械送风系统室外进风口。

（5）正确选用机械送风系统的送风方式。

（6）合理分配风量。

2. 全面通风量的确定

空气中的危害因素可分为有害物质、余热、余湿等。有害物质包括粉尘、有害蒸汽、有害气体等。对于空气中的危害在国家标准中有相应规定，如居住区大气中有害物质的最高容许浓度（见表 3-6）。

表 3-6　居住区大气中有害物质的最高容许浓度（摘录）

序号	物质名称	最高容许浓度/(mg/m³)		序号	物质名称	最高容许浓度/(mg/m³)	
		一次	日平均			一次	日平均
1	一氧化碳	3.00	1.00	18	氟化物（F）	0.02	0.007
2	乙醛	0.01		19	氨	0.20	
3	二甲苯	0.30		20	氧化氮（NO₂）	0.15	
4	二氧化硫	0.50	0.15	21	砷化物（As）		0.003
5	二氧化碳	0.04		22	敌百虫	0.10	
6	五氧化二磷	0.15	0.05	23	酚	0.02	
7	丙烯腈		0.05	24	硫化氢	0.01	
8	丙烯醛	0.10		25	硫酸	0.30	0.10
9	丙酮	0.80		26	硝基苯	0.01	
10	甲基对硫磷	0.01		27	铅（Pb）		0.0007
11	甲醇	3.00	1.00	28	氯	0.10	0.03
12	甲醛	0.05		29	氯丁二烯	0.10	
13	汞		0.0003	30	氯化氢	0.05	0.015
14	吡啶	0.08		31	铬（六价）	0.0015	
15	苯	2.40	0.80	32	锰及化合物		0.01
16	苯乙烯	0.01		33	煤烟	0.15	0.05
17	苯胺	0.10	0.03	34	飘尘	0.50	0.15

注：粉尘自然沉降量不大于 3 t/km²/月。

空气中的危害因素对人体具有很大影响，必须采取一定的手段将有害物浓度降低到允许范围，并且将余热与余湿去除。全面通风是一个有效方法。

全面通风要稀释有害物质、消除余热与余湿，除了有良好的气流组织外，还必须有一定的通风量。全面通风量是指为了使房间内的空气环境符合规范允许的卫生标准，用于稀释通风房间的有害物浓度或排除房间内的余热、余湿所需的通风换气量。

（1）为稀释有害物所需的通风量：

$$L = \frac{kx}{y_p - y_s} \tag{3-1}$$

式中　L——全面通风量，m³/h；

　　　k——安全系数，一般取 3~10；

　　　x——有害物散发量，g/s；

　　　y_p——室内空气中有害物的最高允许浓度，g/m³，可查询表 3-6；

　　　y_s——送风中含有有害物的浓度，g/m³。

【例 3-1】 某车间内生产过程散发的有害物为 SO_2，散发量为 80 mg/s，求该车间所需的全面通风量。

【解】 查相关手册得 SO_2 在车间的最高容许浓度为 15 mg/m³，送风中不含有 SO_2，安全系数选取范围可在 3~10，本题选择 $k=6$，根据公式可知全面通风量为

$$L = \frac{kx}{y_p - y_s} = \frac{6 \times 80 \text{ mg/s}}{15 \text{ mg/m}^3 - 0} = 32 \text{ m}^3/\text{s}$$

（2）为消除余热所需的通风量：

$$G = \frac{Q}{C_p(t_p - t_s)} \tag{3-2}$$

$$L = \frac{Q}{C_p \rho (t_p - t_s)} \tag{3-3}$$

式中　G——全面通风量，kg/s；
　　　Q——室内余热（显热）量，kJ/s；
　　　C_p——空气的定压比热容，可取 1.01 kJ/(kg·℃)；
　　　ρ——空气的密度，kg/m³；
　　　t_p——排风温度，℃；
　　　t_s——送风温度，℃。

【例 3-2】 已知某房间散发的余热量为 160 kW，当地的通风室外计算温度为 30 ℃，如果要求室内温度不超过 34 ℃，试计算该房间所需的全面通风量。

【解】 由消除余热的全面通风量公式可得：

$$G = \frac{Q}{C_p(t_p - t_s)} = \frac{160 \text{ kW}}{\frac{1.01}{\text{kg·℃}} \times (34 \text{ ℃} - 30 \text{ ℃})} = \frac{160 \text{ kJ/s}}{1.01 \text{ kJ/(kg·℃)} \times (34 \text{ ℃} - 30 \text{ ℃})} = 39.6 \text{ kg/s}$$

（3）为消除余湿所需的通风量：

$$G = \frac{W}{d_p - d_s} \tag{3-4}$$

$$L = \frac{W}{\rho(d_p - d_s)} \tag{3-5}$$

式中　W——余湿量，g/s；
　　　ρ——空气的密度，kg/m³；
　　　d_p——排风含湿量，g/kg；
　　　d_s——送风含湿量，g/kg。

（4）有害物散发量无法计算时通风量的确定：

表 3-6 居住区大气中有害物质的最高容许浓度（摘录）

序号	物质名称	最高容许浓度/(mg/m³)		序号	物质名称	最高容许浓度/(mg/m³)	
		一次	日平均			一次	日平均
1	一氧化碳	3.00	1.00	18	氟化物（F）	0.02	0.007
2	乙醛	0.01		19	氨	0.20	
3	二甲苯	0.30		20	氧化氮（NO_2）	0.15	
4	二氧化硫	0.50	0.15	21	砷化物（As）		0.003
5	二氧化碳	0.04		22	敌百虫	0.10	
6	五氧化二磷	0.15	0.05	23	酚	0.02	
7	丙烯腈		0.05	24	硫化氢	0.01	
8	丙烯醛	0.10		25	硫酸	0.30	0.10
9	丙酮	0.80		26	硝基苯	0.01	
10	甲基对硫磷	0.01		27	铅（Pb）		0.0007
11	甲醇	3.00	1.00	28	氯	0.10	0.03
12	甲醛	0.05		29	氯丁二烯	0.10	
13	汞		0.0003	30	氯化氢	0.05	0.015
14	吡啶	0.08		31	铬（六价）	0.0015	
15	苯	2.40	0.80	32	锰及化合物		0.01
16	苯乙烯	0.01		33	煤烟	0.15	0.05
17	苯胺	0.10	0.03	34	飘尘	0.50	0.15

注：粉尘自然沉降量不大于 3 t/km²/月。

空气中的危害因素对人体具有很大影响，必须采取一定的手段将有害物浓度降低到允许范围，并且将余热与余湿去除。全面通风是一个有效方法。

全面通风要稀释有害物质、消除余热与余湿，除了有良好的气流组织外，还必须有一定的通风量。全面通风量是指为了使房间内的空气环境符合规范允许的卫生标准，用于稀释通风房间的有害物浓度或排除房间内的余热、余湿所需的通风换气量。

（1）为稀释有害物所需的通风量：

$$L = \frac{kx}{y_p - y_s} \tag{3-1}$$

式中　L——全面通风量，m³/h；
　　　k——安全系数，一般取 3~10；
　　　x——有害物散发量，g/s；
　　　y_p——室内空气中有害物的最高允许浓度，g/m³，可查询表 3-6；
　　　y_s——送风中含有有害物的浓度，g/m³。

【例 3-1】 某车间内生产过程散发的有害物为 SO_2，散发量为 80 mg/s，求该车间所需的全面通风量。

【解】 查相关手册得 SO_2 在车间的最高容许浓度为 15 mg/m³，送风中不含有 SO_2，安全系数选取范围可在 3~10，本题选择 $k=6$，根据公式可知全面通风量为

$$L = \frac{kx}{y_p - y_s} = \frac{6 \times 80 \text{ mg/s}}{15 \text{ mg/m}^3 - 0} = 32 \text{ m}^3/\text{s}$$

（2）为消除余热所需的通风量：

$$G = \frac{Q}{C_p(t_p - t_s)} \tag{3-2}$$

$$L = \frac{Q}{C_p \rho (t_p - t_s)} \tag{3-3}$$

式中　G——全面通风量，kg/s；
　　　Q——室内余热（显热）量，kJ/s；
　　　C_p——空气的定压比热容，可取 1.01 kJ/(kg·℃)；
　　　ρ——空气的密度，kg/m³；
　　　t_p——排风温度，℃；
　　　t_s——送风温度，℃。

【例 3-2】 已知某房间散发的余热量为 160 kW，当地的通风室外计算温度为 30 ℃，如果要求室内温度不超过 34 ℃，试计算该房间所需的全面通风量。

【解】 由消除余热的全面通风量公式可得：

$$G = \frac{Q}{C_p(t_p - t_s)} = \frac{160 \text{ kW}}{\frac{1.01}{\text{kg} \cdot \text{℃}} \times (34 \text{ ℃} - 30 \text{ ℃})} = \frac{160 \text{ kJ/s}}{1.01 \text{ kJ/(kg} \cdot \text{℃)} \times (34 \text{ ℃} - 30 \text{ ℃})} = 39.6 \text{ kg/s}$$

（3）为消除余湿所需的通风量：

$$G = \frac{W}{d_p - d_s} \tag{3-4}$$

$$L = \frac{W}{\rho(d_p - d_s)} \tag{3-5}$$

式中　W——余湿量，g/s；
　　　ρ——空气的密度，kg/m³；
　　　d_p——排风含湿量，g/kg；
　　　d_s——送风含湿量，g/kg。

（4）有害物散发量无法计算时通风量的确定：

$$n = \frac{L}{V} \tag{3-6}$$

$$L = nV \tag{3-7}$$

式中　　n——通风房间换气次数，次数/h，n 可从有关规范或手册中查取；

　　　　L——房间的全面通风量，m^3/h；

　　　　V——通风房间的体积，m^3。

（5）全面通风量的确定原则如下：

全面通风量包括消除有害物、余热、余湿所需的通风量，取其中最大值。当通风房间有多种有害物时，应分别计算，取其中最大值。当房间内同时散发数种溶剂（苯及其同系物、醇、醋酸酯类）的蒸汽，或同时散发数种刺激性气体（三氧化硫、二氧化硫、氯化氢、氟化氢、氮氧化合物及一氧化碳）时，全面通风量按分别所需空气量总和计算。

项目 2　防排烟系统

火灾烟气是指火灾时各种物质在热分解和燃烧的作用下生成的产物与剩余空气的混合物，烟气的成分是悬浮的固态粒子、液态粒子和气体的混合物。烟气具有毒害性、遮光作用、高温危害。在火灾事故的死伤者中，大多数是由于烟气的窒息或中毒所造成。燃烧时产生有毒气体以及高层建筑中各种竖向管道产生的烟囱效应，烟气遮挡视线，使人们在疏散时产生心理恐慌，给消防抢救工作带来很大困难。

烟气的流动扩散，主要受到风压和热压等因素的影响。烟气的流动扩散规律如图 3-14 所示。

风压是指风吹到建筑物的外表面时，由于空气流动受阻，速度减小，部分动能转变为静压时产生的压力。在迎风面，室外压力大于室内压力，空气从室外向室内渗透。火灾发生时，如果窗户处于建筑物的迎风面，风压作用会使烟气迅速地扩散到整个失火楼层，甚至把它吹到其他的楼层中去。

热压或烟囱效应是由室内外空气的密度差和空气柱高度产生的作用力所造成。热压作用随着室内外温差和竖井高度的增加而增大。火灾发生时，高层建筑物内温度远远高于室外温度，加上高层建筑竖井高度较大的影响，热压明显增大，烟气将沿着建筑物的竖井向上扩散，而且失火楼层越低，烟囱效应越明显。

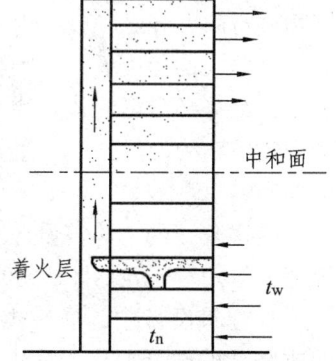

图 3-14　烟气的流动扩散规律

由此可知，当建筑物的下部或迎风面房间发生火灾时，由于风压和热压的作用，火灾造成的危害性要比建筑物的上部或背风面房间失火所造成的危害大得多。此外，火灾时，空调系统风机提供的动力以及由竖向风道产生的烟囱效应会使烟气和火势沿着风道扩散，迅速蔓延到风道所能达到的地方，这就是空调系统对自然排烟的干扰。因此，建筑物的通风空调系统应采取防火、防烟措施。

知识点1　防排烟措施

现代建筑特别是高层建筑为了营造良好的室内环境，均安装有中央空调系统，由于节能的考虑，很多建筑的密闭性非常好，一旦发生火灾，内部产生的烟气会导致人员伤亡，且外部的消防救援很难发挥作用，因此，现代建筑的消防措施就显得尤为重要。其中中央空调工程中的防排烟措施是重要环节。

近年随着国内外防排烟科学的发展，仅仅依靠排烟方式的消防作用是被动的措施，而主动的机械加压送风防烟才是主动的措施。

整个建筑的消防工程主要体现在4个方面：① 防火防烟分区；② 消防系统；③ 防排烟系统；④ 自动报警系统。其中与空调工程相关的部分集中在防火防烟分区和防排烟系统方面。本书主要讲述这两个方面。

空调专业中涉及消防的规范和标准比较多。如2012版《民用建筑供暖通风与空气调节设计规范》对空调系统必须考虑消防措施有规定。还有两个规范比较重要，即《建筑设计防火规范》和《高层民用建筑设计防火规范》。除此之外，有一些专门的规范，如地铁设计规范、人防工程设计规范，停车场、油库等建筑的中央空调都对消防有相应的要求。

下面从防火分区与防烟分区、自然排烟、机械排烟、机械防烟、空调系统的防烟措施等方面来阐述防排烟措施。

一、防火分区与防烟分区

在建筑设计中进行防火分区的目的是防止火灾的扩大，可根据房间用途和性质的不同对建筑物进行防火分区，分区内应该设置防火墙、防火门、防火卷帘等设备。

从防火的角度看，防火分区划分得越小，越有利于保证建筑物的防火安全。但如果划分得过小，则势必会影响建筑物的使用功能，这样做显然是行不通的。防火分区面积大小的确定应考虑建筑物的使用性质、重要性、火灾危险性、建筑物高度、消防扑救能力以及火灾蔓延的速度等因素。

我国现行的《建筑设计防火规范》《人民防空工程设计防火规范》《高层民用建筑设计防火规范》等均对建筑的防火分区面积制定了相关规定。

在建筑设计中，通常规定：楼梯间、通风竖井、风道空间、电梯、自动扶梯升降通路等形成竖井的部分要作为防火分区。而防烟分区则是对防火分区的细分化，防烟分区内不能防止火灾的扩大。它仅能有效地控制火灾产生的烟气流动，首先要在有发生火灾危险的房间和用作疏散通路的走廊间加设防烟隔断，在楼梯间设置前室，并设自动关闭门，作为防火、防烟的分界。此外还应注意竖井分区，如百货公司的中央自动扶梯处是一个大空间，应设置用烟感器控制的隔烟防火卷帘。在高层建筑的防火排烟设计中，通常将建筑物划分为若干个防火、防烟分区，各分区间以防火墙及防火门进行分隔，防止火势和烟气从某一分区内向另一分区扩散。

图3-15所示为某百货大楼在设计时的防火、防烟分区实例，图中可看出它是将顶棚送风的空调系统和防烟分区结合在一起来考虑的。

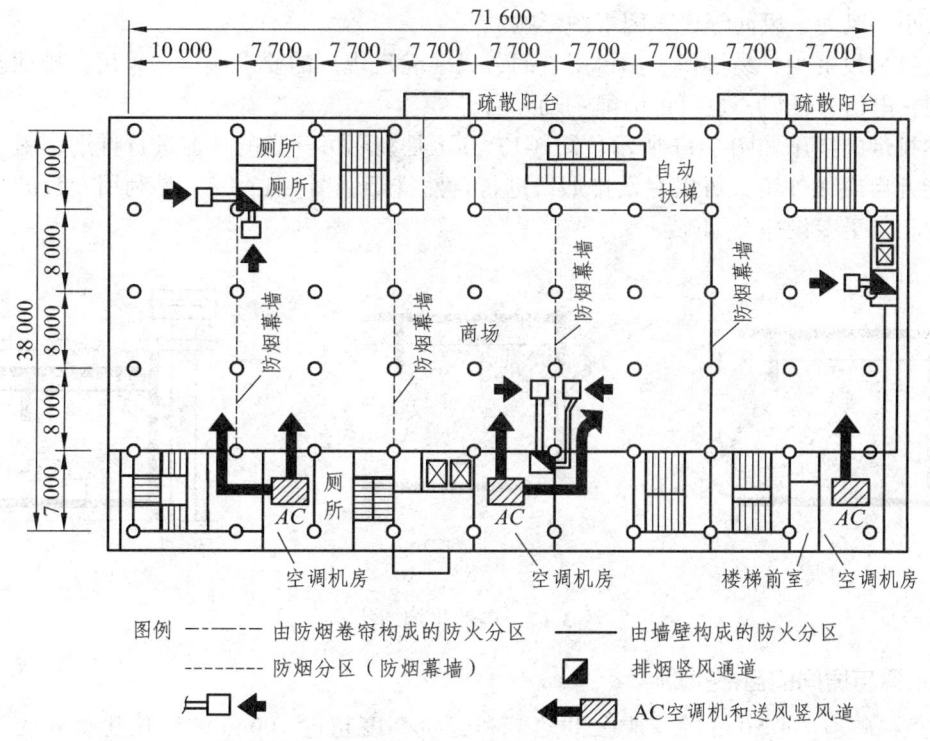

图 3-15 某百货商场防火、防烟分区

对于用途相同、但楼层不同也可形成各自的防火防烟分区。实践证明,应尽可能按不同用途在竖向作楼层分区,它比单纯依靠防火、防烟阀等手段所形成的防火分区更为可靠。

除防火分区外,还需划分防烟分区,并且防烟分区不能跨越防火区。《高层民用建筑设计防火规范》对防烟措施有如下规定:

当房间高度小于 6 m 时,防烟分区的建筑面积不宜超过 500 m^2。

一般采用防火隔墙,还有采用顶棚下突出不小于 500 mm 的梁或挡烟垂壁,如图 3-16 所示。

空调系统的管道不应穿越防火防烟分区,各防烟分区内分别设置一个排烟口,排烟口到各点距离不超过 30 m。

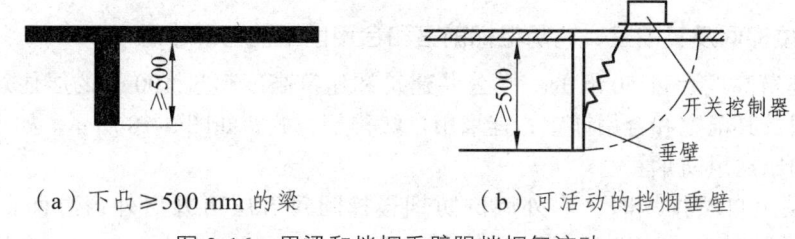

(a)下凸≥500 mm 的梁　　　(b)可活动的挡烟垂壁

图 3-16 用梁和挡烟垂壁阻挡烟气流动

二、自然排烟

自然排烟利用烟气产生的浮力和热压进行排烟,通常利用可开启的窗户来实现,具有结构简单、节省能源、运行可靠性高等优点。但排烟效果不稳定,受着火点位置、烟气温度、开启窗口的大小、风力、风向等诸多因素的影响。

自然排烟投资少，易操作，不占用空间，只要满足规范的要求应尽量采用。排烟窗可由烟感器控制，电信号开启，也可由缆绳手动开启。

自然排烟的措施如图 3-17 所示。图 3-17（a）是利用可开启的外窗进行排烟；图 3-17（b）外窗不能开启或无外窗，可以专设排烟口进行自然排烟；图 3-17（c）是利用专设的竖井进行排烟，即相当于专设一个烟囱。

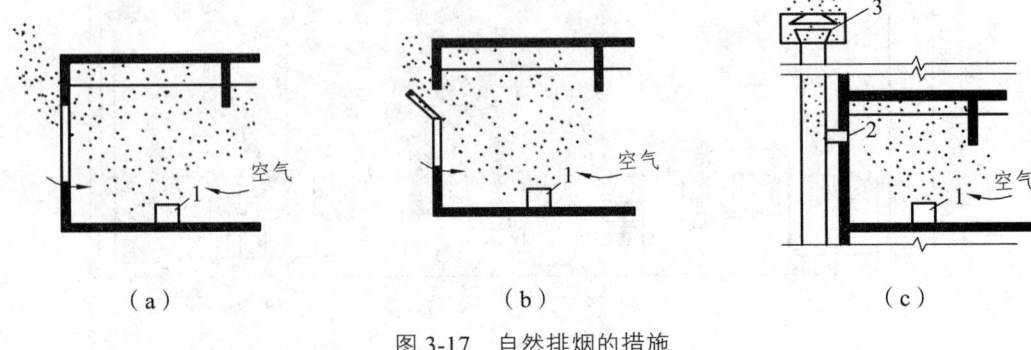

图 3-17　自然排烟的措施

1. 走道与房间的自然排烟

除建筑高度超过 50 m 的一类公共建筑和建筑高度超过 100 m 的居住建筑外的高层建筑中，长度超过 20 m 且小于 60 m 的内走道和面积超过 100 m² 且经常有人停留或可燃物较多的房间，有可开启窗或窗井时，可采用自然排烟。走道或房间采用自然排烟时，可开启外窗的面积不应小于走道或房间面积的 2%。

2. 中庭自然排烟

中庭的防排烟比较困难，烟气流动的变化较多。当中庭高度小于 12 m 时，可以采用自然排烟，规定可开启的天窗或侧窗的面积不应小于该中庭面积的 5%。

通常认为在火灾初期，烟气的温度不会很高，约为 60 ℃，当烟气上升时，卷吸周围空气，被持续冷却，烟气会不再上升而停留在一定水平位置，从而向同一高度层的房间扩散。因此，对于高的中庭，烟气无法靠自身浮力上升到中庭顶部通过可开启窗排出。

3. 防烟楼梯间及其前室、消防电梯前室和合用前室的自然排烟

（1）除建筑高度超过 50 m 的一类公共建筑和建筑高度超过 100 m 的居住建筑外，靠外墙的防烟楼梯间及其前室和合用前室，宜采用自然排烟方式，如图 3-18 所示。如不满足自然排烟条件，应设加压送风防烟。

（2）当采用自然排烟时，靠外墙的防烟楼梯间每五层可开启外窗总面积之和不应小于 2 m²；防烟楼梯间前室、消防电梯前室每层可开启外窗面积不应小于 2 m²；合用前室不应小于每层 3 m²。

（3）当前室或合用前室采用凹廊、阳台时或内有两面外窗时，楼梯间如无自然排烟条件，也可不设防烟措施，如图 3-19 所示。

在高层建筑中，具有靠外墙的防烟楼梯间及其前室、消防电梯间前室和合用前室的建筑宜采用自然排烟方式，排烟口的位置应设在建筑物常年主导风向的背风侧。

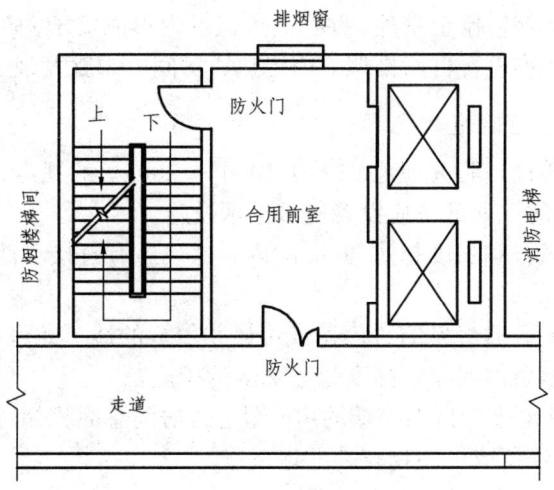

图 3-18 合用前室采用自然排烟

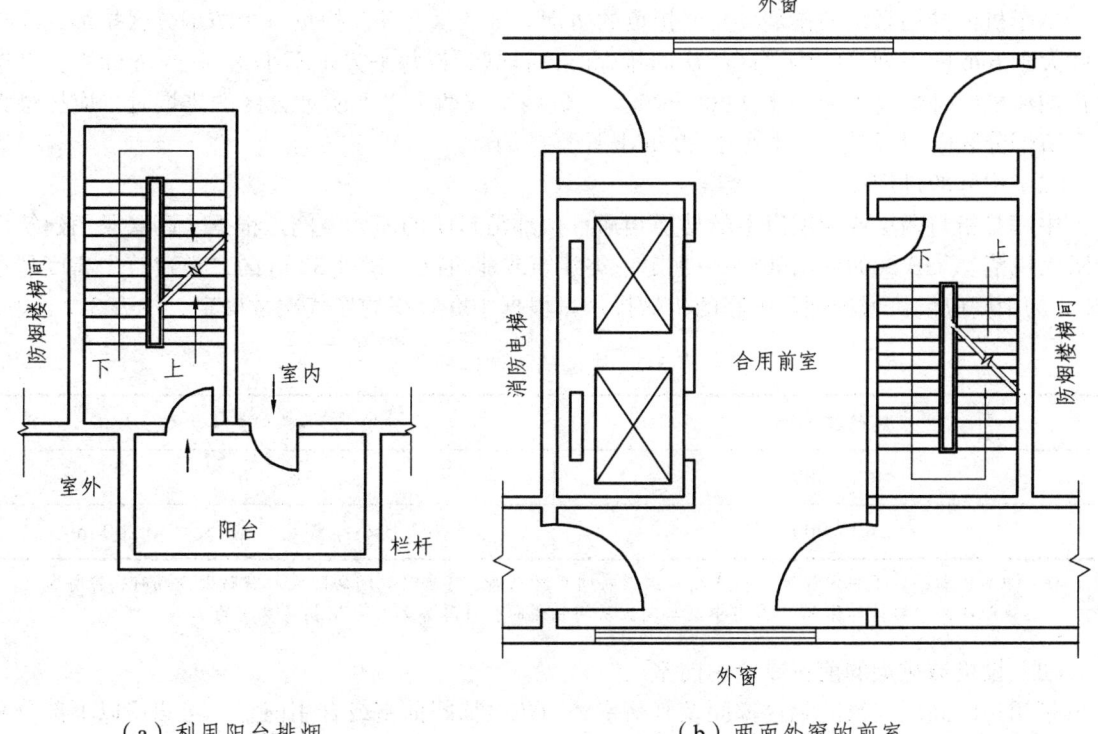

（a）利用阳台排烟　　　　　　　（b）两面外窗的前室

图 3-19 不设防烟措施实例

三、机械排烟

机械排烟利用风机的负压排出烟气，排烟效果好，稳定可靠。机械排烟需设置专用的排烟口、排烟管道和排烟风机，且需专用电源，投资较大，但机械排烟系统工作可靠、排烟效果好，当需要排烟的部位不满足自然排烟条件时，则应设置机械排烟。机械排烟又称强制减压排烟，即利用排烟风机的动力将烟气排至室外,并在失火区域内形成负压,防止烟气向其他区域蔓延。不具备自然排烟条件或较难进行自然排烟的内走道、房间、中庭及地下室需设机械排烟。

1. **设置机械排烟设施的部位**

根据《高层民用建筑设计防火规范》(GB 50045—2005)的规定,一类高层建筑,高度超过 32 m 的二类高层建筑的下列部位应设置机械排烟设施:

(1)无直接自然通风,且长度超过 20 m 的内走道或虽有直接自然通风,但长度超过 60 m 的内走道。

(2)面积超过 100 m^2,且经常有人停留或可燃物较多的地上无窗房间或设固定窗的房间。

(3)不具备自然排烟条件或净空高度超过 2 m 的中庭。

(4)除利用窗井等开窗进行自然排烟的房间外,各房间总面积超过 200 m^2 或一个房间面积超过 50 m^2,且经常有人停留或可燃物较多的地下室。

2. **机械排烟量的计算**

(1)走道和房间的排烟量。

每个机械排烟系统的排烟量与所担负的防烟分区数量有关。担负一个防烟分区排烟或净空高度大于 6 m 的不划分防烟分区的房间排烟时,排烟量按每平方米不小于 60 m^3/h 计算,且单台排烟风机的排烟量不应小于 7 200 m^3/h。担负两个或两个以上防烟分区的排烟时,应按最大一个防烟分区面积每平方米不小于 12 m^3/h 计算排烟量。

(2)中庭的排烟量。

中庭是指与两层或两层以上的楼层相通且顶部是封闭的筒体空间。根据《高层民用建筑设计防火规范》(GB 50045—2005)中规定一类建筑或建筑高度超过 32 m 的二类建筑中高度超过 12 m 的中庭应设机械排烟。中庭的机械排烟量根据中庭容积的换气次数确定,按表 3-7 选取。

表 3-7 中庭的机械排烟量

中庭的体积/m^3	排烟量标准(换气次数)
≤17 000	6 次/h
>17 000	4 次/h,最小排烟量不应小于 10 200 m^3/h

注:中庭体积按以下规定计算:①中庭与周围房间用防火墙、可自动关闭的防火门窗防火分隔时,其所围体积即为中庭计算体积;②当中庭与周围房间相通时,计算体积应包括相通房间的体积。

(3)设机械排烟的前室或合用前室。

带裙房的高层建筑防烟楼梯间及其前室、消防电梯间前室或合用前室,当裙房以上部分利用可开启外窗进行自然排烟,裙房部分不具备自然排烟时,其前室应设置局部机械排烟设施,其排烟量按前室每平方米不小于 60 m^3/h 计算。

3. **机械排烟系统划分与布置**

机械排烟系统的划分与布置应遵守可靠性和经济性的原则,考虑最佳排烟效果的要求。系统过大,则排烟口多,管路长,漏风量大,远端排烟效果差,管路布置可能出现困难,但设备少,总投资可能少一些;如果系统小,则排烟口少,排烟效果好,可靠性强,但设备多,分散,投资高,维护管理不便。因此,需论证后确定排烟系统的方案。

（1）前室或合用前室通常在各层的同一位置，所以常采用竖向布置，排烟口设在各层前室邻近走道的顶部，排烟风机设于屋顶或顶层。排烟口为常闭状态，火警时用电信号开启，当排烟温度达到 280 ℃ 时自动关闭。

（2）内走道通常也在各层的同一位置，常采用竖向布置，但如走道太长而每个排烟口的作用距离不超过 30 m，需设两个以上排烟口时，可以用水平支管连接，如走道内无法安装水平支管，则采用两个垂直系统。在风机入口设排烟防火阀（常闭状态）以防平时室外空气侵入系统。

4．机械排烟系统的控制程序

机械排烟系统的控制程序可分为不设消防控制室和设有消防控制室的两种，不设消防控制室的排烟控制程序如图 3-20 所示，设有消防控制室的排烟控制程序如图 3-21 所示。

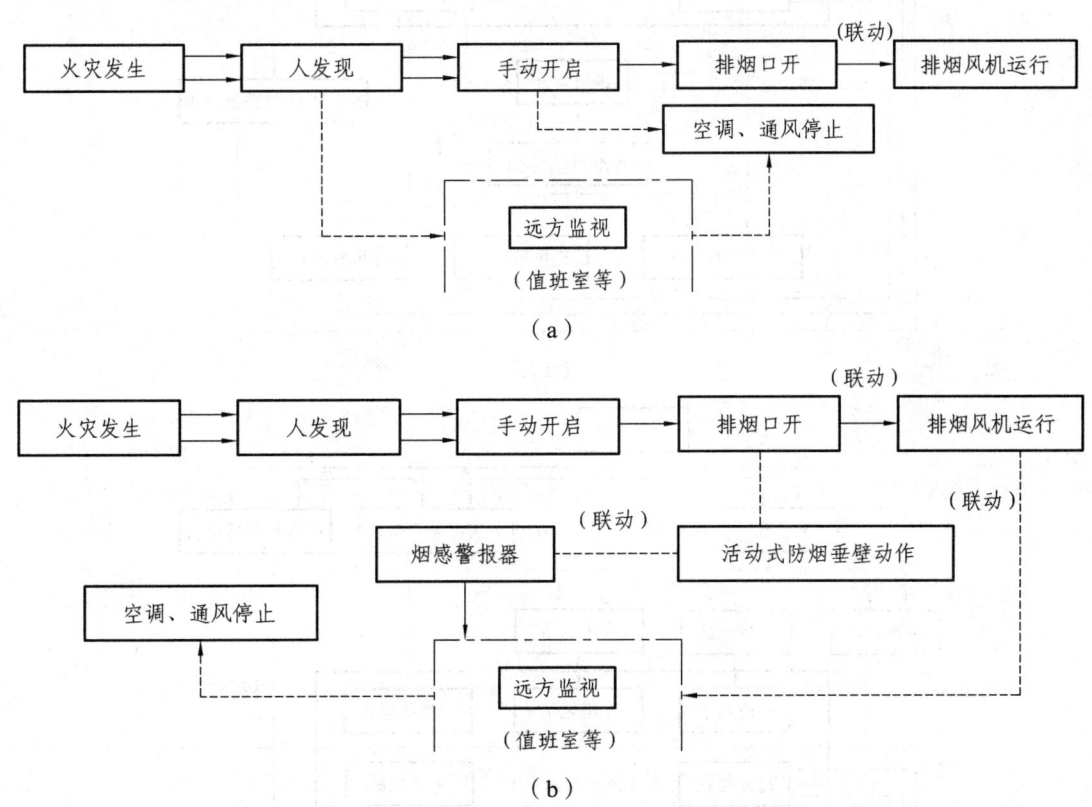

图 3-20　不设消防控制室机械排烟系统的控制程序

四、机械防烟

机械防烟是采取机械加压送风方式，以风机所产生的气体流动和压力差控制烟气的流动方向的防烟技术。也就是用风机把一定量的室外空气送入房间或通道内，使室内保持一定压力或在门洞处造成一定流速，以避免烟气侵入，即加压送风防烟。

如图 3-22 所示，是加压防烟的两种情况，其中图 3-22（a）是当门关闭时房间内保持一定正压值，空气从门缝或其他缝隙处流出，防止了烟气的侵入；图 3-22（b）是当门开启时送入加压区的空气以一定风速从门洞流出，阻止烟气流入。这也是设计加压送风系统的两条原则。

城市轨道交通车站空调与通风系统

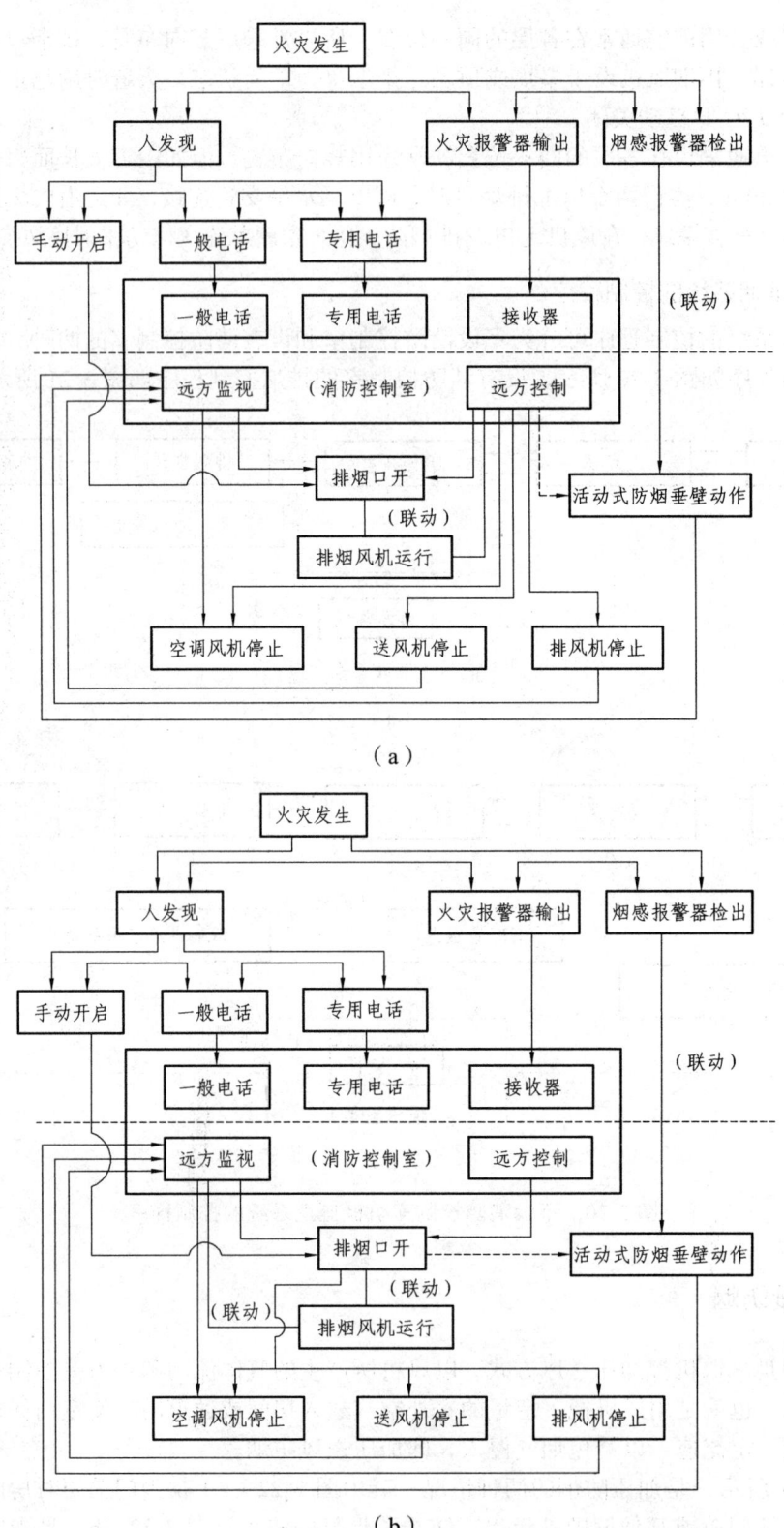

图 3-21 设有消防控制室的房间机械排烟控制程序

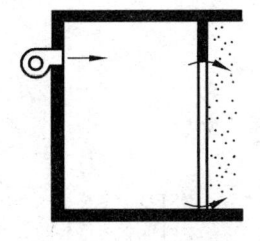 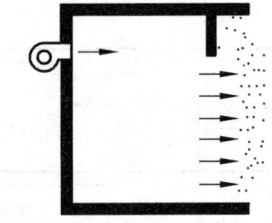

（a）室内保持一定压力　　　（b）门洞保持一定的流速

图 3-22　加压送风防烟原理

在火灾发生时，风机气流所造成的压力差阻止烟气进入建筑物的安全疏散通道内，从而保证人员疏散和消防扑救的需要。防火规范规定在下列区域需要考虑机械防烟措施。

（1）不具备自然排烟条件的防烟楼梯间、消防电梯前室或合用前室。

（2）采用自然排烟措施的防烟楼梯间，而不具备自然排烟的条件的前室。

（3）封闭避难层（间）。

五、通风和空调系统的防火

1. 空调方式

火灾时风道成为烟气扩散通路的情况经常发生，由于空调风道直接连接于房间与房间之间，所以传播烟气的危险性甚大。另外，风道的断面积比电气或给水排水配管大，这点也是容易引起烟气传播的因素。

从防火观点看，最好不用风道，即不以空气为热媒，而是以水作为带热介质的空调方式。但空调方式的选择，不仅要考虑防火，还要考虑经济性、耐久性以及维修管理等。

采用分区（层）空调方式时，一台空调机组担负一个楼面，防火性能是理想的，然而造价偏高。根据分析，一般认为在高层建筑中一个空调系统担负 4~6 层时，投资比较经济，而防火性能尚好。

2. 空调系统上的防火、防烟装置

防火分区或防烟分区与空调系统应尽可能统一起来，并且不使空调系统（风道）穿越分区，这是最理想的。但实际上设置风道时，却常需多处穿过防火分区或防烟分区，火灾发生后，应尽量控制火情向其他防火分区蔓延。因此，在通风空调系统的通风管道中需设置防火阀，并没有一定的防火措施。

防火阀应设置在以下位置：① 穿越防火分区的隔墙处；② 穿越机房及重要房间或有火灾危险性房间的隔墙和楼板处；③ 与垂直风道相连的水平风道交接处；④ 穿越变形缝的两侧。防火阀的动作温度为 70 ℃。图 3-23 为在空调系统上设置防火、防烟阀门实例。

通风空调管道工程中所用的管道、保温材料、消声材料和胶粘剂等应采用不燃材料或难燃材料制作。

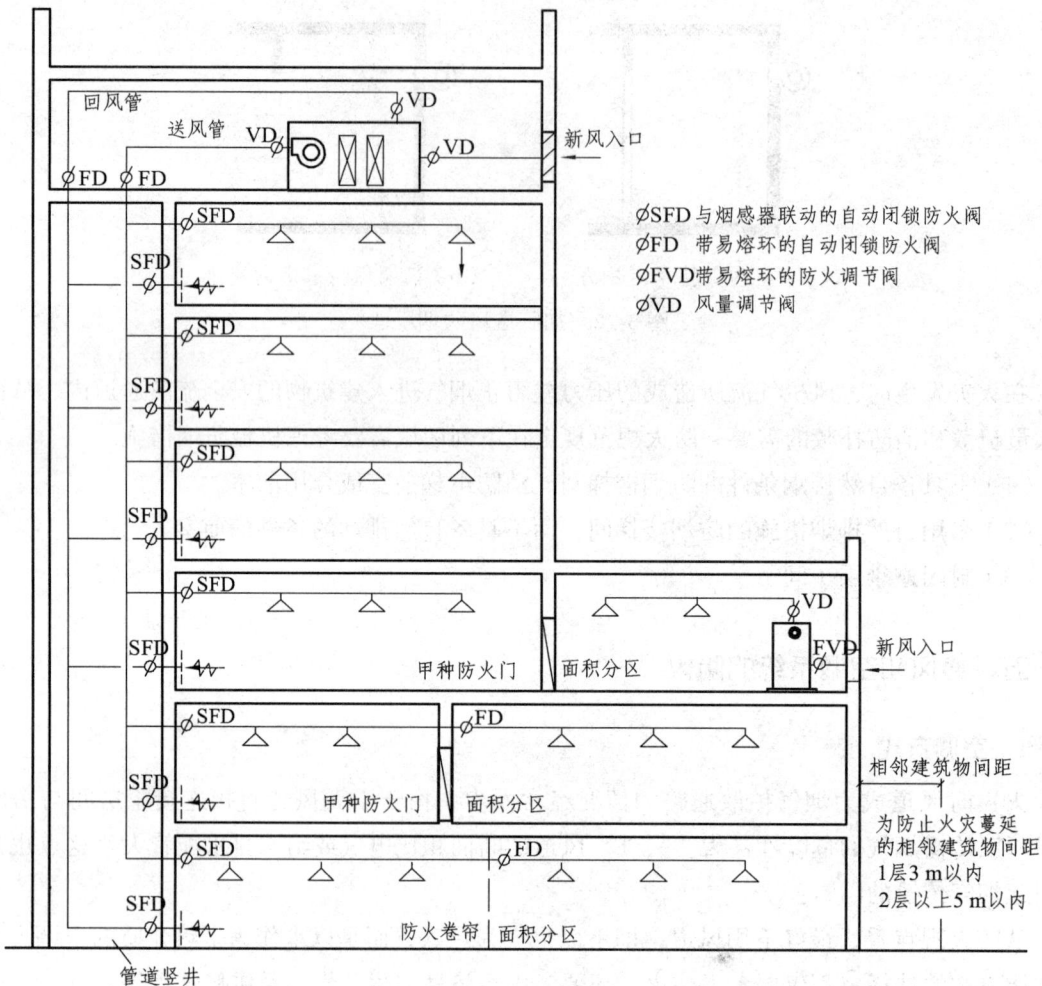

图 3-23 空调系统上设置防火、防烟阀门实例

六、建筑防排烟方式选择

建筑千变万化，形式多样，规模不同，如何选择防排烟方式需要根据建筑不同按照相关设计规范选择。一般可参考表 3-8。

表 3-8 建筑防排烟方式选择

序号	防烟、排烟方式	适用部位
1	自然排烟、自然通风（开窗）	房间、走道、防烟楼梯及其前室、消防电梯间前室、合用前室
2	机械排烟、自然进风（开窗、设置竖井）	房间、走道
3	机械排烟、机械进风（设置竖井）	房间
4	机械防烟（设置竖井加正压送风）	防烟楼梯间及其前室、消防电梯前室、合用前室

知识点 2　防火、防排烟设备及部件

常用的防火、防烟设备与部件主要有防火阀、排烟阀及排烟风机等，见表 3-9。

表 3-9　常用的防火、防烟部件

类别	名称	性能及用途
防火类	防火调节阀 FVD	70 ℃温度熔断器自动关闭（防火），可输出联动信号，用于通风空调系统风管内，防止火焰沿风管蔓延
	防火阀 FD	
	防烟防火阀 SFD	靠烟感器控制动作，用电信号通过电磁铁关闭（防烟）；还可用 70 ℃温度熔断器自动关闭（防火），用于通风空调系统风管内，防止火焰沿风管蔓延
防烟类	加压送风口	靠烟感器控制动作，电信号开启，也可手动（或远距离缆绳）开启；可设 280 ℃温度熔断器重新关闭装置，输出动作电信号；联动送风机开启
	余压阀	防止防烟超压，起卸压作用
排烟类	排烟阀	电信号开启或手动开启；输出开启电信号联动排烟机开启。用于排烟系统风管上
	排烟防火阀	电信号开启，手动开启。280 ℃温度熔断器重新关闭，输出动作电信号，用于排烟机吸入口处管道上
	排烟口	电信号开启，也可用动（或远距离缆绳）开启；输出电信号联动排烟机，用于排烟房间的顶棚和墙壁上，可设 280 ℃温度熔断器重新关闭装置
	排烟窗	靠烟感器控制动作，电信号开启，也可缆绳手动开启，用于自然排烟处的外墙上
分隔类	防火卷帘	划分防火分区，用于不能设置防火墙处，水幕保护
	挡烟垂壁	划分防烟区域，手动或自动控制

一、防火阀

防火阀的控制方式有热敏元件控制、感烟感温器控制及复合控制等。

采用易熔环时，火灾时易熔环熔断脱落，实现阀门在弹簧力或自重力作用下关闭。

采用热敏电阻、热电偶、双金属等，则是通过传感器及电子元器件控制驱动微型电动机工作将阀门关闭。

感烟感温器控制是通过感烟感温控制设备的输出信号控制执行机构的电磁铁、电动机动作或控制气动执行机构，实现阀门在弹簧力作用下的关闭或电动机转动使阀门关闭。

防火阀的阀门关闭驱动方式有重力式、弹簧力驱动式（或称电磁式）、电机驱动式及气动驱动式等四种。

常用的防火阀有重力式防火阀（见图 3-24）、弹簧式防火阀（见图 3-25）、弹簧式防火调节阀、防火风口、气动式防火阀、电动防火阀和电子自控防烟防火阀。

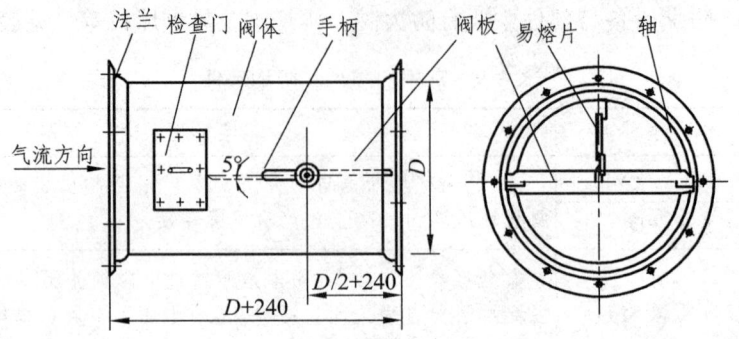

图 3-24 重力式圆形单板防火阀

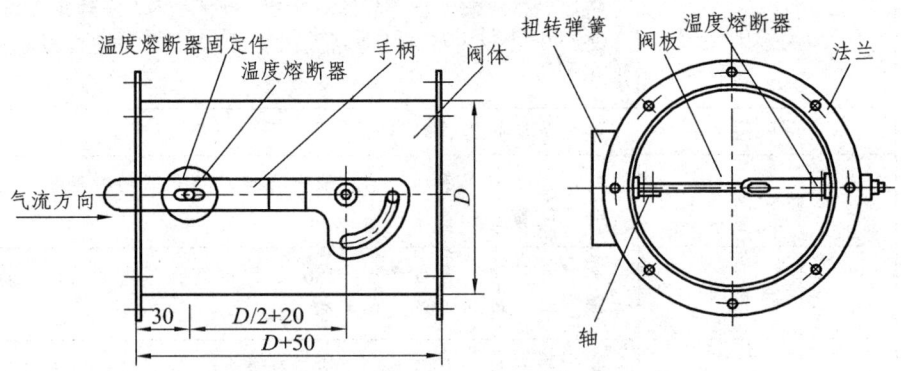

图 3-25 弹簧式圆形防火阀

其中温度熔断器结构如图 3-26 所示。

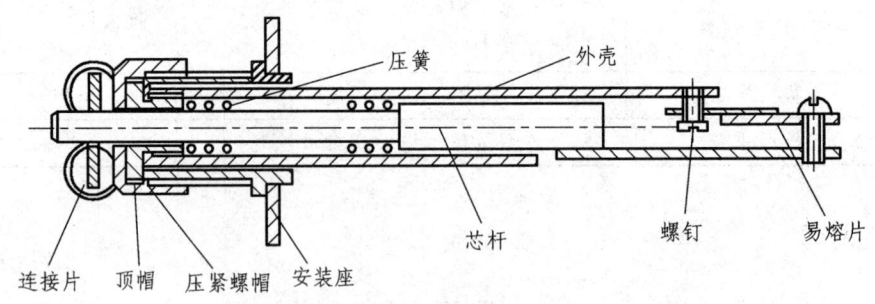

图 3-26 温度熔断器的构造

二、排烟阀

排烟阀安装在排烟系统中，平时呈关闭状态，发生火灾时，通过控制中心信号来控制执行机构的工作，实现阀门在弹簧力或电动机转矩作用下的开启。

设有温感器装置的排烟阀，在火灾温度达到动作温度时动作，阀门在弹簧力作用下关闭，阻止火灾沿排风管道蔓延。

排烟阀按控制方式，可分为电磁式和电动式两种；按结构形式，可分为装饰型排烟阀、翻板型排烟阀、排烟防火阀；按外形，可分为矩形和圆形两种。

常用的防火、防烟部件见表 3-10。

表 3-10　常用的防火、防烟部件实物图

防火、防烟阀门类型	特点及应用	图　示
简易防火阀	平时呈常开状态，易熔片熔断温度为 70 ℃，当风管内气流温度达到 70 ℃ 时，易熔片熔断，阀门在弹簧力作用下自动关闭	
防火调节阀	平时呈常开状态，当风管内气流温度达到 70 ℃ 时，易熔片熔断，阀门自动关闭。可手动开启和关闭，阀门动作后手动复位。阀门有 6 挡调节风量。阀门关闭后输出电信号	
排烟防火阀	平时呈常闭状态，火灾时烟感器通过控制中心发来电气信号（DC 24 V）。执行机构内的电磁铁通电动作，阀门自动开启，并输出开启电信号。阀门可手动开启，阀门动作后手动复位，当温度升到 280 ℃ 时，熔断器动作，阀门自动关闭	
全自动排烟防火阀	平时呈常闭状态，火灾时烟感器通过控制中心发来电气信号（DC 24 V），执行机构内的电动机通电动作，阀门自动开启，并输出开启电信号。阀门动作后直流电机驱动复位。阀门可手动开启，手动复位。当温度升到 280 ℃ 时，熔断器动作，阀门自动关闭	
板式排烟口	平时常闭，控制中心 DC 24 V 电信号，排烟口迅开启；远距离手动开启；远距离手动复位；输出开启动作信号，联锁相关设备；板式排烟口不具有打开后烟气温度达 280 ℃ 时重新关闭的功能	
多叶排烟口	平时呈常开状态，火灾时烟感器通过控制中心发来电气信号（DC 24 V）。执行机构内的电磁铁通电动作，阀门自动开启，并输出开启电信号。阀门可手动开启，阀门动作后手动复位	
超压排气阀	平时呈常开状态，火灾时烟感器通过控制中心发来电气信号（DC 24 V）。执行机构内的电磁铁通电动作，阀门自动开启，并输出开启电信号。阀门可手动开启，阀门动作后手动复位	

三、防排烟通风机

防排烟通风机可采用通用风机，也可采用防火排烟专用风机。烟温较低时可长时间运转，烟温较高时可连续运转一定时间，通常有两挡以上的转速。常见的防排烟通风机见表 3-11。

表 3-11 常见的防排烟通风机实物图

名称	实物图	名称	实物图
GZ-B 型消防高温排烟风机		GXF 型系列高效低噪斜流风机	
GH 型消防高温排烟风机		GZ 系列消防高温轴流风机	
GZ 型系列消防高温排烟风机		HL3-2A（PYHL-14A）系列	

习 题

1. 通风方式的分类有哪些？
2. 自然通风产生的原因是什么？
3. 机械通风与自然通风相比有什么优缺点？
4. 什么是全面通风？
5. 某房间 600 m²，层高 6 m，换气次数为 10 次/h，试求该房间所需的全面通风量。
6. 某居住区房间内同时散发苯和甲醛，散发量分别为 5 mg/s、0.6 mg/s，求所需的全面通风量。
7. 什么情况下房间要保持正压？怎么维持？
8. 什么情况下房间要保持负压？怎么维持？
9. 什么是火灾烟气？其主要成分是什么？
10. 火灾烟气有哪些危害？如何控制？
11. 防火分区的目的是什么？如何划分？如何划分防烟分区？
12. 什么是加压送风防烟？适用什么场合？
13. 什么是疏导排烟？目的是什么？
14. 自然排烟和机械排烟的优缺点？

模块 4　冷热源设备

项目 1　制冷机组

空调工程中,为空调系统提供冷量和热量的设备称为空调冷热源设备。冷源在空调工程中通常是指冷水机组、空调器的蒸发器等,热源在空调工程中通常是指热泵型冷热水机组、锅炉、电加热器等。

集中式和半集中式空调系统最常用的冷源是冷水机组,冷水机组是生产冷水的制冷装置,广泛应用于空调系统和工业生产中,各种冷水机组都是在设备制造厂完整组装的成套设备,到使用现场只需要进行水系统和电气控制系统连接,即可使用。冷水机组具有结构紧凑、占地面积小、自动化程度高、安装方便、维护简单等优点。制冷机组的分类如下:

(1) 按冷水机组的驱动动力的不同,可分为电力驱动和热力驱动冷水机组。

(2) 蒸汽压缩式冷水机组按压缩机形式的不同,可分为活塞式、离心式、螺杆式和涡旋式冷水机组。

(3) 吸收式冷水机组按热源方式的不同,可分为蒸汽型、热水型和直燃型冷水机组。

冷水机组的综合特性见表 4-1。

表 4-1　制冷机组综合特性

制冷机种类		制冷剂	单机制冷量/kW	性能系数(COP)
压缩式制冷机组	活塞式	R22、R134a、(R12)	52~1 060	3.75~4.16
	离心式	R123、(R11)	352~3 870	4.76~5.90
		R134a、(R12)	250~28 150	
		R22	1 060~35 200	
	螺杆式	R22、(R12)	352~3 870	4.50~5.56
	涡旋式	R22	<210	4.00~4.35
吸收式制冷机组	蒸汽、热水式	NH_3/H_2O	<210	>0.6
		$H_2O/LiBr$(双效)	240~5 279	1.00~1.23
	直燃式	$H_2O/LiBr$(双效)	240~3 480	1.00~1.23

其中,蒸汽压缩式制冷机组是典型的制冷机组,目前应用也最广泛,本书将重点讲解。

蒸汽压缩式冷水机组按压缩机形式的不同,可分为活塞式、离心式、螺杆式和涡旋式冷水机组等,它们各有优缺点及相应的适用范围。

一、活塞式冷水机组

优点：热效率高，适用多种制冷剂，制造容易，价格较低等。

缺点：结构较为复杂，易损件多、检修周期短、输气不连续、排气压力有脉动，设备振动大、噪声较大等。适用于中小型系统，目前用得比较少。活塞式冷水机组示意图如图4-1所示。

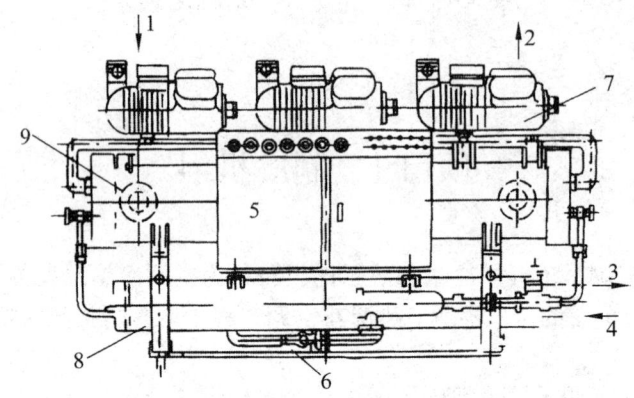

图4-1 活塞式冷水机组示意图

1—冷冻水入口；2—冷冻水出口；3—冷却水出口；4—冷却水入口；5—控制箱；
6—制冷剂充注口；7—压缩机；8—冷凝器；9—蒸发器

二、离心式冷水机组

特点：单机容量大，与活塞式相比工作可靠，维修周期长，运转平稳，转动小，对基础没有特殊要求。适于大型空调系统。离心式冷水机组如图4-2所示。

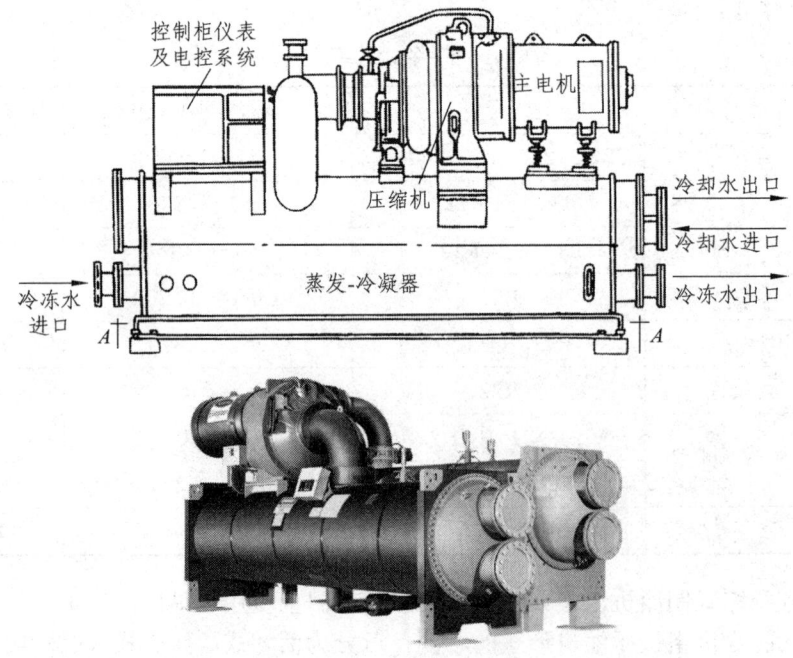

图4-2 离心式冷水机组

三、螺杆式冷水机组

特点：单机制冷量较大，压缩比高，结构简单，零部件为活塞式的1/10，运转非常平稳，机组安装时可以不装地脚螺栓，直接放在具有足够强度的水平地面上。螺杆式冷水机组示意图如图4-3所示。

四、风冷式冷水机组

风冷式冷水机组通常采用涡旋式压缩机。

特点：比活塞式压缩机减少60%运转部件，排气压力稳定，运行平稳，寿命长，故障率低，但单机冷量小于210 kW，通常采用风冷冷却方式，适用于小型空调系统。风冷式冷水机组如图4-4所示。

图4-3　螺杆式冷水机组　　　　　　图4-4　风冷式冷水机组

知识点1　制冷压缩机

一、压缩机种类与构造

压缩机又称为主机，是蒸汽压缩式制冷系统的心脏。它具有以下作用：

（1）从蒸发器中吸低压制冷剂蒸汽，以保证蒸发器内一定的蒸发压力。

（2）提高压力（压缩），以创造在较高温度下冷凝的条件。

（3）输送制冷剂，使制冷剂完成制冷循环。

压缩机的整机性能、可靠性、寿命、噪声等是关系到整个制冷机组的性能，因此，我们要对压缩机有足够的重视。制冷压缩机根据其工作原理可分为容积型和速度型两大类，如图4-5所示。

在容积型压缩机中，气体压力的升高是靠吸入气体的体积被强行缩小，使单位容积内气体分子数增加来达到的。容积型压缩机是靠改变工作腔的容积，将周期性地将吸收到的定量气体压缩。它有两种结构形式：往复活塞式和回转式。

回转式制冷压缩机是靠回转体的旋转运动替代活塞式压缩机中的活塞的往复运动，以改变气缸的工作容积，从而将一定数量的低压气态制冷剂进行压缩。

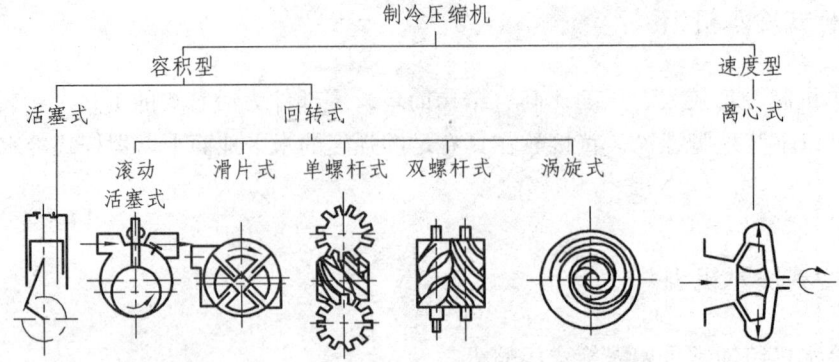

图 4-5 制冷压缩机分类及结构示意图

在速度型压缩机中,气体压力的升高是靠气体的速度转化而来,即先使气体获得一定高速,然后再由气体的速度能转化为压力能。离心式制冷压缩机是靠离心力的作用,连续地将所吸收到的气体压缩。

按照制冷量的大小可分为大、中、小型制冷压缩机。小型制冷压缩机制冷量小于 60 kW,如活塞式、滚动转子式、涡旋式制冷压缩机都属于小型制冷压缩机;中型制冷压缩机制冷量为 60~600 kW,如螺杆式、活塞式制冷压缩机;制冷量大于 600 kW 属于大型制冷压缩机,如离心式、螺杆式压缩机等。

(一)活塞式(往复式)制冷压缩机

1. 活塞式制冷压缩机的分类

(1)按压缩机汽缸分布形式,分为直立形、V 形、W 形、S 形(扇形)和 Y 形(星形),如图 4-6 所示。

(2)按使用的制冷剂种类,分为氟利昂和氨制冷压缩机。

(3)按压缩机与电动机的组合形式,分为开启式和封闭式(半封闭和全封闭)。

(4)按压缩机的级数,分为单机单级和单机双级制冷压缩机。

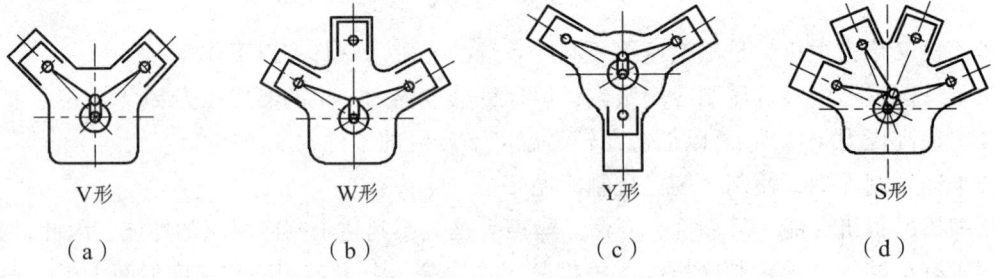

图 4-6 活塞式制冷压缩机气缸分布形式

2. 活塞式制冷压缩机的工作原理

活塞式压缩机的结构示意图如图 4-7 所示,其工作过程实质上是连续运行的过程,为便于理解,可分解为膨胀、吸气、压缩、排气四个过程,如图 4-8 所示。

(1)膨胀过程:活塞向下移动,气缸内剩余气体体积增大,压力降低,当缸内压力低于吸气管内压力时,吸气阀片被顶开,进入吸气过程。

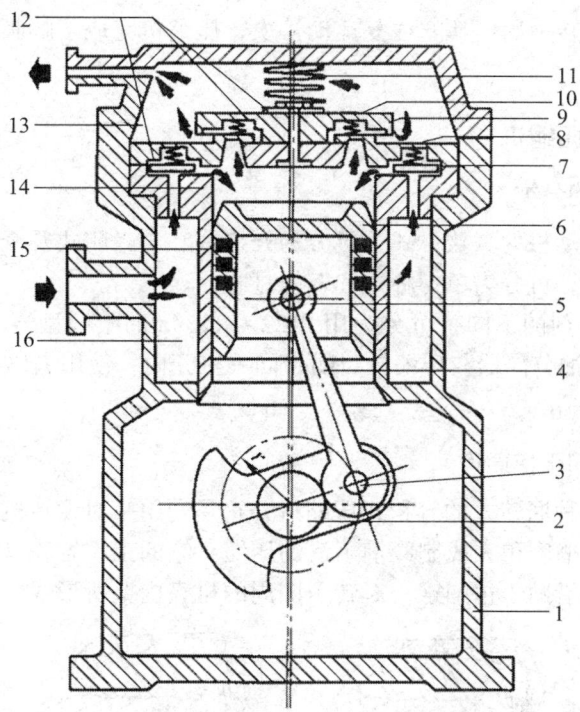

图 4-7 活塞式制冷压缩机结构示意图

1—机体；2—曲轴；3—曲轴销；4—连杆；5—活塞销；6—活塞；7—吸气阀片；8—吸气阀弹簧；
9—排气阀片；10—排气阀弹簧；11—安全弹簧；12—气阀；
13—排气腔；14—气缸；15—活塞环；16—吸气腔

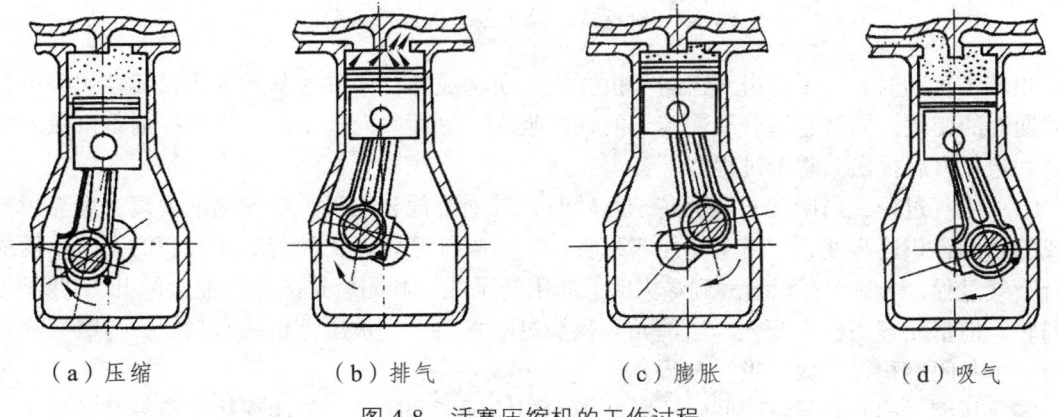

（a）压缩　　　　（b）排气　　　　（c）膨胀　　　　（d）吸气

图 4-8 活塞压缩机的工作过程

（2）吸气过程：活塞继续向下移动，气体持续进入气缸，当缸内压力大于吸气管内的压力时，吸气阀片落下，关闭吸气。

（3）压缩过程：活塞向上移动，压缩气体，当缸内气体压力高于排气管内压力（冷凝压力）时，排气阀片被冲开，进入排气过程。

（4）排气过程：活塞向上移动，排气阀片打开，气缸内气体排向冷凝器，当缸内气体压力低于冷凝器内压力时，关闭排气阀片。由于活塞未到气缸顶部，存在余隙容积 V_c，这时气缸内仍残留少量高压气体，活塞向下运动，进入膨胀过程。

由此可见，曲轴旋转一周，活塞往复运动一次，压缩机完成了膨胀、吸气、压缩、排气 4 个过程。

（二）螺杆式制冷压缩机

1. 螺杆式压缩机的分类

（1）按压缩机与电动机的联接方式，可分为开启式和半封闭式及全封闭式。

（2）按螺杆的个数，可分为单螺杆式和双螺杆式。

（3）按使用的制冷剂的不同，可分为用 R22、R134a 的不同型号的螺杆式压缩机。使用 R22 的螺杆式压缩机的油分离器与压缩机封闭于同一机壳内，使用 R134a 的螺杆式压缩机的油分离器则单独设置。

2. 螺杆式压缩机的工作原理

螺杆式压缩机是一种回转式的容积式压缩机，它是利用一对设在机壳内的螺旋形阴阳转子的啮合运动，来改变齿槽容积完成制冷剂蒸汽的压缩。它的工作容积是由啮合运动着的一个阳转子与一个阴转子，并借助于包围这一对转子四周的机壳内壁所形成，如图 4-9 所示。

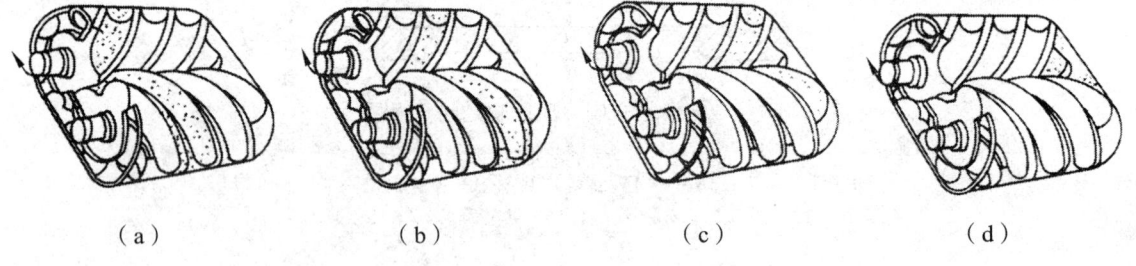

（a） （b） （c） （d）

图 4-9 螺杆式压缩机压缩过程示意图

当转子转动时，转子的齿、齿沟与机壳内壁所构成的空间称为基元容积，其容积大小会发生周期性的变化，同时它还会沿着转子的轴向吸入口侧面移向排出口。将制冷剂蒸汽吸入并压缩至一定压力后排出。整个过程如下：

（1）吸气过程：当阳转子及阴转子回转时，其啮合部分在吸入口侧逐渐脱离，齿与齿沟所形成的基元容积逐步变大。由于基元容积吸入口与吸气管相通，随着基元容积的变大，压缩机进行吸气过程，当基元容积增大到最大时（即阳转子的齿和阴转子的齿沟完全脱开），转子虽继续回转，但基元容积也不变化。当基元容积绕过吸入口后，被压缩机端座封闭，与吸气隔开，形成一个封闭容积，完成了吸气过程。

（2）压缩过程：转子继续回转，脱开了的阳转子齿和阴转子齿沟在排出口侧又开始了一个新的啮合过程，因其啮合点沿着轴向逐渐向排气口处移动，使基元容积愈来愈小，而将制冷剂蒸汽进行压缩。

（3）排气过程：由于转子继续回转，使基元容积继续减少，气体的压力不断增加。当阳转子齿与阴转子齿沟及机体上的排气口相通（即基元容积与排气口相通）时，排出高压制冷剂蒸汽，排气过程一直进行到完全排出气体为止。

3. 螺杆式压缩机的特点及应用

由于螺杆式压缩机只有旋转运动，没有往复运动，因此压缩机的平衡性好，振动小，转速高；排气温度低；结构简单紧凑，无吸排气阀件，易损件少，可靠性高；对湿压缩不敏感，存在少量液体湿压缩没有液击的危险；在低蒸发温度或高压缩比下容积效率高于活塞式压缩机；油系统复杂；在低压缩比下能耗比活塞式大；噪声较大；每台螺杆式压缩机有固定的内容积比，当实际的工作条件（压力比）不符合给定的内容积比时，将导致效率下降。目前也有内容积比可调的螺杆式压缩机产品。

螺杆式压缩机适用于采用氟利昂为工质的大、中型制冷量的场所，由于螺杆式压缩机在低蒸发温度或高压缩比下容积效率高于活塞式压缩机，所以它用于热泵机组中的特别多。

（三）离心式制冷压缩机

1. 离心式压缩机的分类

（1）按用途分为冷水机组和低温机组。

（2）按压缩机密封结构分为开启式、半封闭式和全封闭式。

（3）按压缩机级数分为单极和多级压缩机。

2. 离心式压缩机的工作原理

离心式制冷压缩机属速度型压缩机，是靠高速旋转的叶轮对气体做功，来提高气体的压力。压缩机中气体的流动是连续的，流量比容积型制冷压缩机要大得多。为了产生有效的能量转换，转速非常高。离心式制冷压缩机的吸气量为 0.03~15 m³/s，转速为 1 800~90 000 r/min，吸气温度通常为 +10~-100 ℃，吸气压力 14~700 kPa，排气压力小于 2 MPa，压力比为 2~30，几乎所有制冷剂都可采用。目前常用的制冷剂有 R22、R123 和 R134a 等。

单级离心式压缩机主要由吸气室、叶轮、扩压器、蜗壳等组成，如图 4-10 所示。对于多级压缩机，还设有弯道和回流器等部件，一个工作叶轮和与其相配合的固定零部件(如吸气室、扩压器、弯道、回流器或蜗壳等)组成压缩机的一个级。多级离心式制冷压缩机的主轴上设置着几个叶轮串联工作，以达到较高的压力比。

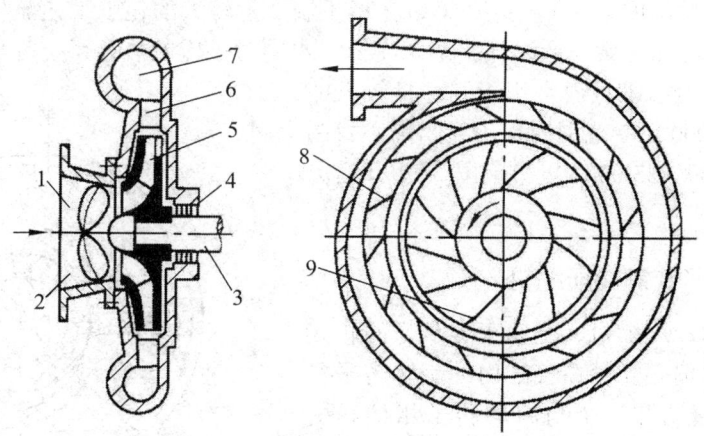

图 4-10 单级离心式制冷压缩机简图

1—吸气室；2—进门可调导流叶片；3—主轴；4—轴封；5—叶轮；6—扩压器；
7—蜗壳；8—扩压器叶片；9—叶轮叶片

单级离心式压缩机工作原理如下：压缩机叶轮 5 旋转时，制冷剂气体由吸气室 1 通过进口可调导流叶片 2 进入叶轮流道，在叶轮叶片 9 的推动下气体随着叶轮旋转。由于离心力的作用，气体沿着叶轮流道径向流动并离开叶轮,同时,叶轮进口处形成低压,气体由吸气管不断吸入。在此过程中,叶轮对气体做功,使其动能和压力能增加,气体的压力和流速得到提高。然后,气体以高速进入断面逐渐扩大的扩压器 6 和蜗壳 7,流速逐渐下降,大部分气体动能转变为压力能,压力进一步提高,然后再排出压缩机。

3. 离心式压缩机的特点及应用

因压缩机的工作原理不同,离心式制冷压缩机与活塞式制冷压缩机相比,具有以下特点:

(1)在相同制冷量时,外形尺寸小,重量轻,占地面积小。相同的制冷工况及制冷量,活塞式制冷压缩机比离心式制冷压缩机(包括齿轮增速器)重 5~8 倍,占地面积多 1 倍左右。

(2)无往复运动部件,动平衡特性好,振动小,基础要求简单。目前对中小型组装式机组,压缩机可直接装在单筒式的蒸发-冷凝器上,无须另外设计基础,安装方便。

(3)磨损部件少,连续运行周期长,维修费用低,使用寿命长。

(4)润滑油与制冷剂基本上不接触,从而提高了蒸发器和冷凝器的传热性能。

(5)易于实现多级压缩和节流,达到同一台制冷机多种蒸发温度的操作运行。

(6)能够经济地进行无级调节。可以利用进口导流叶片自动进行能量调节,调节范围和节能效果较好。

(7)对于大型制冷机,若用经济性高的工业汽轮机直接带动,实现变转速调节,节能效果更好。尤其是有废热蒸汽的工业企业,还能实现能量回收。

(8)转速较高,用电动机驱动的压缩机一般需要设置增速器。对轴端密封要求高,这些增加了制造上的困难和结构上的复杂性。

(9)当冷凝压力较高,或制冷负荷太低时,压缩机组会发生喘振而不能正常工作。

(10)制冷量较小时,效率较低。

目前所使用的离心式制冷机组大致可以分成两大类:一类为冷水机组,其蒸发温度在 5 ℃ 以上,大多用于大型中央空调或制取 5 ℃ 以上冷水或略低于 0 ℃ 盐水的工业用场合;另一类是低温机组,其蒸发温度为 -5 ~ -40 ℃,多用于制冷量较大的化工工艺流程。另外,啤酒工业、人造干冰场、冷冻土壤、低温试验室和冷、温水同时供应的热泵系统等也可使用离心式制冷机组。离心式制冷压缩机通常用于制冷量较大的场合,在 350~7 000 kW 范围内采用封闭离心式制冷压缩机,在 7 000~35 000 kW 范围内采用开启离心式制冷压缩机。

(四)滚动转子式制冷压缩机

滚动转子式制冷压缩机,是属于容积型回转式压缩机。它是依靠偏心安设在气缸内的旋转转子在圆柱形气缸内做滚动和一个与滚动转子相接触的滑板往复运动实现气体压缩的制冷压缩机。

滚动转子式制冷压缩机主要由气缸、滚动转子、滑板、排气阀等组成,如图 4-11 所示。圆筒形气缸 2 的径向开设有不带吸气阀的吸气孔口和带排气阀的排气孔口,滚动转子 3 装在偏心轴(曲轴)4 上,

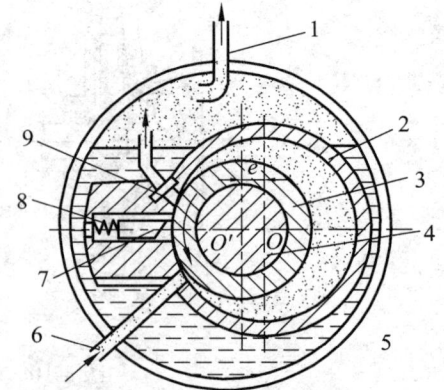

图 4-11 滚动转子式制冷压缩机结构示意图
1—排气管;2—气缸;3—滚动转子;4—曲轴;
5—润滑油;6—吸气管;7—滑板;
8—弹簧;9—排气阀

转子沿气缸内壁滚动,与气缸间形成月牙形的工作腔,滑板 7 靠弹簧 8 的作用力使其端部与转子紧密接触,将月牙形工作腔分隔成两部分,滑板随转子的滚动沿滑板槽道做往复运动。端盖被安置在气缸两端,与气缸内壁、转子外壁及滑板构成封闭的气缸容积,即基元容积。其容积大小随转子的转动周期性地变化,容积内气体的压力则随基元容积的大小而改变,从而完成压缩机的工作过程。滚动活塞式制冷压缩机的工作过程如图 4-12 所示。

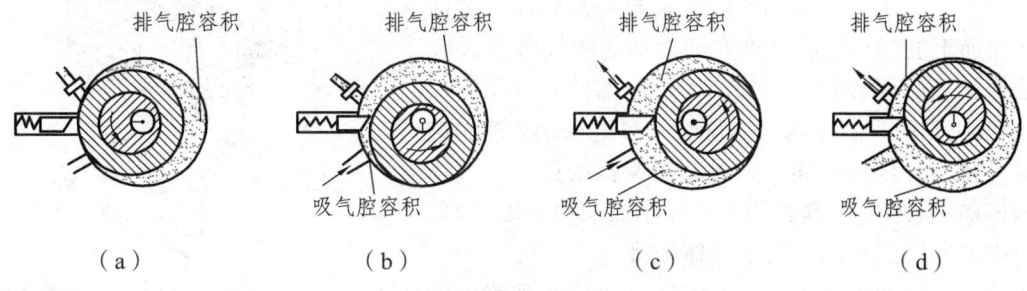

图 4-12 滚动转子式制冷压缩机工作过程

当滚动转子处于图 4-12(a)所示的位置时,气缸内形成一个完整的月牙形工作腔容积,充满了低压吸入气体,这时处于吸气过程结束、不压缩也不排气的状态。

当滚动转子逆时针滚动 1/4 周,到达图 4-12(b)所示的位置时,滑板把月牙形容积分割为吸气腔和排气腔两部分。

随着吸气腔容积的增大,吸气腔开始吸入气体,而排气腔中的气体受压缩而压力开始升高。

滚动转子继续转动,吸气腔不断扩大,排气腔不断缩小而气体压力逐渐升高,当压力升高到稍大于排气阀后的冷凝压力,并足以克服阀片弹簧力时,顶开阀片开始排气,这时吸气与排气同时进行,如图 4-12(c)所示。

当滚动转子转动至图 4-12(d)所示的位置时,吸气腔接近最大,排气腔接近最小,吸气、排气过程均接近结束。滚动转子继续转动回到图 4-12(a)所示的位置,吸气与排气过程结束,将进入下一周期的运行。

由压缩机工作过程可以看出:

(1)一定量气体的吸入、压缩和排出过程是在转子的两转中完成的,但在转子与滑板的两侧,吸气、压缩与排气过程同时进行。即转子旋转一周,将完成上一工作循环的压缩过程和排气过程及下一工作循环的吸气过程。

(2)由于不设吸气阀,吸气开始的时机和气缸上吸气孔口位置有严格的对应关系工况的变化而变动。

(3)由于设置了排气阀,压缩终了的时机将随排气管中压力的变化而变动。

滚动转子式压缩机可分为中等容量的开启式压缩机和小容量的全封闭压缩机。目前广泛使用的是小型全封闭式,标准制冷量在 3 kW 以下,有卧式和立式之分,卧式用于冰箱,立式用于空调器。

(五)涡旋式制冷压缩机

涡旋式制冷压缩机的基本结构如图 4-13 所示,主要由静涡旋盘 3、动涡旋盘 4、机座 5、防自转机构十字滑环 7 及曲轴 8 等组成。动、静涡旋盘的型线均是螺旋形,动涡旋盘相对静涡旋盘偏心并相错 180° 对置安装。动、静涡旋盘在几条直线(在横断面上则是几个点)上接触并形成一系列月牙形空间，即基元容积。动涡旋盘由偏心距小的曲轴 8 带动，以静涡旋盘的中心为旋转中心并以一定的旋转半径做无自转的回转平动，两者的接触线在运转中沿涡旋曲面不断向中心移动，它们之间的相对位置借安装在动、静涡旋盘之间的十字滑环 7 来保证，该环的上部和下部十字交叉的突肋分别与动涡旋盘下端面键槽及机座上的键槽配合并在其间滑动。吸气口 1 设在静涡旋盘的外侧面，并在顶部端面中心部位开有排气口 2，压缩机工作时，制冷剂气体从吸气口进入动、静涡旋盘间最外圈的月牙形空间，随着动涡旋盘的运动，气体被逐渐推向中心空间，其容积不断缩小而压力不断升高，直至与中心排气门相通，高压气体被排出压缩机。

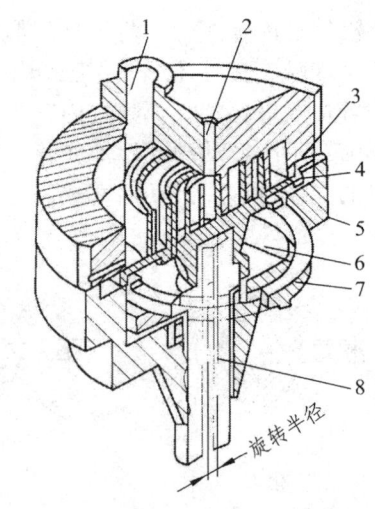

图 4-13　涡旋式制冷压缩机结构示意图
1—吸气口；2—排气口；3—静涡旋盘；
4—动涡旋盘；5—机座；6—背压腔；
7—十字滑环；8—曲轴

　　涡旋式压缩机的工作原理是利用动涡旋盘和静涡旋盘的啮合，形成多个压缩腔，随着动涡旋盘的回转平动，使各压缩腔的容积不断变化来压缩气体。其工作过程如图 4-14 所示，在图 4-14（a）所示的位置，动涡旋盘中心 O_2 位于静涡旋盘中心 O_1 的右侧，涡旋密封接触线在左右两侧，涡旋外圈部分刚好封闭，此时最外圈两个月牙形空间充满气体，完成了吸气过程（阴影部分）。随着动涡旋盘的运动，外圈两个月牙形空间中的气体不断向中心推移，容积不断缩小，压力逐渐升高，进行压缩过程，图 4-14（b）~（f）所示为曲轴转角 θ 每间隔 120°的压缩过程。当两个月牙形空间汇合成一个中心腔室并与排气口相通时［见图 4-14（g）］，压缩过程结束，并开始进入图 4-14（g）~（j）所示的排气过程，直至中心腔室的空间消失，排气过程结束［见图 4-14（j）］。

　　图 4-14 所示的涡旋圈数为 3 圈，最外圈两个封闭的月牙形工作腔完成 1 次压缩及排气的过程，曲轴旋转 3 周（即曲轴转角 θ 变为了 1 080°），涡旋盘外圈分别开启和闭合 3 次，即完成了 3 次吸气过程，即每当最外圈形成了 2 个封闭的月牙形空间并开始向中心推移成为内工作腔时，下一个新的吸气过程同时开始形成。

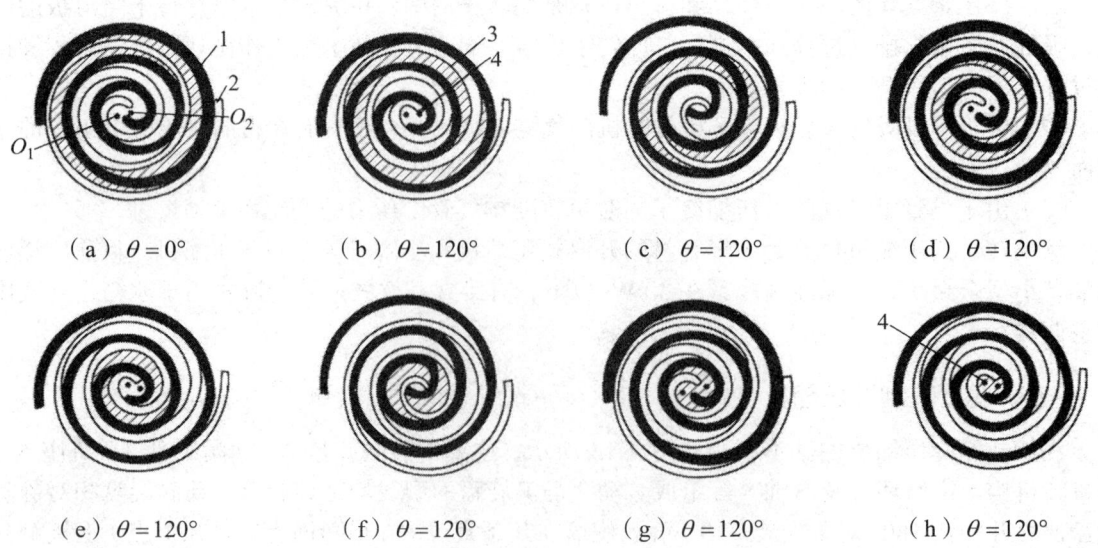

（a）$\theta=0°$　　（b）$\theta=120°$　　（c）$\theta=120°$　　（d）$\theta=120°$

（e）$\theta=120°$　　（f）$\theta=120°$　　（g）$\theta=120°$　　（h）$\theta=120°$

　　（i）$\theta=120°$　　　　（j）$\theta=120°$

图 4-14　涡旋式制冷压缩机工作过程示意图

1—动涡旋盘；2—静涡旋盘；3—压缩腔；4—排气门

　　因此，在涡旋式制冷压缩机中，吸气、压缩、排气等过程是同时和相继在不同的月牙形空间中进行的，外侧空间与吸气口相通，始终进行吸气过程。所以，涡旋式制冷压缩机基本上是连续地吸气和排气，并且从吸气开始至排气结束需经动涡旋盘的多次回转平动才能完成。

二、压缩机评价指标

　　评价制冷压缩机能量消耗方面先进性的指标主要有性能系数和能效比两种。

　　（1）制冷压缩机的性能系数（COP），即单位轴功率的制冷量。轴功率（压缩机的耗功率）是指电动机传至压缩机机轴上的功率，主要包括直接用于压缩空气的所耗功率和克服运动机构的摩擦阻力所耗功率。

　　（2）能效比（EER）是指单位电动机输入功率的制冷量大小。此指标考虑到驱动电机效率对能耗的影响。

三、制冷压缩机常见问题

1. 蒸汽压缩制冷机的"液击"

　　当有过多的液珠进入压缩机气缸后，很难全部立即气化。这时既破坏压缩机的润滑，又会造成液击，使压缩机遭受破坏。为防止此类问题发生，在蒸发器出口（或者附在蒸发器上）增加一个液体分离器，使气液分离，保证干压缩。

　　另外在空调的运行过程中，如果制冷机冷冻水上的流量计失灵，或者没有安装，当冷冻水流量过少压缩机依然工作的话，会使蒸发器盘管冻破，使水进入压缩机，损坏压缩机，后果严重。

2. 离心式压缩机的"喘振"

　　喘振是离心式压缩机的特性。喘振的主要原因是冷凝压力过高或者吸气压力过低，出现气体来回倒流撞击现象。当调节压缩机制冷能力，其负荷过小时（一般当低于 30% 时），也会发生喘振现象。发生喘振不但会增大噪声和振动，也会使高温气体倒流充入压缩机，损坏压缩机及制冷装置。

知识点 2　冷凝器

在制冷系统中，冷凝器是一个制冷剂向系统外放热的换热器。自压缩机经油分离器来的制冷剂蒸汽进入冷凝器后，向冷却介质放热，其状态由过热蒸汽变成饱和液体或过冷液体。制冷剂进入冷凝器的热量实际上包括 3 部分：蒸发器从被冷却物体吸收的热量；在压缩机中受压缩时接受由外加机械功转化的热量；低温的制冷剂在管道和设备中流动时从外界传入的热量。

冷凝器按其冷却介质不同，可分为水冷式、空气冷却式（俗称风冷式）、蒸发式三大类。

一、水冷式冷凝器

用水作为冷却介质，使高温、高压的气态制冷剂冷凝的设备，称为水冷式冷凝器。水作冷却介质有许多优点：① 比较容易取得，江、河、湖、海、井水、自来水等均可作为水源；② 作为冷却介质，水温通常低于空气温度，所以采用水冷却可以获得较低的冷凝温度，对提高制冷机的能力和减少能耗均有利。故凡是有条件采用水冷却的场合，应优先选用水冷式冷凝器。常用的水冷式冷凝器有卧式壳管式冷凝器、立式壳管式冷凝器及套管式冷凝器等形式。

1. 卧式壳管式冷凝器

卧式壳管式冷凝器是一种壳管式换热器，分氨用和氟利昂用两种，它们在结构上大体相同，只是在局部细节和金属材料的选用上有所差异。

卧式壳管式冷凝器的壳体是一个由钢板卷制焊接成的圆柱形筒体，筒体的两端焊有两块圆形的管端板，管端板上钻有位置对称的小孔，在每对对应的小孔中装入一根管子，管子的两端用胀接法或焊接法紧固在管板的管孔内，组成了一组换热直管管束。卧式壳管式冷凝器水平放置，其结构如图 4-15 所示。

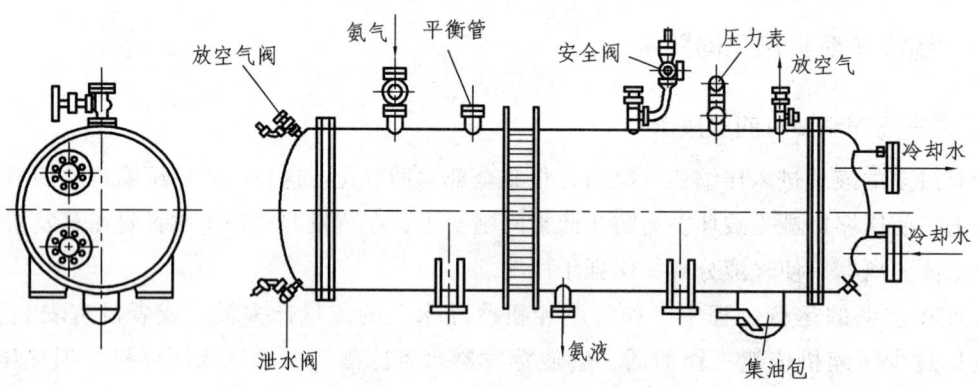

图 4-15　卧式壳管式冷凝器

卧式壳管式冷凝器的两端装有铸铁的端盖，在其内侧面上有经过设计互相配合的分水筋，冷却水的进出水管接头设在同一侧的端盖上，冷却水是从下面进入，上面流出，以保证运行时冷凝器中所有管子始终被冷却水充满，不会在上部存有空气。由于有分水筋的配合，水在管簇中多次往返流动。冷却水每向一端流动一次称为一个"水程"，国内生产的卧式壳管式冷凝器的水程数为 4~10 个。这样的水路设计可以提高冷却水的温差，减少用水量。在另一侧的端盖上，上部有一个放空气的旋塞，供开始运行时放掉水一侧的空气，以免影响冷却水的流通；下部有一个泄水旋塞，用以长期停止使用时放尽冷却水，以防止冬季冻裂水管。

卧式壳管式冷凝器的筒体上也设有若干与系统中其他设备连接的管接头、安全阀和压力表接头，如图4-16所示。放油口设在筒体底部。制冷剂过热蒸汽由筒体顶部的进气口进入冷凝器内的空间，与水平管的冷表面接触后即在其上凝结为液膜，由筒体下部的出液管流入储液器中。正常运行时，筒体下部只存少量液体。但是对于小型制冷装置，为了简化系统，有时不单设储液器，还让冷凝器的筒体底部兼有一定的储液作用，此时下部少装几排管子即可。对于氨冷凝器，通常在筒体下部还焊有一个集污包，以便积存润滑油及机械杂质。

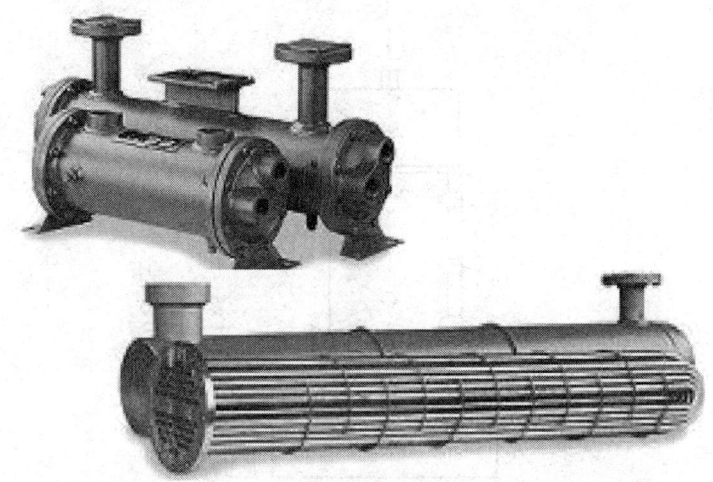

图4-16 卧式壳管式冷凝器外形及换热管图

卧式壳管式氨冷凝器的传热管通常采用25～38 mm的无缝钢管，氟利昂冷凝器可用无缝钢管（25 mm以上），也可用铜管。为了提高氟利昂一侧的凝结放热系数，经常应用滚压工艺将铜管的外表面压出肋片，肋片的形状很像螺纹，所以也称螺纹管。

卧式壳管式冷凝器普遍应用于中小型氨制冷系统和氟利昂制冷系统。其优点在于：
（1）传热系数高，冷却水耗量小。
（2）安装方便，占空间高度小，有利于空间的立体利用。
（3）结构紧凑，运行可靠，操作管理简便。

其缺点在于：
（1）不易发现制冷剂的泄漏。
（2）对冷却水质要求高，水温要求低。
（3）冷却水流动阻力比较大。
（4）清洗不方便且需要停止制冷机的运行。

2. 立式壳管式冷凝器

立式壳管式冷凝器直立安装，只适用于大、中型氨制冷装置。其壳体是由钢板卷成圆柱形筒体后焊接而成，垂直安置，筒体的上下两端各焊一块管板，两块管板之间贯穿相对应的管孔，焊接或胀接有许多根无缝钢管，形成一个垂直的管簇。管内为水路，冷却水由顶部通过配水箱均匀地分配到每根钢管内，每根钢管的顶端装有一个具有分水作用的导流管嘴，冷却水经导流管嘴上的斜槽按螺旋线状沿管内壁向下流动，这样既可保证所有传热管表面被水膜覆盖，充分吸收制冷剂放出的热量，提高冷却效率，又可使冷却水的流量相对减少。吸热后的冷却水汇集于冷凝器下面的水池中。氨蒸汽从壳体高度的大约 2/3 处进入筒体内钢管之间的空间，与冷却水进行热交换后在传热管的外表面上呈膜状凝结，凝液沿垂直管壁向下流动至筒体的底部，由出液管引导至高压贮液器。

与卧式冷凝器相似，立式冷凝器的外壳上也设有一些管接头，使之与系统中的其他设备连接起来。进气管接头与油分离器连接，出液管和均压管接头与高压贮液器连接，放油管接头与集油器连接，放空气管接头与放空气器连接。其他还有安全阀等接头，如图 4-17 所示。

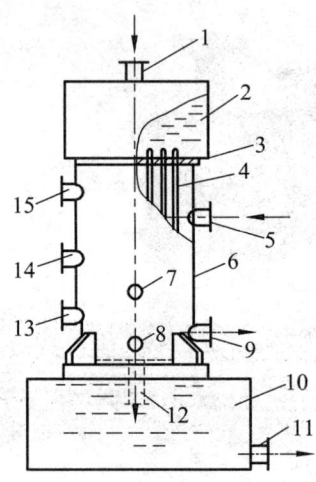

图 4-17 立式壳管式冷凝器

1—冷却水进口；2—配水箱；3—上管板；4—换热管；5—气态制冷剂进口；6—筒体；7—压力计；
8—放油管；9—液态制冷剂进口；10—水池；11—排放或再冷却循环管；12—冷却水出口；
13—放气管接口；14—均压管接口；15—安全阀接口

立式壳管式冷凝器在大中型制冷装置中被广泛采用，其优点主要是：
（1）可以安装在室外，节省机房面积；可装在冷却水塔的下面，简化冷却水系统。
（2）清洗方便，且可以不中断制冷机的正常运行。
（3）对冷却水的水质要求不高，可以适应各种不同的水源。

其缺点是换热系数较卧式冷凝器小，因立式冷凝器中的冷却水温升小，一般只有 2~4 ℃，故耗水量较大；体积大，比较笨重；易结水垢，露天安装时，灰砂易落入，需经常清洗；水泵耗功率高；制冷剂泄漏不易被发现，往往发现时损失已经很大。

3. 套管式冷凝器

套管式冷凝器多用于小型氟利昂制冷机组，如柜式空调机、恒温恒湿机组等。其构造如图 4-18 所示。其外管通常采用 50 mm 的无缝钢管，内管为一根或若干根紫铜管或低肋铜管。内外管套在一起后再整形成螺旋形、螺旋管形或长腰形等几种外形结构。

制冷剂的蒸汽从上方进入内外管之间的空腔，在内管外表面上冷凝，液体在外管底部依次下流，从下端流入储液器中。冷却水从冷凝器的下方进入，依次经过各排内管从上部流出，与制冷剂呈逆流方式，故换热效果好。

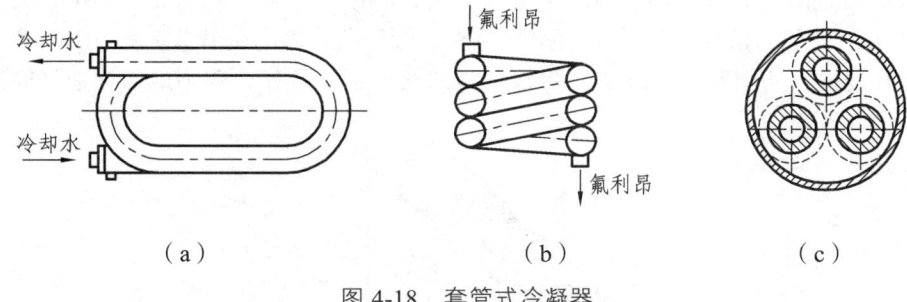

图 4-18 套管式冷凝器

套管式冷凝器可以套放在压缩机的周围,节省了压缩冷凝机组的占地面积。其缺点是单位换热面积的金属消耗量大,而且当纵向管数较多时,下部的管子充有较多的液体,使传热面积不能充分利用。另外,冷却水流动阻力大,清洗困难,并需大量连接弯头。因此,这种冷凝器在氨制冷装置中已很少应用。

二、空气冷却式冷凝器

空气冷却式冷凝器又称为风冷式冷凝器,它以空气作为冷却介质,靠空气的温升带走冷凝热量。空气冷却式冷凝器多为蛇管式,制冷剂蒸汽在管内冷凝,空气在管外流过。根据空气流动方式不同,可分为自然对流式和强迫对流式两种。

自然对流空气冷却式冷凝器依靠空气受热后产生的自然对流,将制冷剂冷凝放出的热量带走。如图 4-19 所示为几种不同结构形式的自然对流空气冷却式冷凝器,其冷凝管多为铜管或表面镀铜的钢管,管外通常做有各种形式的肋片。管子外径一般为 5~8 mm。这种冷凝器的换热系数很小,为 5~10 W/(m²·K),主要用于家用冰箱和小型制冷装置。

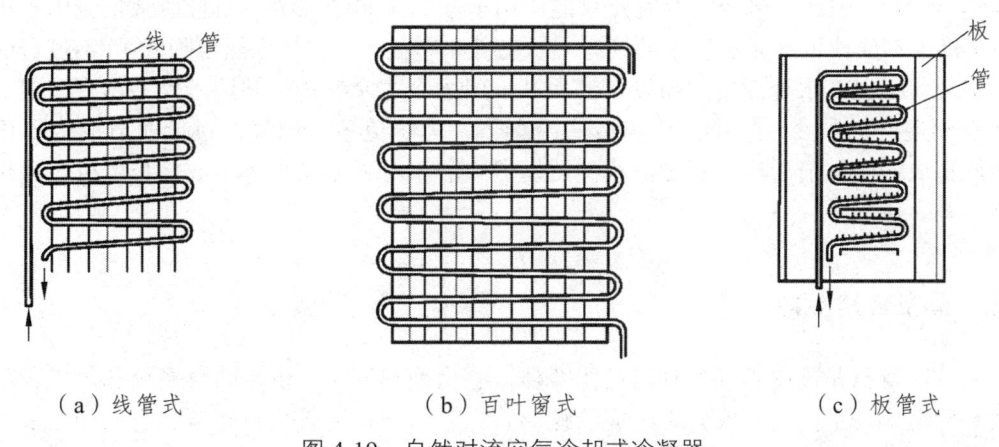

(a) 线管式　　　(b) 百叶窗式　　　(c) 板管式

图 4-19 自然对流空气冷却式冷凝器

图 4-20 所示为强迫对流式冷凝器的结构图。它由几组蛇形盘管组成,盘管外加肋片,以增大空气侧换热面积,同时采用通风机加速空气的流动。制冷剂蒸汽从上部分配集管进入每根传热管中,空气以 2~3 m/s 的流速横向掠过管束,带走制冷剂的冷凝热,凝液由蛇管留下,汇于液体集管中,排出冷凝器。

沿空气流动方向，蛇管的排数与风机形式有关，小型冷凝器一般为 2~3 排，大型冷凝器可以做到 4 排。蛇管一般用直径较小的铜管制成。管外肋片多为套片式，多用厚 0.2~0.3 mm 的铜片或铝片制成，肋间距 2~4 mm。每根蛇管的长度不宜过长，否则后部被液体充满，影响换热效果。

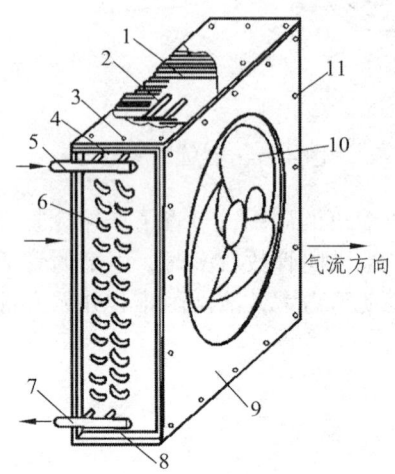

图 4-20　空气强迫对流式冷凝器

1—翅片；2—盘管；3—上盖板；4—侧盖板；5—分配集管；6—管束弯头；
7—液体集管；8—底板；9—后盖板；10—风机叶片；11—铆钉

这种冷凝器的传热系数较小，当迎面风速为 2~3 m/s 时，按全部外表面积计算的传热系数为 24~30 W/(m²·K)。

与水冷式冷凝器相比较，风冷式冷凝器唯一的优点是可以不用水而使冷却系统变得十分简单。但其初次投资和运行费用均高于水冷式。在夏季室外气温比较高（30~35 ℃）时，冷凝温度将高达 50 ℃，因此，风冷式冷凝器只能应用于氟利昂制冷系统，而且通常是应用于小型装置，用于供水不便或根本无法供水的场合（如飞机和车辆上，空气源热泵除外）。不过目前国外由于水资源紧张以及水处理费用昂贵，已大量采用风冷式冷凝器，并用于大型制冷装置。

在全年运行的制冷装置中采用风冷式冷凝器，为避免冬季因气温过低而造成冷凝压力过低，由此造成膨胀阀前后压差不足而致使蒸发器缺液，可采用减少风量或停止风机、风机变频等措施弥补。

三、蒸发式冷凝器

蒸发式冷凝器是冷凝器和冷却塔的组合体。它由换热管组、供水喷淋系统和风机三部分组成。换热管组是一个由光管或肋管组成的蛇形管组，每列蛇形管垂直布置，它们的上端与进气集管相接，下端与出液集管相连。整个管组安装在一个由型钢或钢板焊制的立式箱体内。箱体的底部作为储水的水盘。制冷剂蒸汽由上部的进气集管分配给每一根蛇管，与冷却介质换热后形成的冷凝液经出液集管流入储液器中。

供水系统包括水箱、循环水泵、喷淋器和挡水板以及水管。水泵将水箱中的冷却水打到管组的上方，经喷嘴喷淋到管组的表面，使其形成均匀的水膜向下流动，最后落入箱体底部的水箱中，如此循环往复。挡水板的作用是降低冷却水随气流的飞散损耗。

风机的作用是使箱体内的空气自上而下地流经蛇形管组,并由上方排出,把产生的水蒸气及时排出箱外,加速喷淋水的蒸发。当空气的温度低于水温时,空气还对水起到一定的冷却作用。在箱体上部装有挡水板,以减少水量的吹散损失。

按空气流动方式,蒸发式冷凝器的风机可分为吸入式和压送式,如图 4-21 所示。

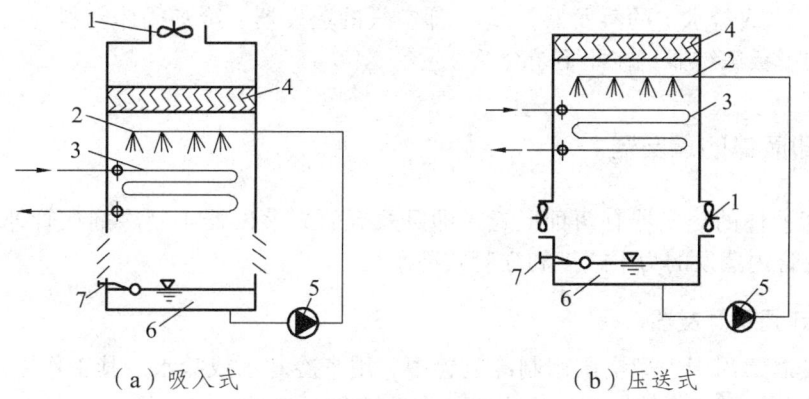

图 4-21 蒸发式冷凝器示意图
1—风机;2—布水器;3—冷凝蛇形管;4—填料;5—循环水泵;6—接水盘;7—浮球阀

风机可设在蛇形管组的上部,吸入来自管组下部的空气,此为吸入式蒸发冷凝器;也可设在盘管下部的侧面,空气在风机的压送下,从盘管外部流过,此为压送式蒸发冷凝器。吸入式蒸发冷凝器由于空气均匀地流过冷凝盘管,箱体内保持负压,因而水的蒸发温度较低,换热效果好。但是风机长期处于高温和非常潮湿的环境中,寿命缩短。压送式蒸发冷凝器情况正好相反,风机电动机工作条件好,但空气流过冷凝盘管不太均匀。我国生产的多为压送式蒸发冷凝器。

蒸发式冷凝器有两个突出优点:

(1)循环水量和耗水量比水冷式冷凝器要少得多,特别适用于缺水的地区,尤其是当气候干燥时,应用效果更好。水冷式冷凝器中由冷却水吸收热量,立式壳管式冷凝器中每千克冷却水只能带走 8~12 kJ 的热量,卧式壳管式冷凝器中,每千克冷却水也只能吸收 25~35 kJ 的热量。蒸发式冷凝器基本上是利用水的汽化吸收气态制冷剂冷凝过程放出的凝结潜热,水的比潜热约为 2 450 kJ,所以理论上蒸发式冷凝器的耗水量约为水冷式的 1%。实际上,由于水的飞散损失以及排污溢流等原因,其补充水量为水冷式的 1/50~1/25。

(2)冷凝温度低。蒸发式冷凝器中制冷剂的冷凝温度直接与环境的气象参数相关,根据热湿交换完善的程度,冷凝温度一般比空气的湿球温度高 5~10 ℃。冷凝温度低,对于提高制冷机的效率,即提高制冷能力和降低耗功率是有利的。

目前国内生产的蒸发式冷凝器尚待解决的问题是防腐蚀和水质处理。由于设备的表面积大,采用防锈漆防止锈蚀,使用寿命一般不超过 10 年,因此使得折旧成本增大。另外,由于冷却水在传热管的表面不断蒸发,水中的矿物质完全留在管子的表面上,水垢层增厚较快,清垢工作相当麻烦,因此应该使用软水或经过软化处理的冷却水。在结构上,挡水板上方设预冷管组,可以使进入蛇形管组的蒸汽温度有所降低,有利于减少外表层结垢。

知识点3 蒸发器

蒸发器是制冷系统中的一种吸热设备。低温低压的液态制冷剂在传热壁的一侧汽化吸热，从而使传热壁另一侧的介质被冷却。被冷却介质通常是水或空气，据此蒸发器可分为两大类：① 冷却液体（水或盐水）的蒸发器；② 冷却空气的蒸发器。冷却固体物料的接触式蒸发器，如冻结食品的平板冻结器，在此不予介绍。

一、冷却液体的蒸发器

常用冷却液体的蒸发器有两种形式，即卧式壳管式蒸发器（制冷剂在管外蒸发的为满液式，制冷剂在管内蒸发的为干式）和立管式冷水箱。

1. 满液式壳管蒸发器

这种蒸发器常用于大型空调用制冷装置中，用来冷却水或盐水。其工作原理如图4-22所示。由于其具有传热效果较好、结构紧凑、占地面积小且易于安装等优点而被广泛采用，尤其是在空调用的冷水机组中最为适宜。

满液式蒸发器均为卧式。制冷剂液体在管外与壳体间蒸发吸热，而被冷却介质（水或盐水）在管内流动放热。

经过膨胀阀降压以后的低温低压液体，从筒体的下部进入，充满管外空间。由于蒸发器内存液量很大，称之为满液式蒸发器。制冷剂汽化形成的蒸汽不断上升至液面，经过顶部的分液器分离掉蒸汽中可能挟带的液滴，干蒸汽被压缩机吸入。

水程和卧式壳管式冷凝器一样做成多程式，即在传热管簇内经端盖往返流动多次，与制冷剂进行充分的热交换。水的进出口一般也是在同一侧的端盖上，下进上出。壳体上留有若干与制冷系统中其他设备连接的管接头。

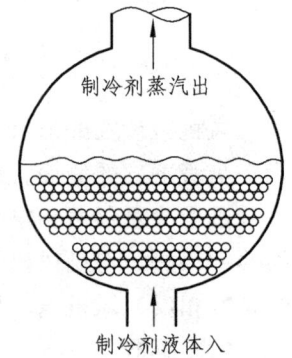

图4-22 满液式蒸发器

氨用蒸发器的传热管一般为25 mm×25 mm或32 mm×25 mm的无缝钢管，氟利昂蒸发器一般多用紫铜或黄铜管，直径在20 mm以下的，为了增强传热效果，多采用低肋管。

总的来说，卧式壳管式蒸发器的传热系数要略低于卧式壳管式冷凝器。

满液式蒸发器中，由于制冷剂气化时会产生气泡，使液面比不工作时升高，为了避免压缩机吸入未蒸发的液体，蒸发器应在筒内上部留有空间。对于氨制冷剂，充液高度应控制在不超过筒体直径的70%~80%。用氟利昂制冷剂时，起泡现象更为严重，充液量应控制在55%~65%。液面上裸露的传热管，在蒸发器投入运行后被制冷剂泡沫润湿，也能起到很好的换热作用。此外，当用来冷却淡水时，一般只能冷却到4~5 ℃，以避免冻结的危险。

满液式壳管蒸发器从其结构和工作情况可以看出它具有以下缺点：

（1）制冷剂的充注量较大，成本高。

（2）受液柱静压的影响。当蒸发器的直径较大时，由于液体静压的影响而使得下部制冷剂的蒸发温度升高，无形中减小了传热温差。

（3）回油比较困难。对于氟利昂制冷剂，由于它们能和润滑油互相溶解而将油带入蒸发器，在蒸发器中氟利昂不断汽化后被吸回，而润滑油则很难从蒸发器中返回，因此在长期运行后蒸发器中会积存较多的含油浓度很高的氟利昂-油溶液,影响蒸发器的传热性能,因此,对于氟利昂制冷系统,须考虑一定的回油措施。

2. 干式氟利昂壳管蒸发器

干式氟利昂壳管蒸发器是用来冷却淡水的氟利昂壳管式蒸发器,如图 4-23 所示。在这种蒸发器中,制冷剂液体是在管内蒸发的,被冷却介质在管外流动。此时液态制冷剂的充注量很少,为管组内部容积的 35%～40%,而且制冷剂在气化过程中不存在自由液面,所以称为干式蒸发器。这里,氟利昂液体是从前端盖的下部分两路进入传热管簇,往返 4 个流程,蒸发产生的蒸汽由同一端盖的上部引出。被冷却的水是在管外流动,由壳体上方的一端进入,从另一端流出。为了提高水流速度以强化传热,在蒸发器的壳体内横跨管簇间装设多块折流板。

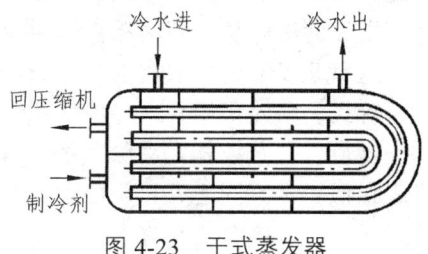

图 4-23 干式蒸发器

干式蒸发器克服了前述满液式蒸发器的缺点,其主要的优点有:

(1) 制冷剂的充注量很少,使用成本大为降低,且不需设储液器,使机组的重量和体积大为缩小。

(2) 由于氟利昂蒸汽在管内具有较大的流速,可将润滑油带回压缩机中。

(3) 与满液式壳管蒸发器相比,干式蒸发器的传热系数也有所提高。

3. 立管式冷水箱

冷水箱是大型空调制冷站中开式冷冻水系统常用的蒸发器,整体的管组沉浸于盛满载冷剂(水或盐水)的箱体(或池、槽)内。制冷剂在管内蒸发,载冷剂在搅拌器的推动下在箱内流动,以增强传热(见图 4-24)。应用这种蒸发器可以将水冷却到接近 0 ℃ 的温度;当用盐水作为载冷剂时,可冷却到 -20～-10 ℃,适用于制冰或食品冷加工。

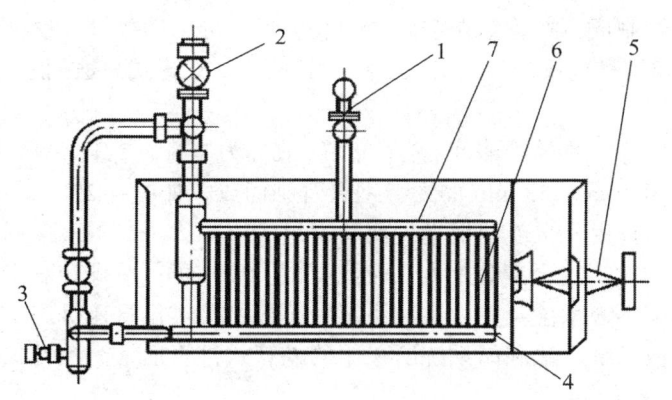
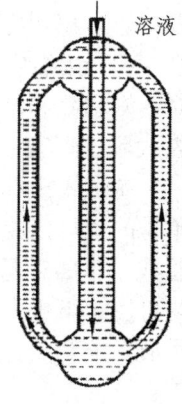

图 4-24 立管式蒸发器

1—氨液入口;2—氨气出口;3—放油管;4—下集管;5—搅拌装置;6—蒸发管;7—上集管

冷水箱中的蒸发器管组有立管式和螺旋管式两种。立管式蒸发器的列管以组为单位,按照不同的容量要求,蒸发器可由若干组列管组合而成。每一组列管各有上下两根直径较大的水平集管(一般为 121 mm×4 mm 的无缝钢管),上面的称为蒸汽集管,下面的称为液体集管。沿集管的轴向焊接四排直径较小两头稍有弯曲的立管(一般为 57 mm×3.5 mm),与上下集管接通；另外顺集管的轴向每隔一定距离焊接一根直径稍大的立管（一般为 76 mm×4 mm）。上集管用于汇集制冷剂蒸汽，经一端的气液分离器分离掉液体后送往压缩机。分离器通过下液管与下集管相通，将分离出来的液体重新送回蒸发立管。下集管的一端用一条水平管与集油包相连。

液态制冷剂由进液管直插到直径稍大的立管（一般为 76 mm×4 mm）的下部，经下集管迅速进入每根立管，并可利用液体流进时的冲力增强氨液在蒸发管中的循环。立管式蒸发器在工作过程中，细立管中的蒸发强度很大，产生的蒸汽迅速脱离传热面，向上浮动进入上集管，没有蒸发完的液体从中间的粗立管下降，如此形成上下的循环对流。

这种蒸发器的传热性能良好，与卧式壳管式蒸发器相仿。由于水箱中水量大、热稳定性优于壳管式，因此采用开式冷冻水系统处理空气的空调装置，均优先采用水箱式蒸发器。

螺旋管式蒸发器是立管式的一种变形产品。此种蒸发器的总体结构和液体的流动情况与立管式相似，其不同之处只是以两排螺旋管代替立管。这种蒸发器也只能用于氨制冷系统。与立管式相比，螺旋管式有许多优点，主要是：

（1）结构紧凑，若蒸发面积相同，螺旋管式的体积要小得多。
（2）上下集管上的焊口减少，减少了泄漏的可能，制造简单，维修也较方便。
（3）传热系数较立管式有所提高。

二、冷却空气的蒸发器

冷却空气的蒸发器都是制冷剂在管内蒸发直接冷却空气，包括冷却排管和冷风机的蒸发器两种。

1. 冷却排管

冷却排管多用于冷库及各种试验用制冷装置中。其特点是制冷剂在冷却排管内流动并蒸发，管外作为传热介质的被冷却空气作自然对流。

冷却排管可以用光管、肋片管制成。按管组在室内的安装位置可分为墙排管、顶排管和搁架式排管三种。按结构形式，冷却排管也可分为立管式、蛇管式两类。立管式只适用于氨系统，蛇管式对于氨和氟利昂系统都适用。

立管式墙排管通常用于冷藏库冻结物的冷藏间，靠墙布置，故称为墙排管。其结构如图4-25（a）所示。蛇管式排管通常是用 38 mm×2.5 mm 的无缝钢管弯制而成，如图 4-25（b）所示，可以是单排的也可以是双排的，每排由一根或两根光管或肋管组成。

蛇管式排管的适用范围较广。蛇管式顶排管重力供液或氨泵供液均可；单排和双排蛇管式墙排管均可用于下进上出式的氨泵供液系统及重力供液系统，单根蛇管式排管还可用于氨泵上进下出供液系统和热力膨胀阀供液系统。氟利昂系统所采用的蛇管式排管通常为单排式。

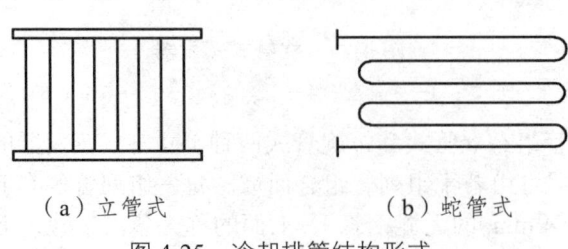

（a）立管式　　　　　　（b）蛇管式

图 4-25　冷却排管结构形式

搁架式排管多用于冷库的生产库房中。它是由许多组蛇形盘管组合而成,冷冻加工时将食品置于冻盘中,放在搁架上进行冻结。由于排管与食品近乎直接接触,所以其传热系数较高,适用于冻结鱼类、家禽等食品。

2. 冷风机的蒸发器

广泛用于各种空调机组以及冷藏库、低温试验箱用的各种形式的冷风机。在这种蒸发器中,管外空气是在风机的作用下受迫流动,与管内的制冷剂进行热交换,使空气冷却,从而达到降温的目的,如图 4-26 所示。

氨的冷风机蒸发器用 25~38 mm 的无缝钢管制成,管外绕以厚 1 mm 左右的钢肋片,肋距约为 10 mm,下供液,上回气。氟利昂蒸发器多用 10~18 mm 的铜管制成,管外肋片多为套片式。当蒸发器用于空调时,肋距为 2~4 mm;用于降温或低温时,其肋距应放大,一般为 4~6 mm,这是因为肋距太小时,凝结水流动不畅,或很快被积霜堵死,恶化了换热效果。目前一些房间空调蒸发器的基管也有用 9.52 mm 或 7.2 mm 的铜管,肋片多用厚 0.12 mm 或 0.15 mm 的铝片。

采用冷风机时,不用载冷剂,冷损失少,结构紧凑,易于实现自动化控制。冷风机蒸发器的换热系数也不大,当迎面风速为 2~3 m/s 时,其换热系数为 29~35 W/(m²·K)。

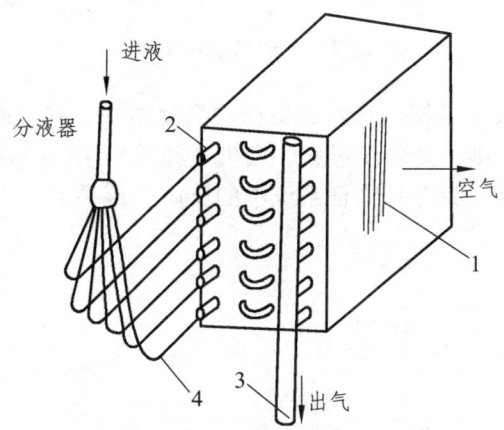

图 4-26 冷风机的蒸发器
1—肋片;2—蒸发铜管;3—回气管;4—分液管

冷风机的蒸发器一般由许多并联的蛇形管组成。在供液前,应加装分液器和毛细管,保证液态制冷剂能够均匀地分配给各路蛇形管。分液器保证了流入各路的制冷剂蒸汽含量相同。毛细管内径很小,有较大的流动阻力,从而保证了制冷剂分配时流量相同。

知识点 4　节流装置

制冷系统中节流机构的作用主要有两点:① 对从冷凝器中出来的高压液体制冷剂进行节流降压;② 根据系统负荷变化,调整进入蒸发器的制冷剂液体的流量。

常用的节流机构有手动节流阀、浮球式节流阀、热力膨胀阀及阻流式膨胀阀(毛细管)、热电式膨胀阀等。它们的基本原理都是使高压液态制冷剂受迫流过一个小过流截面,产生合适的阻力损失（局部或沿程阻力损失），使制冷剂压力骤降，同时一部分液态制冷剂汽化，吸收潜热，使节流后的制冷剂成为低温低压状态。

一、手动节流阀

手动节流阀又称手动调节阀或膨胀阀，和普通的截止阀在结构上的不同之处主要是阀芯的结构与阀杆的螺纹形式。普通截止阀的阀芯为一平头，阀杆为普通螺纹，所以它只能控制管路的通断和粗略地调节流量，难以调整在一个适当的过流截面积上以产生恰当的节流作用。节流阀的阀芯为针形锥体［见图4-27（a）］所示或带缺口的锥体［见图4-27（b）］，阀杆为细牙螺纹，所以当转动手轮时，过流截面积可以较准确、方便地调整。

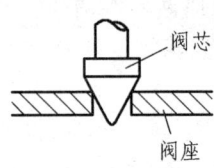   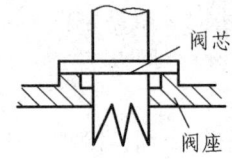

（a）针形阀芯　　　　（b）具有V形缺口的阀芯

图4-27　手动节流阀的阀芯

手动节流阀开启度的大小是根据蒸发器负荷的变化而调节的，通常开启度为手轮的1/8至1/4周，不能超过1周。否则，开启度过大，会失去膨胀作用。因此，它不能随蒸发器热负荷的变动自动适应调节，几乎全凭经验结合系统中的反应进行手工操作。目前它只装设于氨制冷装置中。

二、浮球节流阀

1. 工作原理

浮球节流阀又称浮球调节阀，是一种自动调节的节流阀。浮球节流阀利用钢制浮球为启闭阀门的动力，靠浮球随液面高低在浮球室中升降，控制一小阀门开启度的大小变化而自动调节供液量，同时起节流作用。

当容器内液面降低时，浮球下降，节流孔自行开大，供液量增加；反之，当容器内液面上升时，浮球上升，节流孔自行关小，供液量减少。待液面升至规定高度时，节流孔被关闭，保证容器不会发生超液或缺液的现象。

2. 结构形式与安装要求

浮球节流阀是用于具有自由液面的蒸发器、液体分离器和中间冷却器供液量的自动调节。在氨制冷系统中广泛应用一种低压浮球阀。按液体在其中流通的方式，浮球节流阀分为直通式和非直通式两种，如图4-28（a）所示。直通式的特点是进入容器的全部液体制冷剂首先通过阀孔进入浮球室，然后再进入容器。其结构和安装简单，但由于液体的冲击作用引起浮球室的液面波动大，调节阀的工作不太稳定，而且液体从壳体流入蒸发器，是依靠静液柱的高度差，因此液体只能供到容器的液面以下。非直通式的特点是阀座装在浮球室外，经节流后的制冷剂不需要通过浮球室而沿管道直接进入容器。因此浮球室液面较平稳，而且可以供液到蒸发器的任何部位，但结构与安装均较复杂。其工作原理如图 4-28（b）所示。

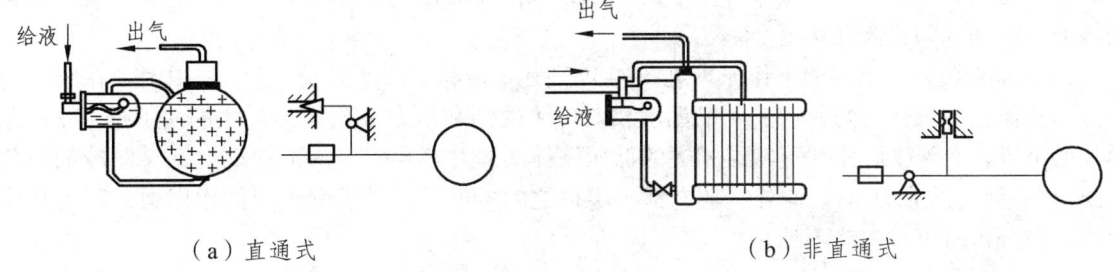

（a）直通式　　　　　　　　　　　　　（b）非直通式

图 4-28　浮球节流阀

目前，我国冷冻机厂生产的浮球节流阀都是非直通式的。浮球节流阀在安装时要求浮球室的气体平衡管应接在筒身上，而不接在液体分离器的吸气管上。液体平衡管不接在液体分离器与蒸发器之间的供液管上，也不接在低压循环储液筒的氨泵吸液管上，以免浮球室内液面波动过大。蒸发器中的液体往往呈气泡沸腾状态，致使气液混合物的密度显著降低，造成蒸发器中的实际液面要高于浮球室的液面，因此将浮球节流阀安装到蒸发器上时，最好把浮球节流阀适当降低一些。浮球节流阀的管路系统中一般应装置液体过滤器（采用 250 孔/cm² 的钢丝网），以保证进入浮球阀体内的液体无杂质，避免阀门堵塞。此外还要装设旁路手动节流阀，以便在浮球节流阀发生故障或清洗过滤器时仍可继续供液。

三、热力膨胀阀

氟利昂制冷装置中一般都采用热力膨胀阀来调节进入蒸发器的液态制冷剂的流量，并将液体由冷凝压力节流降压到蒸发压力。

热力膨胀阀按感应机构动力室中传力零件的结构不同，可分为薄膜式和波纹管式两种；按使用条件不同，可分为内平衡式和外平衡式两种。目前常用的小型氟利昂热力膨胀阀多为薄膜式内平衡热力膨胀阀。

1. 内平衡式热力膨胀阀

内平衡式热力膨胀阀的外形如图 4-29 所示。其结构一般都由阀体、阀座、阀针、调节杆座、调节杆、弹簧、过滤器、传动杆、感温包、毛细管、气箱盖和感应薄膜等组成。

感温包里灌注氟利昂或其他低沸点的液体，把它紧固在蒸发器出口的回气管上，用以感受回气的温度变化。毛细管是用直径很小的铜管制成，其作用是将感温包内由于温度的变化而造成的压力变化传递到动力室的波纹薄膜上去。波纹薄膜是由很薄的（0.1~0.2 mm）合金片冲压而成，断面呈波浪形，有 2~3 mm 的位移变形。

波纹薄膜由于动力室中压力变化而产生的位移通过

图 4-29　内平衡式热力膨胀阀实物图

其下方的传动杆传递到阀针上,使阀针随传动杆的上下移动而一起移动,以控制阀孔的开启度。调节杆在系统调试运转中,用以调整弹簧的压紧程度来调整膨胀阀的开启过热度,系统正常工作后不可随意调节且应拧上调节杆座上的帽罩,以防止制冷剂从填料处泄漏。过滤网安装在膨胀阀的进液端,防止阀孔堵塞。

内平衡式热力膨胀阀的工作原理见图 4-30 所示。金属波纹薄膜受 3 种力的作用:在膜片的上方,感温包中液体(与其感受到的温度相对应)的饱和压力 p 对膜片产生的向下推力 p;在膜片的下方,受阀座后面与蒸发器相通的低压液体对膜片产生一个向上的推力 p_0(制冷剂的蒸发压力);弹簧的张力 W。此外,还有活动零件之间的摩擦力等因素构成的作用力,因为其值较小,在分析时可以忽略不计。

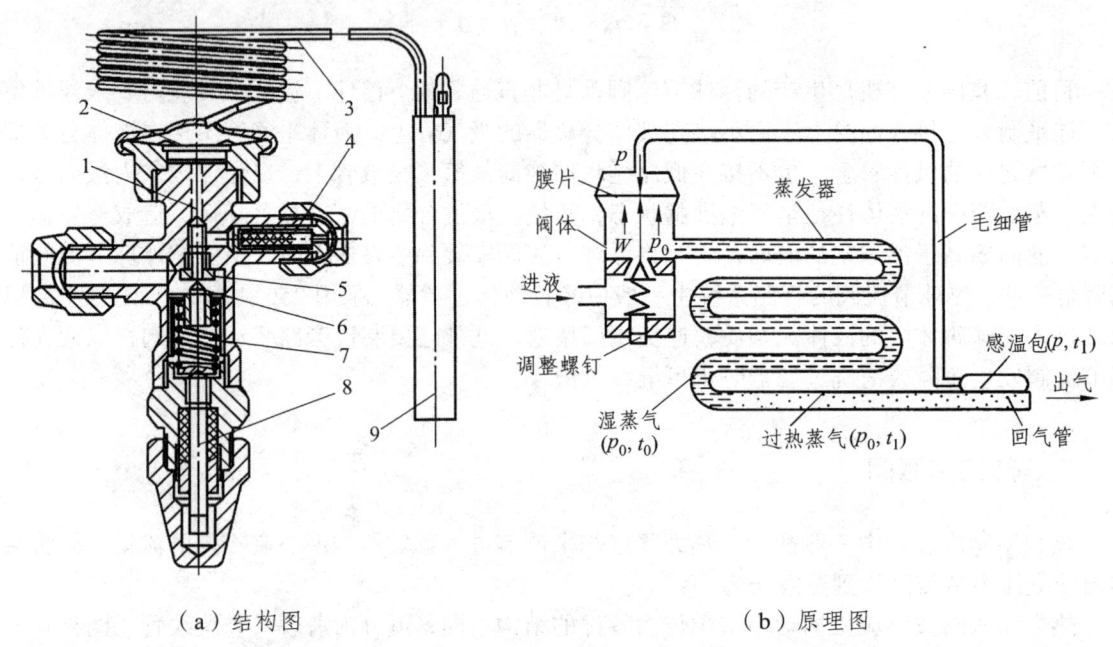

(a)结构图　　　　　　　　　(b)原理图

图 4-30　内平衡式热力膨胀阀

1—推杆;2—膜片;3—连接管;4—进口阀的过滤器;5—阀座;6—阀针;7—弹簧;8—调整杆;9—感温包

由以上分析可知,当三力处于平衡状态,即满足 $p = p_0 + W$ 时,膜片不动,则阀口有一定的开启度。而当其中任何一个力发生变化时,就会破坏原有的平衡,则阀口的开启度也就随之发生变化,直到建立新的平衡为止。

当外界情况改变,如由于供液不足或热负荷增大,引起蒸发器的回气过热度增大时,则感温包感受到的温度也升高,饱和压力 p 也就增大,因此形成 $p > p_0 + W$,这样就会导致膜片下移,使阀口开启度增大,制冷剂的流量也增大,直至供液量与蒸发量相等时达到另一平衡。反之,若由于供液过多或热负荷减少,引起蒸发器的回气过热度减小,感温包感受到的温度也降低,则饱和压力 p 也就减小,因此形成 $p < p_0 + W$,这样就会导致膜片上移,阀口开启度减小,制冷剂的供液量也就减少,直至与蒸发器的热负荷相匹配。如此,利用与回气过热度相关的饱和压力 p 的变化来调节阀口的开启度,从而控制制冷剂的流量,实现自动调节。

另外,调节不同的弹簧张力 W,便能获得阀口开启的不同的过热度。一般希望蒸发器的过热度维持在 3~5 ℃ 的范围内。

2. 外平衡式热力膨胀阀

与内平衡热力膨胀阀在结构上略有不同，其感应薄膜下部空间与膨胀阀出口不相通，而是通过一根小口径的平衡管与蒸发器出口相连，如图4-31所示。即外平衡热力膨胀阀膜片下部的制冷剂压力不是阀门节流后的蒸发压力，而是蒸发器出口处的制冷剂压力。这样可以避免蒸发器阻力损失较大时的影响，把过热度控制在一定的范围内，使蒸发器传热面积充分利用。

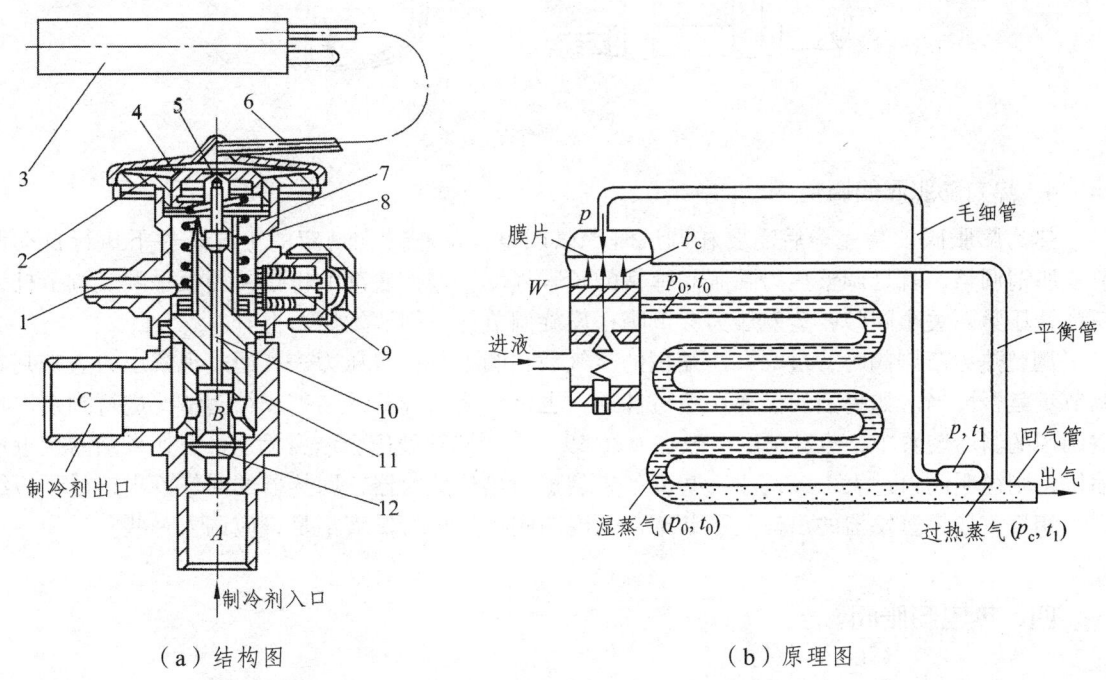

（a）结构图　　　　　　　（b）原理图

图4-31　外平衡式热力膨胀阀

1—平衡管接头；2—薄膜外室；3—感温包；4—薄膜内室；5—膜片；6—毛细管；7—上阀体；
8—弹簧；9—调节杆；10—阀杆；11—下阀体；12—阀芯

内、外平衡式热力膨胀阀工作原理相同，只是适用的条件不同。在实际应用中，蒸发器压力损失较小时，一般使用内平衡式热力膨胀阀，而压力损失较大时（当膨胀阀出口至蒸发器出口制冷剂的压力降所对应的蒸发温度降超过2～3℃时），应采用外平衡式热力膨胀阀。

3. 安装热力膨胀阀时应注意的问题

（1）首先应检查膨胀阀是否完好，特别注意检查感温动力机构是否泄漏。

（2）膨胀阀应正立式安装，不允许倒置。

（3）感温包安装在蒸发器的出气管上，紧贴包缠在水平无积液的管段上，外加隔热材料缠包，或插入吸气管上的感温套内，如图4-32所示。

（4）当水平回气管直径小于25 mm时，感温包可扎在回气管顶部；当水平回气管直径大于25 mm时，感温包可扎在回气管下侧45°处，以防管底部积油等因素影响感温包正确感温。

（5）外平衡膨胀阀的平衡管一般都安装在感温包后面100 mm处的回气管上，并应从管顶部引出，以防润滑油进入阀内。

（6）一个系统中有多个膨胀阀时，外平衡管应接到各自蒸发器的出口。

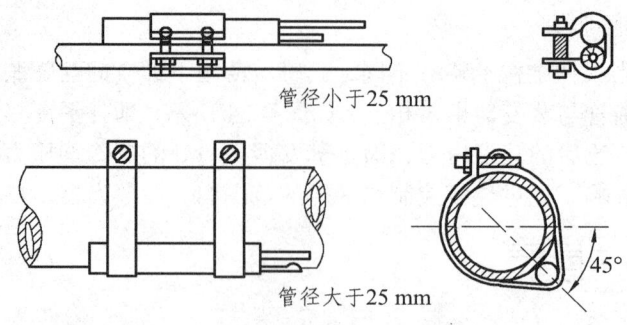

图 4-32 感温包的安装点

4. 热力膨胀阀的调整

热力膨胀阀安装完毕后需要在调试时予以调整，使它能在规定的工况条件下执行自动调节。所谓调整，就是调整热力膨胀阀弹簧的压紧程度。拧下底部的帽罩，用扳手顺旋调节杆，使弹簧压紧而关小阀门，蒸发压力会下降；反旋调节杆，则蒸发压力上升。

调整热力膨胀阀时，最好在压缩机的吸气截止阀处装一只压力表，通过观察压力表来判定调节量是否恰当。如果蒸发器离压缩机甚远，也可根据回气管的结霜或结露情况进行判别。在空调用的制冷装置中，蒸发温度一般在 0 ℃ 以上，回气管处应会结露滴水。但如果结露接近压缩机，则说明阀口过大，应调小一些，如果装了回热热交换器，回热器的回气管出口处不应结露。相反，如果蒸发器的出口处不结露，则说明阀口过小，供液不足，应调大一些。

四、热电膨胀阀

热电膨胀阀也称电动膨胀阀。它是利用热敏电阻的作用来调节蒸发器供液量的节流装置。其基本结构以及与制冷系统的连接方式如图 4-33 所示。热敏电阻具有负温度系数特性，即温度升高，电阻减小。它直接与蒸发器出口的制冷剂蒸汽接触。在电路中，热敏电阻与膨胀阀膜片上的加热器串联，电加热器的电流随热敏电阻值的大小而变化。当蒸发器出口制冷剂蒸汽的过热度增加时，热敏电阻温度升高，电阻值降低，电加热器的电流增加，膜室内充注的液体被加热而温度增加，压力升高，推动膜片和阀杆下移，使阀孔开启或开大。当蒸发器负荷减小，蒸发器出口蒸汽的过热度减小或变成湿蒸汽时，热敏电阻被冷却，阀孔就关小或关闭。这样热电膨胀阀可以控制蒸发器的供液量，使其与热负荷相适应。

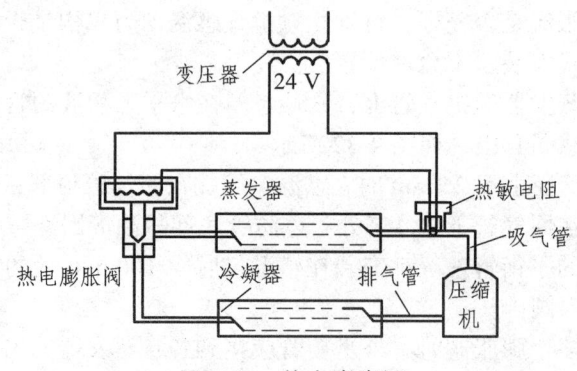

图 4-33 热电膨胀阀

不同用途的热电膨胀阀的感受元件有多种安装方式。热电膨胀阀具有结构简单、反应速度快等优点。为保证良好的控制性能,热敏电阻需要定期更换。

五、毛细管

在电冰箱、空调器等小型制冷设备中,常用毛细管作为节流装置,它主要是靠管径和长度的大小来控制液体制冷剂的流量,以使蒸发器能在适当的工况下工作。目前使用的毛细管为内径 0.6~2.5 mm 的铜管,管长则根据制冷系统的需要而定,一般长度为 0.5~2.0 m。毛细管作为节流装置的优点是无运动部件,不会磨损,不易泄漏,制造容易,价格便宜,安装省事;缺点是流量小,不能随时随意进行人为调整。因此仅适用于运行工况比较稳定的制冷系统。另外,必须根据设计要求严格控制制冷剂的充加量。

毛细管内径小,管路长,极易被污垢堵塞。因此,制冷系统内必须保持清洁、干燥,一般在毛细管入口部分装设 31~46 目/cm^2 的过滤器(网)。

当几根毛细管并联使用时,为使流量均匀,最好使用分液器。分液器要垂直向上安装。

知识点 5　制冷系统的辅助设备

一、润滑油的分离和收集设备

1. 油分离器

油分离器设置在冷凝器前压缩机的排气管路中,它可以将压缩机排出的大部分润滑油予以分离并节流。油分离器的基本工作原理是利用油滴和制冷剂蒸汽的相对密度有很大的差别,借助于降低流速,使之沉降分离,或者改变流向,借惯性分离,以及离心、过滤、洗涤等辅助手段达到分油的目的。

压缩机排气管中的流速为 12~25 m/s,一般油分离器的直径比排气管的管径大 3~55 倍,这样进入油分离器后的蒸汽流速可降低至原来的 1/10~1/8。

2. 集油器

集油器的功能是收存从油分离器、冷凝器、储液器或蒸发器等设备中分离出来的润滑油,按照一定的放油操作规程,回收油中混入的制冷剂并降低压力,排出制冷系统。由于氟利昂和润滑油在温度较高时呈互溶状态,油分离器中的油直接返回压缩机曲轴箱,不需设集油器。

二、制冷剂的储存和分离设备

1. 储液器

储液器又称储液筒。按功能和用途分为高压储液器和低压储液器两种。高压储液器与冷凝器安装在一起,用以储存由冷凝器来的高压液体,不至于使液体淹没冷凝器传热面,并适应工况变动而调节和稳定制冷剂的循环量。其结构如图 4-34 所示。

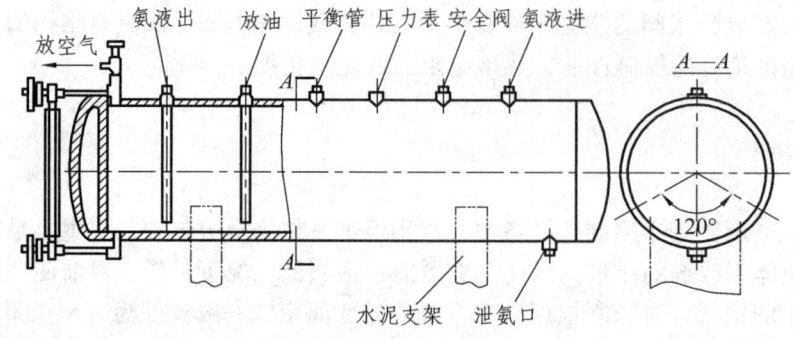

图 4-34 高压储液器

低压储液器仅在大型氨制冷装置中采用。按作用不同，可分为两种：① 用于蒸发器融霜或制冷设备检修时，储存系统的制冷剂液体，又称排液筒；② 蒸发器为液泵供液时，用于储存循环的低压制冷剂液体，又称循环储液筒。它们的结构与高压储液器基本相同。

2. 气液分离器

气液分离器只在氨系统中使用。按其用途的不同，可分为两种。

（1）用于重力供液系统的气液分离器，安装在蒸发器的附近，是重力供液系统中蒸发器的附属设备。其作用是：分离掉膨胀阀后的闪发蒸气，让它直接返回压缩机；分离掉蒸发器回气中挟带的液滴，防止其返回压缩机而造成液击。其构造如图 4-35 所示。这种分离器在安装时应使其正常液面比蒸发器中的正常液面高 5~20 mm（视分离器与蒸发器之间管路阻力的大小而定），以保证借助于液体的静压对蒸发器正常供液。

（2）装在压缩机房的气液分离器。安装在压缩机的总回气管上，再一次对回气进行液体分离，以确保压缩机的安全。这种分离器一般只在特大型制冷机房中设计安装。其构造和图 4-35 所示的构造相同，只是把氨液入口封死不用。

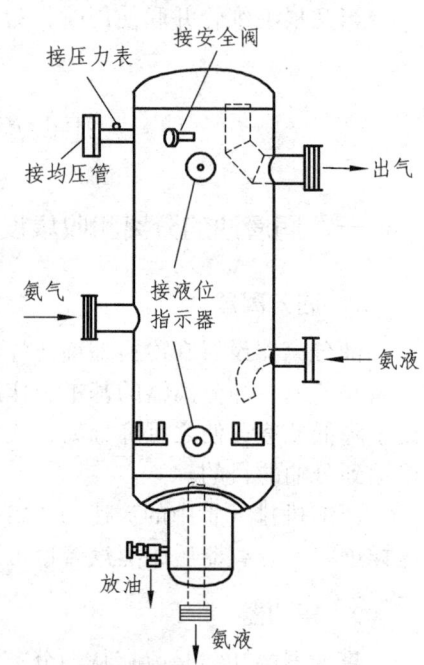

图 4-35 氨液分离器

三、制冷剂的净化设备

1. 空气分离器（不凝性气体分离器）

空气分离器的作用是将制冷系统中不能在冷凝器中液化的气体分离掉。这些气体包括装置在安装完毕或检修抽空后残留的空气或氮气，以及润滑油在高温下少量分解产生的其他气体。它们聚集在冷凝器和储液器中，同制冷剂蒸气混合在一起，在冷凝器中不仅影响传热，而且会使压缩机的排气压力升高，从而使耗电量增大，因此必须将它们排出系统。为了减少制冷剂的损失，在排出前通过空气分离器将制冷剂回收。

2. 过滤器

过滤器的作用是清除制冷剂中的机械杂质，如金属屑、焊渣、砂粒、氧化皮等，分液用和气用两类。气体过滤器装在压缩机的吸气管路上或吸气腔内，防止机械杂质进入压缩机气缸，液体过滤器装设在电磁阀、浮球阀或氨泵的进液口，用以保护阀口的严密性或氨泵的运转部件。滤网在拆下底盖后取出清洗或更换。

氟利昂系统中使用的干燥过滤器，集过滤和干燥两种功能于一体。由于氟利昂与水几乎互不相溶而容易形成"冰塞"，因此水成为氟利昂系统中的"头号大敌"，必须予以清除。在膨胀阀前设置干燥过滤器，利用干燥剂吸收水分。干燥过滤器的制冷剂先通过过滤器，截留机械性杂质，然后通过干燥段吸收水分。干燥段的两端还设有滤网，防止干燥剂随液体进入系统。目前常用的干燥剂为硅胶，其颗粒大小为 3~5 mm。利用分子筛的吸附作用也可达到干燥剂的脱水作用。

在装设干燥过滤器的部位还需要装有旁通管（加阀），因为脱水的过程只需 12~15 min 即可完成，时间过久会增大流动阻力，装设旁通管是便于将干燥过滤器拆下，更换干燥剂或清洗过滤器。小型氟利昂装置可不设干燥器，只需在添加制冷剂时使其通过临时的干燥器即可。

四、制冷系统的安全设备

安全设备包括安全阀和制冷剂应急泄放设备。

1. 安全阀

安全阀属于一种定压阀（见图 4-36）。主要由阀体、阀芯调节弹簧、调节螺杆等组成，安全阀的进口端与高压系统连接，出口端与低压系统连接。当系统中高压压力超过安全限定值时，高压气体自动顶开阀芯，从出口端排入低压系统。安全阀的开启压力设定值根据制冷剂种类不同而有变化。例如，R11 制冷装置为 1.6~1.8 MPa，R22 制冷装置为 2.0~2.1 MPa。

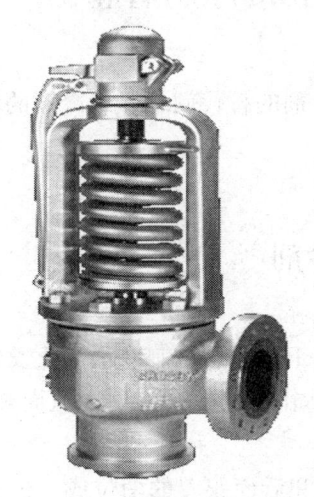
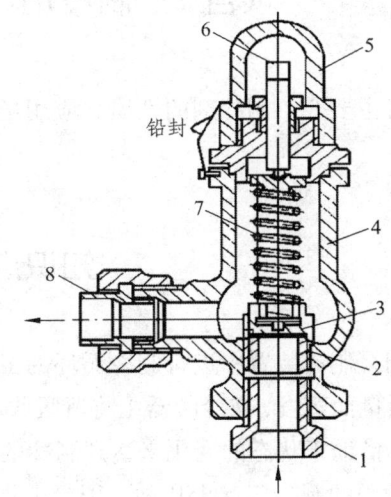

（a）实物图　　　　　　　　（b）结构图

图 4-36　安全阀

1—接头；2—阀座；3—阀芯；4—阀体；5—阀帽；6—调节杆；7—阀芯调节弹簧；8—排出管接口

安全限定值的设定是根据其使用的场所通过调整弹簧的压紧程度调定其定压值。当压力超高即自动起跳。

安全阀可装在压缩机上，连通进、排气阀。在冷凝器、储液器等设备上也要安装，防止设备压力过高发生爆炸。

安全阀在系统试压时应关闭其下方的截止阀，防止在试压过程中起跳，试压后注意把截止阀打开。在运行过程中压力超高而使安全阀起跳后，应将其卸下清洗并重新调定压力，因为安全阀起跳过后有可能复位不正而造成制冷剂的泄漏。

2. 易熔塞

小型氟利昂制冷系统中，常用易熔塞替代安全阀的功能，它是氟利昂制冷装置中的应急泄放设备。易熔塞中低熔点合金的熔化温度一般在 75 ℃ 以下，一旦压力容器内压力骤然升高，温度随之升高，易熔合金受热熔化，容器中的制冷剂即排入大气，从而保护人身及设备安全。易熔合金熔化后，应重新浇铸或更新，并经容器试漏后才能使用。

3. 紧急泄氨器

紧急泄氨器为氨制冷装置在遇火险时的应急泄放设备。其构造简单，外壳为管径较粗的无缝钢管，进氨液管为 DN25 或 DN32。液管的下端管壁上有许多小孔，泄氨时氨液从小孔流出，与来自进水管的水迅速融合，然后经下端的排液口排入下水道。

泄氨器的进液管与制冷系统中所有存有大量氨液的设备（如高压储液器、满液式蒸发器等）连接，平时用截止阀关断。

项目 2 制冷剂、载冷剂和冷冻润滑油

本项目主要介绍制冷剂的性质、应用场合以及制冷剂的替代问题，载冷剂的种类和性质，润滑油等。

知识点 1 制冷剂

制冷剂是制冷装置中进行制冷循环的工作物质，其工作原理是制冷剂在蒸发器内吸收被冷却物质的热量而蒸发，在冷凝器中将所吸收的热量传给周围的空气或者水，从而被冷却为液体，往复循环，借助于状态的变化来达到制冷的作用。

目前常用的制冷剂有十几种。国际上规定用"R"和后面跟着的两位或三位数字作为表示制冷剂的代号。制冷剂的性质直接关系到制冷机的性能及运行管理，因此对制冷剂性质应给予足够的重视。制冷剂应具备的基本条件，通常可以从热力学、物理与化学、生理和经济等几方面来考虑。

一、对制冷剂的基本要求

1. 热力学方面

（1）蒸发压力和冷凝压力要适中。在蒸发器内制冷剂的压力应稍高或接近大气压力，因为当蒸发器中制冷剂的压力低于大气压力时，外部的空气就有可能从密封处进入制冷系统，就会降低制冷机的效率。在冷凝器中制冷剂的压力不应过高，这样可以降低制冷设备的承压要求和密封要求，以及减少制冷剂渗漏的可能性。

（2）单位容积制冷量要大。制冷剂的单位容积制冷量越大，制冷剂的体积循环量就越小，就可以缩小压缩机的尺寸和管道径，以减少金属材料的消耗。

（3）临界温度要高而凝固要低。制冷剂的临界温度越高，则制冷循环的工作区越远离临界点，制冷循环可越接近逆卡诺循环，节流损失小，制冷系数较高。同时也便于用常温冷却水或空气进行冷凝液化。制冷剂的凝固温度要低一些，在较低的蒸发温度下制取冷量。

（4）绝热指数要小。制冷剂的绝热指数越小，压缩机的排气温度越低，不但有利于提高压缩机的输气系数，而且对压缩机的润滑也有好处。

2. 物理与化学方面的要求

（1）制冷剂的黏度和密度应尽可能小。制冷剂的黏度和密度小，制冷剂在管道中的流动阻力就小，可以降低压缩机的耗功率和缩小管道直径。

（2）导热系数和放热系数要高。这样能提高蒸发器和冷凝器的传热系数和减少其传热面积。

（3）具有一定的吸水性。当制冷系统中渗进极少的水分时，虽会导致蒸发温度升高，但不至于在下形成"冰堵"而影响制冷系统的正常运行。

（4）具有化学稳定性。制冷剂应不燃烧、不爆炸，高温下不分解，对金属等材料不产生腐蚀作用。

（5）溶解于油的性质应从正反两方面分析。若制冷剂能和润滑油无限溶解在一起，其优点是：① 为机件润滑创造良好条件；② 在蒸发器和冷凝器的传热面上不易油膜而阻碍传热。其缺点是：① 使蒸发温度有所提高；② 使润滑油黏度降低；③ 制冷剂沸腾时泡沫多，蒸发器中的液面不稳定。若制冷剂难溶于油，其优点是：① 蒸发温度比较稳定；② 在制冷设备中制冷剂与润滑油易于分离。其缺点是：蒸发器和冷凝器的传热面上会形成油膜从而影响传热。

3. 其他方面的要求

（1）制冷剂对人的生命和健康应无危害，不具有毒性、窒息性和刺激性。在常用制冷剂中，氨制冷剂有毒性，虽然有许多优点，但在使用中受到了很大限制。而氟利昂制冷剂中，正因为R12具有无毒等优良特性，曾一度得到广泛应用。

（2）制冷剂应易于制取且价格便宜。

上述对制冷剂的要求仅作为选择制冷剂时的参考。要选择完美无缺的制冷剂实际上做不到，目前能作为制冷剂用的物质都存在一些缺憾。实际使用中只能根据用途和工作条件，保证主要的要求。

二、制冷剂的种类及代号

空调用制冷系统中使用的制冷剂有很多种，归纳起来可分为 7 类，即无机化合物类制冷剂、氟利昂制冷剂、饱和碳氢化合物、环状化合物、非饱和碳氢化合物及它们的卤族元素衍生物、共沸制冷剂、非共沸制冷剂。

根据制冷剂的分子结构可将制冷剂分为无机化合物和有机化合物。

根据制冷剂的组成可将制冷剂分为单一制冷剂和混合制冷剂。

根据制冷剂的物理性质可将制冷剂分为高温（低压）、中温（中压）、低温（高压）制冷剂。

根据标准沸点的高低可将制冷剂分为高、中、低温制冷剂，见表4-2。

表4-2 常见高、中、低温制冷剂

类 别	t_s/℃	环境温度在30℃时的冷凝压力/MPa	制冷剂
高温（低压）制冷剂	>0	约<0.3	R11，R113，R114，R21
中温（中压）制冷剂	-60~0	约在0.3~2	R12，R22，R717，R142，R502
低温（高压）制冷剂	<-60	约>2	R13，R14，R503，烷，烯

制冷剂的代号最早是针对氟利昂而规定的，目前世界通用的是美国供暖制冷工程协会于1967年制定的标准（*ASHRAE Standard* 34-67）中的规定。标准的编号方法是将制冷剂的代号同其种属和化学构成联系起来，只要知道其化学分子式，就可以写出其代号。代号是由字母"R"和其后边的数字组成的。R代表制冷剂（制冷介质，Refrigerant）。命名规则如下：

1. 无机化合物

常用制冷剂有氨和水。它们的代号用R7XX表示，其中7表示无机化合物，其余两个数字表示组成该物质的分子量的整数。例如，氨的代号为R717，水的代号为R718。

2. 氟利昂制冷剂

氟利昂是饱和碳氢化合物（烷族）的卤族元素的衍生物的总称。饱和碳氢化合物的分子式是C_mH_{2m+2}，当H_{2m+2}被氟、氯或溴等部分或全部取代后，所得的衍生物就是$C_mH_nF_xCl_yBr_z$，这就是氟利昂的分子通式，且有$n+x+y+z=2m+2$。

对于甲烷系，因为$m=1$，所以$n+x+y+z=4$；对于乙烷系，因为$m=2$，所以$n+x+y+z=6$。

氟利昂的代号是由R($m-1$)($n+1$)(x)B(z)组成的。如果$z=0$，则B可以省略。例如，二氟一氯甲烷，分子式为CHF_2Cl，$m-1=0$，$n+1=2$，$x=2$，$z=0$，因而代号为R22；二氟二氯甲烷，分子式为CF_2Cl_2，$m-1=0$，$n+1=1$，$x=2$，$z=0$，因而代号为R12。

3. 饱和碳氢化合物

其代号的编号规则与氟利昂相同，例如，甲烷CH_4为R50，乙烷为R170，丙烷为R290。但丁烷不按上述规则书写，而写成为R600。另外，如果属于同素异构物，在代号后边加字母"a"或在个位数上加一个数字，如氟乙烷为R152a，异丁烷为R601等。

4. 环状化合物

环状有机化合物是在R后边加上字母"C"，然后按氟利昂的编号规则书写。例如，六氟二氯环丁烷写作RC316，八氟环丁烷写作RC318等。

5. 非饱和碳氢化合物及其卤族元素衍生物

这类制冷剂在 R 后边先写一个"1",然后按氟利昂的编号规则书写。例如,乙烯为 R1150;丙烯为 R1270;二氟二氯乙烯为 R1112a 等。

6. 共沸制冷剂

由两种或两种以上互溶的单一制冷剂在常温下按一定比例混合而成,其性质与单一制冷剂的性质一样,在恒定的压力下具有恒定的蒸发温度,且气相和液相的组分也相同。共沸制冷剂在标准中规定在 R 后边的第一个数字为"5",其后边的两位数字按使用的先后次序编号。如 R500、R501、R502……R507。

7. 非共沸制冷剂

由两种或两种以上相互不形成共沸溶液的单一制冷剂混合而成的溶液。溶液被加热时,在一定的蒸发压力下,较易挥发的组分蒸发的比例大,难挥发的组分蒸发的比例小,因此,气、液两相的组成不相同,且制冷剂在蒸发过程中温度是变化的,在冷凝过程中也有类似的特性。在制冷剂编号标准中对非共沸制冷剂还未加以编号,只是留出 R 后边的 400 号的编号顺序,供增补编号使用。如 R400、R401、R402、…R411。

为了区别各类氟利昂对臭氧的作用,把不含氢的氟利昂写成 CFC,读作氯氟烃,不含氢,公害物,严重破坏臭氧层,禁用。例如,CF_2Cl_2:R12 改写为 CFCl2;$CFCl_3$:R11 改写为 CFC11。把含氢的氟利昂写成 HCFC,读作氢氯氟烃,含氢,低公害物质,属于过渡性物质。例如,CHF_2Cl:R22 改写为 HCFC22。把不含氯的氟利昂写成 HFC 读作氢氟烃,不含氯,无公害,作为替代物,待研究开发。例如,$C_2H_2F_4$:R134a 改写为 HFCl34a。这种新的命名方法正逐渐地被人们采用。

三、常用制冷剂

1. 氨(R717)

氨除了毒性大些以外,是一种很好的制冷剂,从 19 世纪 70 年代至今一直被广泛应用。氨的单位容积制冷量较大,蒸发压力和冷凝器压力适中。氨对钢铁不腐蚀,含水时才对铜及铜的合金(磷青铜除外)有腐蚀作用。它不适用于封闭式压缩机。氨价廉易得。氨的最大缺点是有刺激作用,对人体有危害,当空气中容积浓度达到 0.5% ~ 0.6% 时,人在其中停留半小时即将中毒。氨可以燃烧和爆炸,当空气中氨的容积含量达到 11% ~ 14% 时即可点燃,若含量达 16% ~ 25% 遇明火时即会引起爆炸。因此,制冷机房需有良好的通风条件,并且不许使用明火。

2. 水(R718)

水作为制冷剂常用于蒸汽喷射式制冷机或溴化锂吸收式制冷机中。水作为制冷剂最大的优点是无毒、无臭、不燃不爆、汽化潜热大而且极易获得。但水的蒸汽比容很大,因此其单位容积制冷量很小。水作为制冷剂只能制取 0℃ 以上的冷冻水。

3. 氟利昂 12(R12)

R12 是中小型空调和冰箱中使用较普遍的制冷剂。R12 在大气压下的沸点为 -29.8 ℃,凝固点为 -158 ℃。它的冷凝器压力较低,用水冷却时冷凝器压力不超过 10 MPa,风冷时不超过 1.2 MPa。R12 易溶于润滑油,为确保压缩机的润滑应使用黏度较高的冷冻机油。

R12 中水的溶解度很小。若 R12 中含有少量水分，呈游离状态的水随制冷剂流动，若在节流机构中温度下降到 0 ℃ 以下时就会结冰，从而堵塞节流阀的阀孔，造成制冷系统无法制冷，这种现象称为"冰堵"。为防止"冰堵"，通常要求 R12 的含水量不大于 0.002 5%（即 25 ppm）。

R12 无色、无臭、对生理危害极小。R12 中不含氢原子，因而不燃不爆。由于 R12 已全卤化，因而在大气中寿命长，约有 95~150 年，对臭氧层有破坏作用，被列入首批限用制冷剂。发展中国家在 2010 年全面禁用。

4. 氟利昂 22（R22）

R22 在空调用制冷装置中被广泛采用。R22 的热力学性能与氨很相近，而且安全可靠，是一种良好的制冷剂。

R22 对电绝缘材料的腐蚀性较 R12 为大，毒性也比 R12 稍大。R22 不燃不爆，在大气中的寿命约为 20 年。

R22 对臭氧层有一定的破坏作用，且具有很大的温室效应，发展中国家在 2030 年将全面禁用。

5. 氟利昂 134a（R134a）

R134a 是一种新开发的制冷剂，分子量 102.03，大气压下沸点为 -26.25 ℃，凝固点 -101 ℃，临界温度 101.05 ℃，临界压力 4.06 MPa。R134a 的热力性质与 R12 非常接近，对电绝缘材料的腐蚀程度比 R12 还稳定，毒性级别与 R12 相同。但 R134a 难溶于油，因此采用 R134a 的制冷系统还需配用新型的润滑油。目前 R134a 已取代 R12 作为汽车空调中的制冷剂。R134a 在大气中的寿命为 8~11 年。

6. 氟利昂 502（R502）

R502 是由质量百分比为 48.8% 的 R22 和 51.2% 的 R115 组成，属共沸制冷剂。与 R22 相比，压力稍高，在较低温度下制冷能力约大 13%。在相同的蒸发温度和冷凝温度下压缩比较小，R502 的排气温度较低。采用单级蒸汽压缩式制冷时，蒸发温度可低至 -55 ℃。

四、制冷剂的选用

制冷剂的选用直接影响到制冷主机的工作性能和经济指标。一般从下列几方面去考虑选用问题。

（1）首先应考虑制冷剂的适用温度范围。当蒸发温度和冷凝温度给定时，在制冷系统中使用不同的制冷剂会得到不同的压力和冷凝压力。选用的制冷剂在制冷系统中的蒸发压力不低于大气压力，冷凝压力不应超过 16 MPa。

（2）制冷剂在一定的冷凝温度和蒸发温度下，对应的饱和压力的比值应较小。这样可使制冷压缩机的效率提高，工作情况有所改善。

（3）制冷系统中容积型压缩机应选用单位容积制冷量大的制冷剂，速度型压缩机应选用分子量大的制冷剂。

（4）对于大容量的制冷装置必须考虑到选用廉价易得的制冷剂。安装在人口稠密地区的制冷装置或空调用的制冷装置，最好不选用有毒性、易燃易爆的制冷剂。

一些常用制冷剂的热力性质见表 4-3。

表 4-3 常用制冷剂的热力性质

制冷剂	化学式	代号	相对分子质量	标准蒸发温度/°C	临界温度/°C	临界压力/MPa	临界比体积/(L/kg)	凝固温度/°C
水	H_2O	R718	18.02	100	374.12	22.12	3.0	0.0
氨	NH_3	R717	17.03	-33.35	132.4	11.29	4.13	-77.7
二氧化碳	CO_2	R744	44.01	-78.52	31.0	7.38	2.456	-56.6
一氟三氯甲烷	$CFCL_3$	R11	137.39	23.7	198.0	4.37	1.805	-111.0
二氟二氯甲烷	CF_2CL_2	R12	120.92	-29.8	112.04	4.12	1.793	-155.0
二氟一氯甲烷	CHF_2CL	R22	86.48	-40.8	96.0	4.986	1.905	-160.0
四氟乙烷	$C_2H_2F_4$	R134a	102.0	-26.5	100.6	3.944	2.05	-101.0

制冷剂种类虽多,但由于性质各异,故适用于不同类型的制冷系统。

五、CFCs、HCFCs 的限用与替代

氟利昂自 1930 年被人们发现并进入商业性生产,对制冷技术的应用和发展起到了非常大的作用,曾经给人类带来了巨大的好处。由于 CFCs 对大气臭氧层有严重破坏作用,所以存在限用、禁用以及替代的问题。

1. CFCs 对臭氧层的破坏作用及温室效应

一般认为,地球表面的大气在高度为 15~50 km 处存在一层臭氧层,大气中的臭氧约 90% 集中在该层中。由于臭氧层形成了一道天然屏障,能有效地阻止来自太阳的有害紫外线对地球表面的辐射危害。臭氧层成了地球上生物和人类的防护罩。

由于 CFC 性质稳定,在大气中的寿命可长达几十年甚至上百年。当 CFC 类物质在大气中扩散、上升到臭氧层时,在强烈的紫外线下才发生分解。分解时释放出的氯离子对 O_3 有亲和作用,可与 O_3 分子作用生成氧化氯分子和氧分子。氧化氯又能和大气中游离的氧原子作用,重新生成氯离子和氧分子,这样循环反应产生的氯离子就不断地破坏臭氧层。据测算,一个 CFC 分子分解生成的氯离子可以破坏近 10 万个臭氧分子。上述论点由美国科学家提出后,历经十多年的争议,目前世界上大多数专家意见基本取得一致,认为 O_3 层的破坏主要是地球上散发到大气中的 CFC 造成。

2. 环境保护及 CFC 替代物的选择

保护臭氧层是一项全球性的环境保护问题,1987 年联合国在加拿大蒙特利尔举行"大气臭氧层保护会议",会上三十多个国家签订了一项"限制破坏臭氧层物质蒙特利尔议定书",5 种氟利昂(CFC11、CFC12、CFC113、CFC114、CFC115)被限制生产和使用。自 1990 年—1992 年召开了三次"蒙特利尔议定书"缔约国会议。通过的修正案,不断扩大控制物质的范围和缩短限制期限。最后规定 CFC 到 1996 年 1 月 1 日停用,HCFC 在 2030 年停用。

衡量物质破坏臭氧的能力用消耗臭氧潜能值(ODP)衡量,并以 CFC11 为基准,规定 CFC11 的 ODP 值为 1;产生温室效应的能力用温室效应潜能值(GWP)表示,其大小是相对于 CO_2

的温室效应而言，规定 CO_2 的 GWP 值为 1。一些制冷剂的 ODP 和 GWP 值见表 4-4。可以看出，CFC 制冷剂的两项数值均较高，而 HFC 类 ODP 值为零，但具有一定的温室效应。

表 4-4 部分制冷剂的 ODP 值及 GWP 值

制冷剂	ODP 值（R11＝1）	GWP 值（CO_2＝1）	是否受控
R12（CFC12）	1.0	4500	是
R22（HCFC12）	0.05	510	（否）
R113 CFC113	0.8	2100	是
R123（HCFC123）	0.02	29	（否）
R124（HCFC124）	0.02	150	（否）
R134a（HCFC134a）	0	420	（否）
R143a（HFC143a）	0	1800	是
R152a（HFC152a）	0	47	（否）
R600a（HC600a）	0	15	（否）

注：（否）为过渡性制冷剂。

以 CFC 作为制冷剂，由于其化学性质稳定、无毒以及不燃性等方面的优点，曾为制冷行业做出巨大的贡献。显然，停止 CFC 的使用会给制冷工业带来不少问题。为此，制冷专家们努力寻求合适的替代制冷剂。合适的替代制冷剂应满足的基本要求是：

（1）对环境安全。所选用的替代制冷剂的臭氧耗潜能值（ODP）必须小于 0.1，变暖潜能值（GWP）相对于 R12 来说必须很小。

（2）具有良好的热力性能。要求替代制冷剂的压力适中，制冷效率高，并且与润滑油有良好的亲合性。

（3）具有可行性。除易于大规模工业化生产、价格可被接受外，制冷剂性必须符合职业卫生要求，对无不良影响。

专家们认为，长远的办法是采用 HFC 物质作为制冷剂。因为 HFC 不含氯，所以对 O_3 无破坏作用。如选用近期替代物的话，必须是 ODP 值小的 HCFC 物质。

知识点 2 载冷剂

将制冷装置的制冷量传递给被冷却介质的媒介物质，称为载冷剂。采用载冷剂的优点是能使制冷装置的各种设备集中布置在一起，减小制冷剂管路系统的总容积和减少制冷剂的充注量。其缺点是整个系统比较复杂，而且在被冷却物和制冷剂之间增加了一级传热温差，增加了冷量损失。

一、对载冷剂的要求

选择载冷剂时，应考虑下列因素：

（1）在工作温度范围内始终应呈液体状态。沸点要高，凝固点要低，而且都应远离工作温度。

（2）载冷剂循环运行中能耗要低。即要求载冷剂的比热要大，密度要小，黏度要低。

（3）载冷剂的工作要安全可靠。稳定性要好，对管道及设备不腐蚀，应不燃不爆，对人无毒害。

（4）价格低廉，便于获得。

二、常用载冷剂

1. 水

水是工作温度高于 0 ℃ 的载冷剂。其比热大，对流传热性能好，价格低廉。在空调系统中水被广泛用于做载冷剂。

2. 盐　水

盐水可用于工作温度低于 0 ℃ 的载冷剂。常用的盐水是由氯化钙（$CaCl_2$）或氯化钠（$NaCl$）配制成的水溶液。

盐水溶液的浓度越大，其密度也越大，流动阻力也增大；同时，浓度增大，其比热减小，输送一定冷量所需盐水溶液的流量将增加，造成泵功率消耗增大。因此，配制盐水溶液时，只要使其浓度所对应的凝固温度不低于系统中可能出现的最低温度即可，一般使凝固温度比制冷剂的蒸发温度低 5～8 ℃。对氯化钠水溶液而言，只有当制冷剂的蒸发温度高于 –16 ℃ 时才能用它作载冷剂；对于氯化钙溶液，制冷剂的蒸发温度高于 –50 ℃，它才可以作为载冷剂。

盐水溶液对金属有腐蚀性，尤其是略带酸性并与空气相接触的盐水溶液，其腐蚀性更强。为了降低盐水对金属的腐蚀作用，可在盐水溶液中加入一定量的缓蚀剂。一般做法是在 1 m^3 的氯化钙水溶液中加入 1.6 kg 的重铬酸钠（$Na_2Cr_2O_7$）和 0.432 kg 的氢氧化钠（$NaOH$）；1 m^3 氯化钠水溶液中加入 3.2 kg 的重铬酸钠和 0.86 kg 的氧化钠。添加缓蚀剂的盐水应呈弱碱性，pH 为 8.5。重铬酸钠对皮肤有腐蚀作用，调配溶液时需加以注意。

3. 有机物载冷剂

常用的有机载冷剂主要有乙二醇、丙二醇的水溶液。它们都是无色、无味、非电解性溶液。冰点都在 0 ℃ 以下，对金属管道、容器无腐蚀作用。丙二醇是无毒的，可以与食品直接接触而不致污染。乙二醇略带毒性，但无危害性，价格和黏度较丙二醇低。

知识点 3　润滑油

用于制冷压缩机内各运动部件润滑的油，称为冷冻油，又称润滑油。按照石油化学工业部的标准，目前我国生产的冷冻油有 13 号、18 号、25 号、30 号和企业标准 40 号五种牌号的冷冻油。其中，普遍采用的制冷压缩机润滑油有 13 号、18 号和 25 号三种。R12 压缩机一般选用 18 号，R22 压缩机一般选用 25 号。

一、冷冻润滑油的作用

在压缩机中，冷冻油主要起润滑、密封、降温以及能量调节四个作用。

（1）润滑。冷冻油在压缩机运转中起润滑作用，以减少压缩机运行摩擦和磨损程度，从而延长压缩机的使用寿命。

（2）密封。冷冻油在压缩机中起密封作用，使压缩机内活塞与汽缸面之间、各转动的轴承之间达到密封的作用，以防止制冷剂泄漏。

（3）降温。冷冻油在压缩机各运动部件间润滑时，可带走工作过程中所产生的热量，使各运动部件保持较低的温度，从而提高压缩机的效率和使用的可靠性。

（4）能量调节。对于带有能量调节机构的制冷压缩机，可利用冷冻油的油压作为能量调节机械的动力。

二、冷冻润滑油的替代

为保护臭氧层，国际上对空调设备的制冷剂都做了限制，出现了各种替代制冷剂，其冷冻油也相应发生了变化。对空调替代制冷剂为 R134a、R410a/R407c，其替代分别采用 PAG、POE。

聚酯油（POE，Polyol Ester），它是一类合成的多元醇酯类油。PAG（Polyalkylene Glycol），是一种合成的聚（乙）二醇类润滑油。其中，POE 油不仅能良好地用于 HFC 类制冷剂系统中，也能用于烃类制冷。PAG 油则可用 HFC 类、烃类和氨作为制冷剂的制冷系统中的润滑油。

三、冷冻润滑油的要求

由于使用场合和制冷剂的不同，制冷设备对冷冻油的选择也不一样。对冷冻油的要求有以下几方面：

（1）凝固点。冷冻油在实验条件下冷却到停止流动的温度称为凝固点。制冷设备所用冷冻油的凝固点应越低越好（如 R22 的压缩机，冷冻油应在 $-55\ ℃$ 以下），否则会影响制冷剂的流动，增加流动阻力，从而导致传热效果差的后果。

（2）黏度。冷冻油黏度是油料特性中的一个重要参数，使用不同制冷剂要相应选择不同的冷冻油。若冷冻油黏度过大，会使机械摩擦功率、摩擦热量和启动力矩增大。反之，若黏度过小，则会使运动件之间不能形成所需的油膜，从而无法达到应有的润滑和冷却效果。

（3）浊点。冷冻油的浊点是指温度降低到某一数值时，冷冻油中开始析出石蜡，使润滑油变得混浊时的温度。制冷设备所用冷冻油的浊点应低于制冷剂的蒸发温度，否则会引起节流阀堵塞或影响传热性能。

（4）其他。如化学稳定性和抗氧性、水分和机械杂质以及绝缘性能。

（5）闪点。冷冻油的闪点是指润滑油加热到它的蒸汽与火焰接触时发生打火的最低温度。制冷设备所用冷冻油的闪点必须比排气温度高 $30\ ℃$ 以上，以免引起润滑油的燃烧和结焦。

四、冷冻润滑油的运行温度和压力

运行过程中，油温一般要保持在 $45\sim60\ ℃$，最高不宜超过 $70\ ℃$。而且油温应稳定，如果油温一直不稳定且缓慢上升,则说明有故障。油温过低或多过高都将使润滑油恶化,同时,可预示故障。冷冻油压力关键是指油压差值,由于种种原因引起油泵不上油,就是说无法建立油压差。油压大小依据压缩机的结构而定。立式压缩机的外齿轮油压差为 0.5~1.5 MPa,新系列压缩机油压差为 0.5~1.5 MPa。新购置的压缩机在运转、调试中采用油压差值往往偏高,以便加大润滑油量,较好地完成气缸等运动部件的磨合期,延长机器的使用寿命。制冷剂与润滑油的互溶性见表 4-5。

表 4-5 制冷剂与润滑油的互溶性

	完全溶油	部分溶油	难溶或微溶油
矿物油	R11、R12、R600a	R22、R502	R717、R134a、R407C
聚酯类油	R134a、R407C	R22、R502	R11、R12、R600a
聚醇类油	R717	R134a、R407C	R11、R12、R600a
极性合成碳氢化合物油	R134a、R407C	R22、R502	R11、R12、R600a

习 题

1. 冷水机组按照压缩机的类型可分为哪几种?
2. 简述离心式制冷压缩机的工作原理。
3. 什么是离心压缩机的喘振?有何危害?如何防止?
4. 冷凝器的作用是什么?如何分类?
5. 蒸发器的作用是什么?如何分类?
6. 在制冷系统中节流装置有什么作用?
7. 内平衡式热力膨胀阀与外平衡式热力膨胀阀原理分别是什么?
8. 气液分离器的气液分离原理是什么?一般用在什么制冷系统?
9. 制冷剂的作用是什么?
10. 选择制冷剂有什么要求?
11. 为什么国际上提出对 R11、R12、R113 等制冷剂限制使用?
12. 试根据编号规则写出 CF_3CL、CH_4、CHF_3、$C_2H_3F_2CL$、H_2O、CO_2 的代号。
13. 常用载冷剂有哪些?
14. 水作为载冷剂有什么优点?
15. 简述 R22、R717 制冷剂与润滑油的互溶性。

模块 5　空气调节系统

空气调节系统一般由空调房间(或其他对象)、冷热源设备、空气处理设备、空气输送设备、空气分配设备、冷(热)媒输送管路、自动控制等组成。根据建筑物性质的不同,考虑技术可行和经济合理的原则,选择合理的空调系统组合,达到空气调节的目的。因此,本模块从空调房间的送风状态和送风量的确定、热湿处理设备选型着手,来研究空调系统分类及应用。

项目 1　空调房间的送风状态和送风量的确定

在已知空调房间的冷(热)、湿负荷的基础上,要确定消除室内余热、余湿维持空调房间要求的空气参数所需的送风状态及送风量,以此作为选择空调设备的依据。需分夏、冬季节来考虑。

知识点 1　夏季空调房间送风状态和送风量

图 5-1 是一个空调房间的送风示意图,若要维持空调房间空气状态 N,消除室内产生的余热、余湿,需要向空调房间内送入参数为 i_O、d_O 状态 O 的空气,送入的空气吸收空调房间产生的余热、余湿后,变成室内参数为 i_N、d_N 状态 N 的空气,从排风口排出。

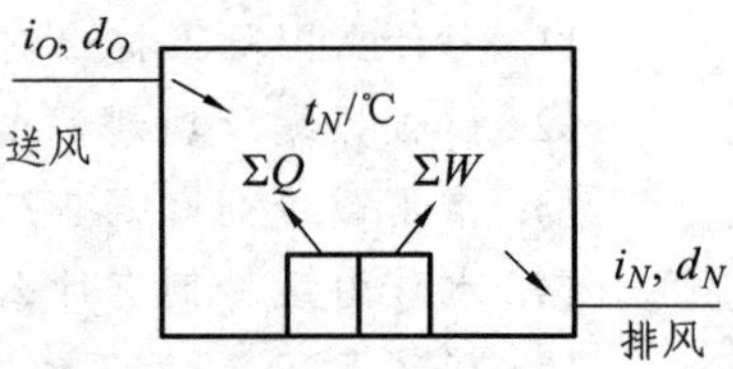

由空调房间的热平衡可知:

$$Gi_O + Q = Gi_N \tag{5-1}$$

由空调房间的湿平衡可知:

$$Gd_O + W = Gd_N \tag{5-2}$$

将上两式进行变换可得:

$$G = \frac{Q}{i_N - i_O} \tag{5-3}$$

图 5-1　空调房间送风示意图

或

$$G = \frac{W}{d_N - d_O} \tag{5-4}$$

将上面两式相除可得从送风点 O 变化到室内设计状态点 N 的热湿比 ε：

$$\varepsilon = \frac{Q}{W} = \frac{i_N - i_O}{d_N - d_O} \tag{5-5}$$

式中　Q——空调房间的冷负荷，W；

　　　W——空调房间的湿负荷，kg/s；

　　　G——空调房间的送风量，kg/s；

　　　i_O——送入空调房间的空气的焓，kJ/kg；

　　　i_N——排出空调房间的空气的焓，kJ/kg；

　　　d_O——送入空调房间的空气的含湿量，kg/kg；

　　　d_N——排出空调房间的空气的含湿量，kg/kg。

由于空调房间的空气状态（i_N，d_N）是设计依据规范而确定的室内空气参数要求，也就是说是已知的，因此，由（i_N，d_N）即可在图上确定出室内状态点。又因为室内要消除的余热、余湿已经过室内冷热湿负荷计算确定了。因而，送入房间的空气状态变化过程的热湿比由式（5-5）即可得出。

以上过程在焓湿图中的表达如图 5-2 所示，在过室内状态点 N 的热湿比线上确定一个送风状态点 O，也就是空气热湿处理设备需要将空气处理到送入室内的送风状态点。确定了 O 点，就可以根据式（5-5）计算出空调房间所需要的送风量。

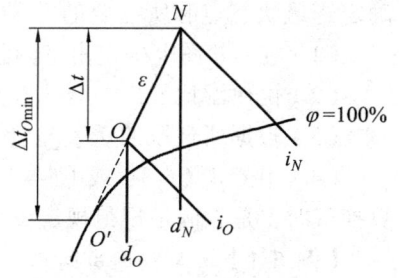

图 5-2　夏季送风状态

根据图 5-2 可见，凡是位于室内状态点 N 以下的热湿比线上的任何一点，都可以作为送风状态点，从送风量的计算式可知，送风状态点离室内状态点越近，送风温差 Δt_O（或焓差）越小，所需要的送风量越大。反之，送风状态点距室内状态点越远，送风温差就越大，所需要的送风量越小。因此，送风状态点的选择就涉及一个经济技术的比选问题。

经济上，一般总是希望送风温差（或焓差）尽可能的大。这样，需要的送风量就小，空气处理设备也可以小一些，既可以节约初投资的费用，又可以节省运行时的能耗。

效果上，送风量太小时，空调房间的温度场和速度场的均匀性和稳定性都会受到影响。同时，由于送风温差大，送风温度较低，冷气流会使人有不舒适感。此外，送风温度太低时，也会使天然冷源的利用受到限制。

现行设计规范考虑技术与经济两方面因素，考虑了两种方法来确定经济送风点。

（1）根据空调房间温湿度的精度的要求，对送风温差和换气次数给出了不同的推荐值见表 5-1。

表 5-1 送风温差和换气次数

室内允许波动范围	送风温差/°C	换气次数/（次/h）
±(0.1~0.2)°C	2~3	15~20
±0.5 °C	3~6	>8
±1.0 °C	6~10	≥5
>±1.0 °C	人工冷源：≤15 天然冷源：可能的最大值	—

表中换气次数是衡量送风量的指标，如果用表中的送风温差计算所得的送风量除以房间体积所得到的换气次数大于表中数值，则符合要求。

（2）根据风口的形式推荐送风温差 Δt_O 见表 5-2。

表 5-2 根据风口的形式推荐送风温差 Δt_O 单位：°C

风口形式	送风口安装高度			
	3 m	4 m	5 m	6 m
散流器：圆形	16.5	17.5	18	18
散流器：方形	14.5	15.5	16	16
普通侧送风口：风量大	8.5	10	12	14
普通侧送风口：风量小	11	13	15	16.5

综上所述，具体的空调房间根据规范规定，选取合适的送风温差后，即可按以下的步骤确定送风状态点和所需要的送风量：

（1）在 i-d 图上确定出室内状态点 N。

（2）由热湿比 ε，作出过 N 点的热湿比线。

（3）根据所选取的送风温差，在热湿比线上定出送风状态点 O。

（4）用公式（5-3）或（5-4）计算所需要的送风量，并校核换气次数（根据公式 $n = L/V$ 计算换气时，是否满足规范规定）。

【例 5-1】 某空调房间总余热量 = 3 276 W，余湿量 = 0.26 g/s，要求全年室内保持的空气参数为：$t_N = (22\pm1)$ °C，$\varphi = (55\pm5)\%$，当地大气压力 = 101 325 Pa，试确定该空调房间的送风状态和送风量。

【解】 （1）求热湿比：

$$\varepsilon = \frac{Q}{W} = \frac{3\,276}{0.26} = 12\,600 \text{ kJ/kg}$$

（2）在 h-d 图上确定出室内状态点 N，作过 N 点的热湿比线为 12 600 的过程线，取送风温差为 8 °C，则送风温度为 (22−8) °C，即 14 °C，由送风温度与热湿比线的交点，可得出送风状态点。在焓湿图上查得：

$$i_O = 36 \text{ kJ/kg}, \quad i_N = 45 \text{ kJ/kg}$$
$$d_O = 8.6 \text{ g/kg}, \quad d_N = 9.3 \text{ g/kg}$$

（3）计算送风量。

按消除余热：

$$G = Q/(i_N - i_O) = 3\ 276/(45-36) = -0.36\ \text{kg/s}$$

按消除余湿：

$$G = W/(d_N - d_O) = 0.26/(9.3-8.6) = 0.37\ \text{kg/s}$$

按消除余热和余湿求出的送风量基本相同，说明计算正确。

在实际工程中，对空调精度无严格要求，且房间内的散湿量较小的舒适性房间，在确定送风状态时，一般可不精确计算热湿比，而是按照下述两种"机器露点法"近似确定送风状态点。

（1）等湿线"机器露点"法。

湿负荷较小时，热湿比 $\varepsilon \to \infty$，近似取 $\varepsilon = \infty$，在焓湿图中过 N 点作 $\varepsilon = \infty$ 的热湿比线即等湿线，与 $\varphi = 90\% \sim 95\%$ 相对湿度线相交，交点就是机器露点送风点 L，如图 5-3 所示。采用等湿线机器露点送风确定的送风量相对较大，对有湿负荷的房间会造成一定偏差。

（2）等温线"机器露点"法。

根据规范要求，确定最大的送风温差 $\Delta t_{O,\max}$，则送风温度 $t_O = t_N - \Delta t_{O,\max}$，作 t_O 的等温线与 $\varphi = 90\% \sim 95\%$ 相对湿度线相交，交点就是机器露点送风点 L，如图 5-4 所示。采用等温线机器露点送风确定的送风量相对较小，对有湿负荷的房间造成的偏差较小。

在使用等温线机器露点法确定送风状态点时，若送风温度低于室内设计状态 N 点所对应的露点温度 t_d 时，则应减小送风温差或采用等湿线"机器露点"法，否则会在送风口上产生结露现象造成天花滴水。

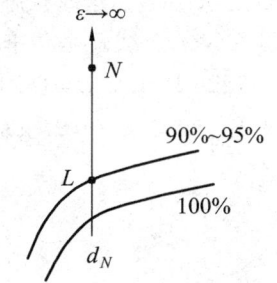 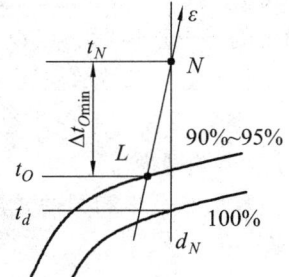

图 5-3　等湿线"机器露点"法　　图 5-4　等温线"机器露点"法

知识点 2　冬季空调房间的送风状态和送风量

冬季空调房间的送风状态和送风量确定有两种方式：一种是采用与夏季不同的送风量，一种是采用与夏季相同的送风量。

一、采用与夏季不同的送风量

在冬季，由于围护结构的温差传热是从室内向室外传递，室内的余热比夏季少，甚至是负值，而余湿量常常与夏季相同，因此，冬季的热湿比比夏季小，甚至是负值。因而，空调房间的送风温度 t_O 往往高于室温 t_N，送风焓值也大于室内焓值，如图 5-5 所示。由于冬季送热风的送风温差可以比夏季送冷风的送风温差大得多，冬季往往可以采用较小的送风量。对于较大的空调系统，这样就可采用较小的电机，减少运行费用。设计时可采用变速电机，或冬夏季分别设置两台电机。

需要注意的是，减少送风量有时还要受到人体卫生要求、空调房间温湿度的精度要求等条件的限制。采用与夏季不同的送风量时，冬季送风量的确定方法和步骤与夏季相同。

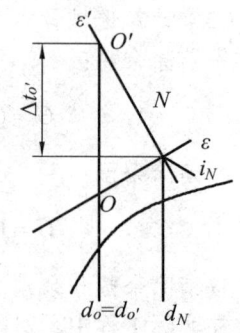

图 5-5 与夏季不同送风量的送风状态

二、采用与夏季相同的送风量

在工程上，应用较多的是全年固定送风量，即在先确定了夏季送风量后，冬季就采用与夏季相同的送风量，这样全年运行时只需调节送风参数即可，因而比较方便。送风量确定后可根据公式反求出冬季的送风状态（i'_O，d'_O），即

$$i'_O = i_N - \frac{Q}{G} \tag{5-6}$$

$$d'_O = d_N - \frac{W}{G} \tag{5-7}$$

当冬夏季采用相同的送风量时，如果全年散湿量不变，则 Δd 是个常数，则过夏季送风状态点 O 的等含湿量线 d_O 与冬季热湿比 ε' 线的交点就是所求的冬季送风状态。实际上，由所求出的（i'_O，d'_O）确定的冬季送风状态点 O' 与室内状态点 N 的连线就是冬季工况的热湿比线。

【例 5-2】 要求全年室内保持的空气参数为：$t_N = (22 \pm 1)$ ℃，$\varphi = (55 \pm 5)\%$，当地大气压力 = 101 325 Pa，如冬季空调房间总余热量 = −1.105 kW，余湿量 = 0.26 g/s，试确定该空调房间冬季工况的送风状态和送风量。

【解】 方法 1，采用与夏季相同的送风量，步骤如下：

（1）求冬季热湿比：

$$\varepsilon' = Q/W = -1\,105/0.26 = -4\,250 \text{ kJ/kg}$$

（2）由于冬、夏季室内散湿量相同，因而，冬季送风量状态的含湿量应当与夏季相同，即 $d'_O = d_O = 8.6$ g/kg；过室内状态点 N 作热湿比 $\varepsilon' = -4\,250$ 的过程线，与 $d_O = 8.6$ g/kg 的等含湿量线的交点即是所求的冬季送风状态点 O'，从 $h\text{-}d$ 图上可查得：

$$i'_O = 49 \text{ kJ/kg}，\quad t'_O = 28.5 \text{ ℃}$$

实际上，由于冬季送风量与夏季相同，可直接通过计算求出冬季送风状态点的焓值：

$$i'_O = i_N - \frac{Q}{G} = 46 + \frac{1.105}{0.36} = 49 \text{ kJ/kg}$$

在 $h\text{-}d$ 图上可查得：$t'_O = 28.5$ ℃

方法 2，采用与夏季不同的送风量，步骤如下：

（1）求冬季热湿比：
$$\varepsilon = Q/W = -1\,105/0.26 = -4\,250 \text{ kJ/kg}$$

（2）确定冬季送风状态点：

设取冬季送风温度 $t_O'' = 36\ ^\circ\text{C}$，则可由送风温度与冬季热湿比 $\varepsilon = -4\,250$ 的交点得到冬季送风状态点 O''，从 h-d 图上可查得：
$$i_O'' = 54.9 \text{ kJ/kg}，\quad d_O'' = 7.2 \text{ g/kg}$$

（3）计算送风量：
$$G = \frac{Q}{i_N - i_O} = \frac{-1.105}{46 - 54.9} = 0.124 \text{ kg/s}$$

项目 2　空气热湿处理设备

空调系统必须通过热湿处理设备处理空气，达到要求的温、湿度。从焓湿图上看，空气可以经过任意途径达到目的，但实际空调工程中某空间的空气热湿处理只能选择某一种设备，也就是说只能选择其中一种途径达到目标空气参数。

知识点 1　空气热湿处理途径和热湿处理设备类型

一、空气热湿处理途径

以全新风空气处理系统为例，室内空气全部是通过处理室外新鲜空气而达到同一种送风状态。则夏季需要对室外空气进行冷却减湿；冬季需要对室外空气进行加热加湿，如图 5-6 所示。夏季室外状态点为 W，冬季室外状态点为 W'，均处理到室内送风状态点 O。

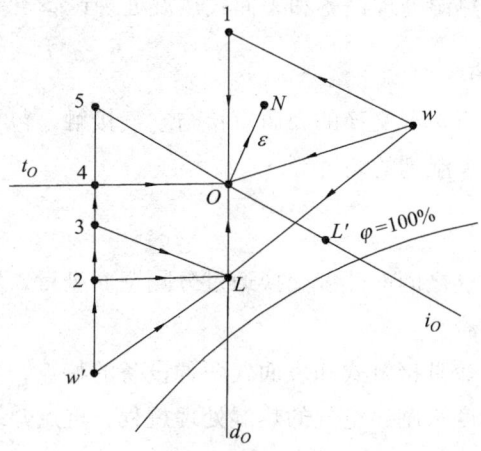

图 5-6　全新风空气处理途径

从图 5-6 可知，热湿处理方案都是一些简单空气处理过程的不同组合，不同的处理途径得到相同的送风状态，而且处理过程都可以采用现有的空气处理设备实现。夏季空气处理途径见表 5-3，冬季空气处理途径见表 5-4。

表 5-3　夏季空气处理途径说明

空气处理过程	途径说明	过程实现设备
W→L→O	冷却减湿→再热	喷水室喷冷水（或用表面冷却器）、加热器
W→1→O	减湿→等湿冷却	固体吸湿剂、表面冷却器
W→O	减湿冷却	液体吸湿剂

表 5-4　冬季空气处理途径说明

空气处理过程	途径说明	过程实现设备
W′→2→L→O	预热→喷蒸汽加湿→再热	加热器、蒸汽加湿器
W′→3→L→O	预热→绝热加湿→再热	加热器、喷水室
W′→4→O	预热→喷蒸汽加湿	加热器、蒸汽加湿器
W′→L→O	喷热水加热加湿→再热	喷水室、加热器
W′→5→L′↘O	预热→部分绝热加湿→与另一部分未加湿的空气混合	加热器、喷水室

二、空气热湿处理设备的类型

空调工程中，实现空气热湿处理的设备繁多，但主要的处理过程无外乎加热、冷却、加湿、减湿等单独或组合来实现。热湿处理设备结构多样，但大多数是空气与其他介质进行热湿交换。其他介质如水、水蒸气、冰、盐类及其水溶液、制冷剂及其他物质。根据热湿交换设备的不同特点可分为两大类：接触式热湿处理设备和表面式热湿处理设备。

1. 接触式热湿交换设备

其设备特点是与空气进行热湿交换的介质直接与空气接触，包括喷水室、蒸汽加湿器、局部补充加湿装置及使用液体吸湿剂的装置等。

2. 表面式热湿交换设备

其设备特点是介质与空气之间的热湿交换通过分隔壁面进行，包括光管式空气加热器、肋管式空气加热器、空气冷却器。

也有一些空气处理设备兼具接触式和表面式两种设备的特点，如喷水式表面冷却器。

本项目主要从设备的角度来阐述空气的热湿处理过程，重点介绍使用广泛的喷水室和表面式换热器。

知识点 2 接触式热湿交换设备——喷水室

一、喷水室的结构

喷水室是应用最广泛的空气与水直接接触的典型设备。其结构形式有卧式与立式、单级与双极、低速与高速之分。一般由喷嘴（雾状水）、管路、前后挡水板（减少水损失）、水池和壳体组成。它具有多种空气处理过程、一定的空气净化能力、耗材少、易加工等优点，缺点是占地大，对水质要求高，水系统复杂，还需定期保养。因此，民用建筑中除特殊场所外，已很少使用，但对湿度要求高的场所如纺织厂，卷烟厂等仍大量使用。应用最广泛的单级低速喷水室结构如图 5-7 所示。

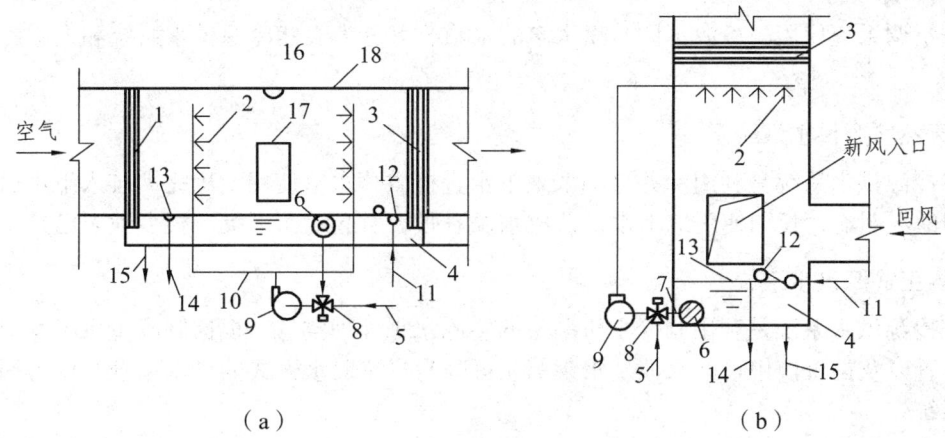

图 5-7 单级低速喷水室的构造

1—前挡水板；2—喷嘴与排管；3—后挡水板；4—底池；5—冷水管；6—滤水器；7—循环水管；
8—三通混合阀；9—水泵；10—供水管；11—补水管；12—浮球阀；13—溢水器；
14—溢水管；15—泄水管；16—防水灯；17—检查门；18—外壳

喷水室的工作过程是被处理的空气以一定的速度（一般为 2~3 m/s）经过前挡水板进入喷水空间，与喷嘴中喷出的水滴相接触进行热湿交换，然后经后挡水板分离所携带的水滴后流出。喷嘴喷出的水滴经过热湿交换，滴入底池中。底池收集喷淋水，经过池中滤水器、循环水管及三通调节阀等组成循环水系统，使喷淋水不断的循环使用。喷淋水循环系统的管路由循环水管、补水管、溢水管、泄水管组成。

（1）循环水管。落入底池的喷淋水通过滤水器与循环水管相连，使落到底池的水能重复使用。滤水器的作用是清除水中杂物，以免喷嘴堵塞。

（2）溢水管。底池喷淋水通过溢水器与溢水管相连，以排除水池中维持一定水位后多余的水。在溢水器的喇叭口上有水封罩，可将喷水室内外空气隔绝，防止喷水室内产生异味。

（3）补水管。当用循环水对空气进行绝热加湿时，底池中的水量将逐渐减少，泄漏等原因也可能引起水位降低。为了保持底池水面高度一定，且略低于溢水口，需设补水管并经浮球阀自动补水。

（4）泄水管。为了检修、清洗和防冻等，在底池的底部需设泄水管，以便在需要泄水时，将池内的水全部泄至下水道。

喷嘴是喷水室最重要的部件，其作用是将水喷成小的水滴和雾滴，喷嘴性能决定着喷水室空气的热湿处理效果。我国曾广泛使用 Y-1 型离心喷嘴。近年来我国从国外引进以及国内研制生产的喷嘴型号及规格较多，国内开发研制的 PX-1 型、PY-1 型和 FD 型大孔径离心式喷嘴已在空调工程中应用。

挡水板是影响喷水室处理空气效果的又一重要部件。它由多折的或波浪形的平行板组成。当夹带水滴的空气通过挡水板的曲折通道时，由于惯性作用，水滴就会与挡水板表面发生碰撞，并聚集在挡水板表面上形成水膜，然后沿挡水板下流到底池。板材一般为玻璃板或塑料板。

二、喷水室的水系统

根据空调系统使用的冷源不同，喷水室的水系统可分为天然冷源供水系统和人工冷源供水系统。

1. 天然冷源供水系统

天然冷源供水系统是利用深井泵抽取地下水直接供喷水室使用，用完即排入下水道，系统简单，但缺点明显，长期使用地下水，造成水源紧张，引起地面下沉，很多地方已禁止使用。

2. 人工冷源供水系统

人工冷源供水系统是利用制冷主机制备的冷冻水来处理空气，根据制冷主机蒸发器的类型和安装位置以及是否使用辅助水池及水泵等又可分为自流回水方式的供水系统和压力回水方式的供水系统。

（1）自流回水方式。

当蒸发器位置低于喷水室底池，则回水可依靠自流回蒸发器。在蒸发器冷却后再用水泵泵给喷水室使用，如图 5-8 所示。

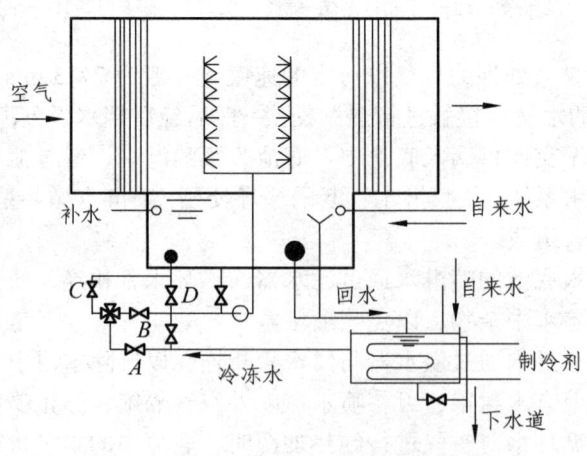

图 5-8　自流回水方式水系统

（2）压力回水方式。

如果蒸发器高于喷水室底池则需要设置回水泵将喷水室回水送回蒸发器，如图 5-9 所示。

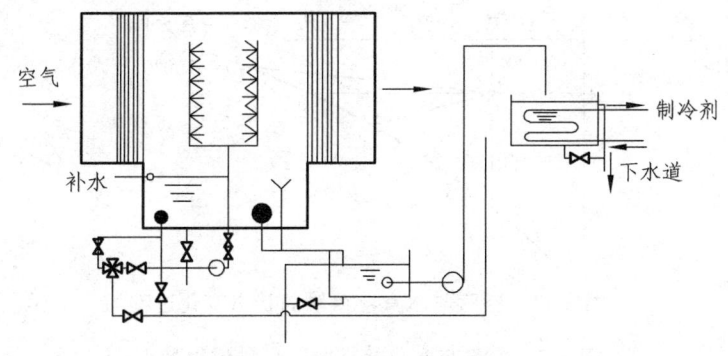

图 5-9 压力回水方式水系统

三、喷水室的热湿交换原理

1. 空气与水直接接触的热湿交换原理

喷水室利用喷嘴将不同温度的水喷成雾滴状,与流经的空气进行热湿交换而达到要求的空气处理效果。当空气与水直接接触过程中,在水滴的周围形成与水表面温度相同的饱和空气层,如图 5-10 所示。

如果饱和空气层内的水蒸气分压力大于周围空气的水蒸气分压力,则水分子不断地从空气边界层扩散到周围空气中去,也就是水分向周围空气蒸发,空气得以加湿;反之,周围空气中的水分将被凝结出来,空气被减湿。总之,饱和空气层内的水蒸气分压力与周围空气的水蒸气分压力不同,即存在分压力差时,就会产生湿交换(水的蒸发和凝结过程)。

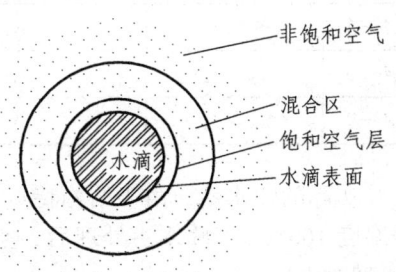

图 5-10 空气与水滴之间的
热湿交换示意图

由此可见,由于空气接触不同温度的水,空气与水之间可能仅发生显热交换,也可能同时发生显热和潜热交换,涉及潜热交换即意味着发生质交换(湿交换)。

显热交换主要取决于饱和空气层与周围空气之间的温度差,而潜热交换是伴随湿交换同时产生的,主要取决于两者之间的水蒸气分压力差。即温差是热交换的推动力,水蒸气分压力差是湿交换的推动力。

2. 气与水直接接触的状态变化过程

在喷水室中,用不同温度的水去喷淋空气,可获得各种空气处理过程。假设空气状态为 A 状态点,过 A 点分别作等湿线、等焓线、等温线与相对湿度 $\varphi=100\%$ 相交于 2、4、6 点,过 A 点再作 $\varphi=100\%$ 曲线的两条切线,并交于 1 和 7 点,如图 5-11 所示,是空气与不同水温的水接触,且水量无限大、接触时间无限长时,空气的变化过程。其特点是空气变化过程都向着饱和曲线方向进行,而到达饱和曲线的理想终点状态的温度与水温相同。

根据理想状态,空气与不同水温 t_w 接触,且水量无限大,接触时间无限长时,我们可以得出如图 5-11 的 7 种典型空气状态变化过程,其特点见表 5-5。

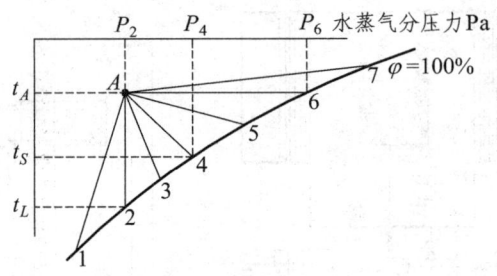

图 5-11 空气与水直接接触的状态变化过程

表 5-5 空气与水直接接触时各种过程特点

过程	喷水温度 t_W	空气温度或显热变化	空气含湿量或潜热变化	空气焓或全热变化
A—1	$t_W < t_L$	减小	减小	减小
A—2	$t_W = t_L$	减小	不变	减小
A—3	$t_L < t_W < t_S$	减小	增加	减小
A—4	$t_W = t_S$	减小	增加	不变
A—5	$t_S < t_W < t_A$	减小	增加	增加
A—6	$t_W = t_A$	不变	增加	增加
A—7	$t_W > t_A$	增加	增加	增加

实际的喷水室，由于结构特点和空气与水滴接触时间等条件限制，空气状态不可能达到相对湿度 100%。经喷水室处理后，空气达到的终点状态只能达到 $\varphi = 90\% \sim 95\%$，该状态点称为"机器露点"。

知识点 3　表面式热湿交换设备

典型的表面式热湿交换设备是表面式换热器，常用的表面式换热器包括空气加热器和空气冷却器两类。空气加热器是以热水或蒸汽为热媒，加热空气；空气冷却器是以冷水或制冷剂直接蒸发为冷媒的表面式冷却器。

一、空气加热器

（一）构　造

1. 光管式加热器构造

如图 5-12 所示，光管式加热器由联箱（较粗的管子）和焊接在联箱之间的钢管组成。其特点是表面光滑，易于清灰，不易堵塞，空气阻力小，易于加工，适用于灰尘比较大的地方。

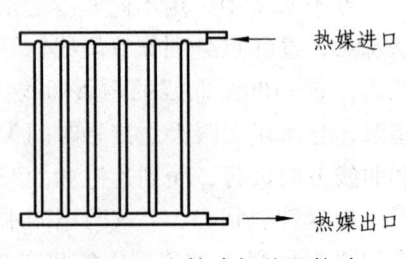

图 5-12　光管式加热器构造

2. 肋管式加热器构造

肋管式加热器构造如图 5-13 所示。

图 5-13（a）为皱褶螺旋绕片式，它是将狭带状薄金属片用轧皱机沿纵向在狭带的一边轧成皱褶，然后由绕片机按螺旋状绕在管壁上而形成的。图 5-13（b）为光滑绕片式，它是用光滑的薄金属片，绕在管壁上而形成的。图 5-13（c）是将事先冲好管孔的肋片与管束串在一起，经过胀管之后可制成串片管，机械化程度高。图 5-13（d）是用轧片机在光滑的铜管或铝管外表面轧出肋片形成轧片管，肋片与管是一个整体，没有缝隙，传热性能更好，但肋片不能太高，管壁不能太薄。图 5-13（e）是为了增加气流的扰动提高外表面换热系数，出现了很多新型的片型如二次翻边片等。

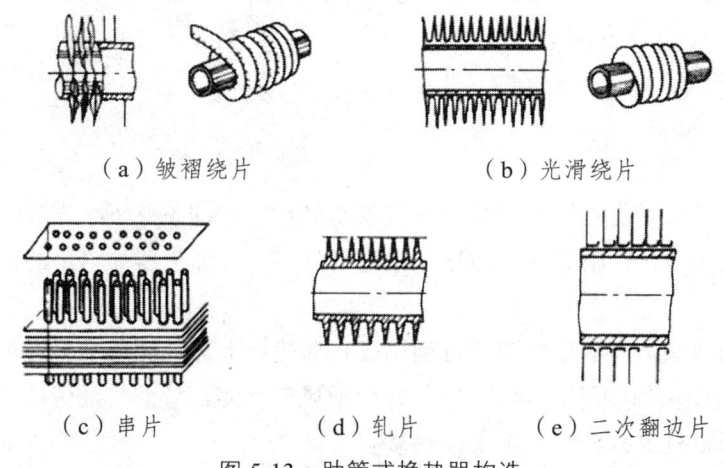

（a）皱褶绕片　　　　（b）光滑绕片

（c）串片　　（d）轧片　　（e）二次翻边片

图 5-13　肋管式换热器构造

肋管式换热器的特点是传热面积大，金属消耗少，传热系数比光管式换热器小，热稳定性好，但空气阻力大，容易积灰。

（二）安装与调节

1. 安　装

空气加热器可根据空调机房的具体情况，水平安装或垂直安装。当加热器的热媒确定之后，在一定的空气状态下，加热器的加热量是一定的。因此，可根据需要的加热量大小与空气所需的温升情况，将加热器并联或串联。蒸汽管路与加热器只能采用并联；热水管路与加热器既可并联也可串联。当被处理的空气量较大时可采用并联组合，当被处理的空气要求温升较大时可采用串联组合，如图 5-14（a）所示。图 5-14（b）就是一组两台串联，两台又并联的组合方案。

空气加热器的安装的具体要求如下：

（1）蒸汽加热器的蒸汽管入口处应安装压力表和调节阀，在凝结水管路上应设疏水器、截止阀和旁通管，以利于运行中的检修。

（2）热水加热器的供、回水管路上应安装调节阀和温度计，并在管路的最高点装设放气阀，最低点设泄水阀。当热水加热器水平安装时，为便于排除凝结水，应考虑 1/100 的坡度。

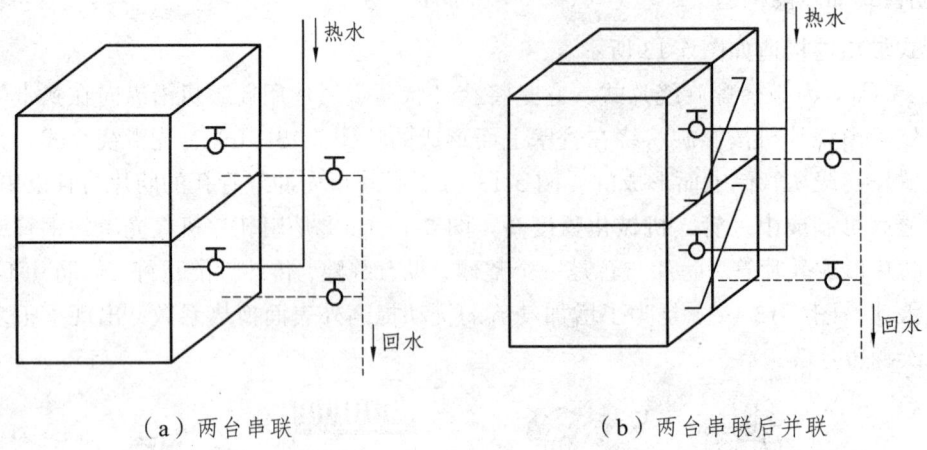

(a)两台串联　　　　　　　(b)两台串联后并联

图 5-14　空气加热器安装方案

2. 调　节

空气加热器加热量是在热媒和被处理空气状态参数一定的条件下根据设计工况来确定,如果室外空气参数发生变化,则必须对加热量进行调节。空气加热器加热量的调节主要有以下几种方法。

(1)调节旁通风量。加热器的调节可利用设在加热器上部或侧部的旁通风门来进行,如图 5-15(a)所示,当要求加热量减少时,可打开旁通风门,使部分空气经旁通风门流过,由于流过加热器的空气流量减少,从而减少了传热量。

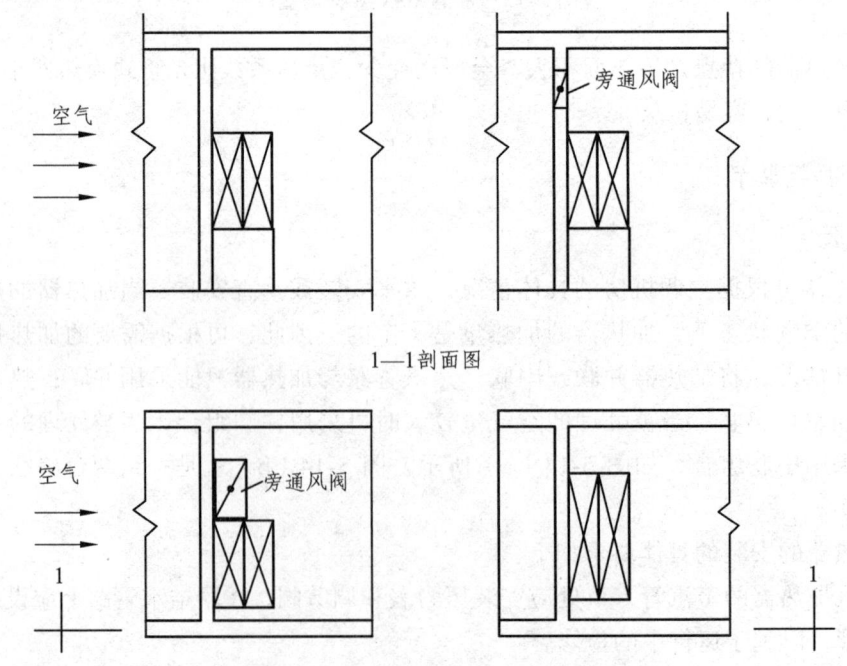

(a)调节旁通风量

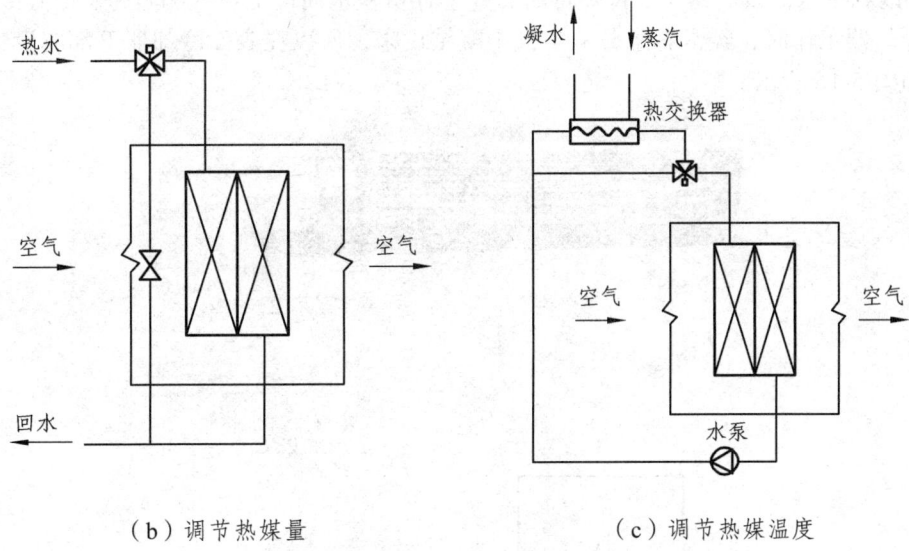

(b）调节热媒量　　　　　　　（c）调节热媒温度

图 5-15　空气加热器的调节方法

（2）调节热媒流量。对于热水加热器，当室外空气温度升高，需要减小加热量时，可采用此方法。如图 5-15（b）所示，利用设在热水管上的三通阀使部分热水由旁通管流过，由于流过加热器的热水流量减少，空气加热量也随之减少，从而达到调节的目的。对于蒸汽加热器的量调节，可随室外温度的升高而适当关小蒸汽管路上的阀门，使供给加热器的蒸汽量减少，从而达到减少供热量的目的。

（3）调节热媒温度。如图 5-15（c）所示，对于热水加热器，在保持流经加热器的热水流量不变的情况下，通过改变热水温度而达到调节的目的。供水温度的调节是通过改变流经蒸汽-水换热器的水量多少，使传热系数和传热温差发生变化而实现的。

二、表面式冷却器

利用表面式冷却器处理空气，在空调工程中已广泛应用。表面式冷却器分为水冷式和直接蒸发式两种。水冷式表面冷却器利用制冷主机产生的冷冻水为冷媒，直接蒸发式表冷器以制冷剂作冷媒，靠制冷剂的蒸发吸收外部空气的热量，从而冷却空气。

（一）水冷式表面冷却器

1. 构造与种类

水冷式表冷器是由排管和肋片构成，其构造与空气加热器相同，只是管内通的不是热媒而是冷水。目前国产的水冷式表面冷却器，大多可作冷、热两用，即通冷媒时作冷却器用，通热媒时作加热器用。有关表面冷却器的规格、尺寸等均可在相关手册中查到。

2. 安装与调节

表面冷却器根据用途可安装在空调机组内、送风支管上或安装在风机盘管、冷风机等局部处理设备中。表面冷却器可水平安装，也可以垂直安装或倾斜安装。垂直安装时要使肋片保持垂直位置，以利于水滴及时落下，否则将因肋片上存留积水而增加空气侧阻力，降低传热系数。由于表面冷却器工作时，经常有水分从空气中凝结出来，所以在表面冷却器下部应设集水盘和排水管，如图 5-16 所示。

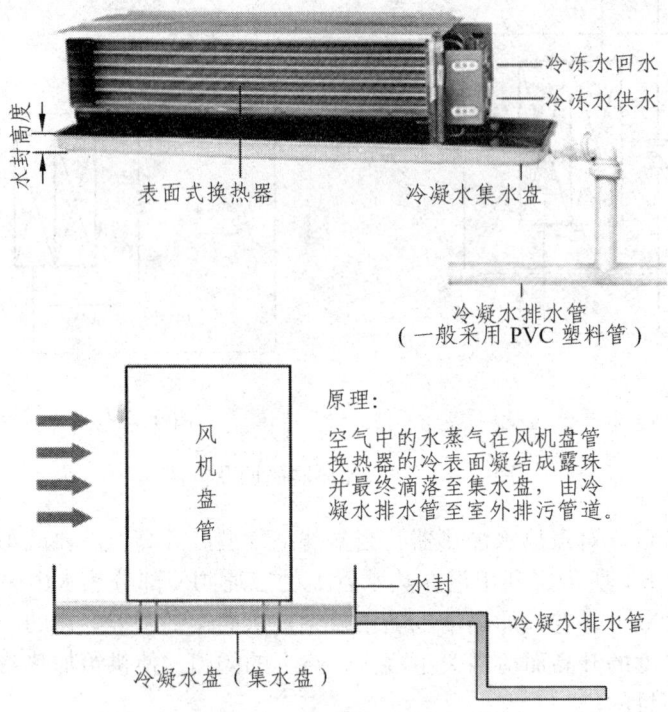

图 5-16 安装在风机盘管中的水冷式表面冷却器

表面冷却器的数量和组合方式与空气加热器一样，可根据被处理的空气量和需要冷量的多少确定。从空气流向看，既可以并联，也可以串联。当被处理的空气量大时，采用并联，以增大空气的流通截面，减少空气侧阻力。当被处理的空气要求温降较大时，则采用串联。

为了使冷水与空气之间有较大的平均温差，提高换热效率，减小表面式冷却器的面积，表面冷却器内外侧的冷水与空气应逆向流动。

表面冷却器管内水流速宜采用 0.6~0.8 m/s，表面冷却器迎风面的空气流速宜为 2.5~3.5 m/s，冷水进口温度应比空气的出口干球温度至少低 3.5 ℃，冷水温升宜采用 2.5~6.5 ℃。

冷热两用的表面式冷却器，热媒宜采用热水，且热水温度不应太高（一般低于 65 ℃），以免因管内积垢过多而降低传热系数。

同空气加热器一样，表面冷却器最高点应设排气阀，最低点设泄水阀，冷水管上安装温度计、调节阀。

水冷式表冷器的调节，与空气加热器的调节一样，也分为空气旁通风量调节、冷水流量调节、冷水温度调节。

（二）直接蒸发式表面冷却器

直接蒸发式表面冷却器实质上是制冷循环中的蒸发器。制冷剂在蒸发器中蒸发汽化，吸收汽化潜热。房间空调器、冷风机组等的蒸发器即直接蒸发式表面冷却器，如图 5-17 所示。

图 5-17 挂壁式室内机中的蒸发器

项目 3　空气调节系统

空调系统是以空气调节为目的而对空气进行处理、输送、分配，并控制其参数的所有设备、管道及附件、仪器仪表的总和。它一般由空调冷热源、空气处理设备、空调风系统、空调水系统、空调自动控制及调节装置五部分组成。典型水冷式中央空调系统如图 5-18 所示。

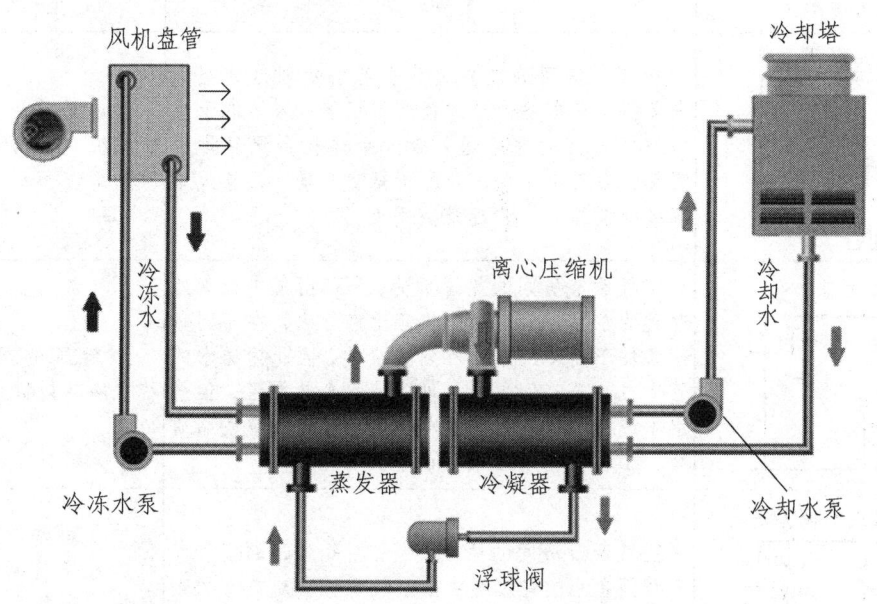

图 5-18　水冷式中央空调系统示意图

知识点 1　空调系统的分类

（1）按空气处理设备的集中程度分类，空调系统可分为如表 5-6 所示的几种形式。

表5-6 空气处理设备的集中程度分类

空调系统形式	系统特点	工程应用
集中式空调系统	空气处理设备（包括冷却器、加热器、过滤器、加湿器、风机等）集中设置在空调机房内，通过风管输送到空调房间，空调系统设备集中且便于管理	一般的低速集中式单风管空调系统和双风管空调系统、变风量系统属于此类
半集中式空调系统	除设有集中空调机房外,还设有空调房间的分散的空气处理末端装置如风机盘管、诱导器等。送风管道截面积小，节省建筑空间	风机盘管系统、诱导器系统、末端再热系统均属于此类
分散式（局部式、冷剂式）空调系统	又称为局部空调系统或局部机组，将冷热源、空气处理设备、空气输配送装置均集中设置在一套空调机组内，按照需求灵活布置在空调房间或邻室	单元式空调器系统、窗式空调器、分体空调器

工程应用中，集中式、半集中式空调系统都称为中央空调系统。半集中式空调系统应用广泛，其中二次空气处理设备主要指的是布置在空调房间内的风机盘管（为半集中式空调系统的末端装置），它可将空调机组产生的冷水通过换热盘管与空调区内的空气进行冷热交换，实现不同空调房间空气的独立调节。

（2）按负担室内热湿负荷所用的介质分类，空调系统可分为如表5-7所示的几种形式。

表5-7 负担室内热湿负荷所用的介质分类

空调系统形式	系统特点	工程应用
全空气式空调系统	指空调房间的室内负荷全部由处理过的空气来负担。夏季室内热湿负荷为正值，采用低于室内空气焓值的空气送入吸收余热和余湿后排出室外。空气比热小，因此所需空气量大，导致系统风管截面大，占建筑空间大	定风量系统（包括单风管系统、双风管系统）、变风量系统
全水式空调系统	空气调节房间的热湿负荷，全部由集中设备处理过的水负担。水的比热容比空气大，在相同负荷条件下需要的水量相对更少些，因此输送水的管道占建筑空间更小。可以消除余热余湿，但全水系统无法解决通风换气问题，会导致空气品质差，工程上不单独采用此形式	无新风的风机盘管系统、冷辐射板系统等
空气-水式空调系统	空气调节房间的热湿负荷，由处理过的空气和水共同负担。有效解决全空气系统占建筑空间大和全水系统通风换气问题	独立新风加风机盘管系统、置换通风加冷辐射板系统、再热系统加诱导器系统等
冷剂式空调系统	空气调节房间的热湿负荷，全部由空调系统内的制冷剂负担	家用房间空调器、汽车空调、地铁车辆空调等

（3）按系统风量调节方式分类，空调系统可分为如表 5-8 所示的两种形式。

表 5-8　系统风量调节方式分类

空调系统形式	系统特点	工程应用
定风量空调系统	保持送风量恒定，靠改变送风参数控制室内空气参数	集中式空调系统应用较多
变风量空调系统	保持送风温度恒定，靠改变送风量控制室内空气参数	集中式空调系统应用较多

（4）按系统风管内风速分类，空调系统可分为如表 5-9 所示的两种形式。

表 5-9　系统风管内风速分类

空调系统形式	系统特点	工程应用
低速空调系统	主风管风速： 民用建筑 < 10 m/s 工业建筑 < 15 m/s	应用于居住、办公等噪声要求较小的场所
高速空调系统	主风管风速： 民用建筑 > 12 m/s 工业建筑 > 15 m/s	应用于地下停车场、体育馆等噪声要求不高的场所

（5）全空气系统按被处理空气的来源分类，可分为如表 5-10 所示的三种形式。

表 5-10　处理空气来源分类

空调系统形式	系统特点	工程应用
封闭式（或再循环式）空调系统	全部使用室内再循环空气，不补充新风。房间与空气处理设备之间是封闭回路。系统节能，但空调区内空气品质差	工艺设备内部的空调、较少人出入的但对温湿度有要求的仓库等
直流式空调系统	空气全部使用室外新鲜空气，室内空气达到 100% 交换，室内空气品质好，但能耗最大	适用于产生剧毒物质、病菌及散发放射性有害物的空间等
混合式（或回风式）空调系统	综合封闭式、直流式的特点，部分采用室内再循环空气，部分采用室外新鲜空气，混合后进行热湿处理，再送入空调房间。空气质量能满足卫生，并可实现节能	一次回风系统和二次回风系统

（6）按热量传递的原理分类，空调系统可分为如表 5-11 所示的两种形式。

表 5-11 热量传递原理分类

空调系统形式	系统特点	工程应用
对流式空调系统	采用空气对流的方式传递空调区的热量	集中式全空气系统、半集中式空气-水系统、局部式冷剂系统
辐射式空调系统	采用空气辐射的方式传递空调区的热量	冷辐射板加新风系统

综合以上分类方式，各种分类之间的关系如图 5-19 所示。

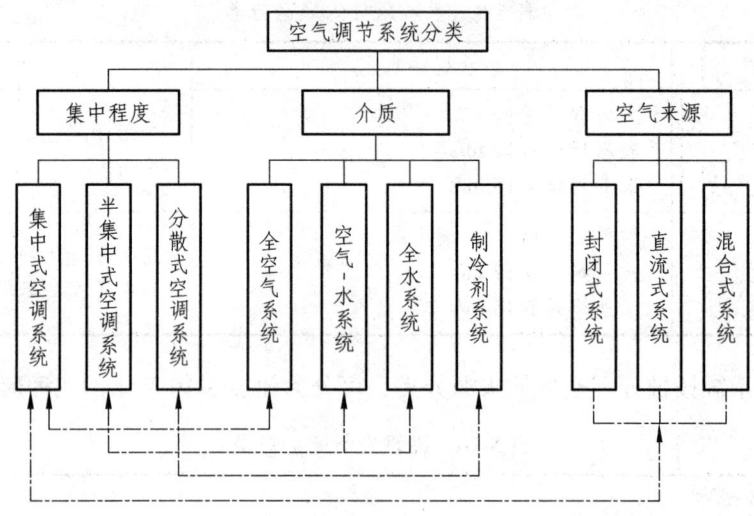

图 5-19 空调系统分类关系示意图

知识点 2 集中式空调系统

集中式空气调节系统是最早出现的典型全空气系统，最普通的集中式空气调节系统是低速、单风管、全空气系统，如图 5-20 所示。它处理空气量大，服务区域大，便于集中管理，在一些大型性建筑（如火车站场、地铁车站、航空港、体育场馆、剧场、大型商场等）采用较多。普通的集中式空气调节系统有封闭式、直流式和混合式等多种形式，混合式系统又有一次回风空调系统和二次回风空调系统之分，本书仅就直流式系统和新、回风混合式系统进行详述。

一、直流式（全新风）空气调节系统

直流式空气调节系统是不使用回风的空气调节系统，也称全新风系统，如图 5-21 所示。

1. 夏季处理方案

处理过程可描述为：

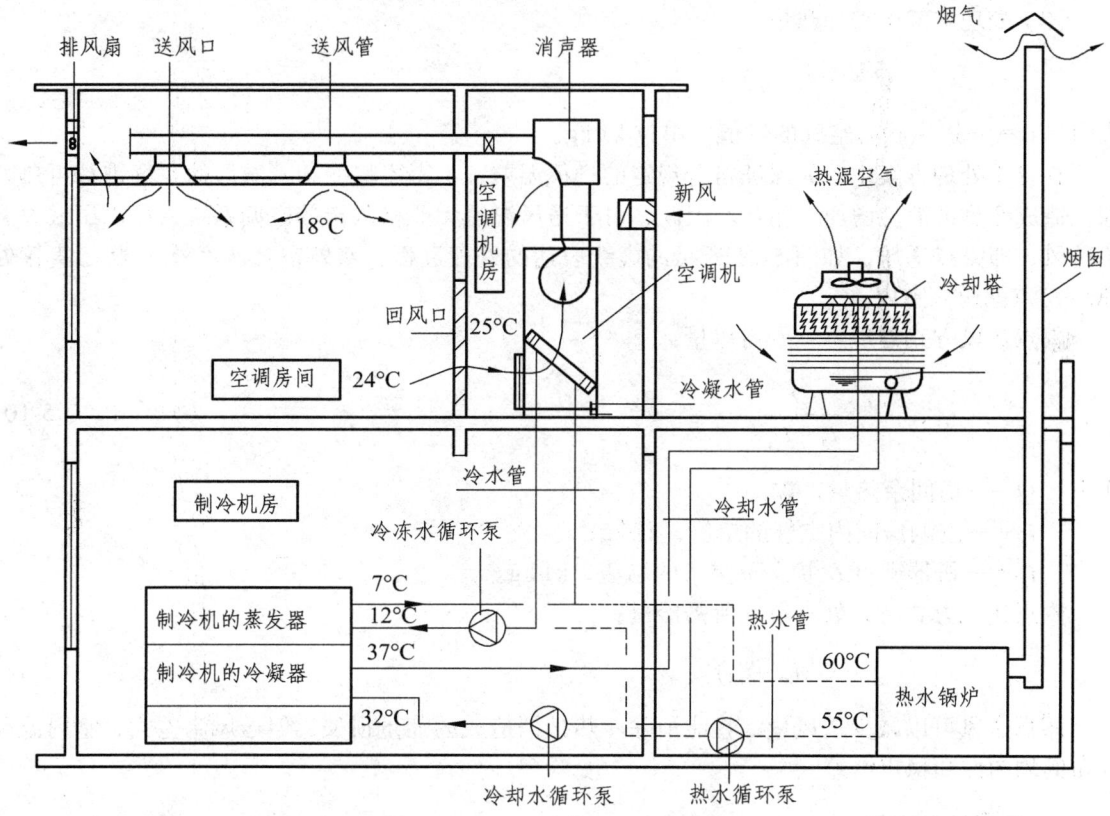

图 5-20 集中式空调系统示意图

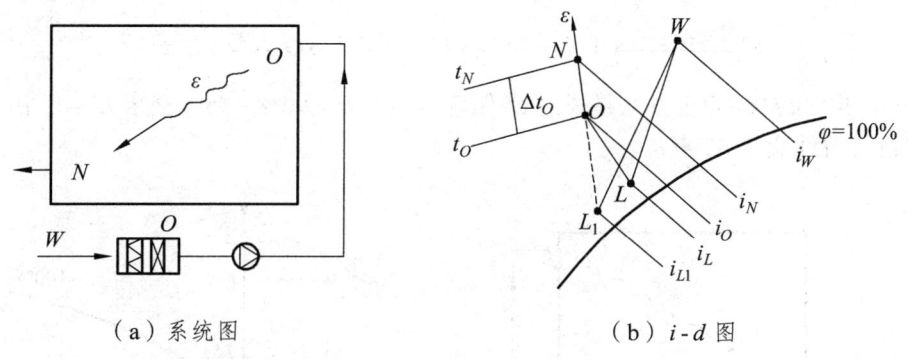

（a）系统图　　　　　　　　　（b）i-d 图

图 5-21 直流式空调系统夏季处理过程

$$W \xrightarrow{冷却减湿} L \xrightarrow{绝热减湿} O \xrightarrow{\varepsilon} N$$

（1）处理空气所需冷量：

$$Q_O = G(i_W - i_L) \tag{5-8}$$

式中　G——送风量，kg/h；

i_W——新风的焓值，kJ/kg；

i_L——机器露点 L 状态空气的焓值，kJ/kg。

（2）处理空气所需加热量：

$$Q = G(i_O - i_L) \tag{5-9}$$

式中 i_O——送风状态空气的焓值，单位 kJ/kg。

在夏季处理方案中，为保证符合规定的送风温差，不得不将冷却减湿后的空气进行再热处理，造成冷热抵消，增加了能耗。因此，对于送风温差无严格限定的空调系统，可以用最大温差送风，即露点送风，如图 5-21 所示的虚线表达的处理过程，室外空气从室外 W 状态直接处理到 L_1 点就送入室内。

露点送风方式处理空气所需风量：

$$G' = \frac{Q}{i_N - i_{L1}} \tag{5-10}$$

式中 Q——房间余热量，W；
i_N——空调房间内空气的焓值，kJ/kg；
i_{L1}——机器露点 L_1 状态下空气的焓值，kJ/kg。

露点送风方式时，处理空气所需冷量：

$$Q'_o = G'(i_W - i_{L1}) \tag{5-11}$$

露点送风可以减少送风量，且能消除冷热抵消造成的能量损失，但送风温差大，室内温度分布的均匀性和稳定性差。

2. 冬季处理方案

如图 5-22 所示，冬季处理过程可以描述为：

$$W' \xrightarrow{\text{等湿加热}} W'_1 \xrightarrow{\text{等焓加湿}} L' \xrightarrow{\text{等湿加热}} O' \xrightarrow{\varepsilon'} N$$

其中，W'_1 和 L' 的确定方法是通过 O' 作等湿线与 $\varphi = 90\% \sim 95\%$ 交于 L' 点，由 L' 点作等焓线与 W' 的等湿线交于 W'_1 点。

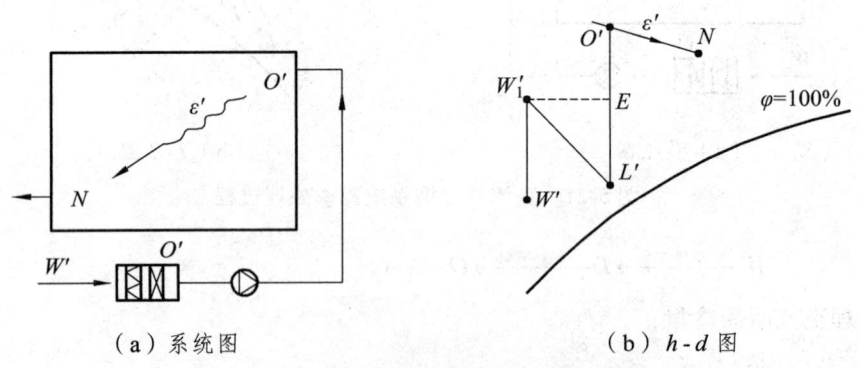

（a）系统图　　　　（b）h-d 图

图 5-22　直流式空调系统冬季处理过程

（1）预热器加热量：

$$Q_1 = G(i'_{W1} - i'_W) \tag{5-12}$$

式中　G——送风量，kg/h；
　　　i'_{W1}——新风的焓值，kJ/kg；
　　　i'_W——预热后的新风的焓值，kJ/kg。

（2）二次加热量：

$$Q_2 = G(i'_O - i'_L) \tag{5-13}$$

式中　i'_O——送风状态空气的焓值，kJ/kg；
　　　i'_L——机器露点 L' 状态空气的焓值，kJ/kg。

从夏季与冬季处理方案来看，空气经过喷水室降温处理后，无论冬夏季，都有二次加热处理，只是加热量的大小不同，如果夏季制冷、冬季采暖的系统，在选择加热器时按照较大加热量选择。

若不是采用喷水室降温，而是夏季采用表面式冷却器，冬季采用喷蒸汽加湿，则夏季方案一样，而冬季方案则有所变化，按照图中虚线所示途径进行。冬季处理过程表述如下：

$$W' \xrightarrow{\text{等湿加热}} W'_1 \xrightarrow{\text{等温加湿}} E \xrightarrow{\text{等湿加热}} O' \xrightarrow{\varepsilon'} N$$

喷蒸汽所需要的蒸汽量 W 为

$$W = G(d_{L'} - d'_{W}) \tag{5-14}$$

式中　$d_{L'}$——E 状态空气的含湿量，g/kg；
　　　$d_{W'}$——W' 状态空气的含湿量，g/kg。

二、一次回风空气调节系统

1. 夏季处理方案

如图 5-23 所示，夏季一次回风处理过程可描述为：

$$\begin{matrix} W \\ N \end{matrix} \Big] \xrightarrow{\text{混合}} C \xrightarrow{\text{冷却减湿}} L \xrightarrow{\text{绝对减湿}} O \xrightarrow{\varepsilon} N$$

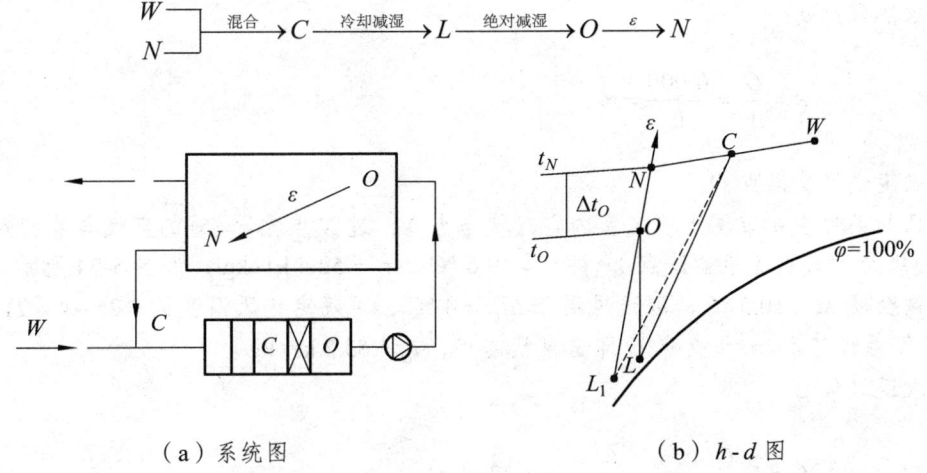

（a）系统图　　　　　　（b）h-d 图

图 5-23　一次回风空调系统夏季处理过程

（1）处理过程所需要的冷量为

$$Q_0 = G(i_C - i_L) \tag{5-15}$$

式中　G——送风量，kg/h；
　　　i_C——混合点 C 状态空气的焓值，kJ/kg；
　　　i_L——机器露点 L 状态空气的焓值，kJ/kg。

（2）处理过程所需加热量为

$$Q_0 = G(i_O - i_L) \tag{5-16}$$

式中　i_o——送风状态 O 点空气的焓值，kJ/kg。

若采用机器露点送风：混合空气 C 状态只需处理的过程到 L'，即为送风点，如图 5-23 所示的虚线处理过程。节省再热量，送风温差大，影响空调精度。这个处理过程需要的冷量为

$$Q_0' = G'(i_C - i_{L'}) \tag{5-17}$$

式中　G'——送风量，kg/h；
　　　i_C——混合点 C 状态空气的焓值，kJ/kg；
　　　$i_{L'}$——机器露点 L' 状态空气的焓值，kJ/kg。

【例 5-3】　某空调房间参数为 $t_N = 25 \pm 0.5$ ℃，$\varphi_N = (65 \pm 5)\%$，余热量 $Q = 6$ kW，余湿量不计，室外空气计算参数为 $t_w = 34$ ℃，$t_{sh} = 26.8$ ℃，大气压力为 101 325 Pa，要求新风比为 15%，若采用水冷式表面冷却器冷却空气，求夏季设计工况所需冷量。

【解】　根据一次回风系统原理，在焓湿图上作图的步骤：
① 在 h-d 图上确定出室内状态点 N 和室外状态点 W。
② 计算热湿比 ε，作出过 N 点的热湿比线。
③ 选取合适的送风温差，在热湿比线上定出送风状态点 O。
④ 求出总送风量，根据新风量与总送风量的比例关系，确定混合状态点 C。
⑤ 过 O 点作等含湿量线与 $\varphi = 90\% \sim 95\%$ 线相交可得机器露点 L。

（1）求热湿比 ε：

$$\varepsilon = \frac{Q}{W} = \frac{6\,000}{0} = \infty$$

（2）确定送风状态点 O。

根据已知条件在 h-d 图上确定室内空气状态点 N，过 N 点作 $\varepsilon = \infty$ 的直线与等相对湿度线 $\varphi = 92\%$ 曲线交于 L 点（机器露点），得 $t_L = 19.6$ ℃，$i_L = 52.4$ kJ/kg，如图 5-24 所示。

按空调精度 $\Delta t = \pm 0.5$ ℃，取送风温差 $\Delta t_O = 4$ ℃，可确定送风温度 $t_O = 25 - 4 = 21$ ℃。作 $t_O = 21$ ℃ 等温线与 $\varepsilon = \infty$ 线交点 O 即送风状态点，$i_O = 53.8$ kJ/kg。

（3）求送风量 G：

$$G = \frac{Q}{i_N - i_O} = \frac{6}{58 - 53.8} = 1.429 \text{ kg/s}$$

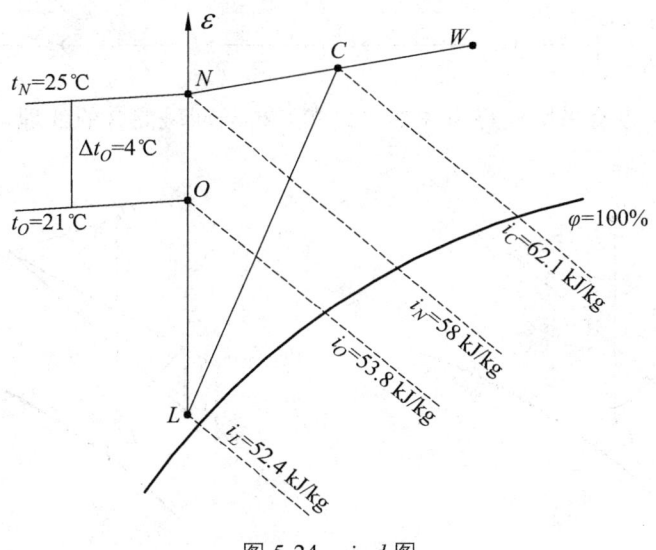

图 5-24 i-d 图

（4）确定新回风混合点 C：

根据已知新风比 15%，$\dfrac{G_W}{G}=0.15$，可知线段 $\dfrac{\overline{NC}}{\overline{NW}}=0.15$，在 i-d 图上按比例确定 C 点位置，可得 $i_C=62.1\ \text{kJ/kg}$。

（5）空调系统所需冷量：

$$Q_0=G(i_C-i_L)=1.429\times(62.1-52.4)=13.861\ \text{kW}=13\ 861\ \text{W}$$

2. 冬季处理方案

冬季处理方案 1 如图 5-25 所示。图中 O'、N、L' 等状态点的位置确定方法和全新风系统相同。采用喷循环水绝热加湿将空气处理到机器露点 L' 点，保证最小新风比的前提下，使新、回风混合后的状态点 C' 正好在 L' 的等焓线上。处理过程按这种要求来确定新回风比例和新风量。处理过程可表述如下：

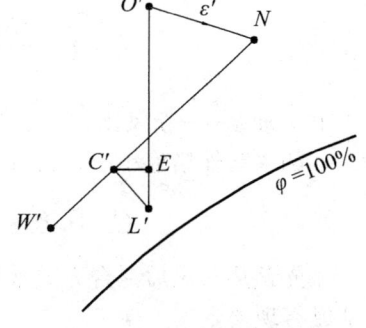

$$\begin{matrix}W'\\N\end{matrix}\Big]\xrightarrow{\text{混合}} C' \xrightarrow{\text{绝热加湿}} L' \xrightarrow{\text{等湿加热}} O' \xrightarrow{\varepsilon'} N$$

上述绝热加湿过程改成采用喷蒸汽方法，即从 C' 点等温加湿到 E 点，然后加热到 O' 点，（见图中虚线）则处理过程可表述如下：

图 5-25 冬季处理方案 1

$$\begin{matrix}W'\\N\end{matrix}\Big]\xrightarrow{\text{混合}} C' \xrightarrow{\text{等温加湿}} E \xrightarrow{\text{等湿加热}} O' \xrightarrow{\varepsilon'} N$$

当采用绝热加湿方案时，即使按照最小新风比进行新、回风混合，也存在混合点 C' 的焓值比机器露点 L' 的焓值 i_L 小的情况，处理方法是将混合后的空气状态 C' 预热到机器露点 L' 的等焓线上就可以了。冬季处理方案 2 如图 5-26 所示。

则处理过程可表述如下：

$$\begin{array}{c}W'\\N\end{array}\Big\} \xrightarrow{混合} C' \xrightarrow{等湿加热} C_1' \xrightarrow{绝热加湿} L' \xrightarrow{等湿加热} O' \xrightarrow{\varepsilon'} N$$

在实际工程上，也有采用先将新风加热，然后再与回风混合的处理。处理过程如图 5-27 所示。

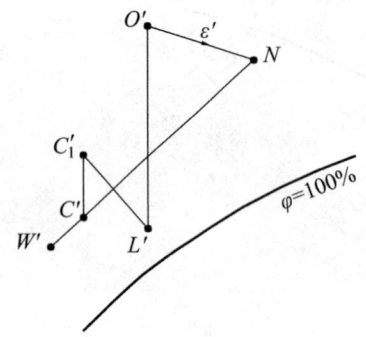
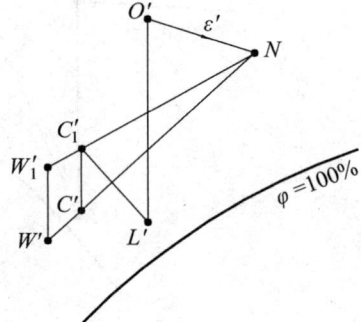

图 5-26　冬季处理方案 2　　　　　图 5-27　冬季实际处理方案

处理过程可表述如下：

$$W' \xrightarrow{等湿加热} \begin{array}{c}W_1'\\N\end{array}\Big\} \xrightarrow{混合} C_1' \xrightarrow{绝热加湿} L' \xrightarrow{等湿加热} O' \xrightarrow{\varepsilon'} N$$

W_1' 状态点为 W' 点的等含湿量线与 $\overline{NC_1'}$ 延长线的交点。则有

$$\frac{\overline{NC_1'}}{\overline{NW_1'}} = \frac{\overline{NC'}}{\overline{NW'}} = \frac{G_W}{G} = \frac{i_N - i_{C1'}}{i_N - i_{W1'}} \tag{5-18}$$

由于 $i_{L'} = i_{C1'}$，因此，式（5-18）变换可求得预热后的新风状态。

$$i_{w1}' = i_N - \frac{G(i_N - i_{L'})}{G_W} = i_N - \frac{(i_N - i_{L'})}{m\%} \tag{5-19}$$

式中　$m\%$ ——新风比。

如果室外焓值小于 $i_{W1'}$，则需要预热。预热量为

$$Q = G_W(i_{W1'} - i_{W'}) \tag{5-20}$$

先预热新风后混合方式常用于寒冷区域，避免了室外冷空气与室内回风混合后出现水气凝结成雾现象。

先加热后混合和先混合后加热，在热量消耗上是相同的。

三、二次回风空气调节系统

二次回风空调系统如图 5-28 所示。一次回风系统相对全新风系统节能，但仍需要再热器解决送风温差过大的问题，再热能耗会造成冷热量抵消。二次回风系统是在喷水室前后两次引入回风，利用回风代替再热器对空气再加热，可节省冷量和热量。

1. 夏季处理方案

二次回风系统的总回风量与一次回风系统相同，总回风量等于送风量与新风量之差即 $G_N = G - G_W$，总回风量又分为两部分，一次回风风量为 G_1，与新风在喷水室前混合。二次回风量为 G_2，与经过喷水室处理后的空气混合。

二次回风系统夏季处理过程是室外空气状态 W 与一次回风混合到 C_1 状态点，经喷水室冷却减湿到 L 状态，然后与二次回风混合，使混合后的空气状态 C_2 正好与所需要的夏季送风状态点 O 相吻合。最后，将 O 状态空气送入房间，吸收余热、余湿后，变成室内要求的空气状态 N。

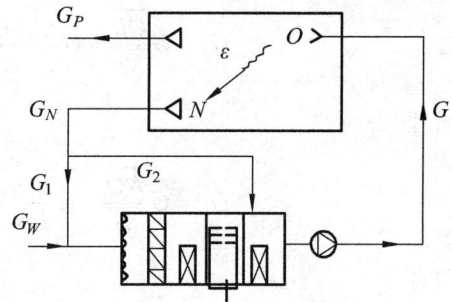

图 5-28 二次回风空调系统示意图

处理过程可表述如下：

$$\begin{matrix} W \\ N \end{matrix} \xrightarrow{混合} C_1 \xrightarrow{冷却减湿} \begin{matrix} L \\ N \end{matrix} \xrightarrow{混合} O \xrightarrow{\varepsilon} N$$

处理过程焓湿图如图 5-29 所示。

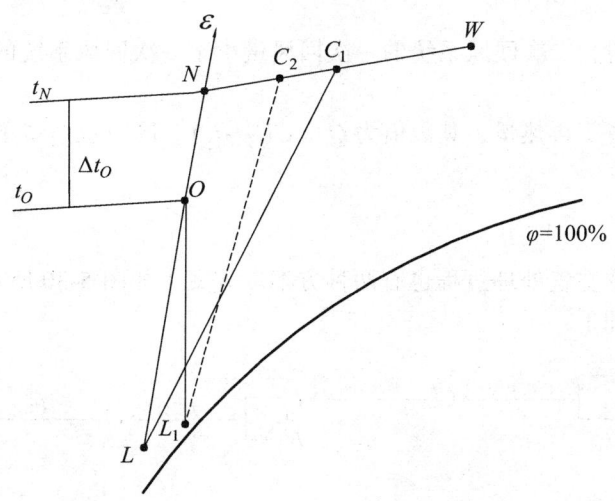

图 5-29 二次回风系统夏季处理过程

L 状态点是热湿比 ε 线与 $\varphi = 90\% \sim 95\%$ 相对湿度线的交点，根据焓湿图确定空气混合状态点的方法，可求出回风量 G_1 和 G_2。

$$\frac{G_2}{G_L} = \frac{\overline{OL}}{\overline{NO}} = \frac{i_O - i_L}{i_N - i_O} \quad (5\text{-}21)$$

$$\frac{G_2}{G} = \frac{G_2}{G_2 + G_L} = \frac{\overline{OL}}{\overline{NO} + \overline{OL}} = \frac{\overline{OL}}{\overline{NL}} = \frac{i_O - i_L}{i_N - i_L} \quad (5\text{-}22)$$

则有

$$G_2 = G\frac{\overline{OL}}{\overline{NL}} = G\frac{i_O - i_L}{i_N - i_L} \tag{5-23}$$

同理

$$G_L = G\frac{\overline{NO}}{\overline{NL}} = G\frac{i_N - i_O}{i_N - i_L} = G\frac{Q}{i_N - i_L} \tag{5-24}$$

则有

$$G_1 = G_L - G_W \tag{5-25}$$

式中　　Q——空调房间余热量，kW。

新风与回风一次混合状态点可由下列方法确定：

$$\frac{G_W}{G_1} = \frac{\overline{NC_1}}{\overline{WC_1}} = \frac{i_N - i_{C_1}}{i_{C_1} - i_W} \tag{5-26}$$

则有

$$i_{C_1} = \frac{G_1 i_N + G_W i_W}{G_1 + G_W} \tag{5-27}$$

当总回风量相同时，二次回风系统的一次回风量小于一次回风系统的回风量，所以混合点 C_1 更靠近 W 状态点。

二次回风系统节省了再热量，其数值为 $Q_1 = G(i_o - i_L)$，同时也节省了与此热量数值相等的冷量。

2．冬季处理方案

二次回风系统冬季空气处理过程也有两种方案。方案 1 如图 5-30 所示。

处理过程可表述如下：

$$\left.\begin{array}{c}W'\\N\end{array}\right\} \xrightarrow{\text{一次混合}} C' \xrightarrow{\text{绝热加湿}} L' \xrightarrow[N]{\text{二次混合}} O \xrightarrow{\text{等湿加热}} O' \xrightarrow{\varepsilon'} N$$

方案 2 如图 5-31 所示。

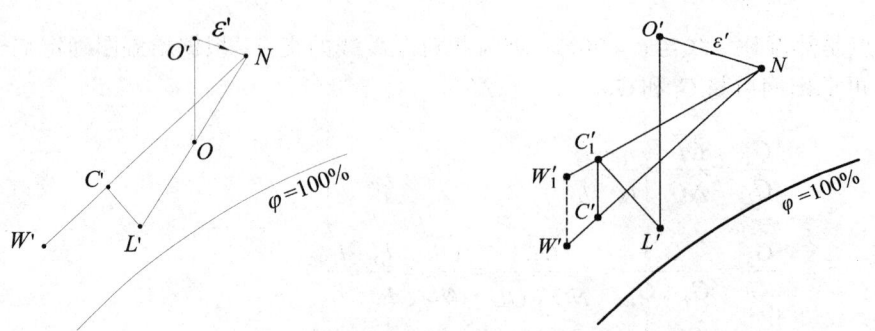

图 5-30　二次回风系统冬季处理过程方案 1　　图 5-31　二次回风系统冬季处理过程方案 2

处理过程可表述如下:

$$\left.\begin{array}{c}W'\\N\end{array}\right]\xrightarrow{\text{一次混合}}C'\xrightarrow{\text{等湿加热}}C_1'\xrightarrow{\text{绝热加湿}}\left.\begin{array}{c}L'\\N\end{array}\right]\xrightarrow{\text{二次混合}}O\xrightarrow{\text{等湿加热}}O'\xrightarrow{\varepsilon'}N$$

方案 2 还有第二种处理途径是先将新风进行预热,如图 5-31 中的虚线处理过程。该处理过程可表述如下:

$$W'\xrightarrow{\text{等湿加热}}\left.\begin{array}{c}W_1'\\N\end{array}\right]\xrightarrow{\text{一次混合}}C_1'\xrightarrow{\text{绝热加湿}}\left.\begin{array}{c}L'\\N\end{array}\right]\xrightarrow{\text{二次混合}}O\xrightarrow{\text{等湿加热}}O'\xrightarrow{\varepsilon'}N$$

综合以上集中式空调系统可知,一次回风和二次回风空调系统在空气处理、运行管理上有优势,能耗介于直流式和封闭式空调系统之间,是应用最广泛的集中式空调系统。

一次回风空调系统的优势是处理流程简单,操作管理简便;缺点是当送风温差有限制时需要再热过程,冷热量抵消,造成能源浪费。一次回风系统适用于舒适性空调。

二次回风空调系统优势是用回风二次混合替代再热过程,节省再热量,节能效果明显;缺点是空气处理过程复杂,运行管理复杂。因此,二次回风系统只用于对室内温度和湿度要求严格、送风温差小、风量大的恒温恒湿或净化空调。

知识点 3　半集中式空调系统

半集中式空调系统是发挥集中式和局部式两类空调系统的优点、克服其缺点的基础上发展起来的。它既有集中的冷热源供应系统,也有分散于各个空调区域的末端空气处理设备。该系统克服了集中式空调系统空气处理量大,设备、风管截面大、占用建筑空间大等缺点,同时具有空调房间独立调节控制的优点。半集中式系统主要有风机盘管系统、诱导器系统、辐射板系统。其中舒适性空调中应用最广泛的是风机盘管系统,本书主要介绍该系统。

风机盘管加新风空调系统属于半集中式空调系统,风机盘管直接设置在空调房间内,对室内回风进行处理;新风则由新风机组集中处理然后通过新风管送入室内。系统的冷量由空气和水共同承担,属于空气-水系统,典型风机盘管系统如图 5-32 所示。它具有投资少,使用灵活性高的优点,被广泛应用于各种建筑物空调系统中,尤其是酒店和办公类建筑。

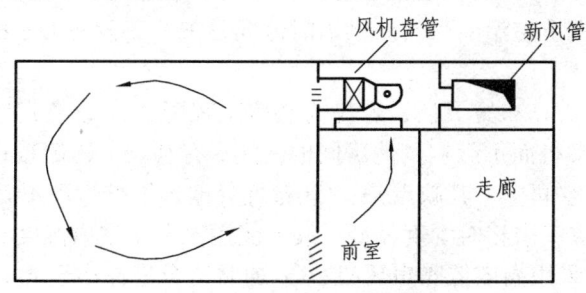

图 5-32　典型风机盘管系统

一、风机盘管构造、分类及调节

风机盘管由冷热盘管（表面式换热器）和风机（离心式或贯流式风机）组成，按结构形式分为立式、卧式和卡式等，按照安装部位可分为明装和暗装，按供回水管的方向分为左式（面对机组出风口，供回水管在左侧）、右式（面对机组出风口，供回水管在右侧）。其典型构造如图5-33所示。

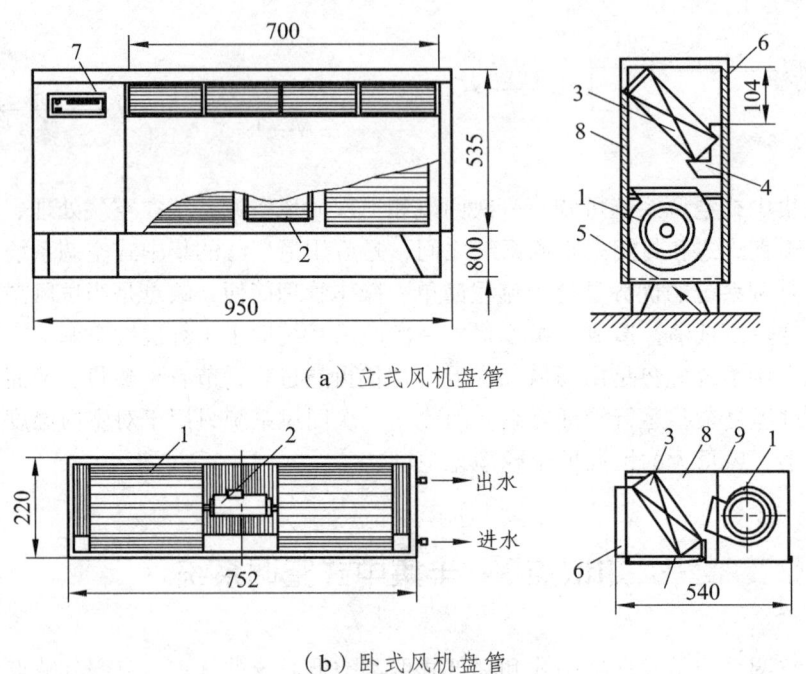

(a) 立式风机盘管

(b) 卧式风机盘管

图 5-33 风机盘管构造示意图
1—风机；2—电机；3—盘管；4—凝结水盘；5—循环风进口及过滤器；6—出风口格栅；
7—控制器；8—吸声材料；9—箱体

现场安装见图 5-34。

风机盘管的调节有两种途径，一种是水量调节，一种是风量调节。常用的是风量调节（三速开关控制）。具有水量调节的双水管风机盘管系统在盘管进水或出水管路上装有水量调节阀，并由室温控制器控制，使室内温度得以自动调节，如图 5-35 所示。它由感温元件、双位调节器和小型电动三通分流阀门所构成，在室温敏感元件作用下通过调节器控制水量阀（双位调节阀），向机组断续供水而达到调节室温的目的。供水时流向是 E—C—A—D—F，断水时流向是 E—C—B—D—F。

风机盘管的优点是：① 布置灵活，容易与装修工程配合；② 各房间可以独立调节室温，当房间无人时可方便地关机而不影响其他房间的使用，有利于节约能量；③ 房间之间空气互不串通；④ 系统占用建筑空间少。其缺点是：① 布置分散，维护管理不方便；② 当机组没有新风系统同时工作时，冬季室内相对湿度偏低，故不能用于全年室内湿度有要求的地方；③ 空气的过滤效果差；④ 必须采用高效低噪声风机；⑤ 通常适合进深小于 6 m 的房间；⑤ 水系统复杂，容易漏水；⑦ 盘管冷热兼用时，容易结垢，不易清洗。

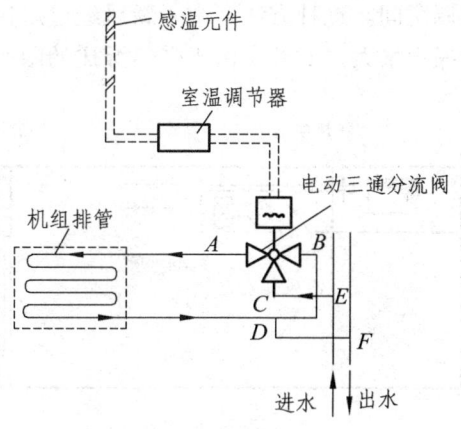

图 5-34 卧式风机盘管安装　　图 5-35 风机盘管温控示意图

二、风机盘管新风供给方式

（1）靠渗入室外空气（室内机械排风）补充新风（见图 5-36），机组基本上处理再循环空气。这种方案投资和运行费用经济，但因靠渗透补充新风，受风向、热压等影响，新风量无法控制，清洁度差，室内温湿度分布不均匀，适用于室内人少、旧建筑物增设风机盘管系统及布置新风管困难的情况。

（2）墙洞引入新风直接进入末端空气处理机组（见图 5-37），利用可调节的新风口，冬、夏按最小新风量运行，过渡季节尽量多采用新风。这种方式投资省，节约建筑空间。虽然新风得到比较好的保证，但随着新风负荷的变化，室内参数将直接受到影响，因而这种系统适用于室内参数要求不高的建筑物。而且新风口还会破坏建筑物表面，增加室内污染和噪声，所以要求高的地方也不宜采用。

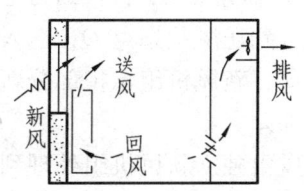
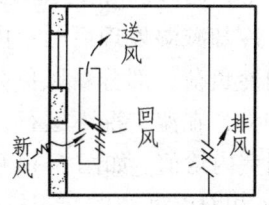

图 5-36 渗入室外空气补充新风　　图 5-37 墙洞引入新风

（3）由独立的新风系统提供新风，即把新风处理到一定的参数，由风管系统送入各个房间（见图 5-38）。这种方案既提高了系统的调节和运行的灵活性，且进入风机盘管的供水温度可适当调节，水管的结露现象可得到改善，这种系统目前被广泛采用。独立新风系统引入室内有两种方式。

① 新风管单独接入室内。如图 5-38（a）所示，这时送风口可以紧靠风机盘管的出风口，也可以不在同一地点，但从气流组织的角度来说，两者混合后再送入工作区比较好。

② 新风接入风机盘管机组。如图 5-38（b）所示，新风和回风混合，经风机盘管处理后送

入空调房间。这种方法，由于新风经过风机盘管机组，增加了机组风量的负荷，使运行费用增加和噪声增大。此外，由于受热湿比的限制，盘管只能在湿工况下运行。

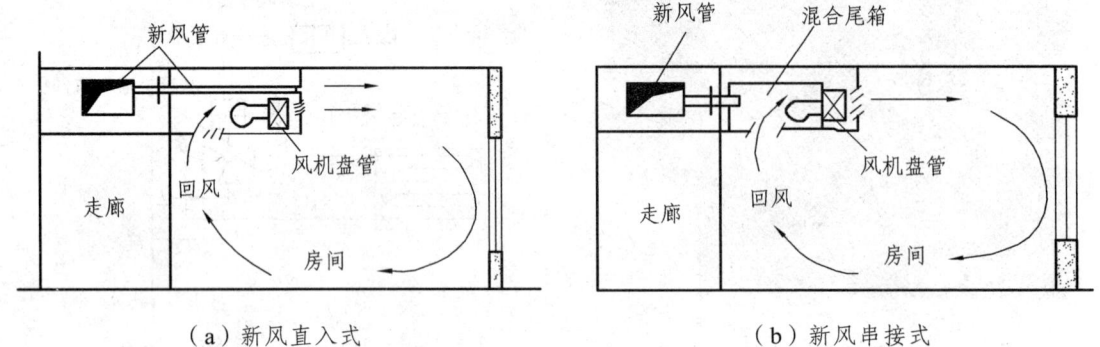

图 5-38 独立的新风系统新风引入方式

三、独立新风系统空气处理过程分析

采用独立新风的风机盘管系统新风引入有两种方式：一种是新风单独送入空调房间即新风直入式；另一种是新风接入风机盘管，新回风混合再经风机盘管处理送入空调房间即新风串接式。

1. 新风直入式

新风直入式主要有4种空气处理途径：① 新风处理到室内干球温度；② 新风处理到室内焓值；③ 新风处理到室内等含湿量线上；④ 新风处理到低于室内含湿量。常用的是处理到室内焓值。分述如下：

（1）新风处理到室内干球温度。如图 5-39 所示，新风由独立新风机组处理到室内空气温度的等温线上，与 $\varphi = 90\% \sim 95\%$ 相对湿度线的交于机器露点 L，引入到与空调房间末端空气处理设备（风机盘管）冷却减湿处理后的室内空气混合到送风状态点 O，送入室内。这种方式风机盘管机组负担室内冷负荷、部分新风负荷和湿负荷，新风机组承担部分新风负荷和湿负荷。风机盘管机组负荷较大，在湿工况下运行，卫生条件差。

（2）新风处理到室内焓值。如图 5-40 所示，新风由独立新风机组处理到室内空气的等焓线上，与 $\varphi = 90\% \sim 95\%$ 相对湿度线的交于机器露点 L，引入到与空调房间末端空气处理设备（风机盘管）冷却减湿处理后的室内空气混合到送风状态点 O，送入室内。该方式风机盘管机组承担室内冷负荷、湿负荷和部分新风湿负荷，新风机组承担新风冷负荷和部分新风湿负荷。风机盘管机组在湿工况下运行。

（3）新风处理到室内等含湿量线上。如图 5-41 所示，新风由独立新风机组处理到室内空气的等含湿量线上，与 $\varphi = 90\% \sim 95\%$ 相对湿度线的交于机器露点 L，引入到与空调房间末端空气处理设备（风机盘管）冷却减湿处理后的室内空气混合到送风状态点 O，送入室内。该方式风机盘管承担部分室内冷负荷、湿负荷，新风机组承担新风冷负荷、湿负荷及部分室内冷负荷。盘管在湿工况下运行。

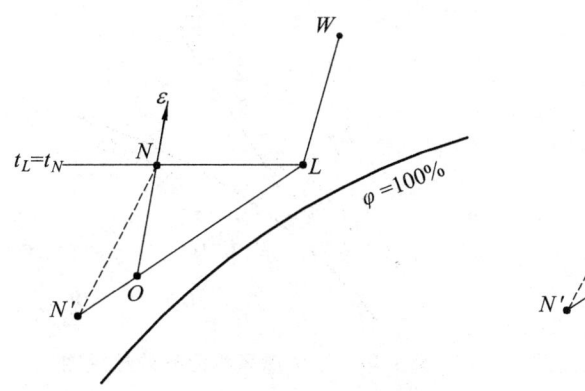
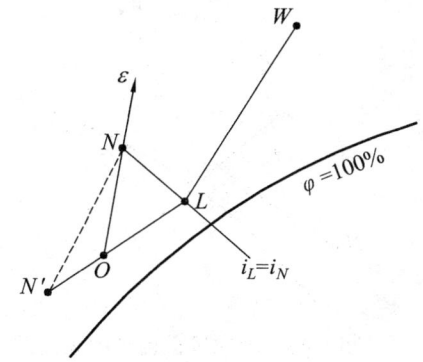

图 5-39　新风处理到室内干球温度　　图 5-40　新风处理到室内焓值

（4）新风处理到低于室内含湿量。如图 5-42 所示，新风由独立新风机组处理到室内空气的等含湿量线的左方上，与 $\varphi=90\%\sim95\%$ 相对湿度线的交于机器露点 L，引入到与空调房间末端空气处理设备（风机盘管）冷却减湿处理后的室内空气混合到送风状态点 O，送入室内。此方式风机盘管承担室内全部冷负荷，新风机组承担新风负荷和室内湿负荷。风机盘管机组负担负荷小，冷水温度较高，风机盘管在干工况下运行，卫生条件好。但新风机组要求的冷冻水温度低，新风处理焓差大，一般新风机组和表面式冷却器器难以满足，此种方式适合室内湿负荷不大场所。欧美国家使用这种处理方式较多。

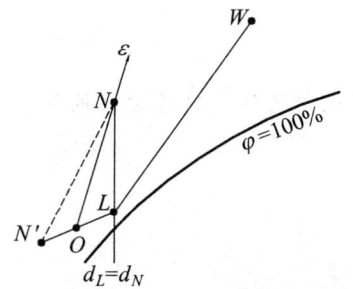
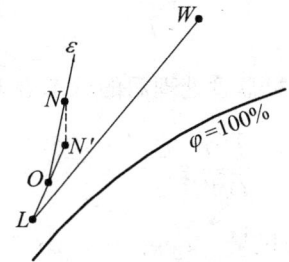

图 5-41　新风处理到室内等含湿量线上　　图 5-42　新风处理到低于室内含湿量

下面就新风直入式的新风处理到室内焓值的空气调节过程进行分析。

空气处理过程是新风直接送入室内，与经过盘管冷却减湿后的室内回风混合后达到室内送风点，如图 5-43 所示，由于风机具有温升，因此，空气处理过程描述为：

$$W \xrightarrow{冷却减湿} L \xrightarrow{风机温升} L'$$
$$N \xrightarrow{冷却减湿} N'$$
$$\xrightarrow{混合} O \xrightarrow{\varepsilon} N$$

空气处理过程分析可按下述步骤进行：

（1）根据设计条件确定室外状态点 W 和室内状态点 N。

（2）确定新风处理后的终状态 L'。

即根据室内空气等焓线、新风处理后的机器露点的相对湿度和风机的温升 Δt 来确定机器露点 L 和温升后的 L' 点。如精度要求不高的舒适性空调，也可不考虑风机温升，如图 5-44 所示。

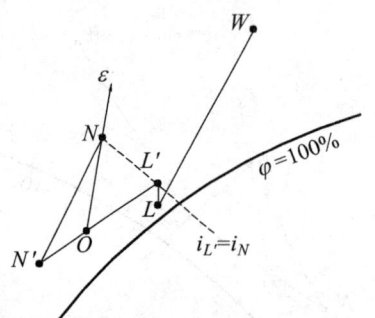 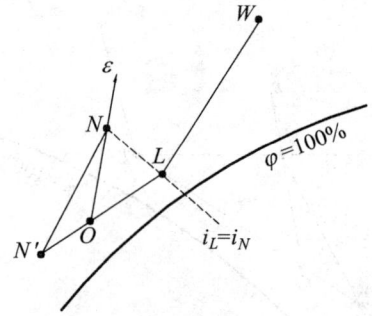

图 5-43 考虑风机温升的焓湿图　　图 5-44 不考虑风机温升的焓湿图

（3）确定送风状态点 O。

有两种考虑：一种是按照送风温差；另一种是按照机器露点送风确定。由于风机盘管系统常用于舒适性空调，对送风温差无严格限制，所以尽量使风机盘管出风口空气尽量接近机器露点，可提高风机盘管空气处理效率。

① 按机器露点送风确定方法：过室内状态点 N 作热湿比线 ε，与相对湿度 $\varphi = 90\% \sim 95\%$ 的交点即送风状态点 O。

② 按送风温差确定方法：根据选择的送风温差 Δt_o 确定送风状态点 O。

送风状态点 O 确定后，可计算空调房间的送风量 G。

$$G = \frac{Q}{i_N - i_O} \tag{5-28}$$

（4）确定风机盘管处理后的状态点 N'。确定方法是连接 $\overline{L'O}$ 并延长到 N'，使

$$\frac{\overline{L'O}}{\overline{ON'}} = \frac{G_N}{G_W}$$

式中　G_W——新风量，kg/s；

G_N——风机盘管处理的风量，kg/s，$G_N = G - G_W$。

则 N' 就是风机盘管处理空气后的状态点。

根据空气混合原理，有

$$\frac{G_W}{G_N} = \frac{\overline{ON'}}{\overline{L'O}} = \frac{i_O - i_{N'}}{i_{L'} - i_O} \tag{5-29}$$

$$\frac{G_W}{G_N} = \frac{\overline{ON'}}{\overline{L'O}} = \frac{d_O - d_{N'}}{d_{L'} - d_O} \tag{5-30}$$

根据式（5-29）和式（5-30）可得

$$i_{N'} = i_O - \frac{G_W(i_{L'} - i_O)}{G_N} \tag{5-31}$$

$$d_{N'} = d_O - \frac{G_W(d_{L'} - d_O)}{G_N} \tag{5-32}$$

（5）确定新风负担的冷量和盘管负担的冷量。
新风负担的冷量为

$$Q_O = G_W(i_W - i_L) \tag{5-33}$$

风机盘管负担的冷量为

$$Q'_O = G_N(i_N - i_{N'}) \tag{5-34}$$

2. 新风串接式

空气处理过程是新风先与室内回风混合，再经盘管冷却减湿处理到送风状态点，然后送入空调房间，如图5-45所示。由于新风经过风机盘管机组，增加机组负荷，使运行费用增加，噪声增大。新风机组和风机盘管风机具有温升，因此，空气处理过程描述为

$$W \xrightarrow{冷却减湿} L \xrightarrow{新风机温升} L' \atop N \xrightarrow{混合} C \xrightarrow{风机盘管温升} C' \xrightarrow{冷却减湿} O \xrightarrow{\varepsilon} N$$

空气处理过程分析可按下述步骤进行：
（1）根据设计条件确定室外状态点 W 和室内状态点 N。
（2）确定新风处理后的终状态 L'。即根据室内空气等焓线、新风处理后的机器露点的相对湿度和风机的温升 Δt 来确定机器露点 L 和温升后的 L' 点。如精度要求不高的舒适性空调，也可不考虑风机温升，如图5-46所示。

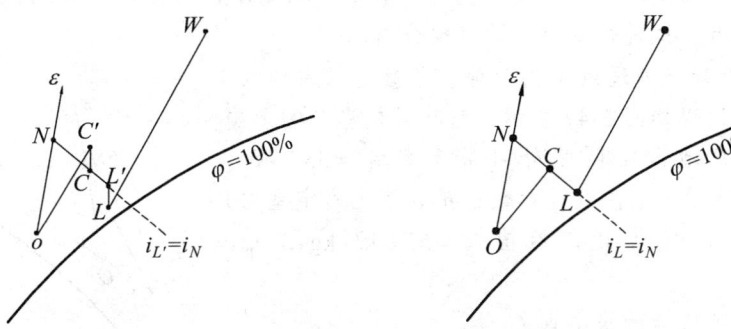

图5-45 考虑风机温升的焓湿图　　图5-46 不考虑风机温升的焓湿图

（3）确定送风状态点 O。
有两种考虑：一种是按照送风温差；另一种是按照机器露点送风确定。由于风机盘管系统常用于舒适性空调，对送风温差无严格限制，所以尽量使风机盘管出风口空气尽量接近机器露点，可提高风机盘管空气处理效率。
① 按机器露点送风确定方法：过室内状态点 N 作热湿比线 ε，与相对湿度 $\varphi = 90\% \sim 95\%$ 的交点即送风状态点 O。
② 按送风温差确定方法：根据选择的送风温差 Δt_o 确定送风状态点 O。
送风状态点 O 确定后，可计算空调房间的送风量 G。

$$G = \frac{Q}{i_N - i_O} \tag{5-35}$$

（4）确定混合状态点 C 和 C'。

$$\frac{G_W}{G} = \frac{d_C - d_N}{d_{L'} - d_N} \tag{5-36}$$

可得混合状态点 C 的含湿量 d_C 为

$$d_C = d_N + \frac{G_W(d_{L'} - d_N)}{G} = d_N + m\%(d_{L'} - d_N) \tag{5-37}$$

式中　　$m\%$——新风比。

等含湿量线 d_C 与 $\overline{NL'}$ 连线的交点即为混合状态点 C，根据温升，即可在等含湿量线 d_C 上找到 C' 状态点。

（5）确定新风负担的冷量和盘管负担的冷量。

新风负担的冷量为

$$Q_O = G_W(i_W - i_L) \tag{5-38}$$

风机盘管负担的冷量为

$$Q'_O = G(i_{C'} - i_O) \tag{5-39}$$

【例 5-4】　北京地区某舒适性空调房间采用风机盘管加独立新风系统，夏季室内设计参数为 $t_N = 25\ ℃$，$\varphi_N = 60\%$，夏季空调室内冷负荷 $Q = 0.5\ kW$，湿负荷 $W = 204\ g/h$，室内设计新风量 $G_W = 72\ kg/h$，试进行夏季空调过程分析。

【解】　本题按新风处理到室内焓值、单独进入室内的情况分析。空调处理过程如图 5-47 所示，忽略风机温升的影响。

（1）根据北京地区空调室外计算参数 $t_w = 33.2\ ℃$，$t_{sh} = 26.4\ ℃$，（查附录）室内设计参数在 h-d 图上确定室内外状态点 N 和室外状态点 W，焓值 $i_N = 55.8\ kJ/kg$，$i_W = 82.5\ kJ/kg$。

（2）确定新风处理后的状态点 L。

根据题设条件，过室内状态点 N 的等焓线与 $\varphi = 95\%$ 的等相对湿度线的交点，即为 L 点，$i_L = i_N = 55.8\ kJ/kg$。

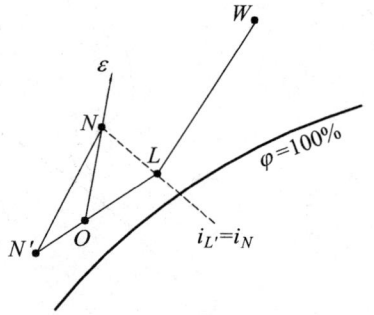

图 5-47　空调处理过程

（3）确定室内送风状态点 O。

计算热湿比 $\varepsilon = Q/W = 1\,100 \times 3\,600/204 = 19\,411\ kJ/kg$，过室内状态点 N 作 $\varepsilon = 19\,411$ 的热湿比线与相对湿度 $\varphi_n = 93\%$ 等相对湿度线相交即可确定出室内送风状态点 O，该点的焓为 $i_O = 46\ kJ/kg$。

（4）确定空调房间的送风量 G。

$$G = \frac{Q}{i_N - i_O} = \frac{1.1}{55.8 - 46} = 0.112\ kg/s$$

空气密度按照 $\rho = 1.02\ kg/m^3$ 计算，可得风量为 $404\ m^3/h$。

（5）确定风机盘管出口状态 N'。

$$G_L = G_W$$
$$G_N = G - G_W$$
$$i_L = i_N$$
$$\frac{G_L}{G_N} = \frac{G_W}{G - G_W} = \frac{\overline{ON'}}{\overline{LO}} = \frac{i_O - i_{N'}}{i_L - i_O}$$
$$i_{N'} = i_O - \frac{G_W(i_L - i_O)}{G - G_W} = 46 - \frac{72 \times (55.8 - 46)}{404 - 72} = 43.9 \text{ kJ/kg}$$

新风负担的冷量为

$$Q_O = G_W(i_W - i_L) = 72 \times \frac{82.5 - 43.9}{3\,600} = 0.534 \text{ kW}$$

风机盘管负担的冷量为

$$Q'_O = G_N(i_N - i_{N'}) = (G - G_W)(i_N - i_{N'}) = \frac{(404 - 72)(55.8 - 43.9)}{3\,600} = 1.098 \text{ kW}$$

对于独立式新风+风机盘管系统，新风机组处理的风量等于各空调房间所需新风量之和，新风机组的冷、热量的大小等于各空调房间处理新风所需冷、热量之和。

风机盘管的选择是根据风机盘管处理风量和所选风机盘管的风量选择风机盘管型号和台数。宜按中挡容量选择机组。

知识点4 空调系统消声

一、噪声来源及危害

各种不同频率和声强的声音杂乱无章地组合在一起称为噪声。它是一类引起人烦躁或音量过强而危害人体健康的声音，具有声波的一切特性。从环境保护的角度看，凡是影响人们正常学习，工作和休息的声音，凡是人们在某些场合"不需要的声音"，都统称为噪声。

空调系统的噪声来源于运动部件及气流的摩擦等。常见的噪声有空气动力噪声、机械噪声、电磁噪声，见表5-12。

表 5-12 噪声种类

噪声类型	特点
空气动力噪声	影响空调房间的主要噪声源是通风机，其产生的高速气流形成空气动力噪声。其他噪声源于冷水机组、水泵等，噪声也是很大的，但它们不与送排风系统直接连通，不会直接以空气动力噪声的形式影响空调房间
机械噪声	是由于机器设备本身或系统中物件的振动产生的，如通风机、电机等的机械振动以及其他机件运转不平衡时产生的噪声
电磁噪声	是由电机的定子与转子之间交变电磁引力、磁致伸缩引起的

噪声产生的主要危害有：① 干扰休息和睡眠、影响工作效率；② 损伤听觉、视觉器官；③ 对人体的生理产生影响。

二、噪声的表示方法

声音的大小用分贝表示，记为 dB，它是声压级单位。分贝数越大代表所发出的声音越大。分贝在计算上是每增加 10 dB，则声音大小约是原来的 10 倍。也就是说，20 dB 的声音功率是 10 dB 功率的 10 倍，30 dB 的声音功率是 20 dB 声音功率的 10 倍，以此类推。例如，1 dB 到 20 dB 表示音量增加了 100 倍。10 个声源同时发出 10 dB 的声音，那么功率是 10 dB 的 10 倍，也就是 20 dB。

例如，人耳刚刚能听到的声音是 0~10 dB，人低声耳语约为 30 dB，大声说话为 60~70 dB。分贝值在 60 以下为无害区，60~110 为过渡区，110 以上是有害区。汽车噪声为 80~100 dB，人们长期生活在 85~90 dB 的噪声环境中，就会得"噪声病"。电锯声是 110 dB，喷气式飞机的声音约为 130 dB。当声音达到 120 dB 时，人耳便感到疼痛。

三、人耳与声音频率的关系

正常的人耳能听到 20~20 000 Hz 的声音。20~20 000 Hz 的范围为人耳可听声范围。人耳可听声范围可分成 8 个或 24 个频率带，分别称为倍频程或 1/3 倍频程。

空调工程中，噪声测量控制常用倍频程和 1/3 倍频程。

目前常用的倍频程的中心频率为 31.5、63、125、250、500、1 000、2 000、4 000、8 000、和 16 000 Hz。

1/3 倍频程，就是把上述每个频程再一分为三，此时所用的中心频率为 40、50、63、80、100、125、160、200、250、320、400、500、630、800、1 000、1 250、1 600、2 000、2 500、3 200、4 000、5 000、6 300、8 000、10 000、12 500、16 000 Hz。

以此频带为横坐标，将在各频带测得的噪声标为纵坐标，即得到噪声频谱。

人类耳朵对声音的敏感度取决于声音的频率。对于 2 500~3 000 Hz 的声音，人类耳朵的反应最灵敏，而对低频率的声音，敏感度则较低。一般来说，人说话声音的频率在 65~1 100 Hz，属中频。

四、噪声的测量

声级计是噪声测量中最基本的仪器。它一般由电容式传声器、前置放大器、衰减器、放大器、频率计权网络以及有效值指示表头等组成。声级计的工作原理是由传声器将声音转换成电信号，再由前置放大器变换阻抗，使传声器与衰减器匹配。放大器将输出信号加到计权网络，对信号进行频率计权（或外接滤波器），然后再经衰减器及放大器将信号放大到一定的幅值，送到有效值检波器（或外按电平记录仪），在指示表头上给出噪声声级的数值。

根据声级计整机灵敏度区分，声级计分类有两类方法：一是普通声级计，特点是对传声器要求不太高，动态范围和频响平直范围较狭，一般不配置带通滤波器相联用；二是精密声级计，其传声器要求频响宽，灵敏度高，长期稳定性好，且能与各种带通滤波器配合使用，放大器输出可直接和电平记录器、录音机相连接，可将噪声信号显示或储存起来。如将精密声级计的传声器取下，换以输入转换器并接加速度计就成为振动计可作振动测量。

五、空调系统消声措施

（1）空调通风系统中的通风机（空调器、送风机、回风机、排风机）、制冷机、锅炉、水泵、冷却塔及整体式空调机等，运行时的噪声相当大，对环境干扰也大，重点考虑这些设备的隔振消声。

（2）设计时必须与建筑工种紧密配合，将噪声源相对集中的机房布置在建筑物合理的位置，尽量远离使用要求安静的功能房间，注意机房相关的进风口、排风口的布置，避免串声引起的噪声污染。

（3）对噪声源相对集中的机房，设计好隔声隔振及围护结构的吸声，对隔墙、楼板及门窗进行隔声隔振的综合治理，孔洞与缝隙等用弹性密封材料填充密实对隔声也是很重要的措施。

（4）注意系统的划分与设备的选型。系统风量不能过大，作用半径不宜太长；风机选型优先考虑高效低噪风机，尽可能采用叶片后倾式离心风机，同时余压值不宜过大。

（5）风道风速不宜过大，否则会造成风道内风噪和振动的加剧，从而使消声器消声量减少。

（6）风机进、出口管道不宜急剧转弯，而且进出口必须做柔性接头隔振，管道支、吊架应采用弹簧或橡胶减振垫。

（7）消声器应根据房间允许的噪声标准，通过科学的消声计算进行选择，计算出各频率应消除的噪声量，主要消除 125、250、500 Hz 的噪声，可选用低、中频效果好的抗性或共振消声器，同时必须控制进入消声器的风速应小于 6 m/s。风口消声器和消声百叶窗等也必须根据各自的使用环境选择合适的产品。

（8）空调水系统也必须在设备安装上做好减振措施。例如，减振基础和减振器；水泵的吸入和出水管上装设隔振软管；管道支吊架及穿墙、楼板处填塞隔声减振材料；减少管路水流速度；减少管路的突变与转弯等。

六、空调系统常用消声器

1. 消声器的类型

消声器是安装在空气动力设备（如鼓风机、空压机）的气流通道上或进、排气系统中的降低噪声的装置。消声器能够阻挡声波的传播，允许气流通过，是控制噪声的有效工具。根据消声原理可分为阻性、抗性、共振性和复合型等，见表5-13。

表 5-13 消声器按消声原理分类

类 型	特 点	图 例	应 用
阻性消声器（吸收式消声器）	利用吸声材料的吸声作用，使沿通道传播的噪声不断被吸收而衰减。对中高频消声效果好、对低频消声效果较差。常用：管式、片式、格式、折板式、声流式、室式和迷宫式	 折板式阻性消声器  蜂窝式阻性消声器  管式阻性消声器  片式阻性消声器	管式适用：较小的风道，直径一般≤300 mm。片式和格式适用：断面风道
抗性消声器（膨胀性消声器）	利用管道内截面的突变，使沿管道传播的声波向声源方向反射回去，而起到消声作用	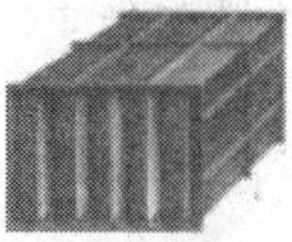	适用于消除中、低频噪声
宽频带复合型消声器	将阻性与抗性或共振消声原理组合设计在同一个消声器内，具有较宽的消声特性。广泛应用于空调系统的噪声控制		空调系统的噪声控制

除消声器外，还有一些其他形式的消声装置，见表 5-14。

表 5-14 其他形式的消声装置

类 型	特 点	图 例	应 用
消声风管	消声腔内填塞厚度为 50 mm 左右的离心玻璃棉，外覆玻璃布及 4 mm 左右孔径多孔板，龙骨为镀锌板		
消声弯头	消声腔内填塞厚度为 50 mm 左右的离心玻璃棉，外覆玻璃布及 4 mm 孔径多孔板，龙骨为镀锌板。内有导流片	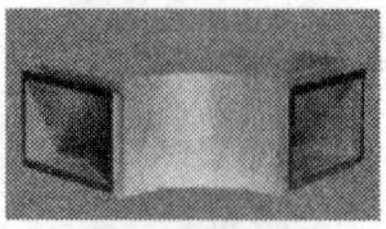	
消声百叶	百叶片内填塞离心玻璃棉，背面覆玻璃布及 4 mm 孔径多孔板，正面覆镀锌板		

2. 消声器的选择与设置

消声器的选择主要考虑消声性能、阻力损失、造价、适用范围等。它宜设置在靠近通风机侧气流稳定的管段上,且不宜设在空调机房内。无论是送风和回风管道,均应设置性能和数量相同的消声器。

3. 消声器的安装

（1）接口要牢靠。消声器往往安装在设备或管道上,消声器与设备或管道的连接一定要牢靠,重量大的消声器应支撑在专门的承重架上,若管道为支撑架,必须注意支撑的强度和刚度。

（2）在消声器前后加接变径管。对于风机消声器,为减小机械振动对消声器的影响,消声器不应与风机接口直接连接,而应加设中间管道。一般情况下,该中间管道长度应为风机接口直径的 3~4 倍。当选用的消声器的接口尺寸与风机接口不同时,可以在消声器前后加接变径管。消声器接口尺寸应大于风机接口尺寸。

（3）应防止其他噪声传入消声器的后端。消声器的机壳或管道辐射的噪声可能传入消声器后端,致使消声效果下降,必要时,可在消声器外壳或部分管道上做隔声处理。消声器法兰和风机法兰连接处应加弹性垫并注意密封,以免漏声、漏气,同时也能减少刚性连接的振动传声。在通风空调系统中,消声器应尽量安装于靠近使用房间的地方。

（4）消声器片间流速应适当。风机消声器片间平均流速可认为与风机管道流速相等。用于民用建筑,消声器片间流速通常取 3~12 m/s,工业方面,消声器片间流速通常取 12~25 m/s,最大不得超过 30 m/s。

知识点 5　空调系统减振

通风空调系统均配置各类运转设备,如风机、水泵、冷水机组等。由于其旋转部件的材质、加工及装配等原因,使质量分布不均匀,且转动中心之间存在着偏心,在做旋转运动时将产生振动,该振动又传至支承结构（楼板或基础）或管道,引起后者振动。这些振动将影响人体健康,影响产品质量,有时还会破坏支承结构。所以运转设备应采取减振措施,目的是消除振动对人体健康及产品质量的影响。一般方法是在设备与支承结构或管道间振动加装弹性构件。

隔振材料种类很多,如软木、玻璃纤维板、毛毡、橡胶、金属弹簧等。在空调工程中,最为常用的隔振材料是橡胶及金属弹簧,或两者合成的隔振装置。常用减振装置有弹簧减振器、橡胶减振器、橡胶减振垫、减振软管,见表 5-15。

表 5-15　减振装置

序号	名称	实物图	特点
1	弹簧减振器		由单个或数个相同尺寸的弹簧和铸铁（或塑料）护罩所组成。固有频率低、静态压缩量大,承载力高,低频振动的隔振效果好。能抗油、水的侵蚀,而且不受温度的影响,使用年限长。缺点是阻尼比小,容易传递高频振动,并在运转启动时转速通过共振频率会产生共振。水平方向的稳定性较差。弹簧减振器与橡胶组合起来使用,减振效果会更好

续表

序号	名称	实物图	特点
2	橡胶减振器		采用经硫化处理的耐油丁腈橡胶，作为它的隔振弹性体，并黏结在内外金属环上受剪切力的作用，因此，全称橡胶剪切隔振器。 特点是自振频率低，仅次于金属弹簧。并有足够的阻尼，隔振效果良好，安装和更换方便，且价格低廉。但有使用多年后易老化的缺点，应定期检查更换
3	橡胶减振垫		是一种简便、经济的减振方法。橡胶隔振垫有单向单面和双面开肋、双向双面开肋等形式。结构简单、安装简便、隔振效果好。但由于橡胶剪切受压，在长期荷载作用下，容易产生疲劳而缩短使用年限
4	减振软管（软接头）		各种动力泵连接管道也是一种振动源，为防止管道的固体振动传声，必须在管道上装置隔振软管。目前常用的隔振软管有橡胶软接管和不锈钢波纹软管两种类型。橡胶软接管具有很好的减振效果，缺点是受介质温度、压力的限制，同时不耐腐蚀

习 题

1. 为什么根据送风温差确定送风量后，还要根据空调精度校核换气次数？
2. 空气热湿处理设备有哪些分类？
3. 什么情况下加热器采用串联？什么情况下采用并联？
4. 表面式冷却器处理空气能实现哪些过程？
5. 喷水室处理空气能实现哪些过程？
6. 对 $t=10\ ℃$，$t_{sh}=5\ ℃$ 的室外空气用循环水喷雾，开始时水池中是 $20\ ℃$ 自来水，试问最终水温会变成多少？
7. 用 i-d 图表示表面式冷却器处理空气的过程。
8. 用 i-d 图表示电加热器处理空气的过程。
9. 按照空气处理设备的设置情况，空气调节系统可分为哪几类？各类的特点是什么？
10. 按照负担室内负荷所用的介质种类，空气调节系统可分为哪几类？各类的特点是什么？
11. 按照所处理空气的来源，普通集中式空气调节系统可分为哪几类？各类的特点是什么？

12. 试绘出一次回风空调系统的简图及夏季工况空气处理过程的 $i\text{-}d$ 图，并简单介绍其处理过程。

13. 什么是二次回风空调系统？试绘出二次回风空调系统的简图及夏季工况、冬季工况的空气处理过程的 $i\text{-}d$ 图。

14. 同样条件下，二次回风系统是否比一次回风系统节能？

15. 普通集中式空调系统的划分原则是什么？

16. 风机盘管空调系统有哪几种新风供给方式？

模块 6　中央空调风系统

风道是空气输配系统的主要组成部分之一，其作用是输送、分配空气，形成合理的气流组织，同时还可兼顾防排烟。

对于集中式、半集中式空调系统，风道的尺寸对建筑空间的使用有很大的影响，同时风道内风速的大小及风道的敷设也会影响电力消耗、噪声水平。

在保证风量分配的前提下，合理布置风道的位置，并且计算风道的截面尺寸和系统阻力，为选择风机提供理论依据，使系统的初投资和运行费用最少，是空调风系统设计的核心内容。空调风系统示意图如图 6-1 所示。

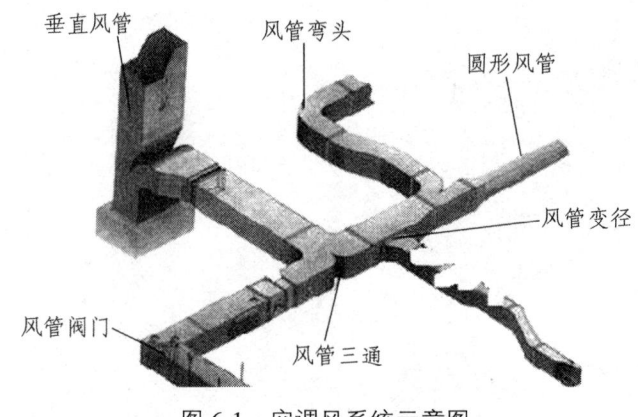

图 6-1　空调风系统示意图

项目 1　空调风系统组成

空调风管系统主要由送风机、回风机、风道系统、风口、风量调节阀、防火阀、排烟阀、消声器、减振器等部件组成。

知识点 1　风机

风机是依靠输入的机械能，提高气体压力并排送气体的机械，它是一种从动的流体机械。风机是我国对气体压缩和气体输送机械的习惯简称。

根据风机的工作原理，通常把风机分为叶片式风机、容积式风机和其他类型的风机。

（1）叶片式风机是由装在主轴上的叶轮产生旋转作用对流体做功，从而使流体获得能量。根据流体的流动情况又分为离心式、轴流式、贯流式三种。

（2）容积式风机是靠机械运转时，内部的工作容积不断变化对流体做功，从而使流体获得能量。改变工作容积有往复式和回转式两种，风机中的罗茨鼓风机即属于容积式风机。

（3）除叶片式和容积式以外的风机可列为其他类型，如引射器等。

空调风系统中常用的风机是离心式风机、轴流式风机以及贯流式风机。离心式风机风压高，风量可调节，噪声较低，可实现空气的远距离输送，一般用于中央空调系统送风、新风引入等，如图 6-2（a）所示。轴流式风机风压较低，风量较大，噪声较大，可实现空气短距离的直线输送，一般用于冷凝器散热、冷却塔散热、排风等，如图 6-2（b）所示。贯流式风机风压小，风量较小，噪声小，可实现宽扁型气流的输送，一般用于风机盘管、风幕机、家用空调蒸发器等设备的送风和吸风，如图 6-2（c）所示。

  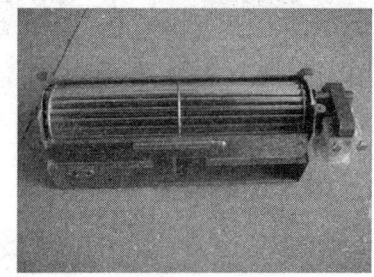

（a）离心式风机　　　　　　（b）轴流式风机　　　　　　（c）贯流式风机

图 6-2　常用风机

风机的选型主要根据流量、压头来选择，同时满足安装、噪声等其他要求。一般先选形式，如离心还是轴流；再根据流量、压头、是否要切割叶片、电机选择多大；最后校核噪声等其他要求。

知识点 2　风管

一、风管形式

风管的形式主要有圆形和矩形两种。两者相比，在相同断面积时圆形风管的阻力小、材料省，强度也大；圆形风管直径较小时比较容易制造，保温也方便。但是圆形风管管件的放样、制作比矩形风管困难，布置时不易与建筑、结构配合，明装时不易布置得美观，如图 6-3 所示。

当风管中流速较高，风管直径较小时（如高速空调系统）宜采用圆形风管。当风管断面尺寸大时，为了充分利用建筑空间，通常采用矩形风管。一般民用建筑空调风系统都采用矩形风管，如图 6-4 所示。采用矩形风管时，长、短边之比宜小于 4。考虑到最大限度地利用板材，加强建筑安装的工厂化生产，在设计、施工中应尽量按表 5-13 和表 5-14 统一规格选用通风管道。当然风管还有许多的特殊形式如变径管、弯头、三通等风管部件，如图 6-5 所示。

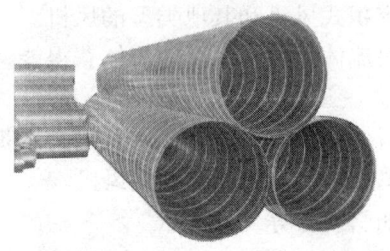
图 6-3 圆形风管

图 6-4 矩形风管

（a）变径管

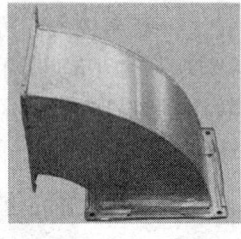
（b）风管弯头

（c）风管三通

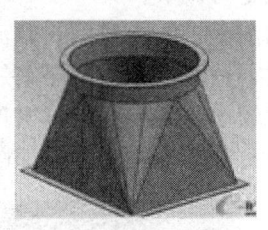
（d）天圆地方

图 6-5 风管部件

二、风管的常用材料

风管材料要求坚固耐用、表面光滑、防腐性能好、易于加工制造和安装以及内表面不产生脱落。应根据使用要求和就地取材的原则选用。

薄钢板是最常用的材料，有普通薄钢板和镀锌薄钢板两种。它们的优点是易于工业化加工制作，安装方便，能承受较高温度。镀锌钢板具有一定的防腐性能，适用于空气湿度较高或室内潮湿的通风、空调系统，有净化要求的空调系统。一般通风系统采用厚度为 0.5～1.5 mm 的钢板。

硬聚氯乙烯塑料板适用于有腐蚀作用的通风、空调系统。其表面光滑，制作方便，这种材料不耐高温，也不耐寒，只适用于 -10～+60 ℃，在辐射热作用下容易脆裂。

以砖、混凝土等材料制作风管，主要用于需要与建筑、结构配合的场合。它节省钢材，结合装饰，经久耐用，但阻力较大。在体育馆、影剧院等公共建筑的空调工程中，常利用建筑空间组合成通风管道。这种管道的断面较大，使之降低流速，减小阻力；还可以在风管内壁衬贴吸声材料，降低噪声。

三、风管的保温

保温的作用是减少管道能量损失，防止管道表面产生结露现象，保证进入空调房间的空气参数达到设定值。常用保温层结构组成（由里向外）：防腐层、保温层、防潮层、保护层，见表 6-1。

模块 6　中央空调风系统

表 6-1　风管保温层结构

保温层结构	常用材料	作　用
防腐层	防腐漆	风管的防腐、防锈
保温层	阻燃性聚苯乙烯或玻璃纤维板、独立气泡聚乙烯泡沫塑料板等	减少风管输送冷（热）风时的能量损失
防潮层	沥青胶、中碱玻璃布、刷防水涂料的玻璃丝布	防止外界水蒸气侵入保温层，使保温层保持良好的保温效果
保护层	薄铝片	保护防潮层、保温层的完好

知识点 3　风口

风口一般安装在空调系统的风管上。风口的主要作用有：① 将空调风管内经过处理后的空气按设计要求引入空调房间；② 将空调房间内的空气引回空调系统进行再处理；③ 从室外引入新风；④ 进行空调区的排风排烟。风口按用途可分为送风口、回风口、新风口、排风口、排烟风口等。

一、送风口的形式

常用的送风口有侧送风口（见表 6-2）、散流器（见表 6-3）、孔板（见表 6-4）等。

表 6-2　侧送风口形式

常用风口形式	实物图	适用场合	常用风口形式	实物图	适用场合
单层百叶式		一般空调工程	双层百叶式		较高精度空调工程
格栅式		一般空调工程	条形风口		可作为风机盘管、诱导器的出风口，适用一般精度的民用建筑空调工程

表 6-3　散流器形式

常用风口形式	实物图	适用场合	常用风口形式	实物图	适用场合
方形散流器		用于高度较低空调房间的空气平送	圆形散流器		用于较大面积空调房间的空气平送

表 6-4　其他送风口形式

常用风口形式	实物图	适用场合	常用风口形式	实物图	适用场合
孔板送风口		用于大面积的室内送风，精度要求高	球形风口		适用于大型体育馆、车站等高大建筑的空调工程
旋流风口		适用于电子计算机房			

二、回风口的形式

回风口附近气流速度衰减很快，对室内气流组织的影响很小，因而构造简单，类型也不多。最简单的是矩形网式回风口、篦板式回风口。此外，如格栅、百叶风口、条缝风口等，均可当回风口用。在空调工程中，风口宜进行风量调节，若风口上无调节装置时，则应在支风管上加以考虑，见表 6-5。

表 6-5　回风口形式

常用风口形式	实物图	适用场合	常用风口形式	实物图	适用场合
百叶窗式		一般空调工程	网格式		用于净化程度要求较高的空调工程
格栅式		一般空调工程	条形风口		一般空调工程

注：① 新风口形式与回风口形式相类似；② 喷口送风是将送、回风口布置在同侧，上送下回，空气以较高的速度、较大的风量集中由少数几个喷口射出，射流行至一定路程后折回，使工作区处于回流之中。

知识点 4　风管附件

空调系统常用的风管附件有风量调节阀、方圆罩、泡棉过滤网、尼龙过滤网、铝合金初效过滤网、袋式中效过滤器等。空调工程常用风管附件的特点及图示见表 6-6。

表 6-6　常用风管附件形式

常用附件形式	实物图	特点	常用附件形式	实物图	适用场合
风量调节阀		叶片为人字形开启方法，采用联杆传动，可调整为全开、半开或全闭状态	方圆罩		圆颈凸起部分高 15 cm 左右，便于与软管连接

续表

常用附件形式	实物图	特点	常用附件形式	实物图	适用场合
泡棉过滤网		属初效滤网，安装在风口后面	尼龙过滤网		属初效滤网，安装在风口后面
铝合金初效过滤网		属初效滤网，安装在风口后面	袋式中效过滤器		安装在风口后面。阻率低，容尘量大，效率稳定，耐高温

注：风管附件的规格应配合风管和风口尺寸。

知识点 5　风阀

空调系统常用的风阀有手动多叶对开调节阀、电动多叶对开调节阀、矩形单叶调节阀、圆形单叶调节阀、矩形止回阀、圆形止回阀等。空调工程常用风阀的特点及图示见表 6-7。

表 6-7　常用风阀形式

常用附件形式	实物图	特点	常用附件形式	实物图	适用场合
手动多叶对开调节阀		可直接安装在风管上，调节室内风量，使用方便、灵巧	电动多叶对开调节阀		可直接安装在风管上，电动式调节室内风量
矩形单叶调节阀		可直接安装在风管，调节风量，结构灵巧，使用方便	圆形单叶调节阀		可直接安装在风管上，根据风管内风压自动开启或关闭
矩形止回阀		可直接安装在风管上，根据风管内风压自动开启或关闭	圆形止回阀		可直接安装在风管上，调节风量，结构灵巧，使用方便

项目 2　空气调节的气流组织

所谓气流组织，就是在空调房间内合理布置送风口和回风口，对室内空气的流动形态和分布进行合理组织，使得经过净化和热湿处理的空气，由送风口送入室内后，在扩散与混合的过程中，均匀地消除室内余热和余湿，以满足空气调节房间对空气温度、湿度、流速、洁净度以及舒适感等方面的要求。影响气流组织的因素主要有：① 送风口和回风口的位置、形式、大小；

② 送入空调房间内气流的流态和运动参数（如送风温差与送风速度等）；③ 空调房间的形式和大小等。气流组织的主要任务如下：

（1）选择气流组织形式，确定送风口形式、数量和尺寸。

（2）计算工作区的风速和温差，使其在规定的范围内。

（3）考虑到高速气流通过风口所产生的噪声，在噪声要求高的房间内对送风口出流速度予以限制。

知识点 1　空调工程常用气流组织形式

常见的送风形式有侧送风、散流器送风、条缝送风、喷口送风、孔板送风等。

（1）侧送风：侧板送风是目前常用的气流组织形式。风道位于房间上部，沿墙敷设，在风道的一侧或两侧开送风口。可以上送风，上回风；也可以上送风，下回风。其特点是风口应贴顶布置，形成贴附式射流，回风区进行热交换。回风口设在送风口的同侧，风速为 2~5 m/s。冬季送热风时，调节百叶窗使气流向斜下方射出。

（2）散流器送风：散流器送风可以平送和侧送。它也是在空气回流区进行热交换。射流和回流流程较短，通常沿顶棚形成贴附式射流时效果较好。它适用于设置顶棚的房间。

（3）条缝送风：通过条缝形送风口进行送风，其射程较短。温差和速度变化较快，适用于散热量较大只求降温的房间，如纺织厂、高级公共民用建筑等都有采用条缝送风。

（4）喷口送风：经热、湿处理的空气由房间一侧的多个喷口高速喷出，经过一定的距离后返回，工作区处于回流过程中。这种送风方式风速高，射程远，速度、温度衰减缓慢，温度分布均匀，适用于大型体育馆、礼堂、剧院及高大空间等公共建筑中。

（5）孔板送风：利用顶棚上面的空间作为静压箱。在压力的作用下，空气通过金属板上的小孔进入室内。回风口设在房间下部。孔板送风时，射流的扩散及室内空气混合速度较快，因此，工作区内空气温度和流速都比较稳定，适用于对区域温差和工作区风速要求严格，室温允许波动较小的场合。

房间内合理的气流组织取决于送、回风口形式及风口位置，常用的气流组织形式可分为侧送侧回、上送下回、中送上下回、上送上回、下送上回等形式。

一、侧送侧回

侧送侧回是空调工程中最常用的一种气流组织方式。送风口和回风口均布置在房间的侧墙上。空气侧送风口宜贴顶布置形成贴附射流，工作区为回流，回风口宜设在送风的同侧。送风出口风速一般为 2~5 m/s，送风口位置高时取较大值。

根据房间跨度大小，可以布置成单侧送单侧回（见图 6-6）和双侧送双侧回（见图 6-7）。

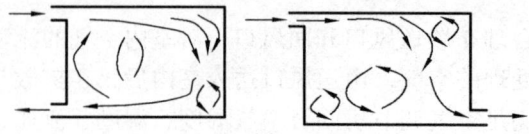

图 6-6　单侧送单侧回

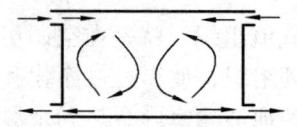

图 6-7　双侧送双侧回

二、上送下回

孔板送风和散流器送风是常见的上送下回形式,如图 6-8 所示。这种方式可以形成平行流流型、涡流少,断面速度场均匀。对于温湿度要求精度高的房间,特别是洁净度要求很高的房间,上送下回是理想的气流组织形式。

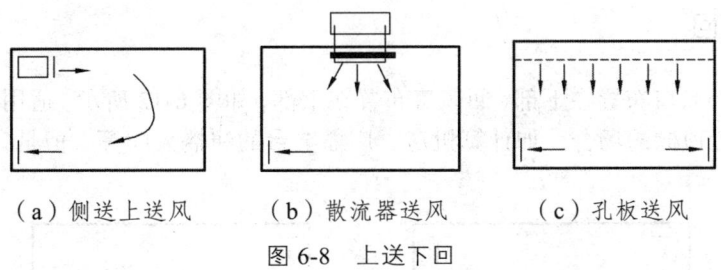

(a) 侧送上送风　　(b) 散流器送风　　(c) 孔板送风

图 6-8　上送下回

三、中送风

对于高大房间来说,送风量往往很大,房间上部和下部的温差也比较大,因此将房间下部视为工作区,上部视为非工作区。采用中部送风,下部的上部同时排风,形成两个气流区,保证下部工作区达到空调设计要求,而上部气流区负担排走非空调区的余热量,如图 6-9 所示。为及时排走上部非空调区的余热,可在顶部设置排风装置,如图 6-10 所示。

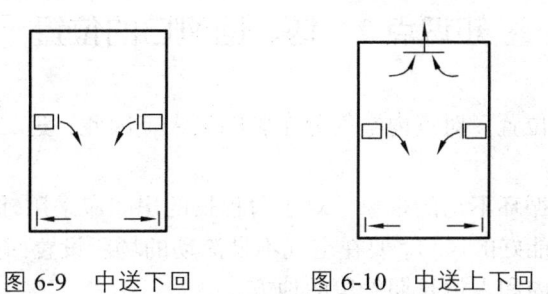

图 6-9　中送下回　　　图 6-10　中送上下回

四、上送上回

这种气流组织形式是将送风口和回风口布置在房间上部。对于不能在房间下部布置回风口的场合是相当合适的,但应注意气流短路现象的发生,如图 6-11 所示。

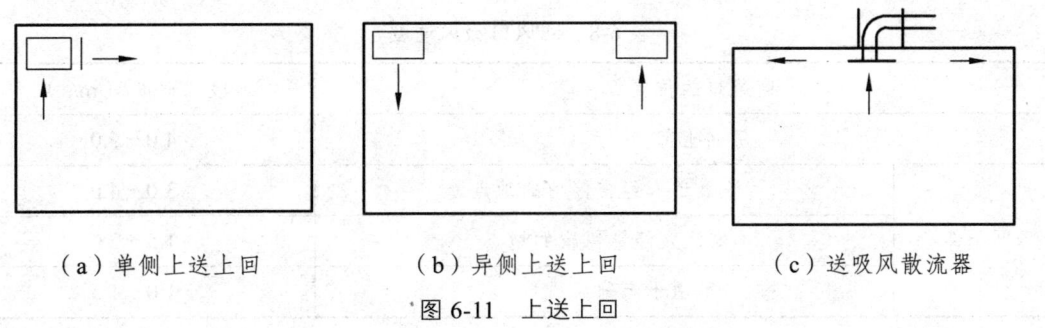

(a) 单侧上送上回　　(b) 异侧上送上回　　(c) 送吸风散流器

图 6-11　上送上回

送回两用散流器的上部设有小静压箱，分别与送风道和回风道相连接。送风射流沿顶部形成贴附射流，工作区为回流，回风则由散流器上的中心管排出。散流器送风一般需设置吊顶或技术夹层。与侧送相比，这种方式投资较高，顶棚上风道布置较复杂。散流器平送宜对称布置，其轴线与侧墙距离不小于1 m为宜，散流器出口风速为2～5 m/s。

五、下送上回

这种形式的送风口布置在下部，回风口布置在上部，如图6-12所示。适用于室内余热量大，特别是热源又靠近顶棚的场合，如计算机房、广播电台的演播大厅等。但是，下部送风温差不能太大。

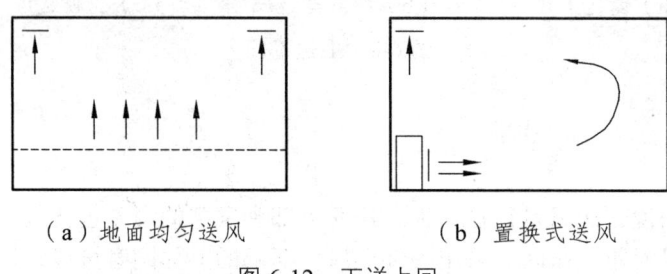

（a）地面均匀送风　　　　（b）置换式送风

图6-12　下送上回

知识点2　送、回风口的位置

送风口和回风口的位置，对室内空气分布影响最大，因此，送、回风口位置布置应注意以下两点：

（1）室内空气没有循环不均的现象。对于射程长的房间应采用轴向型的送风口，对于射程短的房间可采用扩散性能好的风口，要在空气不易流动的场所设置回风口，避免室内形成死区。回风口不应设在射流区内和人员长期停留的地方。

（2）送风气流不易形成短路。当送风口与回风口位置靠近时，送风气流在室内没有充分扩散和融合就被回风口吸入，形成短路。因此，送、回风口的距离应尽量增大或让其处于不同的平面上。采用侧送时，回风口宜设在送风口同侧；采用孔板或散流器下送时，回风口宜设在下部；当室内温湿度精度不高且室内参数相同或相近的系统可采用走廊回风；采用顶棚回风时，回风口与照明灯具可结合成一个整体。回风口的吸风速度可选择表6-8中的推荐值。

表6-8　回风口吸风速度

回风口的位置		吸风速度/（m/s）
房间上部		4.0～5.0
房间下部	不靠近人经常停留的地点	3.0～4.0
	靠近人经常停留的地点	1.5～2.0
	用于走廊回风口	1.0～1.5

知识点3 侧送和散流器送风方式的确定

一、侧送方式

侧送是最常用的一种送风方式,一般为贴附射流流型,工作区通常为回流。侧送贴附射流流型如图 6-13 所示。

气流组织的计算步骤如下:

(1)选定送风口形式,确定紊流系数,布置送风口,确定射程 x(即要求的贴附射流长度,其射程一般指沿送风方向的房间长度减 0.5~1 m)。

(2)选取送风温差,计算送风量和换气次数。送风温差和换气次数与室温允许波动范围有关。

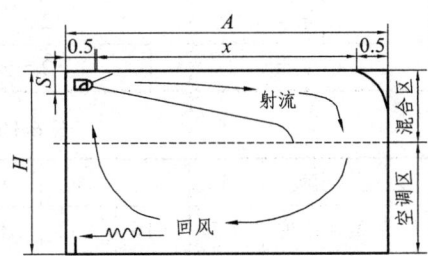

图 6-13 侧送贴附射流流型图

$$L = \frac{Q}{\rho C_p \Delta t_0} \tag{6-1}$$

式中 L——空调房间总送风量,m^3;

ρ——空气密度,一般舒适性空调可取 $\rho = 1.2\ m^3/kg$;

C_p——空气的比热容,可取 $1.01\ kJ/(kg \cdot K)$;

Δt_0——选取的送风温差。

根据空调房间温度的精度要求 Δt_x,求出 $\Delta t_x / \Delta t_0$,根据图 6-14 非等温受限射流轴心温差衰减曲线,可查得 x/d_0 的值。

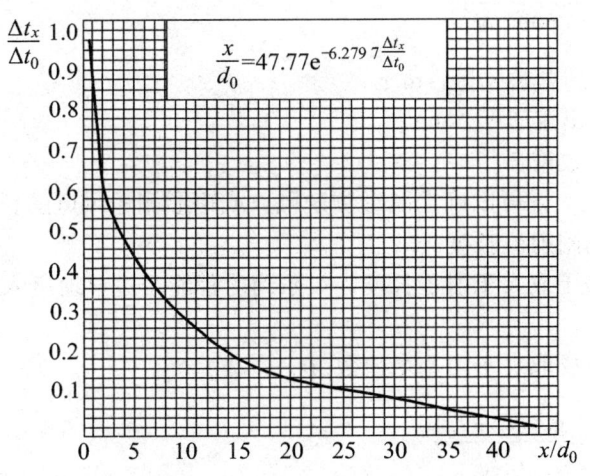

图 6-14 非等温受限射流轴心温差衰减曲线

(3)确定送风口的送风速度 v_0(参照表 6-9 和表 6-10 选择)。

表 6-9 侧送风口最大送风速度　　　　　　　　　　　　　　　单位：m/s

建筑物类别	最大送风速度	建筑物类别	最大送风速度
广播室	1.5~2.5	电影院	5~6
住宅、公寓	2.5~3.8	一般办公室	5~6
饭店客房	2.5~3.8	个人办公室	2.5~4.0
会堂	2.5~3.8	商店	5~7.5
剧场	2.5~3.8	医院病房	2.5~4.0

表 6-10 推荐的侧送风口送风速度　　　　　　　　　　　　　单位：m/s

射流自由度	5	6	7	8	9	10	11	12	13	15	20	25	30
最大允许速度	1.8	2.16	2.52	2.88	3.24	3.6	3.96	4.32	4.68	5.4	9.2	9	10.8
推荐速度	2.0					3.5					5.0		

（4）空调房间侧送风口数量 N 的确定。

$$N = \frac{H \times B}{F_a} \quad (6\text{-}2)$$

式中　F_a——垂直于单股射流的房间横截面积，m²；
　　　H——空调房间的高度，m；
　　　B——空调房间的宽度，m。

（5）送风口尺寸的确定。

先计算每个风口面积 f：

$$f = \frac{L}{3\,600 v_0 N} \quad (6\text{-}3)$$

式中　L——空调房间的总送风量，m³；
　　　v_0——送风口的出流速度，m/s；
　　　N——侧送风口数量。

根据每个风口面积 f 就可以确定圆形侧送风口或矩形侧送风口的长和宽。

（6）校核侧送的贴附射流长度。

贴附的射流长度等于或大于射程长度，关系到射程能否过早地进入工作区，因此需要对贴附长度进行校核。

射流的贴附长度主要取决于阿基米德数 Ar。

$$Ar = \frac{g d_0 (T_0 - T_n)}{v_0^2 T_n} \quad (6\text{-}4)$$

式中　T_0——射流出口温度，K；
　　　T_n——房间空气温度，K；
　　　g——重力加速度，m/s²；

d_0——送风口直径或当量直径，m。

根据相对射程和阿基米德数 Ar 关系曲线图（见图 6-15），可查出贴附长度 x，如果 x 大于或等于射程长度，即认为满足要求，否则需要重新设计。

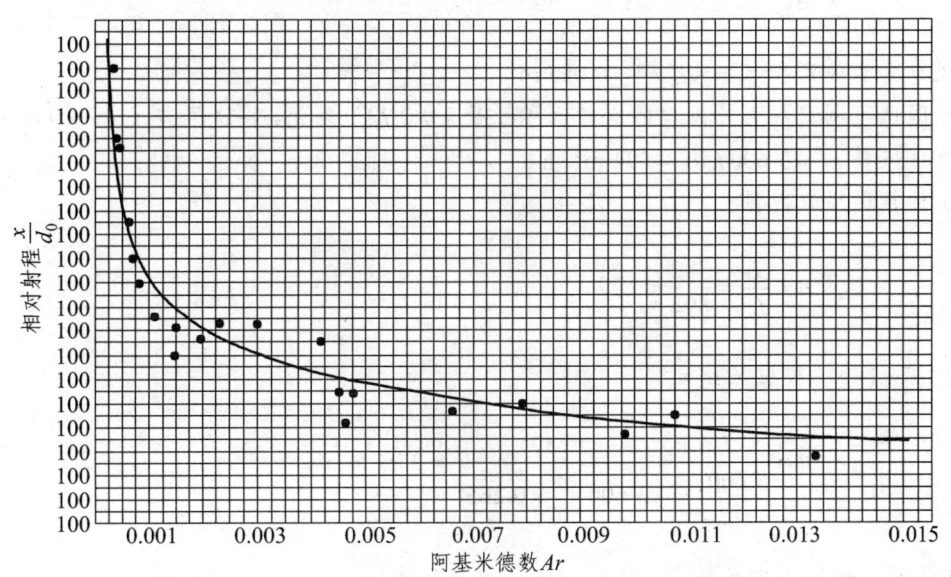

图 6-15　相对射程 $\dfrac{x}{d_o}$ 和阿基米德数 Ar 关系曲线

（7）校核房间高度。

为保证工作区处于回流状态不受射流影响，需要有一定的射流混合高度。因此，空调房间的最小高度 H 为

$$H = h + s + 0.07x + 0.3 \tag{6-5}$$

式中　h——空调区高度，一般取 $h = 2$ m；

　　　s——送风口底边至顶棚的距离，m；

　　　$0.07x$——射流向下扩展的距离，取扩散角 $\theta = 4°$，则 $\tan 4° = 0.07$；

　　　0.3——安全系数。

校核准则：如果房间大于或等于 H，即认为满足要求，否则要调整设计。

【例 6-1】　某房间尺寸 $A = 5.5$ m，$B = 3.6$ m，$H = 3.2$ m，室内的显热冷负荷 $Q_X = 5\,690$ kJ/h，室温要求 26 ± 1 ℃，采用侧送风，计算侧送风口尺寸和计算送风参数。

【解】　（1）选取送风温差 $\Delta t = 6$ ℃，确定总送风量 L。

$$L = \frac{Q_X}{\rho c_p \Delta t_0} = \frac{5\,690}{1.2 \times 1.01 \times 6} = 782 \text{ m}^3/\text{h}$$

（2）根据已知条件，$\Delta t_x = 1$ ℃，查图 6-14 可得，$x/d_0 = 17$，于是

$$\frac{\Delta t_x}{\Delta t} = \frac{1}{6} = 0.167$$

（3）取 $u_0 = 3 \text{ m/s}$，计算每个送风口送风量 L_o：

$$\frac{x}{d_0} = 17 \Rightarrow d_0 = \frac{x}{17} = \frac{5.5-1}{17} = \frac{4.5}{17} = 0.265 \text{ m}$$

送风口的有效面积 $f_0 = \pi d_0^2 / 4 = 0.055 \text{ m}^2$。

对于国产可调双层百叶风口的有效面积系数 $k = 0.72$，因此，得送风口尺寸 $110 \times 700 \text{ mm}^2$。

计算送风量 $L_0 = 3\,600 f_0 u_0 = 594 \text{ m}^3/\text{h}$。

（4）计算送风口数量：

$$n = \frac{L}{L_0} = \frac{782}{594} = 1.32$$

取整 $N = 1$ 个，校核风速 u。

$$u = \frac{L}{3\,600 f_0} = \frac{782}{3\,600 \times \frac{\pi}{4} \times 0.265^2} = 3.94 \text{ m/s}$$

u 在推荐风速范围内可行。

二、散流器送风方式

散流器送风有平送和下送（需要保持单向流流型的洁净要求时采用）两种流型。工程上布置散流器时，一般根据空调房间面积大小和室内所要求的参数，选择散流器个数。布置方式一般按对称或梅花形布置，如图 6-16 所示。

这里按照舒适性空调常用的散流器平送方式来讲述散流器方式的确定方法，如图 6-17 所示。计算步骤如下：

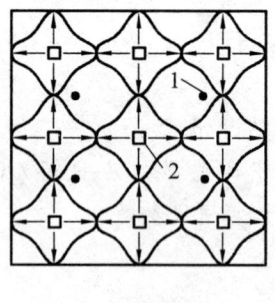
（a）对称型

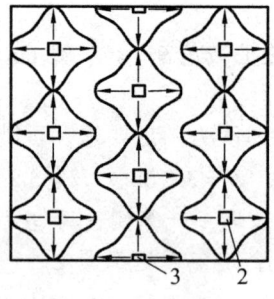
（b）梅花型

图 6-16 散流器布置方式

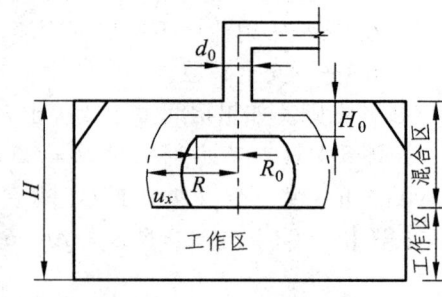

图 6-17 散流器平送流型示意图

（1）按照空调房间（或分区）的尺寸布置散流器，计算每个散流器的送风量。

（2）初选散流器，按表 6-11 选择合适的散流器喉部风速 v_0，层高较低或要求噪声较低时，应选择低风速；反之，选高风速。

表 6-11 散流器喉部最大送风速度　　　　　　　　单位：m/s

建筑物类别	允许噪声/dB	吊顶高度/m			
		3	4	5	6
广播室	32	3.9	4.15	4.25	4.35
住宅、剧场、手术室	33～39	4.35	4.65	4.85	5.00
公寓、旅馆大堂、办公室	40～46	5.15	5.4	5.75	5.85
餐厅、商店	47～53	6.15	6.65	7.00	7.15
公共建筑物	54～60	6.5	6.8	7.10	7.50

（3）确定风速后，进一步选定散流器规格。选定散流器后可算出实际的喉部风速 v_s，散流器实际出口面积约为喉部面积的 90%。

$$v_s = \frac{v_0}{0.9} \tag{6-6}$$

（4）计算射程，即散流器中心到风速衰减为 $v_x = 0.5 \text{ m/s}$ 处的距离 x。

$$x = \frac{K v_s A^{\frac{1}{2}}}{v_x} x_0 \tag{6-7}$$

式中　K——送风口常数，多层锥面散流器为 1.4，盘式散流器为 1.1；
　　　A——散流器有效流通面积，m^2；
　　　x_0——平均射流原点与散流器中心的距离，多层锥面散流器取 0.07 m。

（5）计算工作区平均风速 v_m。

$$v_m = \frac{0.381 x}{\sqrt{\left(\dfrac{L^2}{4} + H^2\right)}} \tag{6-8}$$

式中　L——散流器服务区边长，单位 m，当两个方向长度不等时，可取平均值；
　　　H——房间净高，m；
　　　x——射程，m。

式（6-8）是等温射流的计算公式，送冷风时，增加 20%；送热风时，减少 20%。
校核准则：若 v_m 满足工作区风速要求，则认为设计合理；若 v_m 不满足工作区风速要求，则需要重新布置散流器，重新计算。

【例 6-2】　某平面尺寸为 15 m×15 m 的空调房间，净高 3.5 m，送风量 1.62 m³/s，试计算散流器规格和数量。

【解】　（1）布置散流器，采用对称型布置，根据房间大小，拟布置 9 个散流器，每个散流器承担 5 m×5 m 的送风区域。

（2）初选散流器，如果按照 5 m/s 选择风口，根据每个风口风量和选定的颈部风速，可计算出颈部面积 =（1.62÷9）÷5 = 0.04 m²。

散流器的实际出风面积约为颈部面积的 90%，则实际出口面积 $A = 0.04 \times 90\% = 0.036 \text{ m}^2$。散流器的出口风速 $u_o = 5/90\% = 5.55 \text{ m/s}$。

（3）根据下列公式求射流末端速度为 0.5 m/s 处的射程：

$$x = \frac{Ku_s A^{\frac{1}{2}}}{u_x} - x_0 = \frac{1.4 \times 5.55 \times (0.036)^2}{0.5} - 0.07 = 2.88 \text{ m}$$

（4）校核工作区的平均速度 u_m：

$$u_m = \frac{0.381x}{(L^2/4 + H^2)^{1/2}} = \frac{0.381 \times 2.88}{(5^2/4 + 3 \cdot 5^2)^{1/2}} \text{ m/s} = 0.255 \text{ m/s}$$

送冷风时，增加 20%，室内平均风速为 0.31 m/s；送热风时，减少 20%，室内平均风速为 0.20 m/s。

项目 3　空调风系统的确定

知识点 1　空调风系统的确定方法

空调风系统首先要确定各送（回）风点的位置及其风量、管道系统、相关设备的布置、风管材料。然后通过风管系统的水力计算确定各管段的管径（或断面尺寸）和压力损失，保证系统内达到要求的风量分配，并为风机选择和施工图提供依据。有时是在风机的风量和风压确定的条件下来确定风管的管径或截面尺寸。

空调风系统的确定原则，可以从系统划分和风管布置两方面来探讨。

一、系统划分

由于建筑物内不同地点有不同的送、排风要求，或面积较大、送排风点较多，无论是通风还是空调，都需要分别设置系统。通风系统的划分应该根据建筑物的性质、使用特点、负荷变化、参数要求等，通过技术经济比较确定。应本着运行维护方便、经济可靠为主要原则，通常系统既不宜过大，也不宜过小、过细。系统划分的原则是：

（1）空气处理要求相同、室内参数要求相同的，可划为同一系统。
（2）对下列情况应单独设置排风系统：
① 两种或两种以上的有害物质混合后能引起燃烧或爆炸。
② 两种有害物质混合后能形成毒害更大或腐蚀性的混合物或化合物。
③ 两种有害物质混合后易使蒸汽凝结并积聚粉尘。
④ 放散剧毒物质的房间和设备。
⑤ 储存易燃易爆物质的单独房间或有防火防爆要求的单独房间。
（3）如排风量大的排风点位于风机附近，不宜和远处排风量小的排风点共用系统。

二、风管的布置

风管布置直接关系到通风、空调系统的总体布置，它与工艺、土建、电气、给排水等专业关系密切，应相互配合、协调一致。

（1）风管布置应尽量缩短管线，减少分支管线，避免复杂的局部构件，以节省材料和减小系统阻力。要便于施工和检修，恰当处理与空调水、消防水管道系统及其他管道系统在布置上可能遇到的矛盾。图6-18中（a）和（b）为相同房间、相同送风口的两种风管布置形式。对比可知，（a）比（b）的管线要长，分支管线和局部构件也较多，因此，（b）优于（a）。

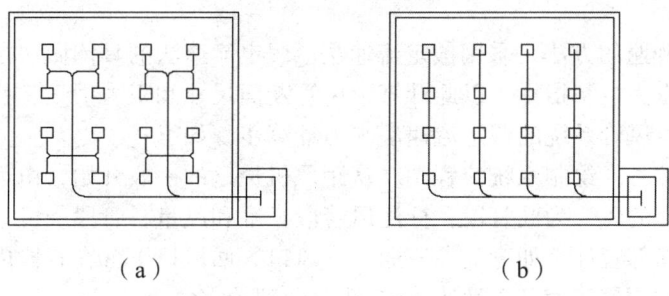

图6-18 风管布置形式对比图

（2）通风系统应优先考虑使用圆形风管（因为在流量和风速一定的条件下，圆形风管的材料消耗和阻力最小）。当空间不允许或美观上有要求时，可以考虑采用矩形风道，在矩形风道中尽可能地选用正方形管道（因为在流量和风速一定的条件下，正方形风管的材料消耗和阻力比矩形的小），当安装高度有限制时才采用矩形管道。

（3）风管上应设置必要的调节和测量装置（如阀门、压力表、温度计、风量测定孔和采样孔等）或预留安装测量装置的接口。调节和测量装置应设在便于操作和观察的地点。

（4）根据需要，风管可以采用明装和暗装。暗装不影响美观，但是投资较高。

（5）与风机或振动设备连接的管道，应装设如帆布、橡胶制作的软接头，以减少风机或振动设备对管道的影响。

（6）风管系统应设消声装置。

（7）风管不宜穿过防火墙和变形缝。如必须穿过时，应在穿过防火墙处设防火阀；穿过变形缝处，应在两侧设防火阀。防火阀应既可手动又能自控。穿过防火墙、变形缝的风管两侧各2 m范围内的风管保温材料，必须采用非燃烧材料。

（8）主机房必须维持一定的正压。主机房与其他房间、走廊间的压差不应小于4.9 Pa，与室外静压差不应小于9.8 Pa。

（9）主机房的空调送风系统，应设初效、中效两级空气过滤器，中效空气过滤器计数效率应大于80%，末级过滤装置宜设在正压端或送风口。

（10）主机房在冬季需送冷风时，可取室外新风作冷源。

（11）特殊要求房间的压力要求按实际要求确定。

（12）除考虑送风和回风，还必须考虑排风的要求。在卫生条件要求较低的建筑中，可以采用自然排风。但这种方式不稳定，易受干扰，有时会发生倒灌现象，也不能防火。在卫生标准要求较高的高层住宅、宾馆客房、高级写字间等，通常在每一卫生间均装设排风扇和防火阀，通过风道排到屋顶，在屋顶设一台引风机，排风扇与引风机连锁，只要有一台排风扇开启，引风机就启动。很多时候都是采用混合排风，即在每一卫生间均装设排风扇和防火阀，通过风道排到排风竖井，然后通过自然排风。

风管系统水力计算方法有很多，如假定流速法、压损平均法（当量阻力法）、静压复得法等。假定流速法是先选定风管的流速，再根据风管的风量确定风管的断面尺寸和阻力，在工程上应用较多。压损平均法是在已知总作用压头的情况下将总压头按干管长度平均分配给各部分，再根据各部分的风量和分配到的作用压头，计算管道断面尺寸，适用于风机压头已定，以及进行分支管路压损平衡等场合。静压复得法是用管段内静压和动压的相互转换，由风管每一分支处复得的静压来克服该管段的阻力，根据这一原则确定风管的断面尺寸。高速空调系统采用该方法较多。

水力计算较为普遍的方法是采用假定流速法。假定流速法的具体做法是以风管内空气流速和需要通过的风量作为控制指标，以此计算出风管断面尺寸和阻力损失，然后再对各环路阻力损失进行平衡调整。风管系统的假定流速法水力计算步骤如下：

（1）系统管段编号。绘制系统流程图，从距风机最远的一段开始，由远而近顺序编号，通常以风量和风速不变的风管为同管段，标注风管段长度和风量，管段长度一般按照两个管件的中心线长度计算，局部管件（如弯头、三通、送风口、回风口）含在管段内。

（2）选择合理的空气流速。参照表6-12选取合理的空气流速。

表6-12 空调系统中空气流速选用表　　　　　　　　　　　　　　单位：m/s

部位	低速风管						高速风管	
	推荐风速			最大风速			推荐	最大
	居住	公共	工业	居住	公共	工业	一般建筑	
新风入口	2.5	2.5	2.5	4.0	4.5	6	3	5
风机入口	3.5	4.0	5.0	4.5	5.0	7.0	8.5	16.5
风机出口	5~8	6.5~10	8~12	8.5	7.5~11	8.5~14	12.5	25
主风管	3.5~4.5	5~6.5	6~9	4~5	5.5~8	6.5~11	12.5	30
水平支风管	3.0	3.0~4.5	4~5	3.5~4	4~6.5	5~9	10	22.5
垂直支风管	2.5	3.0~3.5	4.0	3.25~4	4~6	5~8	10	22.5
送风口	1~2	1.5~3.5	3~4	2~3	3~5	3~5	4	-

（3）根据各风道的风量和选择的流速，计算各管段的断面尺寸，并符合规格化的通风管道统一规格，见表6-13和表6-14。

表6-13 钢板圆形风管常用规格

ϕ100	ϕ120	ϕ140	ϕ160	ϕ700	ϕ800	ϕ900	ϕ1 000
ϕ180	ϕ200	ϕ220	ϕ250	ϕ1 120	ϕ1 250	ϕ1 400	ϕ1 600
ϕ280	ϕ320	ϕ360	ϕ400	ϕ1 800	ϕ2 000		
ϕ450	ϕ500	ϕ560	ϕ630				

表 6-14 钢板矩形风管常用规格

120×120	160×120	160×160	200×120	800×320	800×400	800×500	800×630
200×160	200×200	250×120	250×160	800×800	1 000×320	1 000×400	1 000×500
250×200	250×250	320×160	320×200	1 000×630	1 000×800	1 000×1 000	1 250×400
320×250	320×320	400×200	400×250	1 250×500	1 250×630	1 250×800	1 250×1 000
400×320	400×400	500×200	500×250	1 600×500	1 600×630	1 600×800	1 600×1 000
500×320	500×400	500×500	630×250	1 600×1 250	2 000×800	2 000×1 000	2 000×1 250
630×320	630×400	630×500	630×630				

（4）选择最不利环路（即阻力最大的环路）进行管道压力损失计算（包括沿程阻力和局部阻力）。

风管内的空气流动阻力形式有两种：一种是摩擦阻力，是由于空气本身的黏滞性及其与管壁之间的摩擦而产生的阻力，也称为沿程阻力，克服摩擦阻力而引起的能量损失称为摩擦阻力损失或沿程阻力损失；另一种是局部阻力，是空气流经风管系统中的管件或设备，由于流速大小、方向变化或产生了涡旋而造成集中的能量损失，克服局部阻力而引起的能量损失称为局部阻力损失或局部压力损失。风管内的空气流动的总阻力就是沿程阻力损失和局部阻力损失之和。

$$\Delta P = \sum(\Delta P_\mathrm{m} + \Delta P_\mathrm{j}) \tag{6-9}$$

式中　ΔP_m——风管内的沿程阻力损失，Pa；

ΔP_j——风管内的局部阻力损失，Pa。

① 摩擦阻力。

摩擦阻力的计算可采用公式法、查表法、查线算图法等，分述如下：

方法一：公式法计算摩擦压力损失：

$$\Delta P_\mathrm{m} = \lambda \frac{l}{4R_\mathrm{s}} \frac{\rho v^2}{2} \tag{6-10}$$

式中　ΔP_m——摩擦压力损失，Pa；

λ——摩擦阻力系数，摩擦阻力系数 λ 与风管管壁的粗糙度和管内空气的流动状态有关。

在空调与通风系统中，薄钢板风管的空气流动状态大多数属于紊流光滑区到粗糙区之间的过渡区。高速风管的流动状态也处于过渡区。只有流速很高表面粗糙的砖、混凝土风管流动状态才属于粗糙区。计算过渡区的阻力系数公式很多，适用范围广泛的公式如下：

$$\frac{1}{\sqrt{\lambda}} = 2\lg\left(\frac{K}{3.71D} + \frac{2.51}{Re\sqrt{\lambda}}\right) \tag{6-11}$$

式中　λ——摩擦阻力系数与风管内表面的粗糙度 K 和风管内空气流动状态有关，见表 6-15；

K——风管表面的当量绝对粗糙度，mm；

Re——雷诺数；

D——管内径，m。

表 6-15 各种材质风管的摩擦阻力系数

管道材料	λ	管道材料	λ
薄钢板管和光滑水泥管	0.1~0.2	水泥胶砂抹的管道	0.05~0.1
污秽钢管	0.75~0.9	混凝土涵管	0.045~0.2
橡皮软管	0.01~0.03	水泥胶砂砖砌管	0.045~0.2
胶合板管	0.06~0.08	木管	0.09~0.1

R_s——风管的水力半径,m;水力半径的定义为管道中充满流体部分的横截面积(通风管道即风管横截面积)与湿周长(通风管道即风管周长)之比,则有圆形风管 $R_s = \dfrac{D}{4}$,D 为风管直径,矩形风管 $R_s = \dfrac{a \times b}{2(a+b)}$,$a$、$b$ 为矩形风管的边长,m;

l——管段长度,m;

v——流体在管段内的流速(查表确定),m/s;

ρ——流体(空气)密度,kg/m³。

单位长度管道的摩擦压力损失 R_m 为

$$R_m = \frac{\Delta P_m}{l} \tag{6-12}$$

式中 R_m——单位长度管道的摩擦压力损失。

方法二:查表或查图计算通风管道单位长度摩擦阻力。

在通风管道的设计中,为简化计算过程,根据公式绘制成线算图或计算表。线算图和计算表的编制条件是在大气压力为标准大气压,温度为 20 ℃,相对湿度为 60% 的标准空气,密度为 1.2 kg/m³,运动黏度为 15.06×10⁻⁶ m²/s,管壁粗糙度 $K=0.15$ mm。因此,只要知道风量、管径、比摩阻、流速四个参数中的任意两个,即可确定其余参数。当使用条件不符合时,需要进行修正,如图 6-19 所示。

当风道内表面绝对粗糙度、温度、空气密度、大气压力等参数与制图条件不符,则必须对比摩阻进行修正。

a. 绝对粗糙度的修正系数。

$$R'_m = \varepsilon_K R_m \tag{6-13}$$

式中 R'_m——实际使用条件下的单位长度摩擦阻力,Pa/m;

R_m——从线算图或表中查得单位长度摩擦阻力,Pa/m;

ε_K——绝对粗糙度修正系数。

$$\varepsilon_K = (Kv)^{0.25} \tag{6-14}$$

式中 v——管内空气流速,m/s;

K——材料粗糙度,查表 6-16。

也可查出粗糙度 K 值,然后查图 6-20 可直接得出 ε_K,不需进行计算也可。

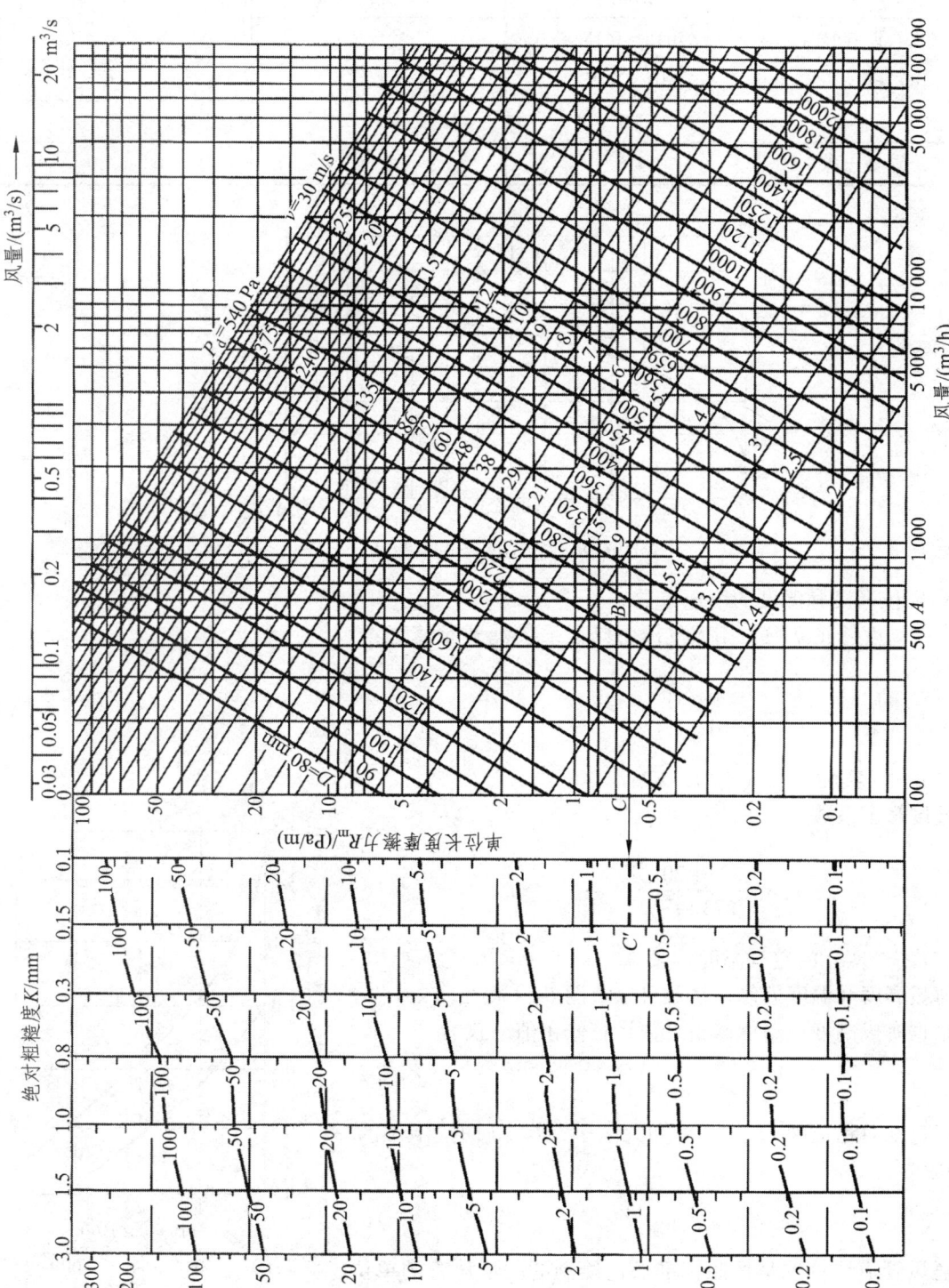

图 6-19 圆形通风管道单位长度摩擦阻力线算图

表 6-16 各种材料的粗糙度 K

管道材料	K/mm	管道材料	K/mm
薄钢板和镀锌钢管	0.15~0.18	胶合板	1.0
塑料板	0.01~0.05	砖管道	3~6
矿渣石膏板	1.0	混凝土管道	1~3
矿渣混凝土板	1.5	木板	0.2~1.0

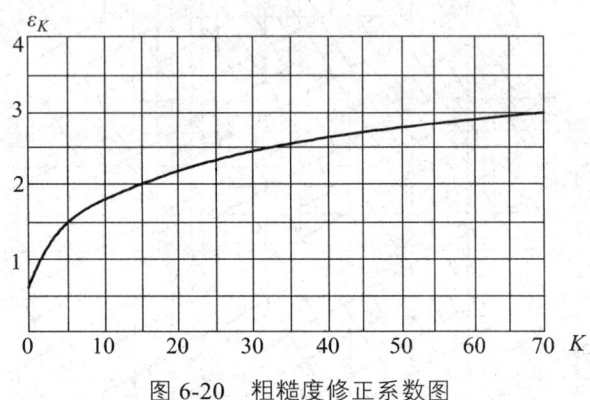

图 6-20 粗糙度修正系数图

b. 海拔高度和温度的修正系数。

海拔高度修正系数：用大气压力修正系数 ε_B 进行修正：

$$\varepsilon_B = \left(\frac{B}{101.3}\right)^{0.9} \tag{6-15}$$

式中 B——实际的大气压力，kPa。

温度修正系数：

$$\varepsilon_t = \left(\frac{273+20}{273+t'}\right)^{0.825} \tag{6-16}$$

式中 t'——实际的空气温度，℃。

海拔高度和温度的修正系数可以查图 6-21 得出。

根据海拔高度和温度修正系数计算修正值公式为

$$R'_m = \varepsilon_t \varepsilon_B R_m \tag{6-17}$$

经过绝对粗糙度、海拔高度和大气压力修正后的实际比摩阻 R'_m 应为

$$R'_m = \varepsilon_K \varepsilon_t \varepsilon_B R_m \tag{6-18}$$

通风管道线算图是按照标准条件绘制的圆形风管的单位比摩阻线算图，如果是矩形风管，则需要将矩形风管折算成当量的圆风管，再利用线算图来查相关参数。矩形风管当量直径

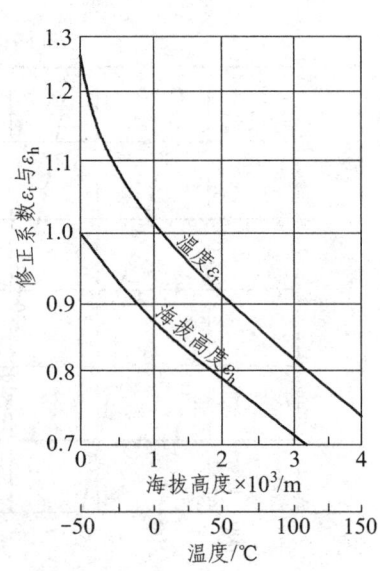

图 6-21 温度和海拔高度修正系数图

有两种,一种是流速当量直径,另一种是流量当量直径。

(a)流速当量直径。如果某圆形风管中的空气流速与矩形风管的空气流速相等,而且两风管的比摩阻 R_m 值相等,则此时圆形风管的直径就称为矩形风管。根据比摩阻公式可知,如果流速相等,比摩阻相等,显然,风管的水力半径必然相等,则有流速当量直径 D_v 如下:

设圆形风管水力半径为 R'_s,矩形风管水力半径为 R''_s,则有

$$R'_s = R''_s$$

即

$$\frac{D}{4} = \frac{ab}{2(a+b)}$$

$$D_v = D = \frac{2ab}{(a+b)} \tag{6-19}$$

式中　D_v——流速当量直径,mm;
　　　a——矩形风管的长边,mm;
　　　b——矩形风管的短边,mm。

(b)流量当量直径。如某一圆形风管中的空气流量与矩形风管中的空气流量相等,且单位长度摩擦阻力相等,则该圆形风管的直径称为矩形风管的流量当量直径 D_L 表示。

设圆形风管和矩形风管流量均为 L,则有

圆形风管:

$$L = \frac{\pi D^2}{4} v' \overset{得}{\Rightarrow} v' = \frac{4L}{\pi D^2}$$

代入摩擦阻力损失公式中可得

$$\Delta P'_m = \lambda \frac{l}{D_L} \frac{\left(\frac{4L}{\pi D^2}\right)^2}{2} \rho$$

矩形风管:

$$L = abv'' \overset{得}{\Rightarrow} v'' = \frac{L}{ab}$$

代入摩擦阻力损失公式中可得

$$\Delta P''_m = \lambda \frac{l}{4} \frac{1}{\frac{ab}{2(a+b)}} \frac{\left(\frac{L}{ab}\right)^2}{2} \rho$$

因 $\Delta P'_m = \Delta P''_m$ 可得

$$D_L = 1.27\sqrt[5]{\frac{a^3 b^3}{a+b}} \tag{6-20}$$

需要注意的是,当采用流速当量直径时,必须采用矩形风管内的空气流速查比摩阻;采用流量当量直径时,必须采用空气流量查比摩阻。得出的结论理论上应是一致的。

很多工具书中都会列出标准尺寸的钢板矩形风管计算表,制表条件与线算图相同,这样可以方便直接查出对应矩形风管的比摩阻。

② 局部阻力。

当空气流过风管的配件、部件和空气处理设备时都会产生局部阻力。局部阻力可按式(6-21)计算:

$$\Delta P_j = \zeta \frac{\rho v^2}{2} \tag{6-21}$$

式中 ΔP_j——局部压力损失,Pa;

ζ——局部阻力系数(查相关工具书);

v——流体在管道内的流速(查表 6-12 确定合理流速),m/s;

ρ——流体(空气)密度,kg/m³。

在通风系统中,局部阻力所造成的能量损失占很大比例,因此,应该尽量减少局部阻力,减少能耗。采取的措施见表 6-17。

表 6-17 风管局部阻力减少措施

风管部件	减少局部阻力的措施
变径管	管道变径采用渐扩管和渐缩管,而且开口角 $\alpha \leqslant 45°$ 为宜,最好 8°~10°
弯头	管道布置尽量短直,减少弯头。圆形风管弯头的曲率半径一般应大于 1~2 倍管径;矩形风管弯头的长宽比尽量大些,必要时在管道内设导流片
三通	尽量减小支管与干管的夹角,一般 ≤30°
风管进、出口	风管与风机连接要合理避免流速与流向的突然变化

【例 6-3】 已知钢板制圆风道,风量为 10 000 m³/h,直径为 800 mm,求其单位摩擦阻力以及其他参数。(假定所在地区分别为广州或长沙)

【解】 查各种材料的粗糙度表,知钢板风管 $K = 0.15 \sim 0.18$ mm,取 $K = 0.15$ mm。利用圆钢板风管摩擦损失线算图,在横坐标上找到 $L = 10\,000$ m³/h 的点,画平行于纵坐标的直线和风道直径 800 mm 的斜线相交,从交点水平向左,在 $K = 0.15$ mm 纵坐标上查到 $R_m = 0.43$ Pa/m,从交点处可得风速 $v = 6$ m/s,动压头 $P_d = 21$ Pa。

【例 6-4】 有一表面光滑的砖砌风道,其粗糙度 $K = 3$ mm,断面尺寸 500 mm×400 mm,流量为 3 600 m³/h,空气温度为 50 ℃,标准大气压,求单位长度摩擦阻力。

【解】 先求风管内空气流速

$$v = \frac{L}{3\,600 F} = \frac{3\,600}{3\,600 \times 0.5 \times 0.4} = 5 \text{ m/s}$$

求流速当量直径 D_v

$$D_v = \frac{2ab}{(a+b)} = \frac{2 \times 0.5 \times 0.4}{0.5 + 0.4} = 0.44 \text{ m}$$

根据 $v = 5$ m/s，$D_v = 0.44$ m，$K = 3$ mm，查风管摩擦阻力线算图得单位摩擦阻力 $R_m = 0.65$ Pa/m。

由于温度与制表条件不符，要进行温度修正：

$$R'_m = \varepsilon_t R_m = \left(\frac{273+20}{273+50}\right)^{0.825} \times 0.65 = 0.60 \text{ Pa/m}$$

（5）计算其他并联管路。

为保证系统能够按设计要求分配流量，并联管路的阻力必须平衡。由于受到风道断面尺寸的限制，各并联管路的阻力可以有一定的不平衡率，除尘系统不超过 10%，其他系统不超过 15%，超过时可通过调整管径或阀门来解决。与最不利管路并联的管路的阻力平衡一般采用以下 3 种方法：

① 调整支管管径（在风量不变的条件下）。

$$D' = D\left(\frac{\Delta P}{\Delta P'}\right)^{0.225} \tag{6-22}$$

式中　D'——调整后的管径，mm；
　　　D——原设计管径，mm；
　　　ΔP——原设计的管道阻力，Pa；
　　　$\Delta P'$——要求达到的管道阻力，Pa。

② 增大压力损失小的支管流量（在断面尺寸不变的条件下）。

$$L' = L\left(\frac{\Delta P}{\Delta P'}\right)^{0.5} \tag{6-23}$$

式中　L——原设计条件下支管风量，m³/h；
　　　L'——调整后支管风量，m³/h；
　　　ΔP——原设计条件下的支管阻力，Pa；
　　　$\Delta P'$——要求达到的支管阻力，Pa。

③ 调节阀门的开度，增大压力损失小的那段管路的压力损失。

（6）计算系统总阻力（即系统最不利环路阻力加上空气处理设备的阻力）。

（7）管道水力计算汇总表格式见表 6-18。

表 6-18 管道水力计算表

管段编号	风量 L/(m³/h)	管段长 l/m	初选流速 v/(m/s)	矩形风管尺寸 $a \times b$	实际流速 v/(m/s)	比摩阻 R_m/(Pa/m)	比摩阻修正系数	摩擦阻力 ΔP_m/Pa	动压/Pa	局阻系数 ζ	局部阻力 ΔP_j/Pa	备注
累计总阻力 ΔP												

（8）选择风机及配用电机。

【例6-5】 有一风机盘管空调系统的新风处理系统，风道全部用镀锌钢板（$K = 0.15$ mm）制作，每个送风口的风量为 1 080 m³/h，空调处理箱阻力为 295 Pa，试确定该系统的风道断面尺寸及所需风机压头。

【解】 （1）绘制系统的轴测图，如图6-22所示，并对各管道进行编号，标注管段长度和风量。

（2）选定管段 1—2—3—4—5—6 为最不利环路。

（3）选定流速，确定断面尺寸。

（4）计算摩擦阻力和局部阻力。

（5）检查并联管路的阻力平衡。

（6）计算选用风机所需的风量、风压。水力计算结果见表6-19。

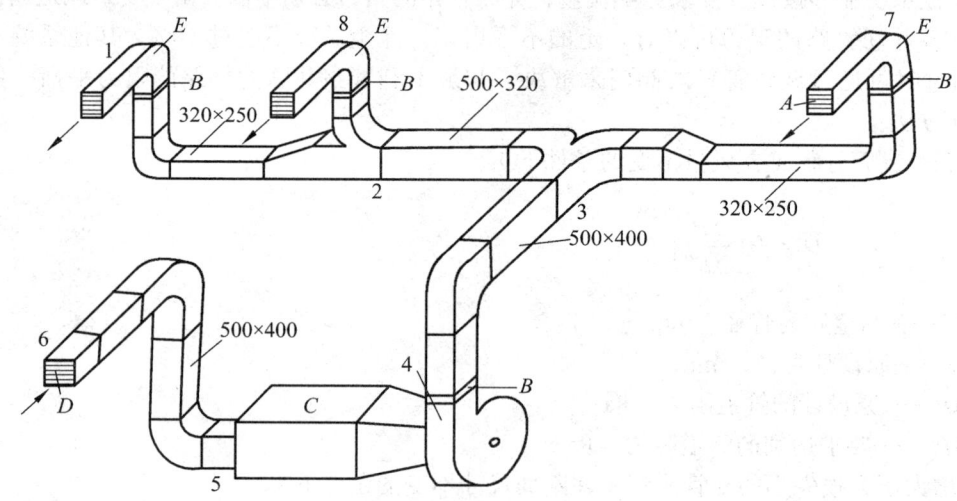

图 6-22　新风处理系统

A—活动百叶风口；B—风量调节阀；C—空气处理室；D—固定百叶风口；E—变径弯头；

表 6-19　水力计算表

管段编号	流量 L/(m³/h)	管段长度 l/m	矩形管尺寸 a×b	假定流速 /(m/s)	比摩阻 R_m/(Pa/m)	实际流速 v/(m/s)	动压头 P_d/Pa	比摩阻修正系数 ε	实际比摩阻 R_m/(Pa/m)	局部阻力系数 $\sum \xi$	摩擦阻力 ΔP_m/Pa	局部阻力 ΔP_j/Pa	管道总阻力 ΔP/Pa
1—2	1 080	9	320×250	4	0.71	3.75	6.39	1	0.71	3.5(风口风速) 1.55(管道风速)	6.39	25.18	31.75
2—3	2 160	5	500×320	4	0.49	3.75	2.45	1	0.49	0.27	2.45	3.28	5.73
3—4	3 240	8	500×400	5	0.56	4.5	4.48	1	0.56	0.25+0.25	4.48	295	299.48
4—5								1					
5—6	3 240	6	500×400	5	0.56	4.5	4.5	1	0.56	0.9+0.07+0.2+0.23+0.26	3.36	13.65	17.01
7—3	1 080	13	320×250	4	0.71	3.75	3.75	1	0.71		9.23	27.45	36.68
8—2	1 080	3	320×250	4	0.71	3.75	3.75	1	0.71		2.13	26.11	28.42

知识点 2　风管内压力分布规律

风管内流动着的气体，具有动压和静压。气体的静压是流动气体作用于与气体流动方向相平行的物体的表面压力，如表盘一次风压就是静压。气体的动压是将流动气体所具有的流动速度的能量无损失地转换为压力时的压力升高。气体的全压是用皮托管（也可用靠背管）逆流动气体方向所测得的压力。气体的全压等于气体的动压与气体的静压之和。试验时可用皮托管测量出气体的全压和气体的静压，全压减去静压等于动压，再根据气体的密度就可以计算出气体的流动速度。空气在风管内的流动规律如图 6-23 所示。

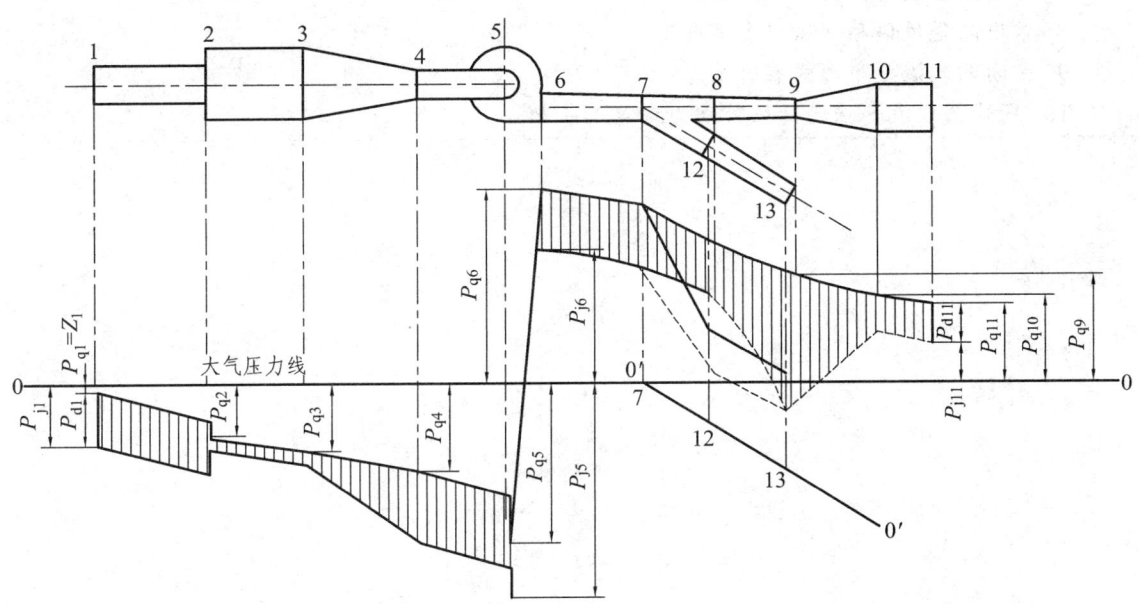

图 6-23　空气在风管内的压力分布规律

风管压力分布图是绘制在一横坐标轴上，大气压力为坐标零点，在坐标系中标出各断面的全压和静压值，将各断面的全压、静压分别连接得出。图中全压和静压的差值即为动压。

系统停止工作时，风机不运行，风管内空气处于静止状态，其中任一点的压力均为大气压力，此时整个系统的静压、动压和全压都为零。系统工作时，风机投入运行，空气获得一定动能，开始流动，此时，空气在风道中流动时所产生的能量损失由风机的动力来克服。

从图 6-23 中可以看出：

（1）风机的风压等于风机的进口和出口的全压差，或者说等于风道的阻力以及出口动压损失之和，即等于风道总阻力。

（2）风机吸入段的全压和静压均为负值，在风机的入口处负压最大；风机压出段的全压和静压一般情况下是正值（只有当空气流速较大的时候，才可能出现负值，应尽可能避免风机压出段出现负值），在风机出口处正压最大。因此，风管连接处不严密，就会有空气被吸入或逸出，以至于影响风量的分配或造成粉尘或有害气体的泄漏。

（3）各并联支管的阻力总是相等的。如果设计时各支管的阻力不相等，在实际运行时，各支管会按照其阻力特性自动平衡，同时改变设计的流量分配。

习 题

1. 风管的水力计算有哪些？常用的是什么方法？
2. 通风管道截面形状有几种？优先采用哪种形状？
3. 什么是风管的沿程阻力？
4. 什么是风管的局部阻力？
5. 如何确定矩形风管的流速当量直径？
6. 如何确定矩形风管的流量当量直径？
7. 什么是空调房间的气流组织？
8. 常用的送风口和回风口有哪些？
9. 空间的气流分布形式有哪些？
10. 简述假设流速法进行风管水力计算的步骤。

模块 7 　 中央空调水系统

空调系统通常采用冷热水作为介质，通过水系统将冷、热源产生的冷、热量输送给换热器、空气处理设备等，并最终将冷、热量供应给用户。空调系统的水系统一般分为冷（热）水系统（冷水系统也称冷冻水系统）和冷却水系统两类，也有将冷凝水系统加入归为 3 种水系统。

冷(热)水系统是指将冷冻站或锅炉房提供的冷水或热水送至空调机组或末端空气处理设备的水路系统。冷却水系统是指将制冷机组中冷凝器的散热带走的水系统，对于风冷式冷水机组，则不需要冷却水系统。典型水冷式中央空调系统构成如图 7-1 所示。

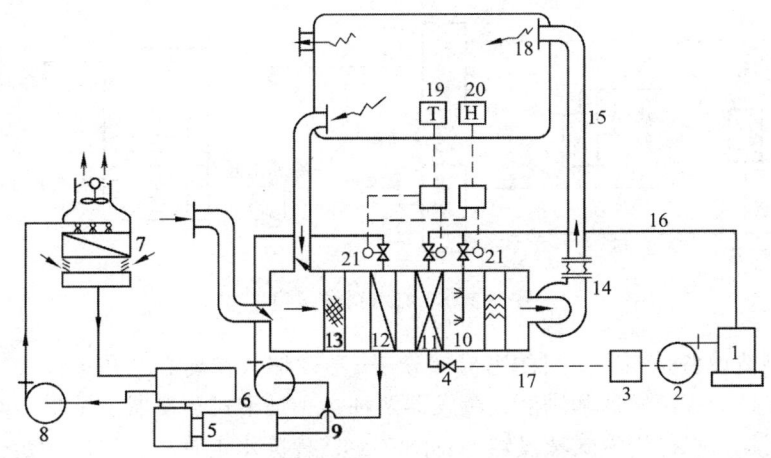

图 7-1 　 典型水冷式中央空调系统构成

冷热源系统：1—锅炉；2—给水泵；3—回水过滤器；4—疏水器；5—制冷机组；6—冷冻水泵；
7—冷却塔；8—冷却水泵；9—冷水管
空气处理系统：10—空气加湿器；11—空气加热器；12—空气冷却器；13—空气过滤器
空气能量输送与分配系统：14—风机；15—送风管道；16—蒸气管；17—凝水管；18—空气分配器（送风口）
自动控制系统：19—温度控制器；20—湿度控制器；21—冷、热能量自动调节阀

空调冷热水系统承担了整栋建筑空调系统的冷热负荷，系统组成复杂，投资运行费用都高。典型水冷式冷水系统原理如图 7-2 所示。

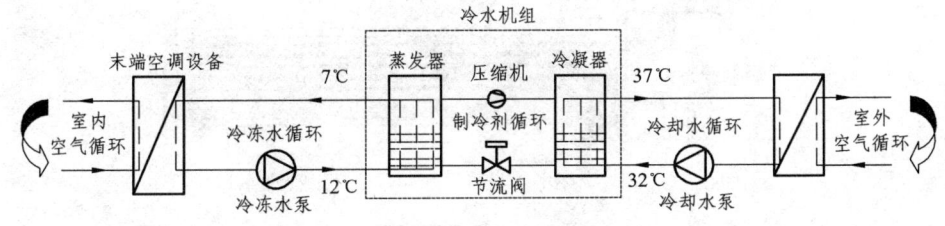

图 7-2 　 典型水冷式冷水系统原理

其中载冷剂即冷冻水（又称冷媒水），是在空调末端设备与冷水机组蒸发器之间传递冷量和热量的介质。冷却剂即冷却水，是在冷水机组冷凝器与冷却塔之间传递冷量和热量的介质。

项目1　冷冻水系统

冷冻水系统主要由冷冻水泵、分水器、集水器、膨胀水箱、水处理装置及管路构成。管路的功能是将冷水机组与空调末端装置连接起来，保证冷冻水按照供水管路输送到各个空调末端装置。

冷冻水的制造过程是在冷冻水泵的驱动下，携带着热量的 12 ℃ 冷冻水流入冷水机组蒸发器内的换热管，被管外的液态制冷剂蒸发吸热，使其温度降低至 7 ℃。7 ℃ 的冷冻水携带着所获得的冷量沿供水管路流至各个空调末端设备，为末端提供冷量。可见，7 ℃ 的低温冷冻水是在冷水机组的蒸发器中制造出来的。如图 7-3 所示。

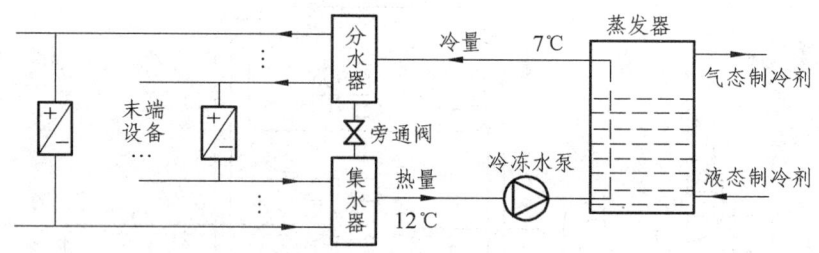

图 7-3　冷冻水系统示意图

冷冻水的制造设备是制冷主机的组成部分——蒸发器，在离心式和螺杆式冷水机组中，常用的蒸发器主要是干式蒸发器和满液式蒸发器两种：一是干式蒸发器（见图 7-4），制冷剂走管程，冷冻水走壳程；二是满液式蒸发器（见图 7-5），冷冻水走管程，制冷剂走壳程。

冷冻水（冷媒水）系统的特点是通过冷水机组的蒸发器产生低温水，将冷量进行远距离输送至空调房间的风机盘管，水温较稳定，空调系统温控较精确，由冷冻水泵、风机盘管等组成，有开式、闭式两种供水方式。从蒸发器出来的水温，一般为 5 ~ 7 ℃，经过风机盘管后回到蒸发器的水温一般为 10 ~ 12 ℃（进、出水温差一般约为 5 ℃）。冷冻水进、出水压差为 0.05 ~ 0.06 MPa。

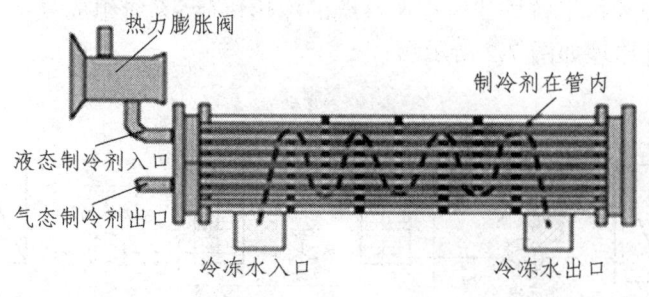

图 7-4　干式蒸发器

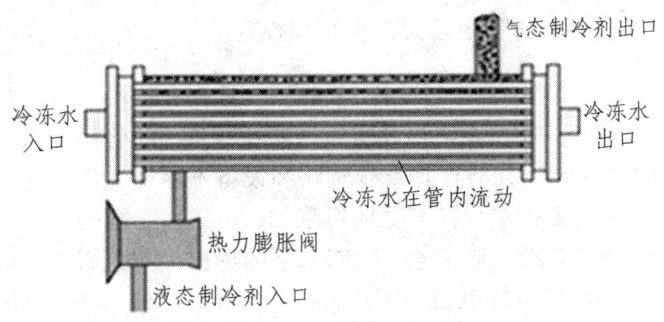

图 7-5 满液式蒸发器

知识点 1　冷冻水系统分类

冷冻水系统按水压特性不同可分为开式系统和闭式系统；按末端设备的水流程的不同，可分为同程式系统和异程式系统；按冷、热水管道的设置方式的不同，可分为双管制、三管制和四管制系统；按水量特性的不同，可分为定流量系统和变流量系统；按水系统中的循环水泵设置情况的不同，可分为一次泵水系统和二次泵水系统。

一、开式系统和闭式系统

1. 开式系统

在管路之间设有储水箱（或水池）连通大气，回水依靠重力作用流入水池。开式系统的几种常见形式如图 7-6 所示。

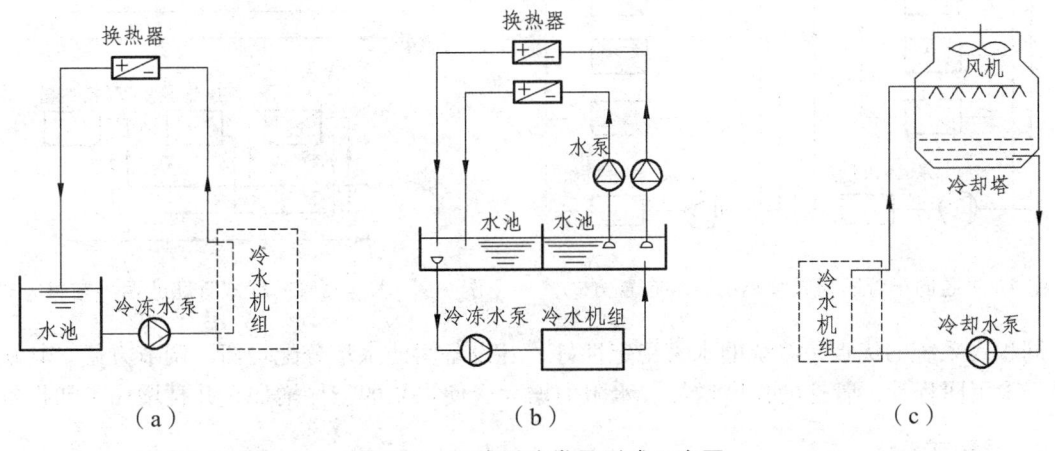

图 7-6　开式系统常见形式示意图

开式系统的优点是冷水箱有一定的蓄冷能力，可以减少冷水机组的开启时间，增加能量调节能力，且冷水温度的波动可以小一些。其缺点是冷水与大气接触，循环水中含氧量高，易腐蚀管路。末端设备（喷水池、表冷器）与冷水机组高差较大时，水泵则须克服高差造成的静水压力，增加耗电量。如果喷水池较低，不能直接自流回到冷水机组时，则需增加回水池和回水泵。如果采用自流回水，回水的管径较大，会增加投资。

2. 闭式系统

系统管路不与大气相通，仅在系统最高点设置膨胀水箱，并有排气和泄水装置，如图 7-7 所示。其特点是系统管路和设备不易产生污垢和腐蚀；系统简单，冷损失较小，且不受地形限制；由于在系统的最高点设置膨胀水箱，整个系统充满了水，冷冻水泵的扬程仅需克服系统的流动摩擦阻力，所以设备耗电较小。

闭式系统的优点是由于管路不与大气相接触，管道与设备不易腐蚀；无须克服静水压力，循环水泵的压力低，水泵的功率相对较小；系统简单。其缺点是蓄冷能力小，低负荷时，冷冻机也需经常开动；膨胀水箱的补水有时需要另设加压水泵。

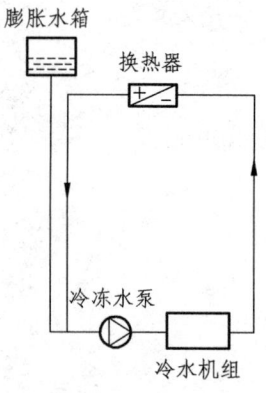

图 7-7 闭式系统示意图

二、同程式系统和异程式系统

1. 同程式系统

同程式系统经过每一并联环路的管长基本相等，阻力相近。若通过每米长管路的阻力损失接近相等，则管网的阻力不需调节即可保持平衡。其特点是各环路的水流阻力、冷量（或热量）损失相等或近似相等，这样有利于水力平衡，可以减少系统调试的工作量。同程式系统的形式有竖向干管同程式管路（见图 7-8）和水平支管同程式管路（见图 7-9）两类。

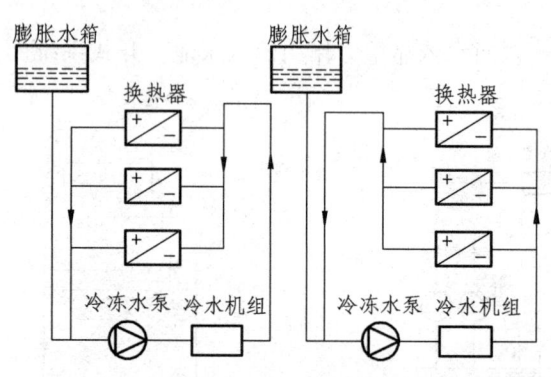
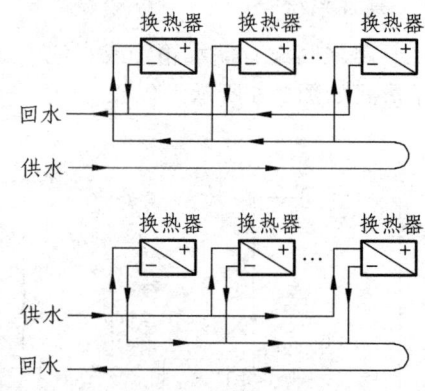

图 7-8 竖向干管同程式管路的两种布置方式　　图 7-9 水平支管同程式管路的两种布置方式

同程式系统的优点是系统的水力稳定性好，各设备间的水量分配均衡，调节方便。其缺点是由于采用回程管，管道的长度增加，水阻力增大，使水泵的能耗增加，并且增加了初投资。

2. 异程式系统

异程式系统经过各并联环路的管长不等，管路的阻力不等，需在各并联管网上增加相应的调节阀来调节水网平衡。其特点是各环路的水流阻力不相等，易产生水力失调，但管路系统简单，投资较小。异程式系统的形式有竖向干管异程式管路（见图 7-10）和水平支管异程式管路（见图 7-11）两类。

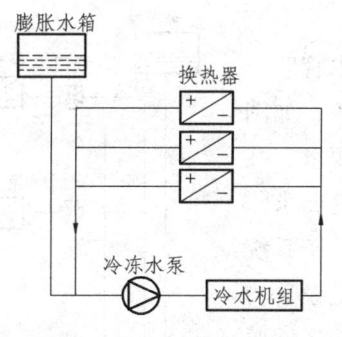
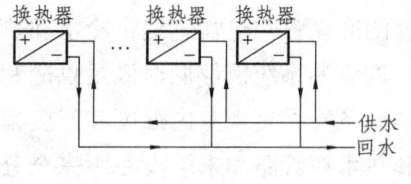

图 7-10 竖向干管异程式管路　　　　图 7-11 水平支管异程式管路

异程系统的优点是系统简单，耗用管材少，施工难度小。其缺点是各并联环路管路长度不等，阻力不等，流量分配难以平衡。

三、两管制、三管制、四管制系统

1. 两管制系统

两管制系统是冷、热源利用一组供回水管为末端装置的盘管提供冷水或热水的系统，如图 7-12 所示。其缺点是不能同时既供冷又供热，在春秋过渡季节，不能满足空调房间的不同冷暖要求，舒适性不高。但由于该系统简单实用，投资少，在我国高层建筑中得到了广泛的应用。

2. 三管制系统

三管制系统是冷、热源分别通过各自的供、回水管路，为末端装置的冷盘管和热盘管提供冷水和热水，而回水共用一根回水管路的系统，如图 7-13 所示。三管制系统的优点是能够同时满足供冷和供热的要求，管路系统较四管制简单。其缺点是比两管制复杂，投资也比较高，且存在冷、热回水的混合损失。三管制系统目前应用很少。

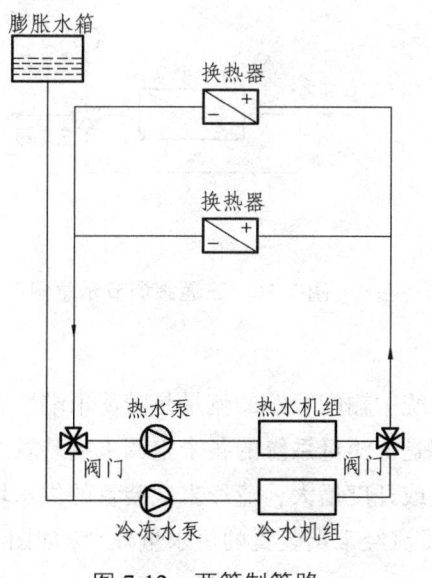
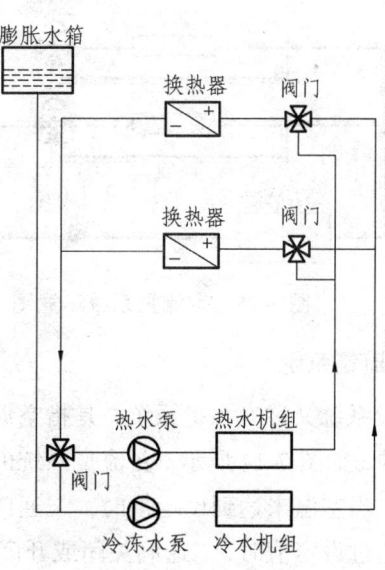

图 7-12 两管制管路　　　　图 7-13 三管制管路

3. 四管制系统

四管制系统是冷、热源分别通过各自的供、回水管路，为末端装置的冷盘管与热盘管提供冷水和热水的系统，如图7-14所示。四管制系统能够同时满足供冷和供热的要求，并且配合末端设备能够实现室内温度和湿度精确控制的要求。由于冷水和热水在管路和末端设备中完全分离，有助于系统的稳定运行和减小设备的腐蚀。其缺点是管路系统复杂，初投资高，占用建筑空间较多。四管制系统多用于对舒适性要求很高的场合。

四、定流量系统和变流量系统

1. 定流量系统

定流量系统指的是空调水系统输配管路的流量保持恒定。其原理是定流量系统中的水量是不变的，它通过改变供回水温差来适应房间负荷的变化，如图7-15所示。这种系统各空调末端装置，采用受设在空调房间内的温控器控制的电动三通调节阀调节，如图7-16所示。定流量系统的特点是系统比较简单，系统的水量变化基本上由水泵的运行台数所决定。但由于的流量是按最大负荷选定的固定流量，并且不能调节，在部分负荷时，既浪费了水泵运行的电能，又增加了管路上的热损失，运行费用较高，所以在经济上是不合理的。定流量系统的优点是系统简单，操作方便，不需要复杂的控制系统。其缺点是配管设计时，不能考虑同时使用系数，输送能耗始终处于额定的最大值，不利于节能。

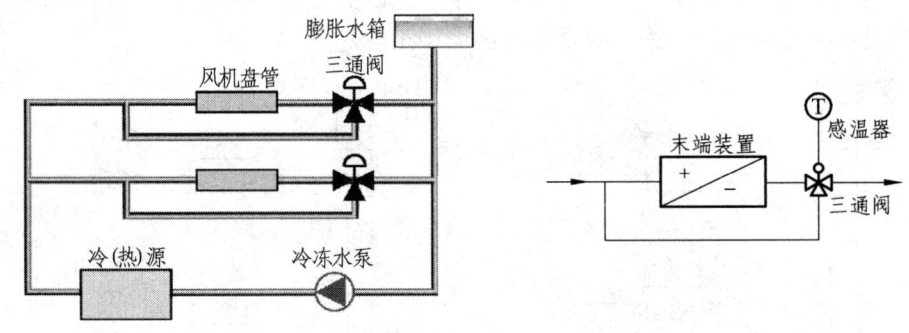

图7-15 定流量系统示意图　　图7-16 三通阀调节示意图

2. 变流量系统

变流量系统又称变水量系统，是指空调水系统中输配管路的流量是随着末端装置流量的调节而改变的，如图7-17所示。变流量系统的原理是变流量系统的各个空调末端装置采用电动二通阀调节。当室温未达到设定值时，二通阀全开或开度增大，流经末端装置的供水增大；当室温达到或超过设定值时，二通阀关闭或开度减小，流经末端装置的供水量减少，如图7-18所示。因此，负荷侧水流量是变化的。

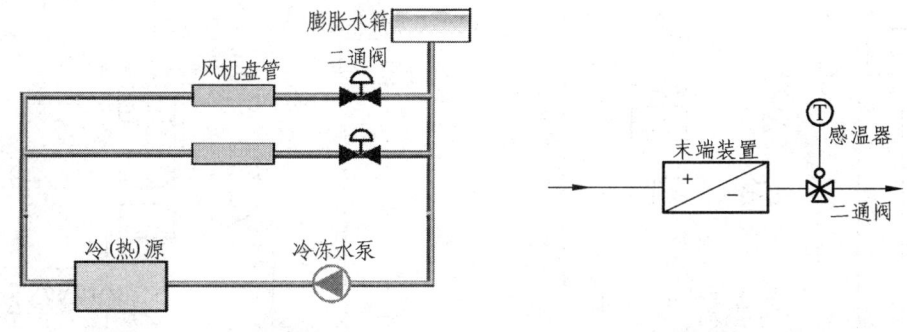

图 7-17　变流量系统示意图　　　　图 7-18　二通阀调节示意图

变流量系统的特点是保持供回水温差不变（定温差），通过改变水流量来适应空调末端负荷的变化，其水流量跟随负荷的变化而改变。当末端负荷减少时，系统水流量随之减小，使系统输送给负荷的能量减少，以适应负荷减少的要求。因水流量减少可降低水的输送能耗，因而节能显著。变流量系统的优点是输送能耗随负荷的减少而降低；可以考虑同时使用系数，使管道尺寸、水泵容量和能耗都减少。其缺点是系统相对要复杂些；必须配置自控装置；单式泵时若控制不当有可能产生蒸发器结冰事故。变流量系统特别适用于大型空调水系统。

五、一次泵系统和二次泵系统

1．一次泵系统

一次泵系统是指冷、热源侧与负荷侧合用一套循环水泵，如图 7-19 所示。其工作原理是当系统处于设计工况下，所有设备都满负荷运行。一次泵系统的原理是利用一根旁通管来保持冷源侧的定流量而让负荷侧处于变流量运行。在冷冻水供、回水总管间设有压差旁路装置。当空调负荷减少时，负荷侧管路阻力将增大，压差控制装置会自动加大旁通阀的开启度，负荷侧减少的部分水流量从旁通管返回回水总管，流回冷水机组，因而冷水机组蒸发器的水流量始终保持恒定不变（即定流量）。一次泵系统的优点是系统简单，初投资低；运行安全可靠，不存在蒸发器结冰的危险。其缺点是不能适应各区压力损失悬殊的情况；在绝大部分运行时间内，系统处于大流量、小温差的状态，不利于节约水泵的能耗。一次泵系统是目前我国高层民用建筑中最广泛的冷冻水系统。

2．二次泵系统

二次泵系统的工作原理是用户侧供水量的调节通过二次泵的运行台数及压差旁通阀来控制，压差旁通阀控制方式与一次泵空调冷冻水系统相同，所以压差旁通阀的最大旁通量为一台二次泵的流量，如图 7-20 所示。

二次泵系统由两个环路组成：一次回路：回水总管→一次泵→冷水机组→供水总管，一次回路负责冷冻水的制备。二次回路：供水总管→二次泵→末端设备→回水总管，二次回路负责冷冻水的输配。

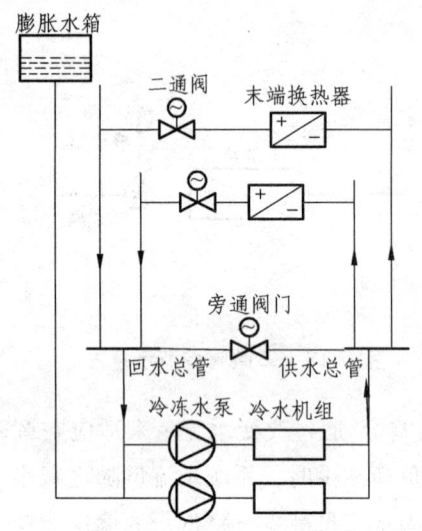
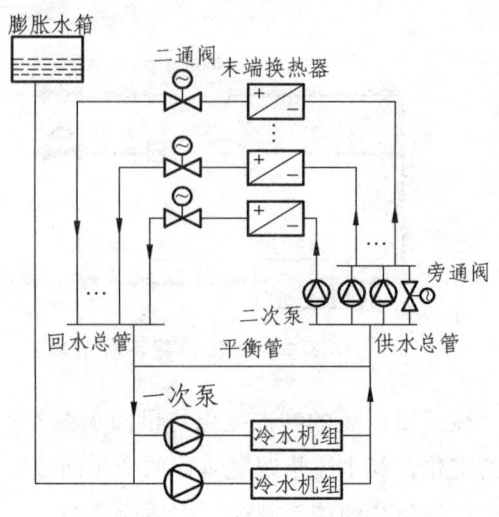

图 7-19 一次泵（单式泵）系统示意图　　图 7-20 二次泵（复式泵）系统示意图

二次泵系统的优点是能适应各区压力损失悬殊的情况，水泵扬程可适当降低；能根据负荷侧的需求调节流量；由于经过蒸发器的流量不变，能防止蒸发器发生结冰事故，确保冷水机组出水温度稳定；能节约一部分水泵能耗。其缺点是总装机功率大于一次泵系统；自控复杂，初投资高；易引起控制失调的问题；在绝大部分运行时间内，系统处于大流量、小温差的状态，不利于节约水泵的能耗。

二次泵变流量空调水系统是目前在一些大型高层民用建筑或多功能建筑群中正逐步采用的一种空调冷冻水系统形式。

目前有工程采用一次泵与二次泵混合式系统，即在冷冻水的输配环路中，管路较短、压力损失小的环路由一次泵直接供水，而压力损失大的环路则由二次泵供水，这样就构成了一次泵和二次泵混合式系统。混合式系统如图 7-21 所示。

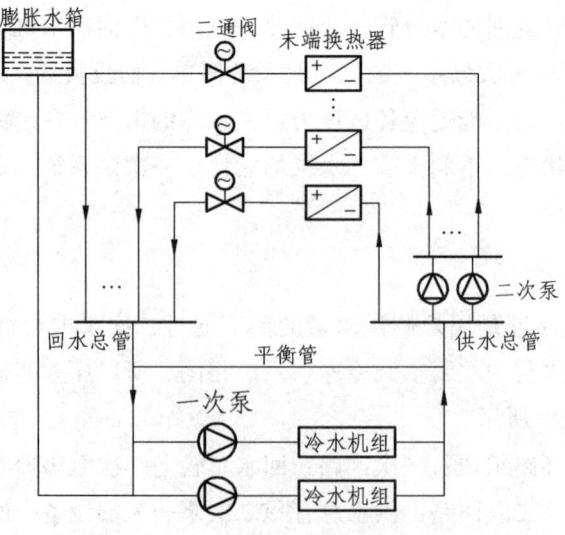

图 7-21 一次泵、二次泵混合式系统

知识点 2　冷冻水系统的承压与垂直分区

一、冷冻水系统的承压

随着建筑物高度的增加，空调冷冻水系统的静水压力和水泵出水压头也随之增加，而系统中的设备（冷水机组、热交换器）、管件、阀门等的承压能力是有一定限度的。

冷冻水系统所能承受的最高压力在系统运行的不同阶段是不同的。当系统停止运行时的最高压力在图 7-22 所示的 A 点，其静压力由高度 h 决定。系统开始运行时的最高压力在水泵的出口处 B 点，水泵的出口压力等于静水压力与水泵全压之和。当系统正常运行时，A 点和 B 点均可能承受最大压力。

一般冷冻水系统的承压可分设备承压和管道承压两方面来看。设备承压包括冷水机组、水泵、板式热交换器等的承压，压力等级 1.0~2.5 MPa。管道承压主要指管道、管件、阀门等的承压，普通螺纹连接的镀锌钢管和末端风机盘管的承压只有 1.0 MPa。

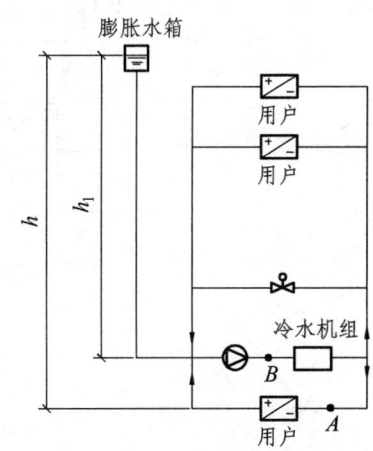

图 7-22　冷冻水系统的静压力

二、冷冻水系统的垂直分区

在高层或超高层建筑物中，冷冻水系统的静水压力很大。当设备的承压能力不足时，为保证空调水系统运行的安全，解决的办法就是将冷冻水系统进行垂直水力分区（低区和高区），并相互隔离。垂直分区后，静水压力变为分段承压，每个分区的水压极大的降低。

冷冻水系统垂直分区有很多方式：一种是板式换热器分区供冷；另一种是设置多个独立的水系统。

1. 采用板式换热器分区供冷

利用水-水板式换热器，将冷冻水管路沿垂直方向分为多个独立水系统，以实现水力隔离。高区系统的冷量仍由低区系统的冷水机组提供，通过板式换热器"转水"获得。各个分区的高度不超出换热器的承压能力。

（1）换热器集中放置于建筑物底部的制冷站机房内，如图 7-23 所示。其优点是冷水机组的承压低，设备集中，管理方便。

（2）换热器分区放置，如图 7-24 所示。只有最下面一个分区的换热器在制冷站机房内，其他分区的换热器均放置在自己分区的底部。其优点是管道井较小，制冷站机房占用面积也小，每个分区的压力小（不超过 1.0 MPa），系统安全。其缺点是冷水机组的承压较高，设备分散，不易管理。

如图 7-25 所示，高区的换热器集中放置于设备层的专用机房。这种分区方式能使热交换的次数最少，从而减少换热的温度损失，保证换热器二次侧回水温度在合理的范围内。

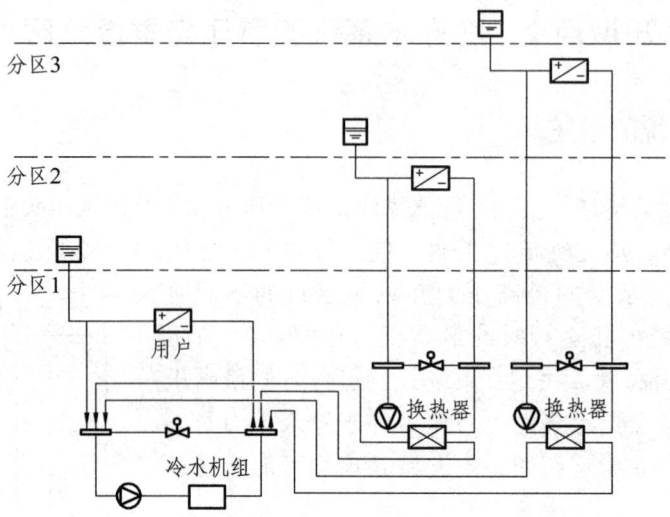

图 7-23 换热器集中放置于建筑物底部的制冷站

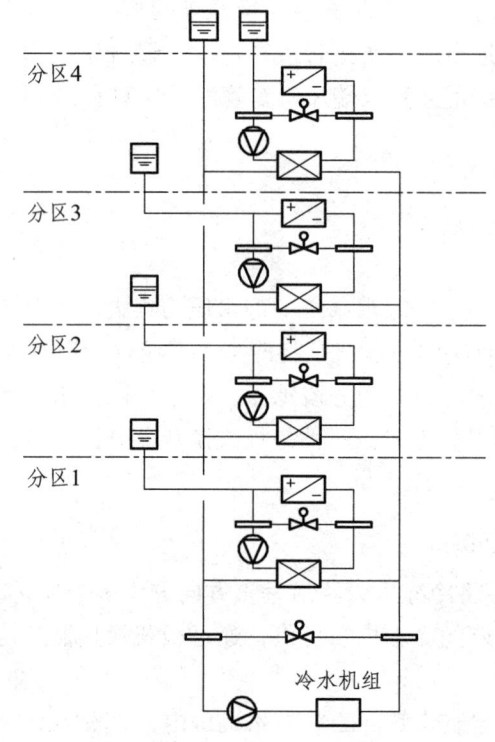

图 7-24 换热器分区放置

采用板式换热器进行隔离分区的不足之处：板式换热器价格昂贵，造成一次性投资增大；换热器一次侧与二次侧"转水"后有 1~2 ℃ 的温升，增加了换热损失；换热器二次侧冷冻水温度升高后，必然使高层的空调末端出力下降，要维持同样的冷量供应，必须加大空调末端设备的容量，否则将延长空调达到其制冷效果的运行时间；对于 400 m 以上的建筑，会在高区出现第二级换热；第二级换热器的二次侧回水温度将达到 14 ℃ 左右，非常接近空气的露点温度，不利于空气除湿。

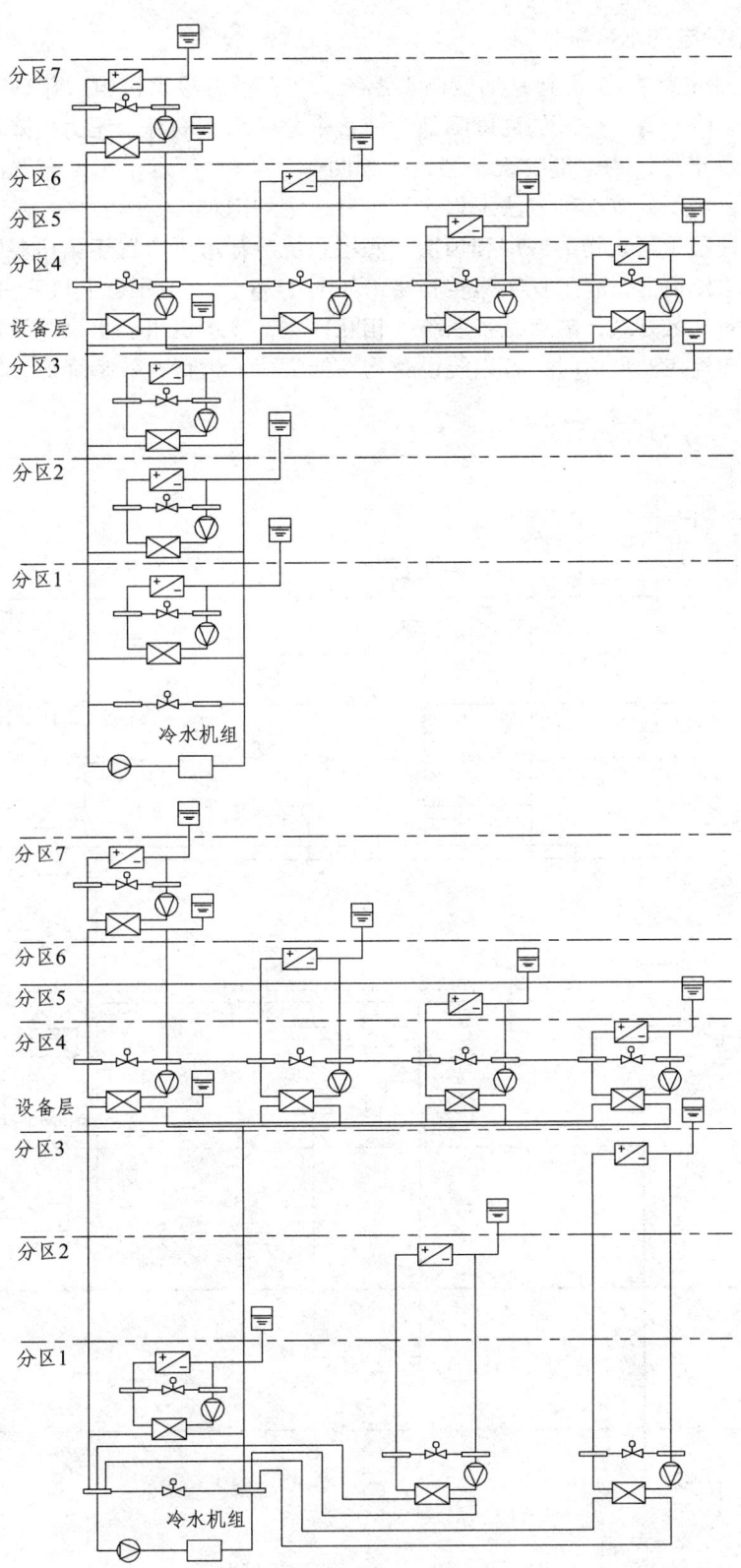

图 7-25 高区的换热器集中放置于设备层的专用机房

2. 设置多个独立的水系统

将建筑物竖向分为 2~3 个独立的空调水系统，各自设置冷水机组、循环水泵等设备，从而实现水力隔离。由于每个分区的高度降低，使每个分区承受的静水压力也降低。

（1）机房并置于建筑物中部的设备层内，如图 7-26（a）所示。由于布置冷却塔要求空间开敞和一定的安装面积，故这种方法工程实施中有一定的困难。

（2）机房分别置于建筑物的底层和顶层，底层系统冷却塔可布置于裙房屋顶上，顶层系统的冷却塔可布置于楼顶上，故工程实施较容易，如图 7-26（b）所示，但机房分散，管理不便。独立水系统的竖向分区方式，缺点是各系统间相互独立，冷水机组、水泵等设备均不能互为备用，增大了投资；且在低负荷时，各系统设备均在低负荷下运行，效率降低，能耗增大。

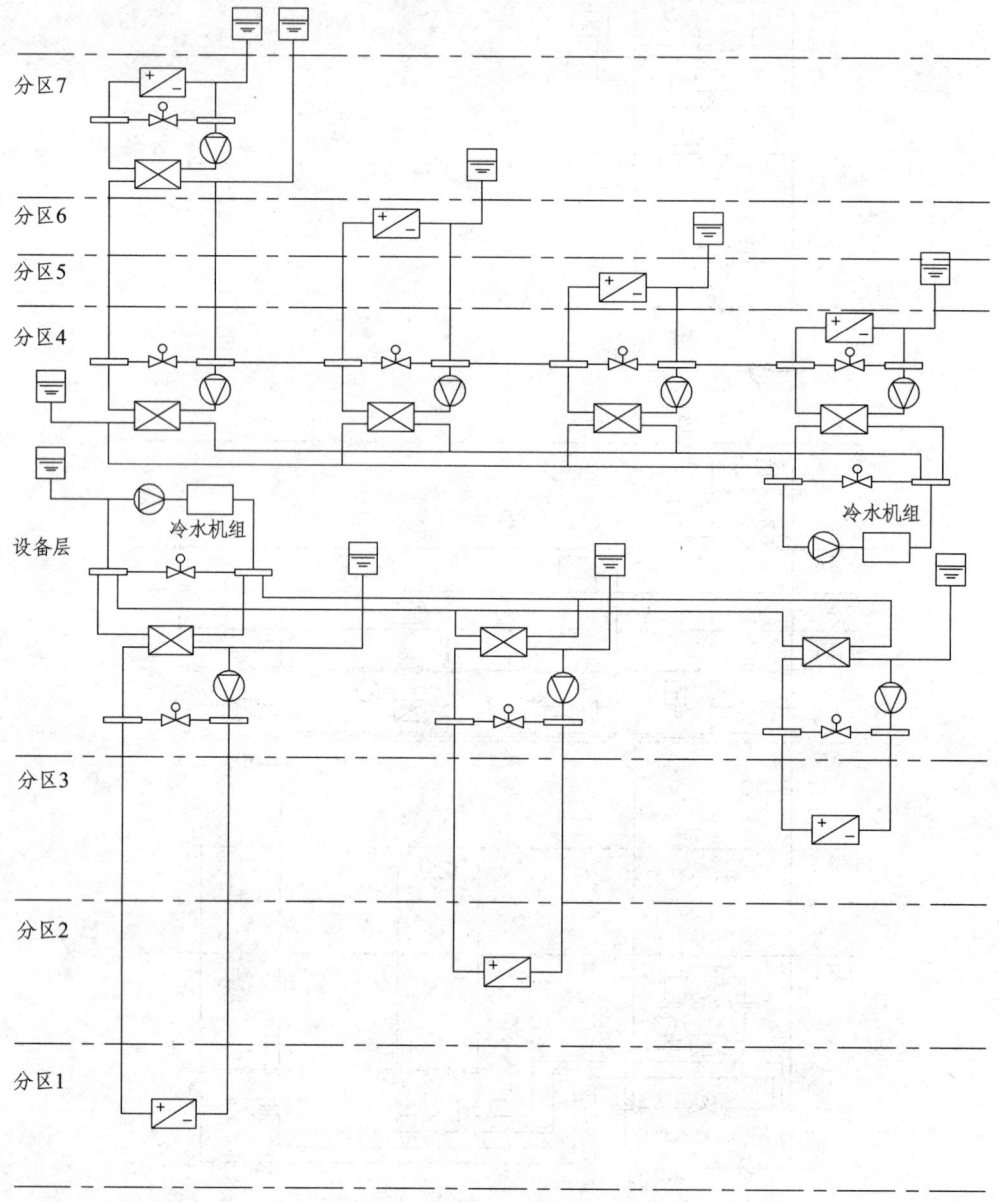

（a）机房并置方案

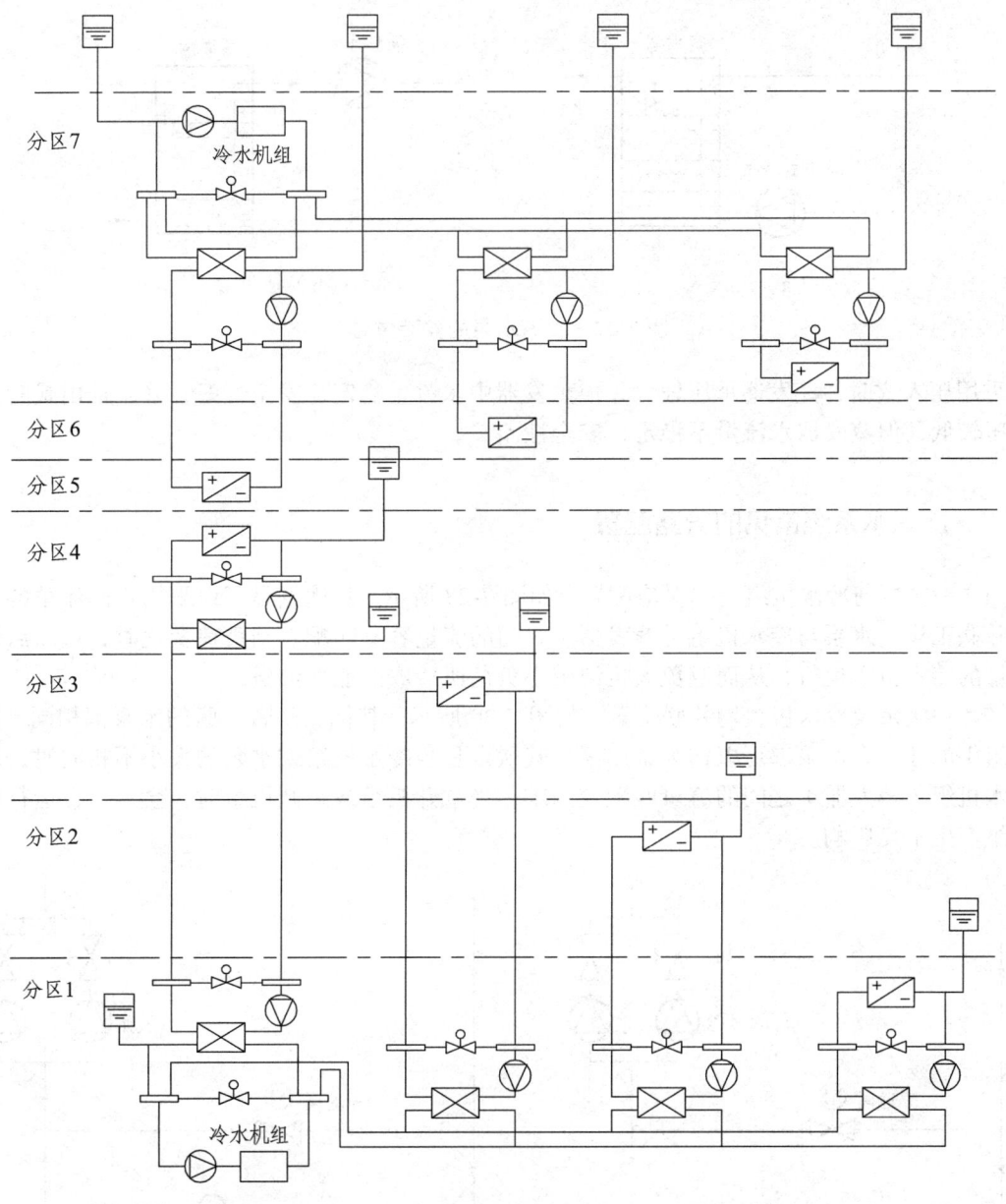

(b）机房分置方案

图 7-26 两个独立水系统垂直分区方式示意图

知识点 3　冷冻水系统管路的常用形式

一、冷冻水泵的安装位置

冷冻水泵的安装位置有两种：一种是装在冷水机组蒸发器的回水管上，称为压入式；另一种是安装在冷水机组蒸发器的供水管上，称为抽出式。冷冻水泵的安装位置如图 7-27 所示。

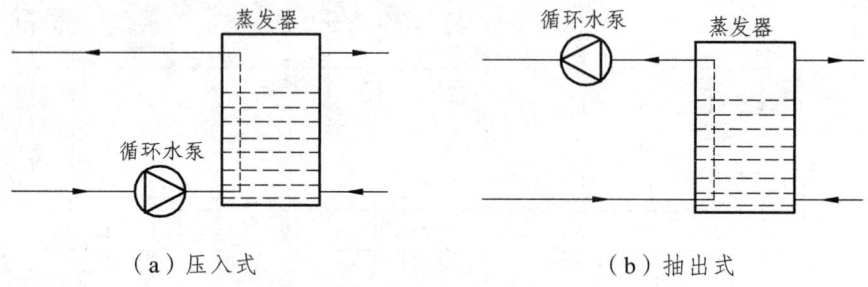

(a) 压入式　　　　　　　　　　　(b) 抽出式

图 7-27　冷冻水泵的安装位置

采用压入式时，蒸发器承压较大，但蒸发器中水流量稳定，安全性好；采用抽出式时蒸发器承压较低，但蒸发器水流量不稳定，安全性差。

二、冷冻水系统常见的管路配置

（1）一次泵与冷水机组一一对应配置，如图 7-28 所示。其优点是可以采用不同流量的冷水机组并联工作，水泵与冷水机组（蒸发器）之间的流量容易匹配。当负荷变化时，可以启动相应流量的冷水机组运行，从而避免大机组带小负荷所造成的能耗浪费。

（2）一次泵及冷水机组均并联配置，如图 7-29 所示。其优点是若并联的水泵都相同，则并联泵组中的任一台水泵都可以作为备用泵。其缺点是当冷水机组或水泵的大小不相同时，水泵与冷水机组（蒸发器）之间的流量匹配较困难，当增开机组或减开机组时，会对正在运行的冷水机组产生不良影响。

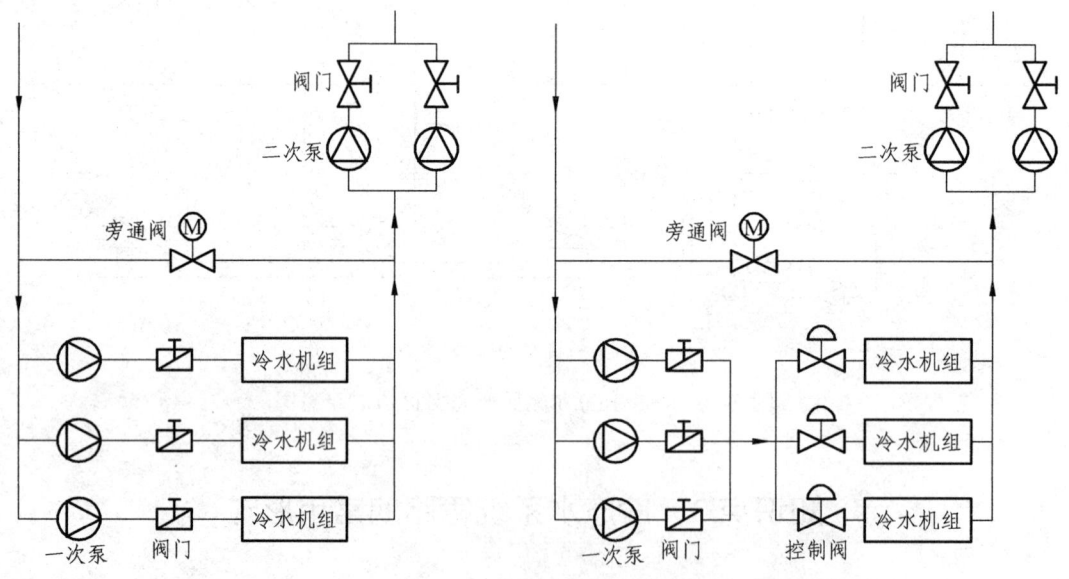

图 7-28　一次泵与冷水机组一一对应配置　　　图 7-29　一次泵及冷水机组并联配置

总的来说，一般建筑物的普通舒适性中央空调，其冷（热）水系统宜采用一次水泵、变水量调节、双管制的闭式系统，并尽可能为同程式或分区同程式。

知识点 4　冷冻水系统管路确定方法

空调冷冻水管路系统需要确定冷冻供回水管径和水泵的扬程，同时要在管路上设立坡度以排除系统中积存的空气等，这些都必须基于冷冻水系统的水力计算来进行。一般是根据建筑物的结构特点来布置中央空调水系统的管路布置，根据管路布置和流量，来计算各段管路的管径和压力损失。当冷冻水系统采用闭式循环一次泵系统时，冷冻水泵扬程为管路、管件阻力、冷水机组的蒸发器阻力和末端设备的表面冷却器阻力之和，闭式系统原理图见图 7-30。

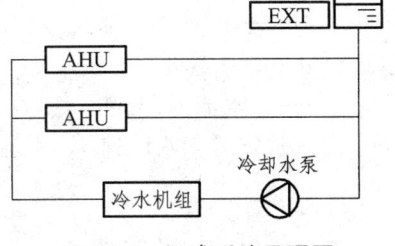

图 7-30　闭式系统原理图

一、闭式空调冷冻水系统总压力损失 $\sum \Delta H$ 的构成

闭式空调水系统中最不利环路中冷水机组压力损失、管路压力损失、空调末端压力损失、阀门等管件压力损失等的累计，即为空调水系统的总压力损失 $\sum \Delta H$。其中冷水机组压力损失一般由机组制造厂家提供，一般为 60 ~ 100 kPa（6 ~ 10 mH$_2$O）；管路压力损失包括摩擦压力损失（控制在 100 ~ 300 Pa/m 适宜）和局部压力损失；空调末端装置的压力损失，如风机盘管或风柜等[它们的压力损失根据设计提出的空气进、出空调盘管的参数、冷量、水温差等由制造厂经过盘管配置计算后提供，许多额定工况值在产品样本上能够查到，此项压力损失一般在 20 ~ 50 kPa（2 ~ 5 mH$_2$O）范围内]；调节阀等管件压力损失。

二、闭式空调冷冻水系统管道管径的确定和水力计算

在设计确定空调水系统时，当管材确定后，合理的选择管径与流速以及良好的布置管路非常重要，这不仅涉及系统的经济性，有时甚至成为系统能否运行的关键。因此，要严格进行管路水力计算。水力计算遵循以下原则：

（1）单位长度的摩擦阻力损失 R_m 取决于技术经济比较，若 R_m 取大值则管径小，初投资省，但水泵运行能耗大；若取小值，则反之。冷水管路比摩阻宜控制在 100 ~ 300 Pa/m。

（2）当量绝对粗糙度：闭式系统取 $K = 0.2$ mm；开式系统取 $K = 0.5$ mm。

（3）空调水系统各并联环路压力损失差额，不应大于 15%。

（4）所有空调水系统的水泵扬程，均应对计算值附加 5% ~ 10% 的安全系数。

水力计算的步骤如下：

1. 合理选用管道内水的流速和计算水流量

根据目前大多数工程实践，流速的推荐值可按表 7-1 选取。

表 7-1　水系统管路流速推荐值

部位	水泵压出口	水泵吸入口	主干管	一般管道	向上管道
流速/(m/s)	2.4 ~ 3.6	1.2 ~ 2.1	1.2 ~ 4.5	1.5 ~ 3.0	1.0 ~ 3.0

水流量为

$$Q = \frac{\pi d^2}{4} v \quad (7-1)$$

式中　Q——水流量，m³/s；
　　　d——管道内径，m；
　　　v——水流速，m/s。

合理选定管内水流速 v，水流量为已知，则可确定水管管径 d。

$$d = \sqrt{\frac{4Q}{\pi v}} \quad (7-2)$$

2. 空调冷冻水系统的阻力计算

空调冷冻水系统的总阻力损失包括管路沿程阻力损失（也称摩擦阻力损失）和局部阻力损失及设备阻力损失。

水管内的冷冻水流动阻力有两种：一种是摩擦阻力，是由于水本身的黏滞性及其与管壁之间的摩擦而产生的阻力，也称为沿程阻力，克服摩擦阻力而引起的能量损失称为摩擦阻力损失或沿程阻力损失；另一种是局部阻力，是水流经水管系统中的管件或设备，由于流速大小、方向变化或产生了涡旋而造成集中的能量损失，克服局部阻力而引起的能量损失称为局部阻力损失或局部压力损失。

（1）计算摩擦阻力损失。

$$\Delta P_\mathrm{m} = \lambda \frac{l}{d} \frac{\rho v^2}{2} \quad (7-3)$$

式中　ΔP_m——摩擦压力损失，Pa；
　　　λ——摩擦阻力系数；
　　　d——管道内径，m；
　　　l——管道长度，m；
　　　v——流体在管道内的流速，m/s；
　　　ρ——流体密度，kg/m³。

按如下方式确定 λ：

当 $\dfrac{v}{\upsilon} \geqslant 9.2 \times 10^5 \,\mathrm{m}^{-1}$ 时，$\lambda = \dfrac{0.021}{d_\mathrm{j}^{0.3}}$；

当 $\dfrac{v}{\upsilon} < 9.2 \times 10^5 \,\mathrm{m}^{-1}$ 时，$\lambda = \dfrac{1}{d_\mathrm{j}^{0.3}} \left(1.5 \times 10^{-6} + \dfrac{\upsilon}{v} \right)^{0.3}$；

或当 $\upsilon = 1.3 \times 10^{-6} \,\mathrm{m}^2/\mathrm{s}$ 时，$\lambda = \dfrac{0.017\,9}{d_\mathrm{j}^{0.3}} \left(1 + \dfrac{0.867}{v} \right)^{0.3}$。

式中　υ——液体的运动黏滞系数，m²/s。

水在不同温度下的运动黏滞系数见表 7-2。

表 7-2 水的运动黏滞系数

温度 $t/°C$	$v/(m^2/s)$	温度 $t/°C$	$v/(m^2/s)$
0	1.792×10^{-6}	60	0.477×10^{-6}
10	1.308×10^{-6}	70	0.415×10^{-6}
20	1.007×10^{-6}	80	0.367×10^{-6}
30	0.804×10^{-6}	90	0.328×10^{-6}
40	0.661×10^{-6}	100	0.296×10^{-6}
50	0.556×10^{-6}		

沿程阻力可以按照式（7-3）计算，在工程应用中为简化计算，常采用单位长度的沿程阻力 $R_m = \dfrac{\Delta P_m}{l}$ 计算管路的沿程阻力损失，单位为 Pa/m。对于普通钢管，不同流速、不同管径时水流量和 R_m 可以查水力计算表或按照水管路比摩阻计算图（见图 7-31）。校核比摩阻 R_m 是否在 100～300 Pa/m 范围内，否则需重新设计计算。

需要注意的是水管路比摩阻计算图是根据 $K = 0.3$ mm，水温 20 ℃ 条件制作的，如条件不符合，需要进行修正。

各管段阻力累加得到总的沿程阻力 $\sum \Delta P_m$。

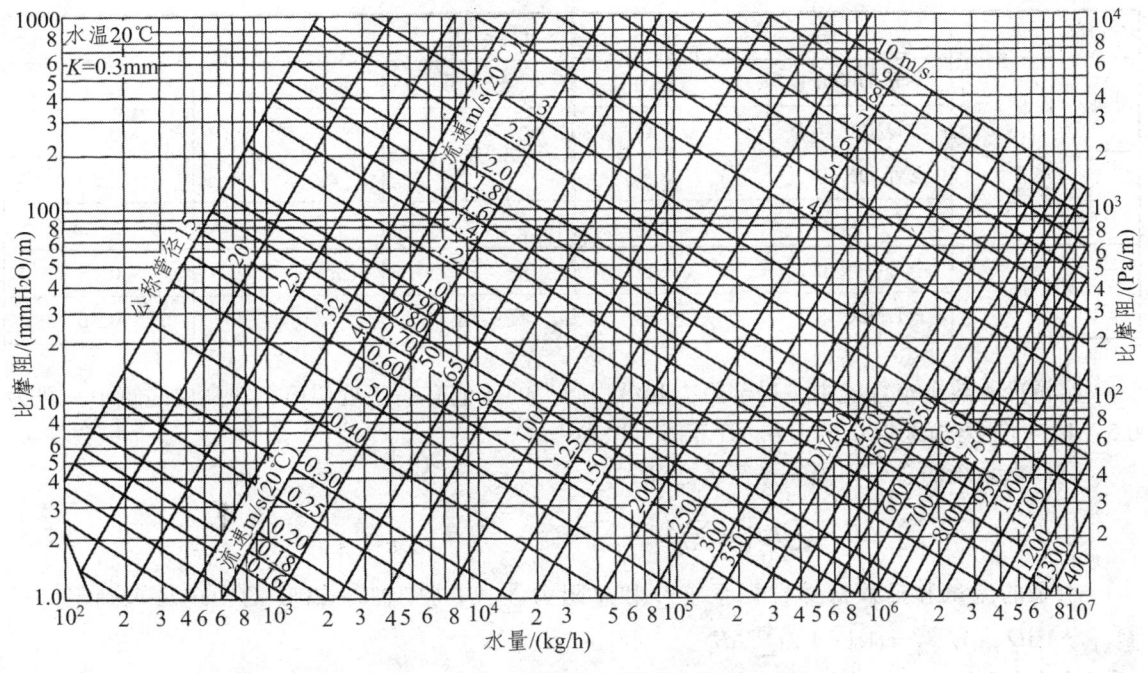

图 7-31 水管路比摩阻计算图

（2）计算局部阻力损失。

局部阻力损失是由于流体流向改变产生涡流以及流通断面的变化等造成的能量损失。

$$\Delta P_j = \zeta \frac{\rho v^2}{2} \qquad (7\text{-}4)$$

式中　ΔP_j——局部阻力损失，Pa；

ζ——局部阻力系数；
v——流体在管道内的流速，m/s；
ρ——流体密度，kg/m³。

设备压力损失值大小 ΔP_c 应以设备样本数据为准，当未确定设备做估算时可参考表 7-3 选取。管路中可能产生局部阻力的配件和附件的局部阻力系数可参照表 7-4 来估算。

表 7-3 一般设备压力损失值

设备名称	水压力损失/kPa	备注	设备名称	水压力损失/kPa	备注
离心式冷水机组			空调机冷、热水盘管	20~50	排数多取大值
蒸发器	30~40		风机盘管	10~20	
冷凝器	50~80		冷却塔	20~80	逆流塔取大值
吸收式冷水机组			自控阀门	30~40	
蒸发器	40~100				
冷凝器	50~140				

表 7-4 管路局部阻力系数

名称	形式	ζ	名称	形式	ζ
球形（截止）阀	全开 DN40 以下	15.0	止回阀		2.0
	DN50 以下	7.0	90°弯头	短	0.26
角阀	全开 DN40 以下	8.5		长	0.20
	DN50 以下	3.9	三通		3.0/1.8/1.5/0.68
闸阀	全开 DN40 以下	0.27	突然扩大	$d/D=1/2$	0.55
	DN50 以下	0.18	突然缩小	$d/D=1/2$	0.36

空调冷（热）水系统中，局部阻力和沿程阻力的比值有一些近似值，在高层建筑中一般为 0.5~1，远距离输送为 0.2~0.6。计算时可以参考。

空调水系统的总压力损失是三者之和，即

$$\sum \Delta H = \sum \Delta P_m + \sum \Delta P_j + \sum \Delta P_c \tag{7-5}$$

水泵的流量和扬程选择根据系统 Q 和总阻力 $\sum \Delta H$ 加 10%~20% 的安全量来确定。即 $Q_{水泵}=1.1Q$，$H_{水泵}=(1.1\sim 1.2)\sum \Delta H$。

冷冻水泵通常选用离心式清水泵，水泵的流量应为冷水机组额定流量的 1.1~1.2 倍（单台工作时取 1.1，两台并联工作时取 1.2）。水泵的扬程应为它承担的供回水管网最不利环路的总水压降的 1.1~1.2 倍。最不利环路的总水压降，包括冷水机组蒸发器的水压降 ΔP_1、该环路中并联的各台空调末端装置的水压损失最大一台的水压降 ΔP_2、该环路中各种管件的水压降与沿程压降之和。冷水机组蒸发器和空调末端装置的水压降，可根据设计工况从产品样本中查知，环路管件的局部损失及环路的沿程损失应经水力计算求出，在估算时，可大致取每 100 m 管长的沿程损失为 5 mH₂O。这样，若最不利环路的总长（即供、回水管管长之和）为 L，则冷水泵

扬程 H（mH_2O）可按下式估算。$H_{max} = \Delta P_1 + \Delta P_2 + 0.05L(1+K)$，式中 K 为最不利环路中局部阻力当量长度总和与直管总长的比值。当最不利环路较长时 K 取 $0.2 \sim 0.3$，最不利环路较短时 K 取 $0.4 \sim 0.6$。

水箱容积根据循环水量和管道长度来确定，一般水箱按照能储存 $1 \sim 1.5$ min 循环水量来确定容积，即循环水量的 $1.6\% \sim 2.5\%$。

膨胀水箱安装位置，应考虑防止水箱内水的冻结，若水箱安装在非供暖房间内时，应考虑保温。膨胀管在重力循环系统时接在供水总立管的顶端，在机械循环系统时接至系统定压点，一般接至水泵入口前，循环管接至系统定压点前的水平回水干管上，该点与定压点之间，应保持不小于 $1.5 \sim 3$ m 的距离。膨胀管、溢水管和循环管上严禁安装阀门，而排水管和信号管上应设置阀门。设在非供暖房间内的膨胀管，循环管、信号管均应保温。

【**例 7-1**】 某冷冻水管路如图 7-32 所示，试计算水管路的水力计算。

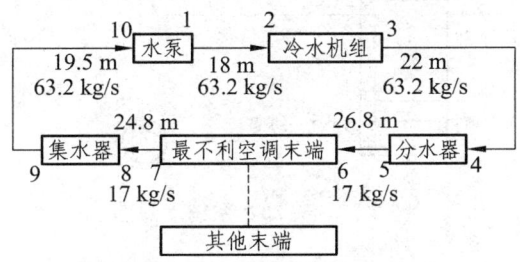

图 7-32 某冷冻水管路示意图

【**解**】 根据水力计算过程得出结果列于表 7-5。

表 7-5 冷冻水系统水力计算表

管段编号	流量/(kg/s)	长度/m	管径/mm	流速/(m/s)	动压/Pa	局部阻力系数	局部阻力/Pa	单位比摩阻/(Pa/m)	摩擦阻力/Pa	管段阻力/Pa
1—2	63.2	18	200	2	1 996	21.4	42 714	195	3 510	46 224
2—3	63.2									
3—4	63.2	22	200	2	1 996	114.8	29 541	195	4 290	33 831
4—5	63.2									
5—6	17	26.8	125	1.4	978	12	11 736	182	4 878	16 614
6—7	17									
7—8	17	24.8	125	1.4	978	12	11 736	182	4 514	16 250
8—9	63.2									
9—10	63.2	19.5	250	1.3	844	8	6 668	63	1 229	7 896
10—1	63.2									

由表 7-5 可知，冷冻水系统流量 114 t/h，扬程为 23 mH_2O，根据所需流量和扬程，选择水泵的技术参数为流量为 $93.5 \sim 187$ m^3/h，扬程 24.5 $\sim$ 31 mH_2O，电动机功率是 18.5 kW 的单级单吸离心式水泵。

项目 2　冷却水系统

冷却水系统主要由冷却水泵、冷却塔及管路等构成，如图 7-33 所示。

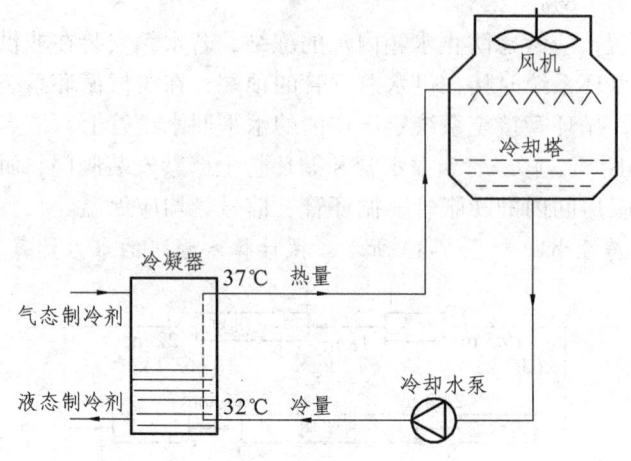

图 7-33　冷却水系统示意图

冷却水的制备过程是在冷却水泵的驱动下，37 ℃ 的冷却水携带着在冷凝器或吸收器中所吸收的热量，沿着管道流至冷却塔，在冷却塔中排出热量后降低到 32 ℃。32 ℃ 的冷却水携带着从大气所获得的冷量，又流回冷凝器或吸收器。

冷却水系统的特点是对冷水机组的冷凝器中的制冷剂进行冷却散热，由冷却水泵、冷却塔等组成，属开式水系统。从冷凝器出来的水温，一般为 37 ℃ 左右，经过冷却塔冷却降温后回到冷凝器的水温一般为 32 ℃ 左右（进、出水温差一般为 5 ℃ 左右）。冷却水工作压力为 0.3 ~ 0.6 MPa，进、出水压差为 0.06 ~ 0.07 MPa。

知识点 1　冷却塔

冷却水系统的重要冷却设备是冷却塔，冷却塔是一种特殊的热交换器，它利用水和空气的直接接触，通过热交换与质交换来排放冷却水所吸收的空调系统废热。

冷却水系统是指来自冷却塔的较低温度的冷却水，经冷却水泵加压后进入冷水机组，带走冷凝器的散热量。高温的冷却回水重新送至冷却塔上部喷淋。由于冷却塔风扇的运转，使冷却水在喷淋下落过程中，不断与塔下部进入的室外空气进行热湿交换，冷却后的水落入冷却塔集水盘中，由水泵重新送入冷水机组循环使用。

冷却塔俗称冷水塔、凉水塔等，其种类繁多。按通风方式，可分为自然通风冷却塔（见图 7-34）、机械通风冷却塔、混合通风冷却塔。按水和空气的接触方式，可分为干式冷却塔、湿式冷却塔、干湿式冷却塔。按水和空气流动方向的相对关系，可分为逆流式冷却塔（见图 7-35）、横流式冷却塔（见图 7-36）、混流式冷却塔。其他类型冷却塔包括喷流式冷却塔、无风机冷却塔、双曲线冷却塔、无填料喷雾式冷却塔等。此外，还有密闭式冷却塔。

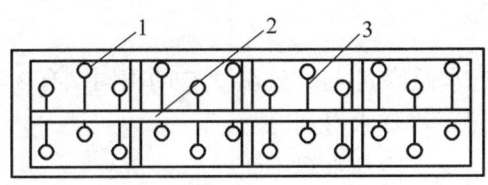 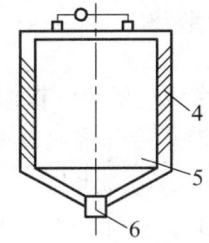

图 7-34　自然通风式冷却塔的基本结构

1—喷头；2—进水管；3—分配水管；4—通风百叶窗；5—集水池；6—出水管

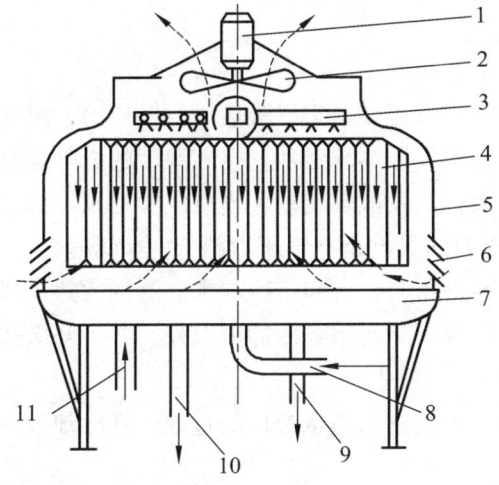

图 7-35　逆流式冷却塔的结构示意图

1—电动机；2—风机叶轮；3—布水器；4—填料；5—塔体；
6—送风百叶；7—水槽；8—进水口；9—溢水管；
10—出水管；11—补水管

图 7-36　横流式冷却塔结构示意图

圆形逆流式冷却塔和方形横流式冷却塔实物图见图 7-37。

（a）圆形逆流式冷却塔　　　　　（b）方形横流式冷却塔

图 7-37　冷却塔实物图

冷却塔的工作原理是冷却水在冷却塔中散热，散热方式有接触散热和蒸发散热。

一、接触散热

冷却水与空气接触时，根据冷却塔进水温度 T_w 与空气温度 T_q 的不同，有 3 种传热情况：

当 $T_w > T_q$ 时，冷却水向空气传递热量，冷却水得到冷却；

当 $T_w = T_q$ 时，冷却水与空气无热量传递，冷却水温不变；

当 $T_w < T_q$ 时，空气向冷却水传递热量，冷却水温度升高。

因此，当外界环境温度等于或高于冷却水温时，冷却塔的接触散热冷却失效。这时，其冷却效果将完全取决于冷却水的蒸发散热，冷却效果将明显降低。

二、蒸发散热

气象因素对冷却水蒸发散热的影响主要体现在空气温度、空气湿度、空气压力、风速 4 个方面。空气温度的影响是气温（干球温度）越高，蒸发散热越强烈。空气湿度的影响是空气的相对湿度越小，蒸发散热越快；相反，环境湿度大，蒸发散热就差。当空气中的水蒸气达到饱和时，蒸发无法进行，蒸发散热量等于零。空气压力的影响是空气压力越低，水就越容易蒸发。提高冷却塔的通风量，可以有效降低冷却水表面的静压力，有利于冷却水的蒸发散热。风速的影响是风速越大，对流传热系数越大，蒸发散热越快。除密闭式冷却塔以外，各种开敞式冷却塔都需要利用自然通风或机械通风。

综上所述，冷却水在冷却塔中的冷却过程是与大气进行热量交换的过程，其冷却效果受大气气象条件的综合影响很大。

知识点 2　冷却水管路系统

一、冷却水泵的安装位置

空调冷却水系统大多数是开式系统，其冷却塔的扬程水位及大气压力是唯一可提供给冷却水泵吸入端的正压。因此，冷却水泵必须安装在冷水机组冷凝器的进水端，以减小系统的输送能耗，水泵的安装位置也应尽可能低。

二、冷却水系统最常见的管路配置

（1）水泵、冷水机组、冷却塔一一对应配置，如图 7-38 所示。其优点是各台冷水机组的冷却水系统各自独立，流量匹配，各个冷却塔之间也无须设置"均压管"，缺点是耗用的管材较多，初投资较大。

（2）水泵、冷水机组、冷却塔均各自并联的冷却水管路，如图 7-39 所示。其优点是各种设备均不用另外配备备用设备，使用的管材少，投资小；缺点是当冷水机组（冷凝器）大小不相同时，设备之间的冷却水流量匹配较困难。

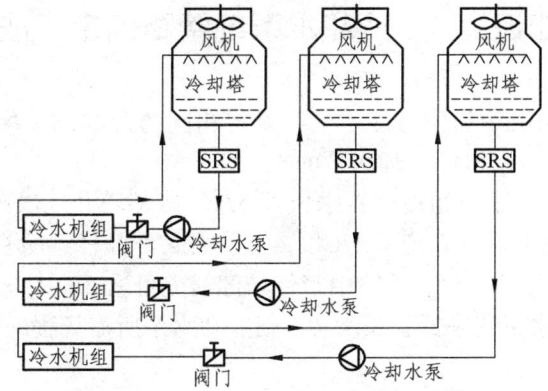

图 7-38 水泵、冷水机组、冷却塔对应配置

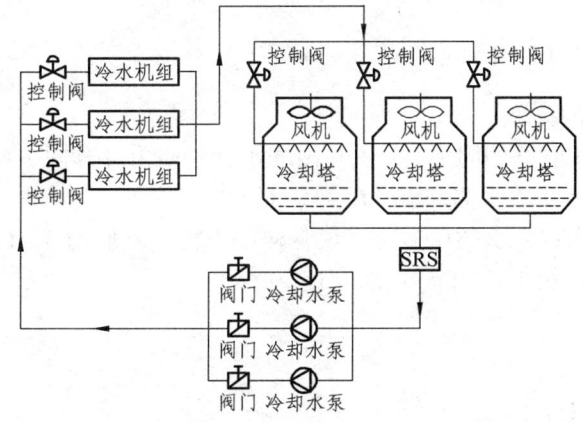

图 7-39 水泵、冷水机组、冷却塔各自并联配置

（3）具有出水干管与回水干管的冷却水管路，如图 7-40 所示。各冷却塔的集水盘之间安有一根"均压管"，使这些冷却塔在同一个水位运行，防止各冷却塔集水盘内水位高低不一，避免出现有的冷却塔溢水而有的冷却塔在补水的现象。冷却塔集水盘的水位，应维持一定，水位太高会导致冷水机组的冷却水过流量，水位太低则会产生旋涡而造成空气进入冷却水。

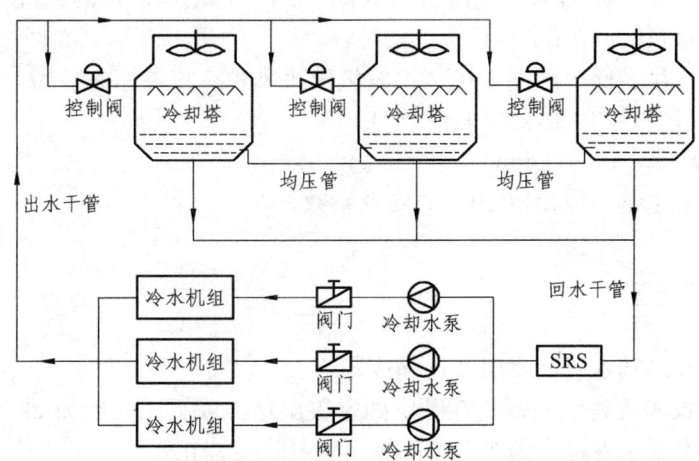

图 7-40 具有出水干管与回水干管的冷却水管路

知识点 3 冷却水系统管路确定方法

常见的冷却水系统采用冷却塔与冷水机组设置相同的台数,冷却塔共享供回水干管的形式。冷却水泵的流量应为冷水机组冷却水量的 1.1 倍。

冷却水泵的扬程即是冷水机组冷凝器水压降 ΔP_1、冷却塔开式段高度 Z、管路沿程损失及管件局部损失四项之和的 1.1~1.2 倍。ΔP_1 和 Z 可从有关产品样本中查得;沿程损失和局部损失需经过水力计算求出,做估算时,管路中管件局部损失可取 5 mH$_2$O,沿程损失可取每 100 m 管长约 5 mH$_2$O。若冷却水系统来回管长为 L,则冷却水泵所需扬程的估算值 H(mH$_2$O)约为 $H = \Delta P_1 + Z + 5 + 0.05L$。

依据冷却水泵的流量和扬程,参考有关水泵性能参数选用冷却水泵。

系统中冷却水泵的扬程按式(7-6)计算:

$$H = (1.05 \sim 1.15)(h_1 + h_2 + h_3 + h_4) \tag{7-6}$$

式中 H ——冷却水泵的扬程,m;
h_1 ——冷却水系统管路的阻力,m(与冷冻水管路阻力计算同);
h_2 ——冷水机组冷凝器水侧的流动阻力,m;
h_3 ——冷却塔进水口要求的压力(从设备样本查得,一般为 3~6 mH$_2$O),m;
h_4 ——冷却塔与水箱水位的高度差,m;
1.05~1.15 ——安全系数。

一、冷却水量的确定

冷却水量取决于冷水机组冷凝器的散热量和冷却水供、回水温差。可按式(7-7)计算:

$$W = \frac{3\,600Q}{\rho \times \Delta t \times c} \tag{7-7}$$

式中 Q ——冷凝器散热量,kW[制冷机制冷量(kW)加上制冷机的电机功率(kW)];
W ——冷却水量,m^3/h;
Δt ——冷却水供、回水温差,℃,一般机械通风式冷却塔标准型 $\Delta t = 5$ ℃左右;
c ——水的比热容(4.186 kJ/(kg·℃));
ρ ——水的密度(1 000 kg/m^3)。

在南方地区冷却水量一般预留 20% 的安全系数。

二、冷却塔的选型

根据冷却水量和冷却水供回水温度选择冷却塔。

冷却塔的产品技术资料一般都是在既定的空气湿球温度下(一般为 28 ℃)的数据,如果设计条件与产品技术要求不符,需要对产品技术资料进行修正。

实际运用中,根据当地的气象条件(环境空气的湿球温度)、冷却度(冷却塔进出水温差)、冷幅高(冷却水温度与进塔空气的湿球温度之差)及处理水量,根据冷却塔选用曲线(见图7-41)或冷却塔选用水量表来选择。

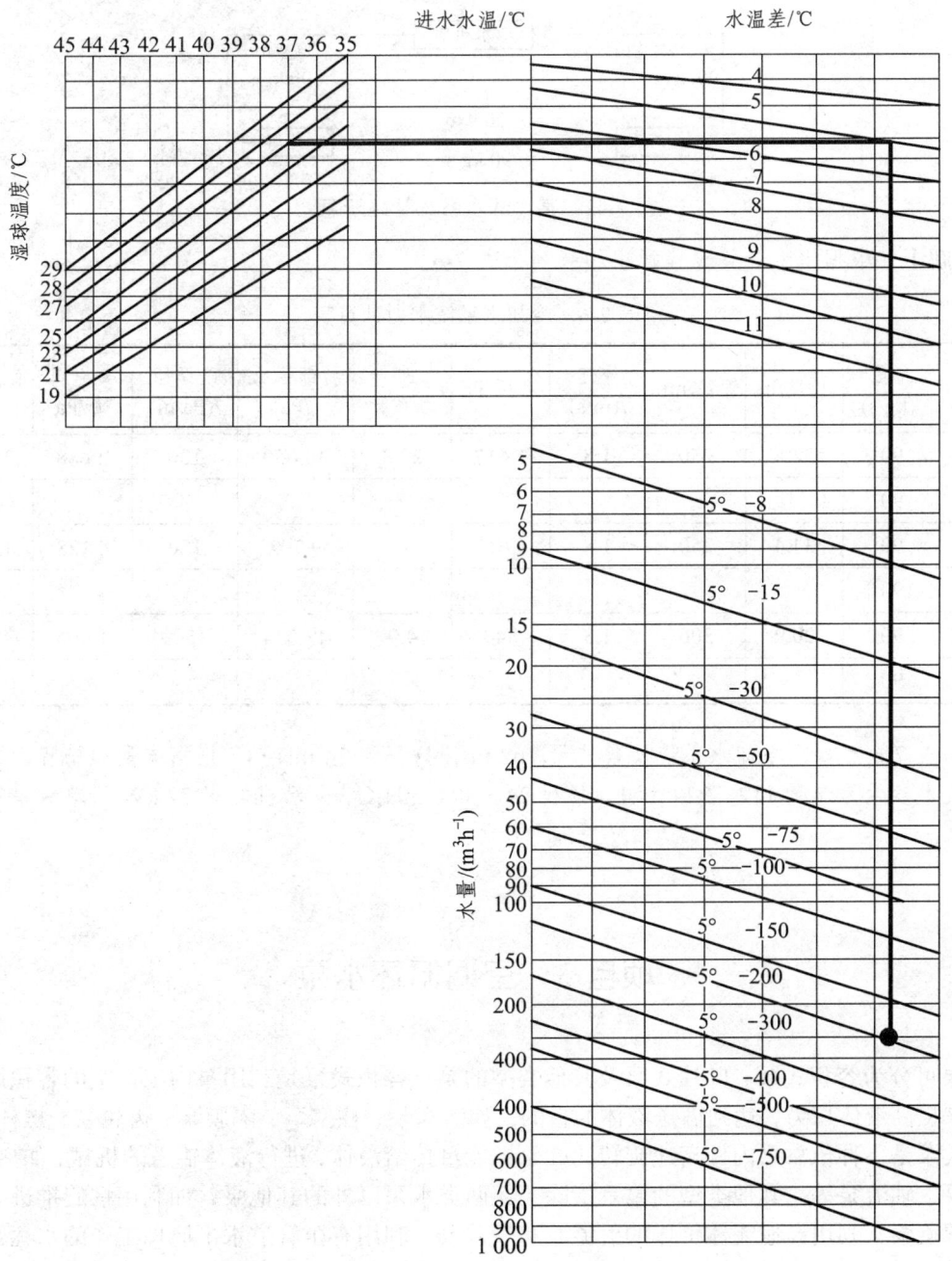

图 7-41 逆流式冷却塔热工性能曲线

三、冷却水系统补水量的确定

冷却水系统的水量损失包括蒸发损失、飘水损失、排污损失和泄漏损失。根据相关资料,电动制冷时，冷却塔的补水量取冷却塔冷却水量的 1%～2%。

【例 7-2】 某冷却水管路如图 7-42 所示，试求水管路的水力计算。

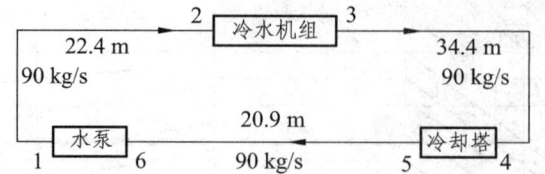

图 7-42 某冷却水系统管路示意图

【解】 根据水力计算过程得出结果列于表 7-6。

表 7-6 冷却水系统水力计算表

管段编号	流量/(kg/s)	长度/m	管径/mm	流速/(m/s)	动压/Pa	局部阻力系数	局部阻力/Pa	比摩阻/(Pa/m)	摩擦阻力/Pa	管段阻力/Pa
1—2	90	22.4	250	1.8	1 617	22.3	36 059	120	2 688	38 747
2—3	90									
3—4	90	34.4	250	1.8	1 617	6	9 702	120	4 128	13 930
4—5	90									
5—6	90	20.9	300	1.3	844	4.9	43 044	50	1 066	44 110
6—1	90									

由表 7-6 可知，冷却水系统所需流量 162 t/h，扬程为 24 mH₂O，根据流量和扬程，选择水泵的技术参数为流量 112～224 m³/h，扬程 24～30.5 mH₂O，电动机功率 22 kW 的单级单吸离心式水泵。

项目 3 空调循环水泵

泵可分为容积式泵、叶片式泵及其他类型的泵。容积式泵是利用泵内工作室的容积周期性变化来提高液体压力，达到输送液体的目的，如活塞泵、柱塞泵、隔膜泵、齿轮泵、螺杆泵等。叶片式泵是一种依靠泵内做高速旋转的叶轮把能量传给液体，进行液体输送的机械，如离心泵、混流泵、轴流泵等。其他类型的泵是指除上述两类水泵以外的其他泵，如利用螺旋推进原理工作的螺旋泵，利用高速流体工作的射流泵和气升泵，利用有压管道水击原理工作的水锤泵等。空调工程中常用的是离心泵，本书以离心泵为例来做讲解。

一、离心泵的工作原理和结构

为了使离心泵能正常工作，离心泵必须配备一定的管路和管件，这种配备有一定管路系统的离心泵称为离心泵装置。图 7-43 为离心泵的一般装置示意图,它主要由底阀、吸入管路、出口阀、排出管路等组成。

离心泵在工作时,依靠高速旋转的叶轮,液体在惯性离心力作用下获得能量,提高了压强。离心泵在工作前,泵体和进口管路必须灌满液体介质,防止汽蚀现象发生。当叶轮快速转动时,叶片促使介质快速旋转,旋转介质在离心力的作用下从叶轮中飞出,泵内的液体被抛出后,叶轮的中心部分形成真空区域。一面不断地吸入液体,一面又不断地给予吸入的液体一定的能量,将液体排出。离心泵便如此连续不断地工作。

离心泵按叶轮数目分可分为单级泵和多级泵。按叶轮吸入口方式可分为单吸泵和双吸泵。各种类型泵的结构虽然不同,但主要零部件基本相同。主要零部件有泵壳、泵盖、泵体、叶轮、密封环、泵轴、机封或填料函、联轴器、轴承等。

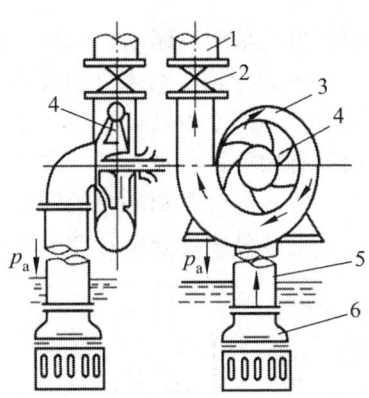

图 7-43 离心泵的一般装置

1—排出管路;2—排出阀;3—泵壳;
4—叶轮;5—吸入管路;6—底阀

常用离心泵有单级单吸式离心泵和单级双吸式离心泵。单级单吸式离心泵有单吸悬臂式离心泵和单级单吸立式离心泵等。IS 型离心泵是单级单吸悬臂式离心泵,结构如图 7-44 所示,适用于输送清水或物理及化学性质类似清水的液体,液体温度不高于 80 ℃。SG 型管道泵是单级单吸立式离心泵,结构如图 7-45 所示,用于输送低于 80 ℃ 的清水。

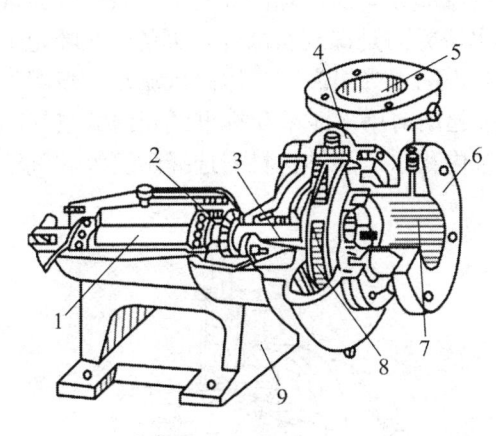

图 7-44 IS 型的单级单吸离心泵结构

1—泵轴;2—轴承;3—轴封;4—泵壳;5—排出口;
6—泵盖;7—吸入口;8—叶轮;9—托架

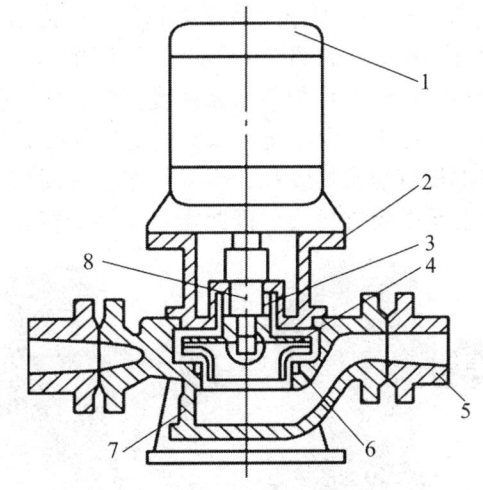

图 7-45 SG 型管道泵结构

1—电动机;2—连接座;3—机械密封;4—叶轮;
5—进口接管;6—密封环;7—泵壳;8—泵轴

水泵型号举例:IS50-32-125。

其中:IS——国际标准 ISO 的代号;50——吸入口直径,mm;32——喷射出口直径,mm;125——叶轮外径,mm。

1. 叶 轮

叶轮又称工作轮,是使液体得到外部电能,将电能转换为输送液体的机械能的主要部件,装置在泵轴上。叶轮材料需要考虑机械强度、耐腐蚀性等。目前叶轮多数采用铸铁、铸钢和青铜，也有采用不锈钢、塑料和陶瓷的。叶轮形式如图7-46所示。

闭式叶轮的两侧分别有前、后盖板，两盖板间有6～12片后弯式叶片，叶轮内形成密闭的流道，如图7-46（a）、（b）所示。开式叶轮两侧均没有盖板，如图7-46（c）所示。半开式叶轮只有后盖板，吸入口一侧没有盖板，如图7-46（d）所示。

叶轮导叶是离心泵的转能装置，其作用是把叶轮甩出来的液体收集起来，使液体的流速降低，把部分速度能头转变为压力能头后，再均匀地引入下一级或者经过扩散管排出。

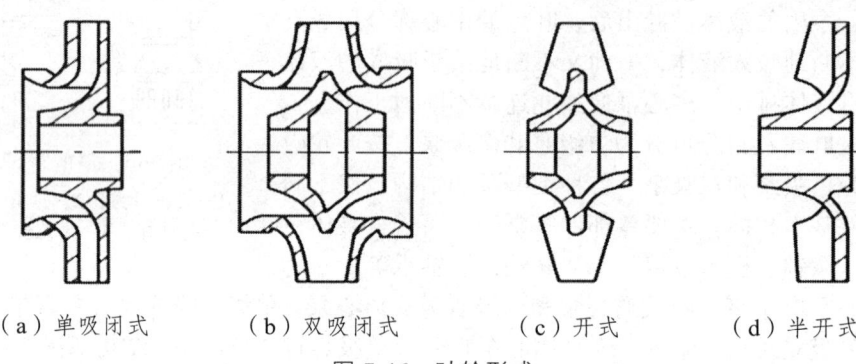

（a）单吸闭式　　　（b）双吸闭式　　　（c）开式　　　（d）半开式

图7-46　叶轮形式

2. 泵　壳

离心式泵壳的作用是承压和形成过流通道。其过流部分要求具有良好的水力条件，通常铸成螺旋形蜗壳，如图7-47所示。泵壳的过水断面沿水流方向是螺旋状渐变扩大的，在叶轮工作时，沿流向流量增加但水流速度保持恒定，可降低泵内的水头损失。泵体内水流动示意图见图7-48。泵壳顶上设有充水和放气的螺纹孔，以便在泵起动前用来灌泵和排出泵壳内的空气。泵体底部设有泄水螺纹孔，当泵停车检修时用来放空泵内积水。泵体材料需选择耐腐蚀和气蚀并且需要承受足够压力，因此需要足够的机械强度。

图7-47　泵体蜗壳

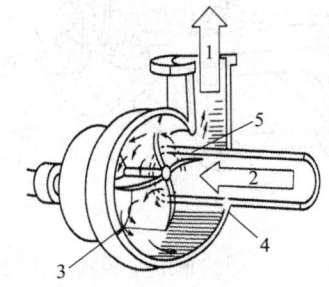

图7-48　离心式泵体内水流示意图

1—喷射口；2—吸入口；3—叶轮；4—泵壳；5—吸入室

3. 泵　轴

泵轴是用来旋转叶轮并传递转矩的，常用材料是碳素钢和不锈钢。泵轴应有足够的抗扭强度和刚度。泵轴与叶轮采用键联接，但这种联接只能传递转矩而不能固定叶轮的轴向位置：在大中型离心式水泵中叶轮的轴向固定，一般用轴套和拧紧轴套的螺母来实现。由于采用锁紧螺母式锁紧轴套对叶轮进行轴向固定，为防"退扣"规定了水泵的转向（标在泵壳上），因而初装水泵或解体检修后的水泵按规定要试转向。如与规定转向不符时，应更换电源相序。

模块 7 中央空调水系统

4. 吸入室

离心式水泵吸入室的主要作用是使液体进入泵体时的流动损失最小。吸入室的结构形状对泵的吸入性能影响很大，通常采用的结构有锥体管式和圆环式。锥体管式比较普通，其锥度为 7°~18°，如图 7-49 所示。圆环式吸入室的轴向尺寸短，结构简单，但流体进入叶轮的撞击和旋涡引起的水力损失较大，流速分布不均匀，一般适用于总扬程较大的多级泵。

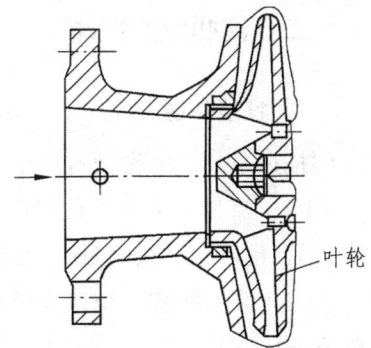

图 7-49 离心式水泵的锥体管式吸入室

5. 轴封装置

泵轴穿出泵壳处，泵轴和泵壳之间存在间隙（泵轴运动必须余隙），间隙就是泄漏通道。为保证水泵的正常工作或提高水泵的效率，必须在间隙处设置轴封装置。轴封装置的形式有多种，如机械式迷宫型、填料压盖型。离心式水泵行业常采用填料压盖型的填料盒。填料盒一般由 5 个零件组成，即轴封套、填料、密封环、水封管、压盖（包括调整螺母）。

（1）软填料密封又称为压盖填料密封，俗称盘根，它是阻水或阻气的主要零件，如图 7-50 所示。常用材料为浸油或浸石墨的矩形断面石棉绳。近年来新开发的填料有碳素纤维、不锈钢纤维、合成树脂纤维编制的绳子，具有耐高温、耐磨、耐腐蚀等特性。

（2）机械密封又称端面密封，其基本结构如图 7-51 所示。由于具有泄漏量小、使用寿命长、功率损耗小、不需要经常维修等优点，它获得了迅速的发展和广泛的应用。

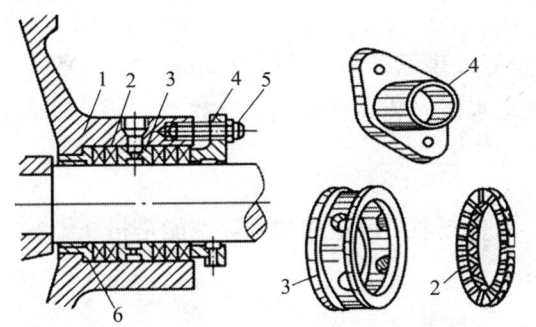

图 7-50 典型结构的软填料密封装置

1—填料箱；2—软填料；3—水封环；4—压盖；
5—螺栓；6—底衬套

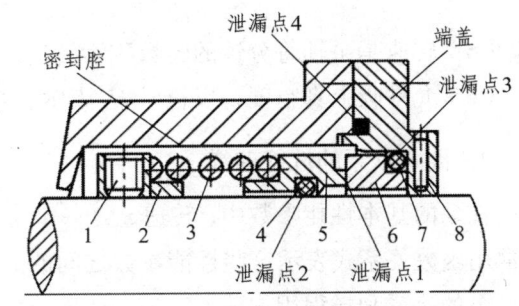

图 7-51 机械密封的基本结构

1—紧定螺钉；2—弹簧座；3—弹簧；4—动环辅助密封圈；
5—动环；6—静环；7—静环辅助密封圈；8—防转销

密封环形式有 3 种，平环式、直角式和迷宫式，如图 7-52 所示。

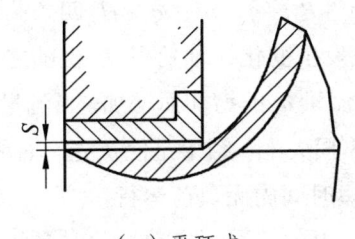

（a）平环式

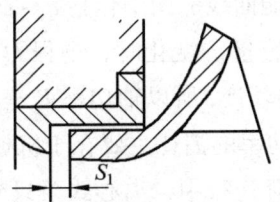

（b）直角式

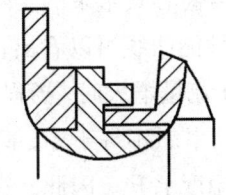

（c）迷宫式

图 7-52 密封环的结构形式

二、离心泵的性能

1. 性能参数

描述泵的性能参数有流量、扬程（压头）、功率、转速、气蚀余量等。

（1）流量是泵在单位时间内所输送的流体量，可用体积流量 q_v 表示，单位为 m^3/s、m^3/h 或 L/s，也可用质量流量 q_m 表示，单位为 kg/s 或 kg/h。

（2）泵的扬程（全压或压头），单位重量流体通过泵后获得的能量增量，以符号 H 表示，单位 mH_2O。

（3）功率主要有两种，有效功率和轴功率。轴功率又称为输入功率，即原动机传递到转轴上的轴功率，以符号 P 表示，单位是 W 或 kW。原动机输入功率不能完全传递给流体，存在一定的损耗，主要损耗在：① 转动时摩擦产生的机械损失；② 克服流动阻力产生的水力损失；③ 泄露产生的能量损失。扣除损耗后单位时间内流体获得的能量即有效功率，用符号 P_e 表示，$P_e = \gamma q_v H$，式中 γ 为通过泵的流体重度，单位符号为 kN/m^3。

（4）效率反映了泵将轴功率 P 转化为有效功率 P_e 的程度。有效功率与轴功率的比值称为效率 η，即

$$\eta = \frac{P_e}{P} \times 100\% \tag{7-8}$$

（5）转速是泵轴每分钟的转数称为转速，用符号 n 表示，单位符号为 r/min。

（6）允许吸上真空度，以符号 H_s 表示，是确定水泵安装高度的主要参数。

2. 离心水泵的性能曲线

在泵的基本性能参数中，转速 n 是一个常量，泵的扬程、流量和功率等性能是相互影响的，通常用函数关系式表示这些性能参数之间的关系：

泵的流量和扬程用 $H = f_1(q_v)$ 表示；

泵的流量和外加轴功率用 $P = f_2(q_v)$ 表示；

泵的流量与设备效率用 $\eta = f_3(q_v)$ 表示。

这几种关系用曲线绘制成以流量 q_v 为横坐标的坐标图上，这些曲线称为泵的性能曲线。在无损失的理想条件下的曲线称作理想性能曲线。考虑各项损失得到的是实际性能曲线。图 7-54 为某型号离心式水泵的实际性能曲线。图中包括 q_v-H，q_v-P，q_v-η、q_v-H_s 四条曲线。

从性能曲线可以看出，当流量 q_v 变化时，扬程 H 随之发生变化，轴功率 P 也随之发生变化。由于流量增大时，扬程减小较慢，所以轴功率 P 一般随流量 q_v 的增加而增加。当流量 $q_v = 0$ 时，轴功率 P 不等于零，此时功率的消耗主要在于机械摩擦损失上，结果是使机壳、轴承发热，机壳内温度上升。因此，在实际运行中，离心式泵只允许短时间内无负荷运行。

另外，离心式泵的启动一般是闭闸启动，相当于是 $q_v = 0$ 的情况下启动，此时泵的轴功率较小，而扬程值却是最大，符合电动机轻载启动的要求。

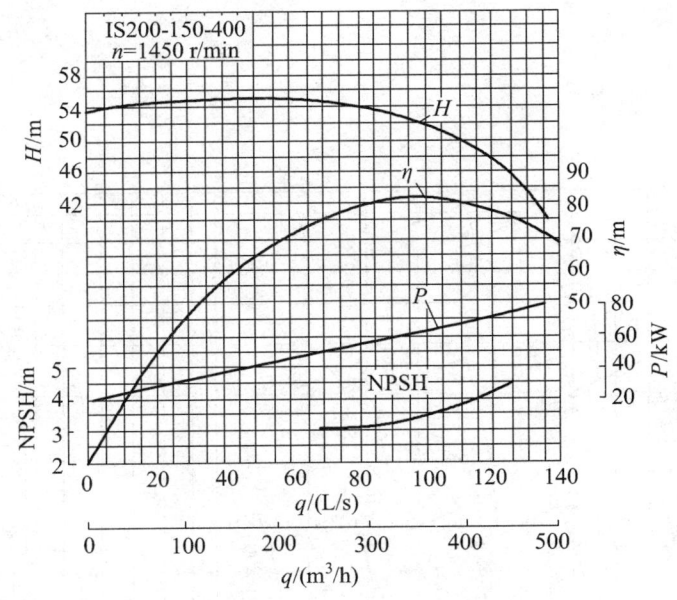

图 7-53　IS200-150-400 实际性能曲线

3．离心水泵的综合性能图和性能表

水泵的综合性能图是将水泵厂生产的某种型号、不同规格的水泵性能曲线，在高效区（$\eta \geqslant 0.9\eta_{max}$）的部分，绘制在一张坐标图中，又称为性能曲线的型谱图（见图 7-54）。选择水泵时，只需看所需工况点落在哪一区域内，即选哪种规格的水泵，简单明了，十分方便。

一般生产厂家提供的水泵样本在水泵的性能曲线高效区选择 3 个工况点，将性能参数编制成水泵的性能表，样本中的性能表上的工况点性能，都是处于高效率区域，而且工作稳定，可以直接选用。本书摘录部分 IS 型单级单吸离心泵的性能，见表 7-7。

4．离心水泵的气蚀和安装高度

（1）气蚀现象。

离心泵的工作原理是叶轮旋转工作时，叶轮入口处压强低于大气压强，入口处产生真空，使液体源源不断地流入泵内。由物理学可知，液面压强降低时，相应的汽化温度也降低，水在低温下就开始沸腾。

如果水泵叶轮入口处的压强低于该处液体温度下的汽化压强时，部分液体开始汽化，形成气泡。同时，由于压强降低，原来溶解于水中的某些活泼气体，如水中的氧也会逸出形成气泡，这些气泡随水流进入泵内高压区，由于该处压强较高，气泡迅速破灭，于是在局部地区产生高频率、高冲击力的水力冲击现象，不断打击泵内部件，特别是工作叶轮，使其表面成蜂窝状或海绵状。另外，活泼气体还对金属发生化学腐蚀，以至于金属表面逐渐脱落而遭破坏，这就是气蚀现象，如图 7-55 所示，可见离心泵气蚀危害的严重性。

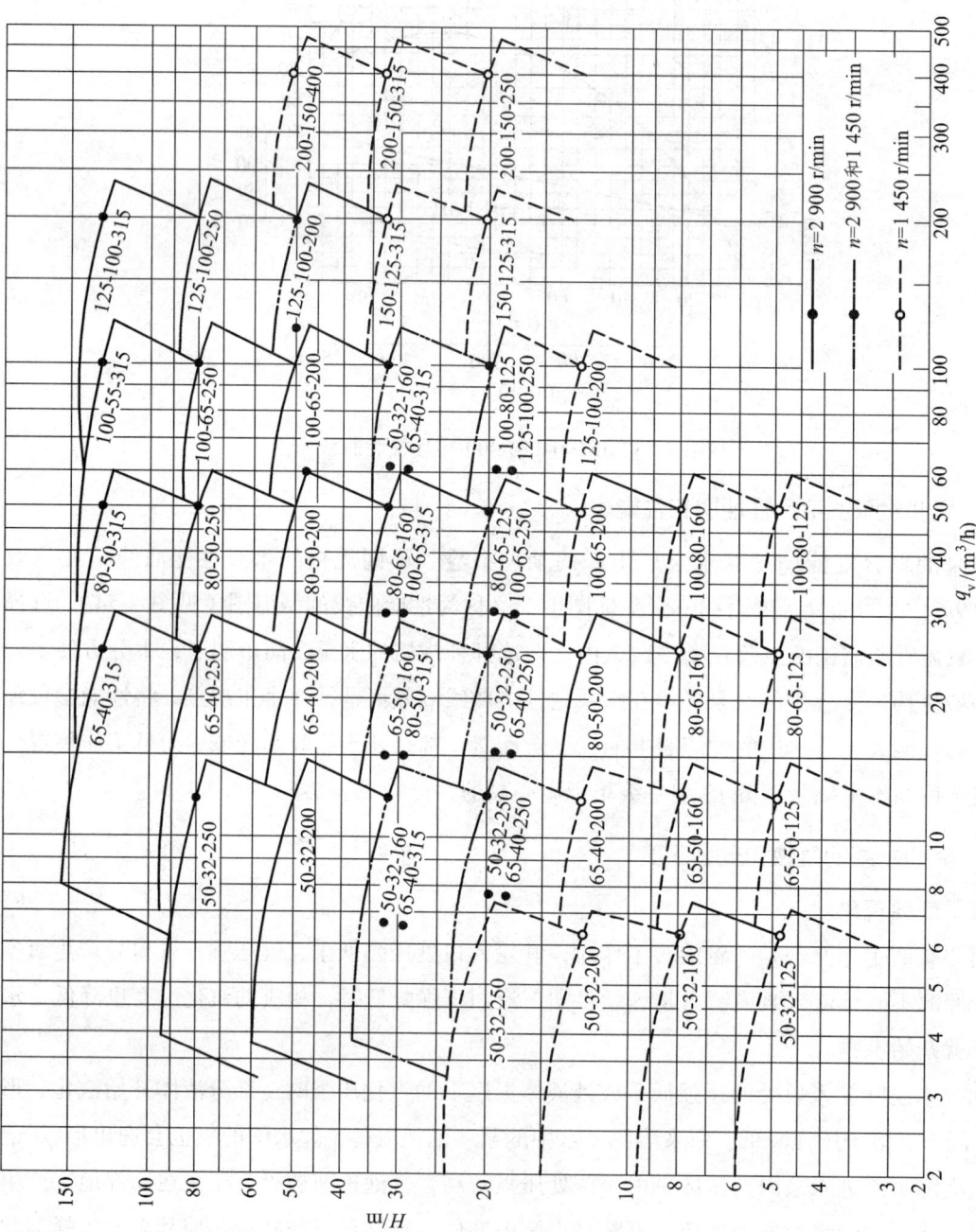

图 7-54　IS 型水泵系列型谱图

表 7-7 IS 型单级单吸离心泵的性能表（摘录）

型号	转速 n/(r/min)	流量 q_v		扬程 H/m	效率 η/%	功率/kW		必须气蚀余量 (NPSH)/r(m)	泵的重量/kg
		m³/h	L/s			轴功率	电机功率		
IS65-40-315	2 900	15 25 30	4.17 6.94 8.33	127 125 123	28 40 44	18.5 21.3 22.8	30	2.5 2.5 3.0	
	1 450	7.5 12.5 15	2.08 3.47 4.17	32.3 32.0 31.7	25 37 41	2.63 2.94 3.16	4	2.5 2.5 3.0	
IS80-65-125	2 900	30 50 60	8.33 13.9 16.7	22.5 20 18	64 75 74	2.87 3.63 3.98	5.5	3.0 3.0 3.5	
	1 450	15 25 30	4.17 6.94 8.33	5.6 5 4.5	55 71 72	0.42 0.48 0.51	0.75	2.5 2.5 3.0	
IS80-65-160	2 900	30 50 60	8.33 13.9 16.7	36 32 29	61 73 72	4.82 5.97 6.59	7.5	2.5 2.5 3.0	41
	1 450	15 25 30	4.17 6.94 8.33	9 8 7.2	55 69 68	0.67 0.79 0.86	1.5	2.5 2.5 3.0	
IS80-50-200	2 900	30 50 60	8.33 13.9 16.7	53 50 47	55 69 71	7.87 9.87 10.8	15	2.5 2.5 3.0	51
	1 450	15 25 30	4.17 6.94 8.33	13.2 12.5 11.8	51 65 67	1.06 1.31 1.44	2.2	2.5 2.5 3.0	
IS80-50-250	2 900	30 50 60	8.33 13.9 16.7	84 80 75	52 63 64	13.2 17.3 19.2	22	2.5 2.5 3.0	87
	1 450	15 25 30	4.17 6.94 8.33	21 20 18.5	49 60 61	1.75 2.27 2.52	3	2.5 2.5 3.0	
IS80-50-315	2 900	30 50 60	8.33 13.9 16.7	128 125 123	41 54 57	25.5 31.5 35.3	37	2.5 2.5 3.0	
	1 450	15 25 30	4.17 6.94 8.33	32.5 32 31.5	39 52 56	3.4 4.19 4.6	5.5	2.5 2.5 3.0	
IS100-80-125	2 900	60 100 120	16.7 27.8 33.3	24 20 16.5	67 78 74	5.86 7.00 7.28	11	4.0 4.5 5.0	50
	1 450	30 50 60	8.33 13.9 16.7	6 5 4	64 75 71	0.77 0.91 0.92	1.5	2.5 2.5 3.0	
IS100-80-160	2 900	60 100 120	16.7 27.8 33.3	36 32 28	70 78 75	8.42 11.2 12.2	15	3.5 4.0 5.0	82.5
	1 450	30 50 60	8.33 13.9 16.7	9.2 8.0 6.8	67 75 71	1.12 1.45 1.57	2.2	2.0 2.5 3.5	

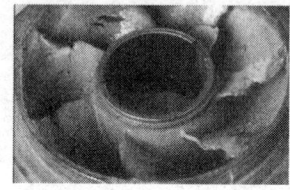 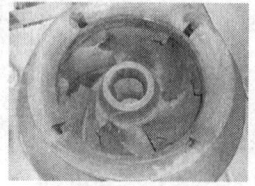  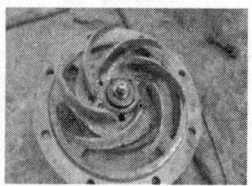

图 7-55 离心泵的气蚀危害

当气泡不太多，气蚀不严重时，对泵的运行和性能还不至于产生明显的影响。如果气泡大量产生，气蚀持续发展，就会影响正常流动，产生剧烈的噪声和振动，甚至造成断流现象。此时，泵的扬程、流量和效率会显著下降，这必将缩短泵的寿命。因此，泵在运行中应严格防止气蚀。

（2）离心泵安装高度。

如图 7-56 所示，以吸水池水面作为 0-0 基准面，水泵吸入口断面为 1-1。能量方程如下：

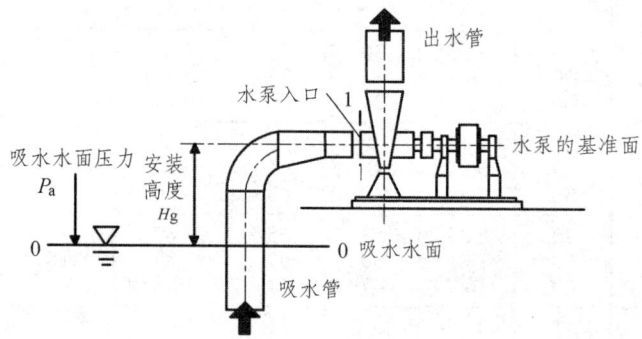

图 7-56 离心泵安装高度示意图

$$0 + \frac{p_a}{\gamma} + 0 = H_g + \frac{p_{1j}}{\gamma} + \frac{v_1^2}{2g} + h_w \tag{7-9}$$

式中 H_g——水泵的安装高度，m。

$$\frac{p_a - p_{1j}}{\gamma} = H_g + \frac{v_1^2}{2g} + h_w \tag{7-10}$$

令

$$H_B = \frac{p_a - p_{1j}}{\gamma} \tag{7-11}$$

H_B 表示吸水池水面与水泵断面之间的压强差，也就是水泵吸入口处真空计所表示的真空度。则

$$H_B = H_g + \frac{v_1^2}{2g} + h_w \tag{7-12}$$

式（7-12）表达的含义是该真空度将水提升到 H_g 高度，克服吸水管的水头损失 h_w 并能够维持吸入口流速水头 $\frac{v_1^2}{2g}$。

为避免水泵产生气蚀现象,必须对水泵吸入口的真空度做出规定,此真空度即水泵铭牌上提供的允许吸上真空度,符号 H_s。

$$H_B = H_g + \frac{v_1^2}{2g} + h_w \leq H_s \tag{7-13}$$

则水泵的最大安装高度可按下式求得:

$$H_{gmax} = H_s - \frac{v_1^2}{2g} - h_w \tag{7-14}$$

计算时要注意以下两点:

① 流量增加时,流动阻力和流速水头都增加,允许吸上真空度 H_s 将随着流量增加而降低,计算安装高度必须按照运行中可能出现的最大流量对应的 H_s 来计算。

② H_s 值是水泵制造厂标准大气压 101.325 kPa,水温 20 ℃ 的清水条件下试验得出的,水泵使用条件不符合该条件,需对 H_s 值按如下公式进行修正。

$$H'_s = H_s - (10 - h_A) + (0.24 - h_V) \tag{7-15}$$

式中 H'_s——修正后的允许吸上真空度,m;

H_s——水泵铭牌上的允许吸上真空度,m;

h_A——水泵安装地点的大气压强水头,随海拔高度而变化,见表 7-8;

0.24——水温 20 ℃ 时的汽化压强水头;

h_V——实际工作温度的汽化压强水头,见表 7-9。

表 7-8 不同海拔高度大气压强水头 h_A

海拔高度	大气压强水头/mH₂O
−600	11.3
0	10.3
100	10.2
200	10.1
300	10.0
400	9.8
500	9.7
600	9.6
700	9.5
800	9.4
900	9.3
1 000	9.2
1 500	8.6
2 000	8.4

表 7-9 不同温度水的汽化压强水头 h_A

温度/°C	5	10	20	30	40	50	60	70	80	90	100
汽化压强水头/mH$_2$O	0.09	0.12	0.24	0.43	0.75	1.25	2.00	3.17	4.82	7.14	10.33

【例 7-3】 某离心式水泵的输水量为 20 L/s，水泵进口直径 $D = 100$ mm，经计算，吸水管的水头损失 $h_w = 4.0$ mH$_2$O，铭牌上的允许吸上真空度 $H_s = 8$ m，输送水温 50 °C 清水，当地海拔高度为 1 000 m，求水泵的最大安装高度 H_{gmax}。

【解】 先修正水泵允许吸上真空度：

$$H'_s = H_s - (10 - h_A) + (0.24 - h_V)$$

查表海拔高度为 1 000 m 时，$h_A = 9.2$ mH$_2$O；

水温 50 °C 时，$h_V = 1.25$ mH$_2$O。

代入得 $H'_s = 8 - (10 - 9.2) + (0.24 - 1.25) = 6.19$ mH$_2$O

输水量为 20 L/s，水泵进口直径 $D = 100$ mm，则可求流速：

$$v_1 = \frac{4q_v}{\pi D^2} = \frac{4 \times 0.02}{3.14 \times 0.1^2} = 2.55 \text{ m/s}$$

水泵的最大安装高度

$$H_{gmax} = H'_s - \frac{v_1^2}{2g} - h_w = 6.19 - \frac{2.55^2}{2 \times 9.81} - 4 = 1.86 \text{ m}$$

水泵的最大安装高度为 1.86 m。

项目 4　管路附件及设备

一、分水器和集水器

分水器和集水器起分流和汇集作用，结构示意图见图 7-57。

二、膨胀水箱

膨胀水箱用于闭式水循环系统中，其作用是收容和补偿系统中水的胀缩量，起平衡水量及压力的作用，避免安全阀频繁开启和自动补水阀频繁补水。一般都将膨胀水箱设在系统的最高点（水箱底标高至少应高出系统最高点 1 m），并接在循环水泵（冷冻水泵）吸水口附近的回水干管上。膨胀水箱接管示意图见图 7-58。

模块 7　中央空调水系统

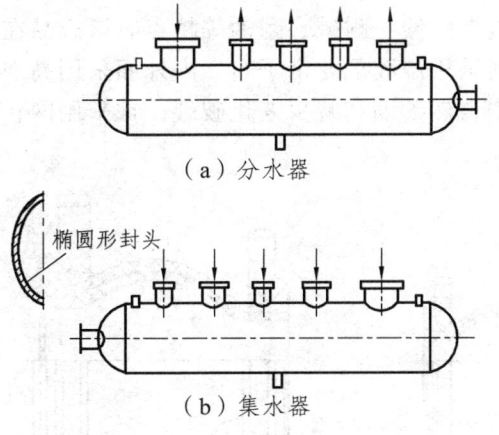

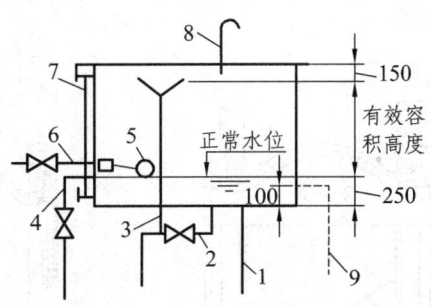

图 7-57　分水器和集水器的结构示意图

图 7-58　膨胀水箱接管示意图

1—膨胀管；2—排污管；3—溢流管；4—信号；5—浮球阀；
6—补水管；7—水位计；8—通气管；9—循环管

三、放气装置

放气装置有集气罐、自动排气阀、手动排气阀，如图 7-59 和图 7-60 所示。

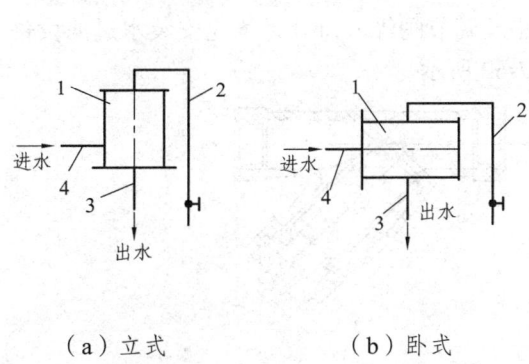

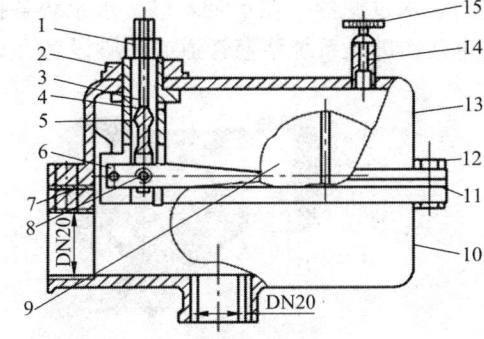

图 7-59　集气罐的接管示意图

图 7-60　ZPT-C 型自动排气阀的结构

1—集气罐；2—放气管；3—出水管；4—进水管

1—排气口；2—六角锁紧螺母；3—阀芯；4—橡胶封头；
5—滑动杆；6—浮球杆；7—铜锁钉；8—铆钉；
9—浮球；10—下半壳；11—垫片；
12—螺栓螺母；13—上半壳；
14—手动排气座；
15—手拧顶针

四、其他管路附件

1．橡胶软接头

橡胶软接头俗称可曲挠橡胶接头，结构如图 7-61 所示。其产品广泛应用于水、电、化工、船泊系统,具有耐压高、弹性好(可轴向、横向、角向位移)、降噪声、质量轻、减振动、安装方便、使用灵活、便于拆换维修等特点,同时具有耐酸、耐碱、耐油等特点。该产品在使用过程中耐天气自然变化可自动延伸。其结构材料采用浸胶尼龙帘子布,内外面采用高强度耐老化极性橡胶材料。为防止该产品在长期使用中自然萎缩和减少老化破裂,常采用网状钢丝进行保护。

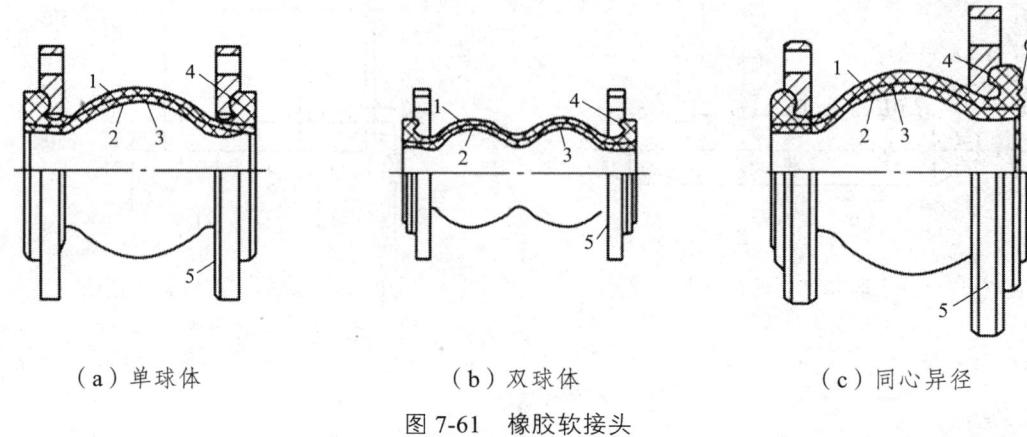

(a)单球体　　　　(b)双球体　　　　(c)同心异径

图 7-61　橡胶软接头

1—外胶层;2—内胶层;3—骨架层;4—钢丝圈;5—法兰;6—止水环

2. 水过滤器及水处理仪

(1)水过滤器。在水泵入口、水系统各换热器及调节阀等入口处,均应安装水过滤设备,以防止杂物进入系统堵塞管道或污染设备,如图 7-62 所示。

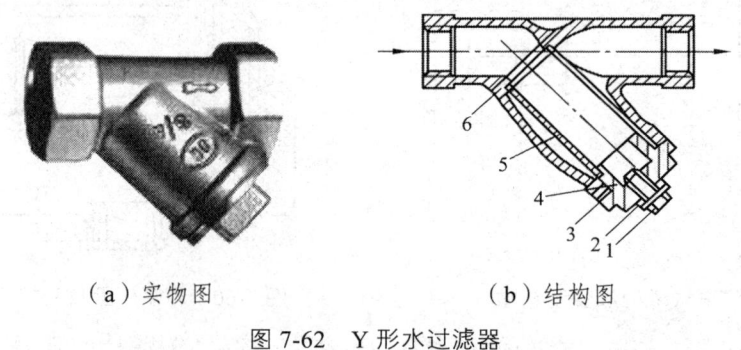

(a)实物图　　　　(b)结构图

图 7-62　Y 形水过滤器

1—螺栓;2,3—垫片;4—封盖;5—滤网;6—阀体

(2)水处理仪。水处理仪是用于水系统中的一种除垢、防垢、杀菌、灭藻、除铁锈、防腐蚀的设备,目前常用的是电子水处理仪,结构如图 7-63 所示。

3. 水流量开关

水流量开关又称为水流开关,根据控制和调节水流的原理可分为杠杆调节式和磁感应调节式两类。杠杆调节式属于常规型的靶式流量控制器,采用杠杆传动的结构原理,如图 7-64 所示。磁感应调节式是利用磁感应代替常规式的复杂杠杆传动结构,磁感应头代替常规式的微动开关。

模块 7 中央空调水系统

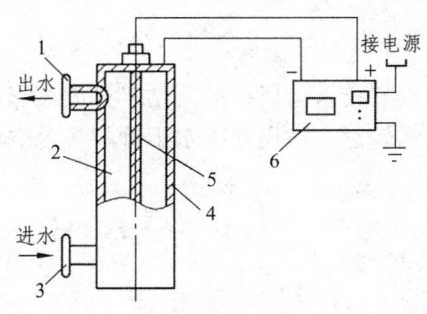

图 7-63 电子水处理仪结构

1—出水管；2—水；3—进水管；4—壳体；
5—金属电极；6—直流电源

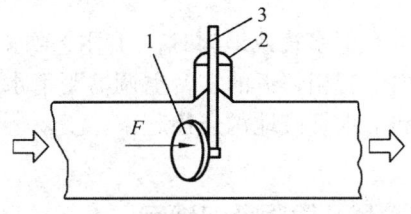

图 7-64 靶式流量控制器示意图

1—靶；2—输出轴密封片；3—输出杠杆

4．水力平衡阀

水力平衡阀有以下几个作用：

（1）测量流量，通过测压孔测得水流经平衡阀时的压力差，将压差信号通过专用的压差变送器传递给专用智能仪表，可读出被测的流量值。

（2）调节流量，通过旋转手轮，可读出阀门的开度值。

（3）隔断功能，阀门处于全关位置时，可以完全截断流量，相当于一个截止阀。

（4）排污功能，对于小口径的阀门，一般接有排污短管，通过排污口排除管段中的积水。

水力平衡阀及测量仪表如图 7-65 所示。

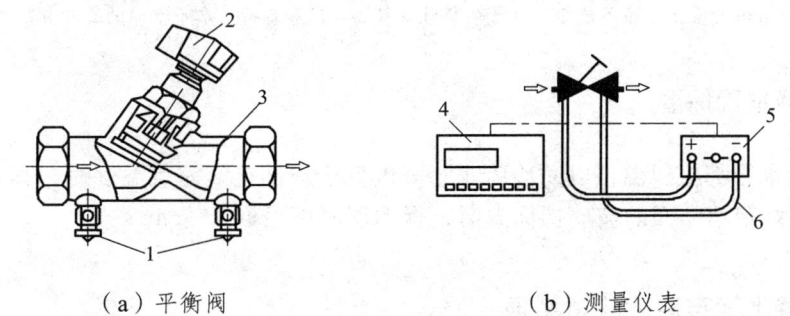

（a）平衡阀　　　　　　　　　（b）测量仪表

图 7-65 平衡阀及测量仪表示意图

1—测压孔；2—手轮；3—阀体；4—专用智能仪表；5—专用压变送器；6—橡胶管

项目 5　冷凝水系统管路确定方法

风机盘管机组、整体式空调器、组合式空调机组等运行过程中产生的冷凝水，必须及时排走。冷凝水的排放一般分为开式、非满流自流系统。为保证自流系统的水头，凝结水管敷设必须保证一定的坡度，可分为集中排放和就地排放两种。坡度一般不小于 0.005，风机盘管支管坡度不小于 0.01，水平距离不宜过长。

一、冷凝水管的布置

若邻近有下水管或地沟时，可用冷凝水管将空调器接水盘所接的凝结水排放至邻近的下水管或地沟内。若相邻近的多台空调器距下水管或地沟较远，可用冷凝水干管将各台空调器的冷凝水支管和下水管或地沟连接起来。

二、冷凝水管管径的确定

直接和空调器接水盘连接的冷凝水支管的管径应与接水盘接管管径一致（可从产品样本中查得）。需设冷凝水干管时，某段干管的管径可依据与该管段连接的空调器总冷量（kW）按表7-10查得。

表7-10 冷凝水干管管径选择表

干管承担冷量/kW	干管公称直径 DN/mm	干管承担冷量/kW	干管公称直径 DN/mm
≤7	20	599～1 055	80
7.1～17.6	25	1 056～1 512	100
17.7～100	32	1 513～12 462	125
101～176	40	>12 462	150
177～598	50		

注：DN=15 mm 的管道不推荐使用。立管的公称直径应与同等负荷的水平干管的公称直径相同。

三、冷凝水管保温

所有冷凝水管都应保温，以防冷凝水管温度低于局部空气露点温度时，其表面结露滴水。采用带有网纹线铝箔贴面的玻璃棉保温时，保温层厚度可取 25 mm。

四、冷凝水管布置的注意事项

（1）沿水流方向，水平管道应保持不小于千分之一的坡度，且不允许有积水部位。
（2）当冷凝水盘位于机组负压区段时，凝水盘的出水口处必须设置水封，水封的高度应比凝水盘处的负压（相当于水柱高度）大 50% 左右。水封的出口，应与大气相通。
（3）采用聚氯乙烯塑料管时，一般可以不必进行防结露的保温和隔汽处理。
（4）采用镀锌钢管时，通常应设置保温层。
（5）冷凝水立管的顶部，应设计通向大气的透气管。

习 题

1. 什么是冷媒水系统和冷却水系统？

2. 开式循环和闭式循环水系统各有什么优、缺点？
3. 什么是同程系统和异程系统，各有什么特点？
4. 什么是双管、三管、四管制系统？分别适用何种场合？
5. 泵按工作原理和结构特征的不同可分为哪几类？
6. 泵有哪些主要性能参数？什么是扬程？
7. 试述离心泵的工作原理，并说明离心泵起动前为什么要灌泵。
8. 离心泵的分类有哪些？
9. 离心泵的主要零部件有哪些？各有何作用？
10. 轴封装置有哪几种形式？各有何优、缺点？
11. 离心泵的特性曲线有哪几条？它们各有什么用途？
12. 试简述泵产生气蚀的原因。
13. 什么是吸上真空度？
14. 什么是离心泵的允许安装高度？如何计算？如果泵的实际高度超过了允许安装高度，对泵的工作有何影响？
15. 冷却塔的作用是什么？如何分类？
16. 简述逆流式冷却塔的工作原理。
17. 分水器和集水器的作用是什么？
18. 膨胀水箱有哪些配管？简述膨胀水箱在空调水系统中的作用。
19. 为什么要设置放气装置？常用的放气装置有哪些？
20. 简述电子水处理仪的工作原理。
21. 平衡阀有哪些功能？
22. 有一台水泵流量为 $0.2\ m^3/s$，吸入管直径 $D = 300\ mm$，水温为 $30\ ℃$，允许吸上真空度为 $6\ mH_2O$，吸水池水面标高为 $100\ m$，水面为大气压，吸入管的阻力损失为 $0.8\ mH_2O$，试求：（1）水泵的最大安装位置标高是多少？（2）如果此泵安装在 $1\ 000\ m$，泵送水温变为 $40\ ℃$，泵的安装位置标高为多少？

模块 8　典型车站空调与通风系统施工图识读

车站空调与通风系统属于民用舒适性空调的范畴，也需要遵循相应的标准与规范。中央空调工程涉及的规范有 100 多个，规范涵盖建筑、节能、消防、制图以及电气、自控等各方面。技术人员要熟悉和掌握空调与通风系统，最简洁明了的方式就是识读工程图纸。将图形与实物结合，就能掌握系统全局，对于系统运行中可能出现的问题与故障了然于心。

工程图纸由图文与图样组成，图文与图样包括各种符号、线条及文字说明。工程图样被称为工程界的共同语言，是工程师们交流的基本工具。技术人员必须掌握建筑工程图样的绘制和识读方法。如果不会绘图，就无法表达自己的设计构思，而不会读图，就不能理解设计者的设计意图。

设计师表达图样必须遵循一套绘制工程图的方法。这种方法需满足既能表达图样，又便于绘图和度量。将工程图的表达与绘制规范化，以便按照图样制造或施工——这就是我们国家颁布的各项制图标准与规范。

为统一暖通专业制图规则，符合设计、施工和存档备查的要求，住房和城乡建设部统一制定了《暖通空调制图标准》（GB/T 50114），除遵循此标准外，还必须遵守《总图制图标准》（GB/T 50103）、《建筑制图标准》（GB/T 50104）、《给水排水制图标准》（GB/T 50106）等。

我们看立体图时与看到实物感觉一致，立体图三维立体感强，符合人所处的三维空间。容易看懂，但这种图不能表达实物的真实形状和大小，如图 8-1 所示。而工程图采用正投影方法，将实物分解成多个正投影图来反映一个物体的形状和大小，如图 8-2 所示。

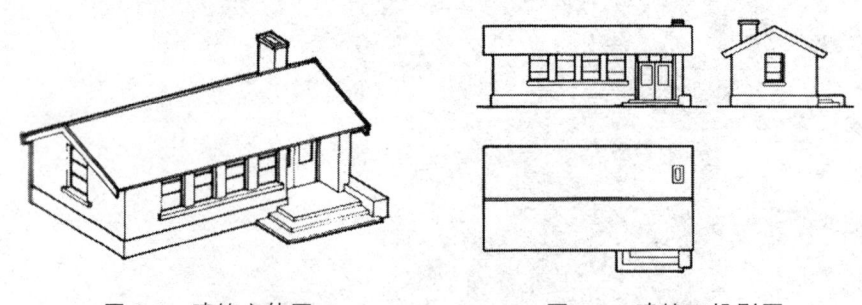

图 8-1　建筑立体图　　　　图 8-2　建筑正投影图

物体的基本视图通常采用正面投影主视图、水平面投影俯视图和侧面投影左视图，即三视图。建筑制图的正投影图与机械制图中的三视图是一致的规则，在此不赘述。

项目 1 空调与通风系统施工图的识图方法

一、空调通风施工图的特点

空调与通风系统施工图有其自身的特点，了解其特点，有助于我们对图纸的认知，识图会更容易。其主要特点如下：

1. 图例的代表性

施工图上图形不能反映实物的具体形状与结构，采用的是国家专业制图标准中统一符号来表示。因此，读图者需掌握相关图例符号代表的含义。

2. 风水系统的相对独立性

在施工图中，风系统和水系统一般在空气处理设备处连接。有些设计图将风系统和水系统绘制在同一平、剖面中，有些设计图将其分开绘制。运行中也是各有环路，但又是有机整体。因此，读图时分开阅读，但要互相补充，综合理解。

3. 风、水系统的完整性

空调与通风系统，无论风、水系统，都可以称为循环，通过风、水管路与设备相连。例如，冷冻水系统，其水系统形成了一个循环，如图 8-3 所示。

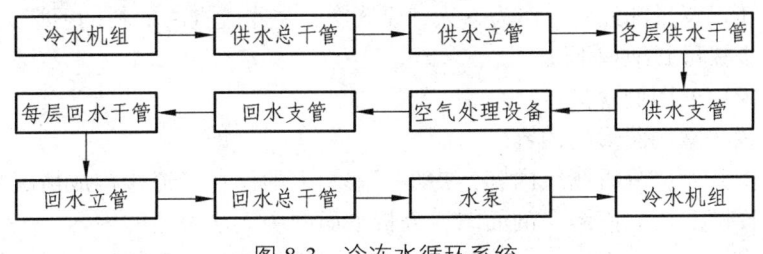

图 8-3 冷冻水循环系统

风系统的环路也可以描述为如图 8-4 所示的系统。

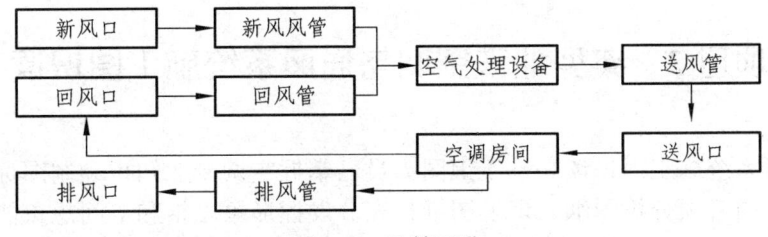

图 8-4 风管系统

对于风管系统，可以从空气处理设备开始阅读，逆风流动方向看到新风口，顺风方向看至房间，再至回风管、空气处理设备，一部分进空气处理设备，另一部分排至室外。当然也可以以房间为中心，研究风的来源与去向。

4. 系统的复杂性

空调与通风系统中的主要设备，如冷水机组、空气处理设备等，安装位置须与建筑协调。

建筑内部的风、水管系统在空间上纵横交错，在同一平面表达中，管道重叠、交叉非常多，因此，读图必须全面通读平面图、剖面和详图以及轴测图，才可以对系统有全面了解。

5. 与建筑的密切相关性

因为空调与通风系统依托于具体的建筑物，要读懂空调与通风系统的图纸，必须对建筑物有所了解，才能掌握通风与空调设备、管线、配件的安装定位。

二、空调通风施工图的识图方法

各种图样是由线型与符号组成。首先，要记住图纸上所用的线型与符号所代表的含义。其次，要根据线型与符号判断图纸各要素之间的相互关系，掌握视图的投影规则，结合多个视图进行阅读和分析，才可准确构建出建筑或构筑物的三维立体形象，分析视图中的虚实线的变化，从而掌握图形表达中的层次关系。

具体读图时，应首先对照图纸目录，检查图纸是否完整。每张图纸的名称是否与图纸目录的图名相同，确定无误后再正式读图。通常首先看设计说明书，然后对整套图样粗略地过一遍，在头脑中有一个整体的轮廓，再按顺序读平面图、剖面图、系统图、详图等。在读图时也可以对图样交叉识读，如读平面图时可参照系统图及其他图，如有不懂的地方，可不必纠结，先放下，往下继续读图。同时必须勤快地查阅有关资料，不能似懂非懂。有些工程图由于种种原因会出现一些错误，在读图时要将专业知识融入，一般明显的错误容易找，也有一些隐藏的错误须依靠读图者的知识背景和经验。作为新人，要读图，并养成查阅资料的习惯，也可请教同行。一般识图方法与步骤可归纳如下：

（1）掌握图形中的图例含义。
（2）看标题栏，掌握图形的内容。
（3）从平面图开始，分析图纸内容，初步了解图上的设备管道等构成情况及相互关系。
（4）结合立面图、侧立面图、剖面图，分析平面图中无法表达的内容。
（5）综合所有视图上的内容，在头脑中建构出比较复杂的空间物体或系统的结构和形象。

项目2 典型地铁空调与通风系统施工图识读

空调与通风系统施工图识读是基于识图人员已掌握空调专业知识和制图标准，掌握了图纸基本要素。识图者须分析图纸、理解图纸，充分发挥形象思维和空间想象能力，根据图面内容，在脑海中将二维图转换成三维空间实体。这里以广州某地铁站通风与空调施工图为例进行详述。

一、地铁空调与通风系统原理介绍

空调与通风系统可以营造人们所需要的室内环境。现代地铁运行空间一般处于地下，要营造舒适环境，必然要考虑用人工方法解决地下环境问题。由于地下空间的局限性，解决地下环境问题必须考虑空调系统、通风系统、防排烟系统的综合应用。有些书籍将地铁空调、通风、防排烟系统综合为一体的环境控制系统称为地铁环境控制系统，简称地铁环控系统。本书仍沿用专业名称——空调与通风系统。

空调与通风系统是地铁工程重要组成部分，主要作用是对地铁的环境空气进行处理。其作用包括：① 在地铁正常运行期间为地铁乘客提供良好的乘车环境；② 为地铁工作人员提供必要的安全、卫生、舒适的环境条件；③ 对车站各种设备和管理用房按工艺和功能要求提供满足要求的环境条件，为列车和设备的运行提供良好的工作条件；④ 当地铁发生火灾毒气事件时，空调与通风系统能提供新鲜空气，及时排除有害气体，为人员撤离事故现场创造条件。

现代地铁空调与通风系统有很多模式，不管何种模式，都必须满足以下基本要求：

（1）列车正常运行时，系统保证地铁内部空气环境在规定的标准范围内。

（2）列车阻塞在区间隧道时，系统能确保隧道内空气流通。

（3）列车在区间隧道发生火灾事故时，具备防灾、排烟、通风功能。

（4）车站内发生火灾事故时，具备防灾、排烟、通风功能。

（一）空调与通风系统的分类

根据地铁工程的特点，按车站建筑型式分为地面高架车站、地面车站和地下车站三种形式。按环境控制对象可分为地面车站(含地面高架车站)、地下车站、地下区间隧道、主变电站和牵引变电站等。地铁通风系统，按照地铁内部与外界大气的连通方式，分为开式系统和闭式系统。闭式系统通过风阀的开关，可进行开/闭式运行。在闭式系统的基础上，站台设置一道全封闭的站台门（屏蔽门），将车站内部空气与区间隧道相对隔离开来，衍生出屏蔽门式系统。我国长江流域及其以南地区的地铁通风系统，普遍采用屏蔽门式系统。

1. 非屏蔽门系统

非屏蔽门系统是指在物理结构上地铁车站与区间隧道相连通的系统。非屏蔽门系统主要指闭式系统，所谓闭式系统即夏季空调季节时，整个地下区间及车站除两端隧道洞口、车站出入口和空调小新风外，地下车站及区间基本与外界相隔绝的一种空调通风方式。闭式系统可根据全年气温变化，转为开式运行（开式系统）。上海地铁2号线、广州地铁1号线即采用闭式系统。

2. 屏蔽门系统

屏蔽门系统是在站台与区间隧道之间设置完全隔断、可以移动的屏蔽门，列车停站时屏蔽门与列车门一一对应打开，列车出站时屏蔽门关闭。这一物理屏障将巨大的列车产热拒之于车站之外，站内采用空调系统，保证站内温度符合标准，而区间隧道则利用列车运行活塞风，通过风井与室外进行通风换气，满足区间通风要求。采用这种环境控制方式的有上海1、8、9、10号线工程、深圳地铁一期工程等。

（二）空调与通风系统的组成

城市轨道交通空调与通风系统主要由以下子系统组成：隧道通风系统（包括区间隧道通风系统、车站隧道通风系统、隧道洞口射流风机系统、地下配线通风系统）、车站通风空调系统、空调制冷供冷系统、多联空调系统、局部通风空调系统等。

地下车站的站厅、站台公共区域的空调与通风系统称为车站通风空调大系统；车站设备和辅助管理用房空调与通风系统（包括防排烟系统）、主变电所和牵引变电所空调与通风系统称为车站通风空调小系统。地面车站和高架车站公共区域由于散热散湿条件好，通常其站厅、站台公共区域无须设置通风空调大系统，只设有通风空调小系统。

（三）空调与通风系统原理图

图 8-5～8-15 是典型地铁车站空调与通风系统原理图。需要说明的是，由于地铁公共区域空调与通风系统的设计一般以车站中轴线为分界点对称设计布局，因此，下面所列的典型车站公共区域空调与通风系统示意图仅表示车站单侧。

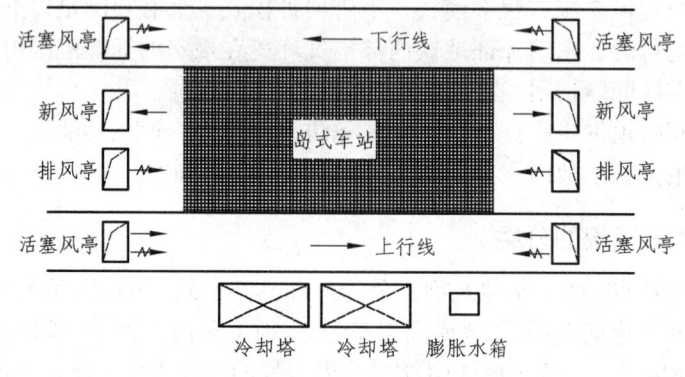

图 8-5　典型车站地面设施图

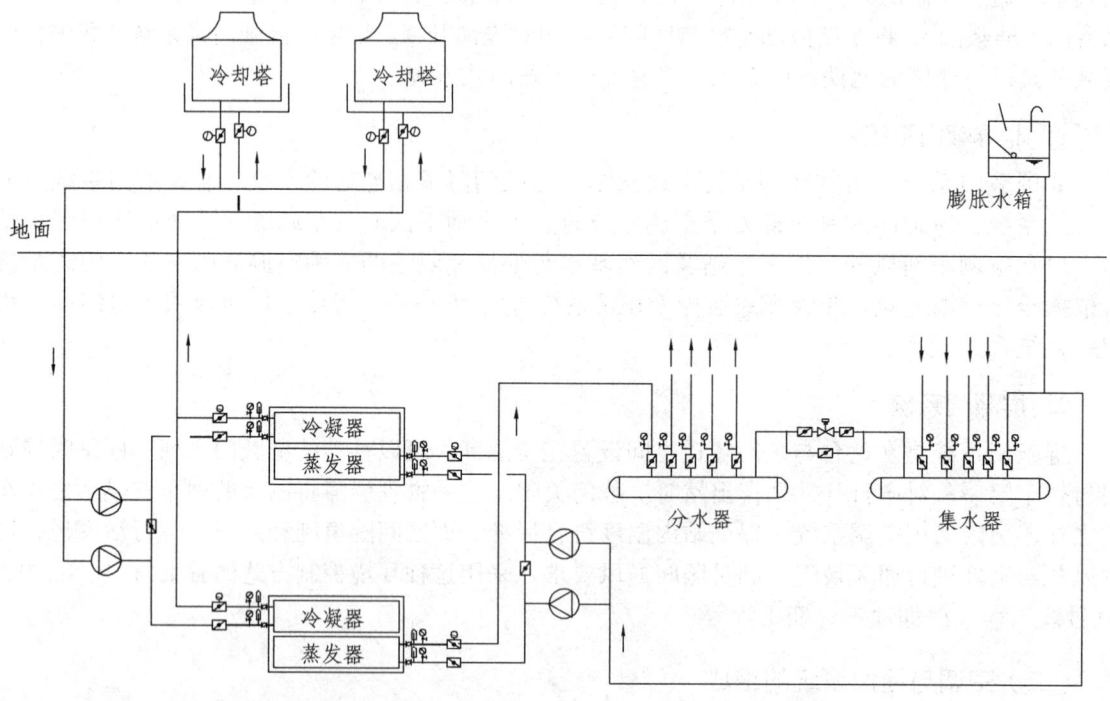

图 8-6　冷冻水系统原理图

模块 8　典型车站空调与通风系统施工图识读

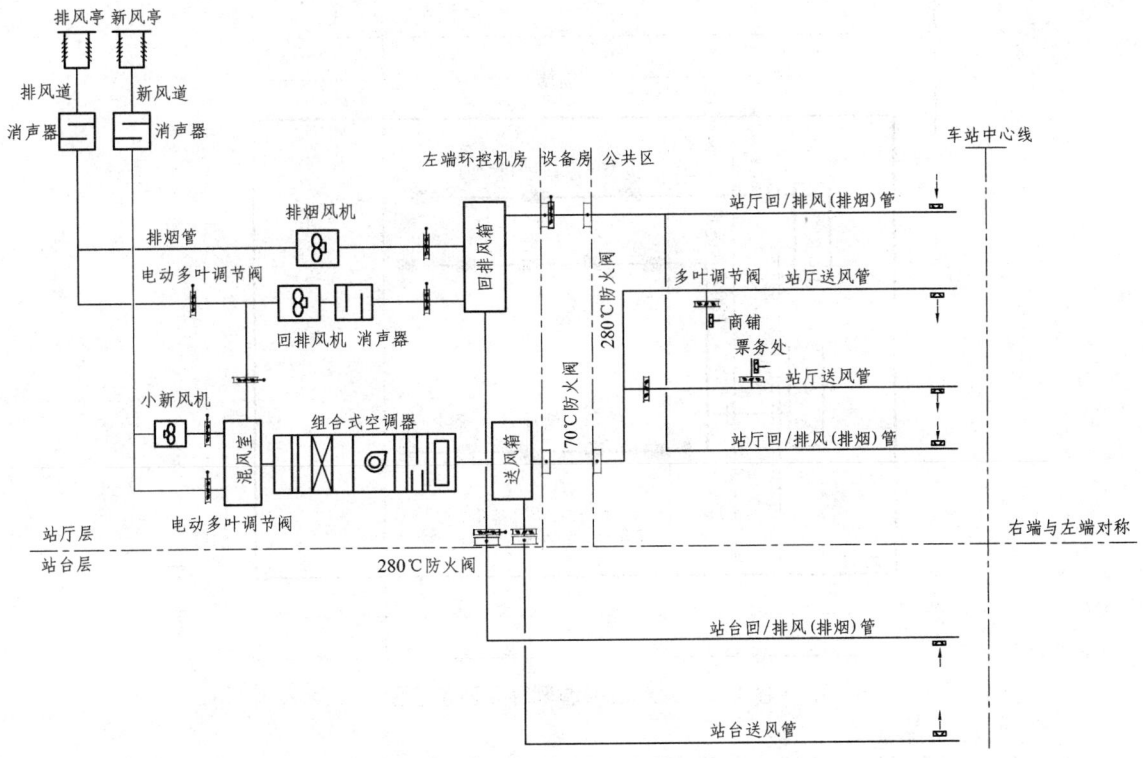

图 8-7　车站公共区大系统原理图

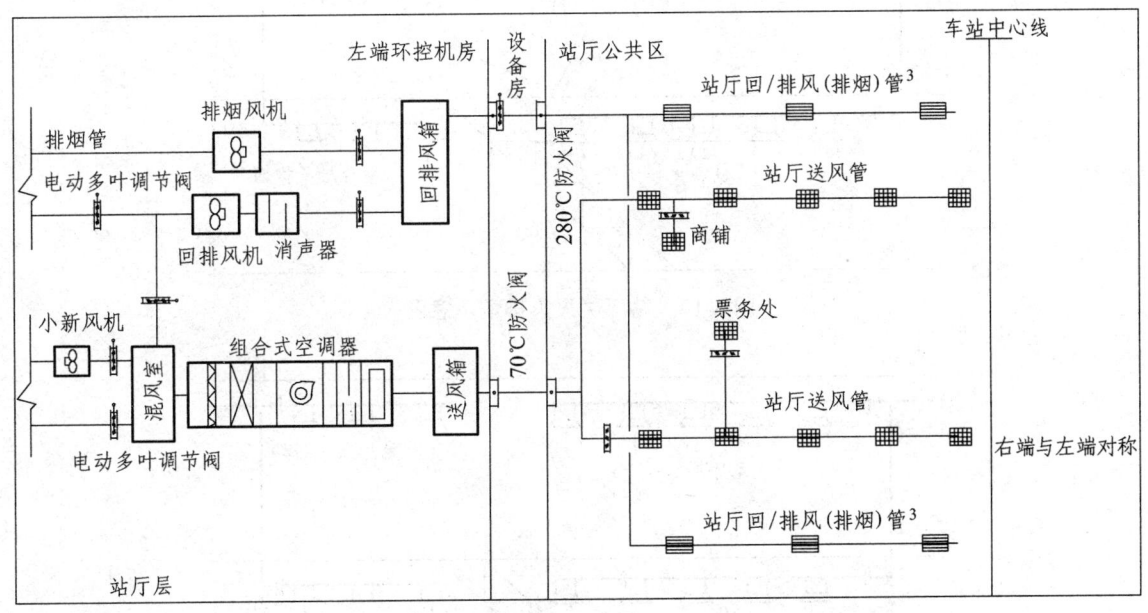

图 8-8　站厅层空调风管平面示意图

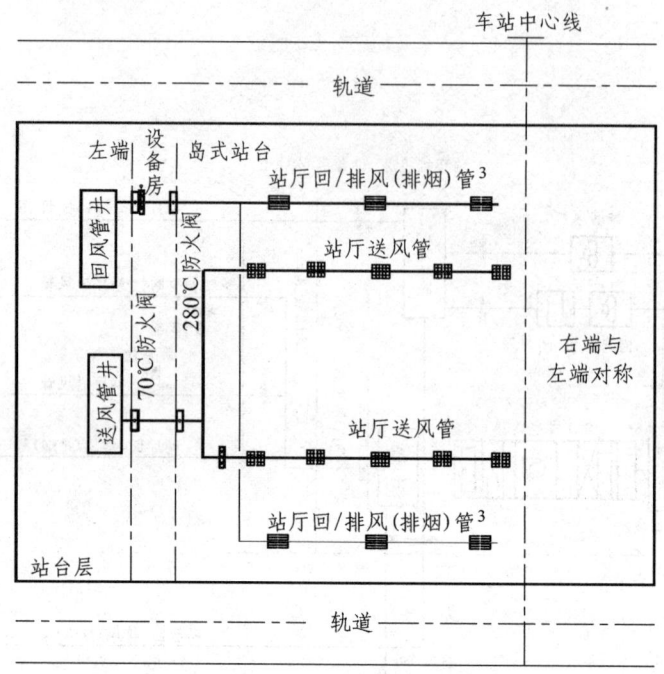

图 8-9　站台层空调风管平面示意图

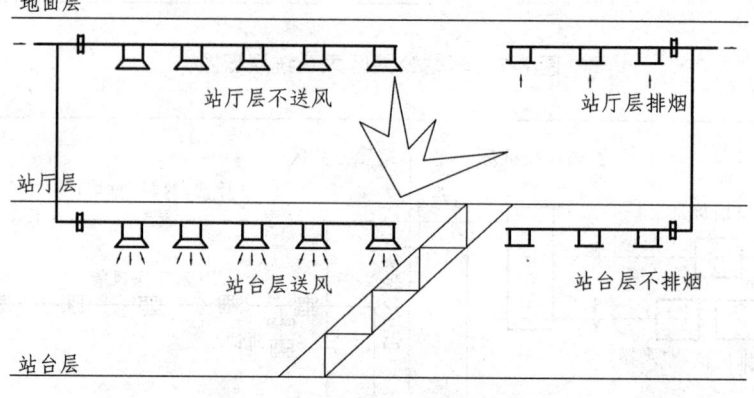

图 8-10　站厅层火灾排烟示意图

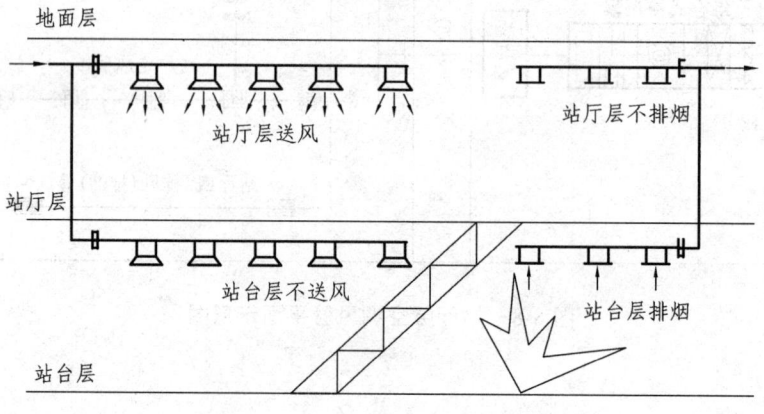

图 8-11　站台层火灾排烟示意图

模块 8　典型车站空调与通风系统施工图识读

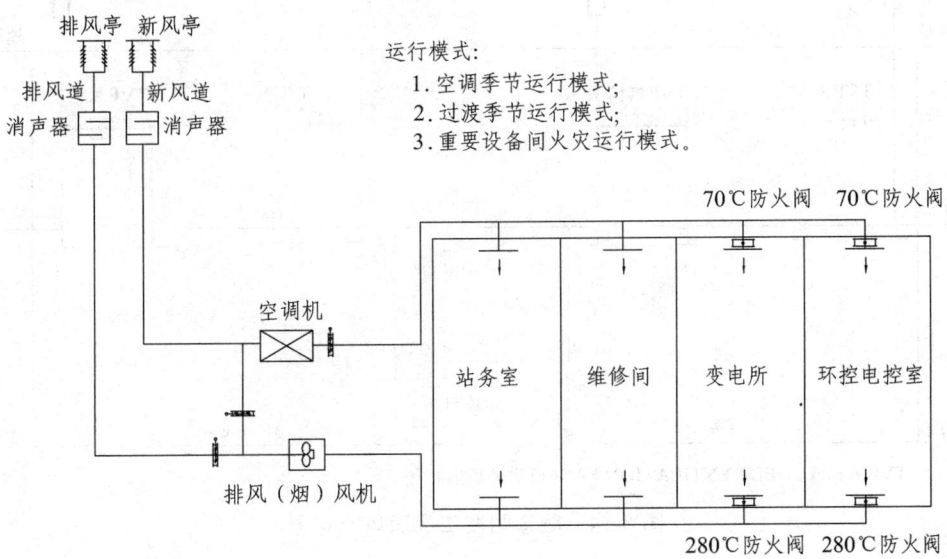

图 8-12　设备及管理用房空调风系统原理图

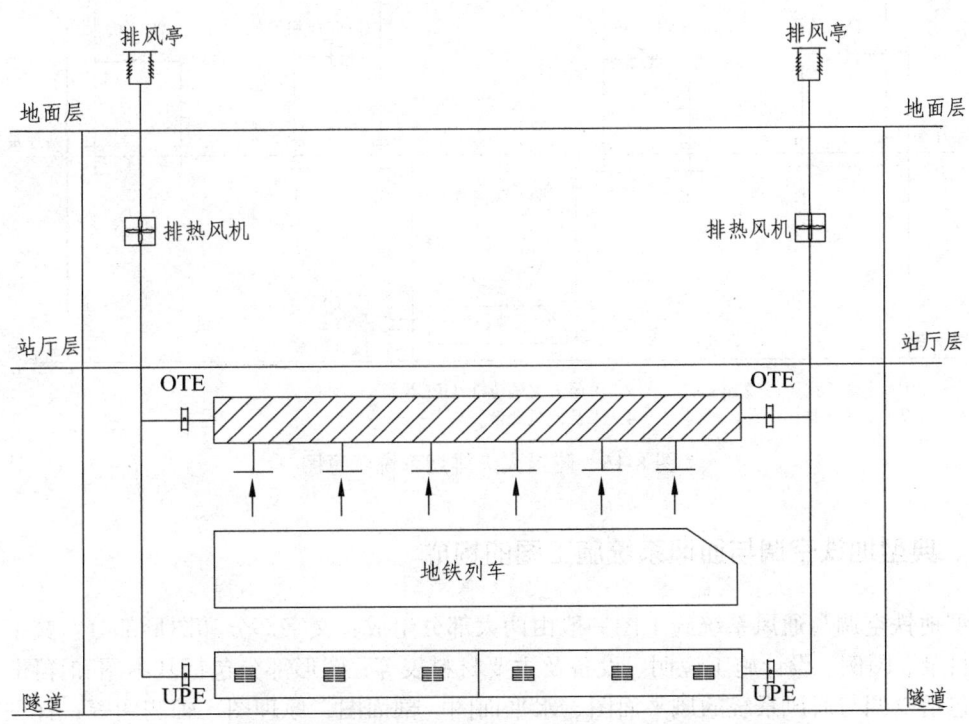

OTE-OVER TRACKWAY EXHAUST AIR DUCT(轨顶排热风管)
UPE-UNDER PLATFORM EXHAUST AIR DUCT(站台下排热风管)

图 8-13　站台排热系统示意图

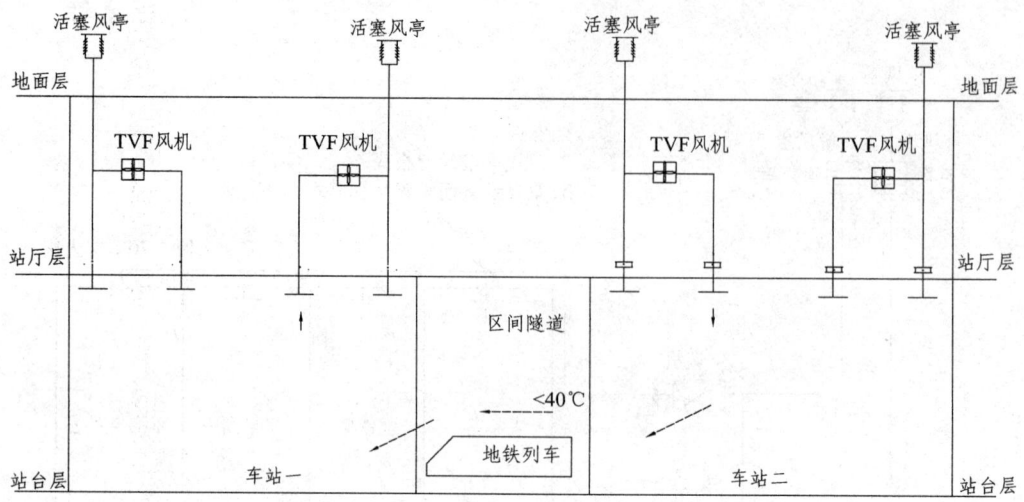

TVF风机-TUNEL VENTILATION FAN(隧道通风机)

图 8-14 隧道阻塞工况通风示意图

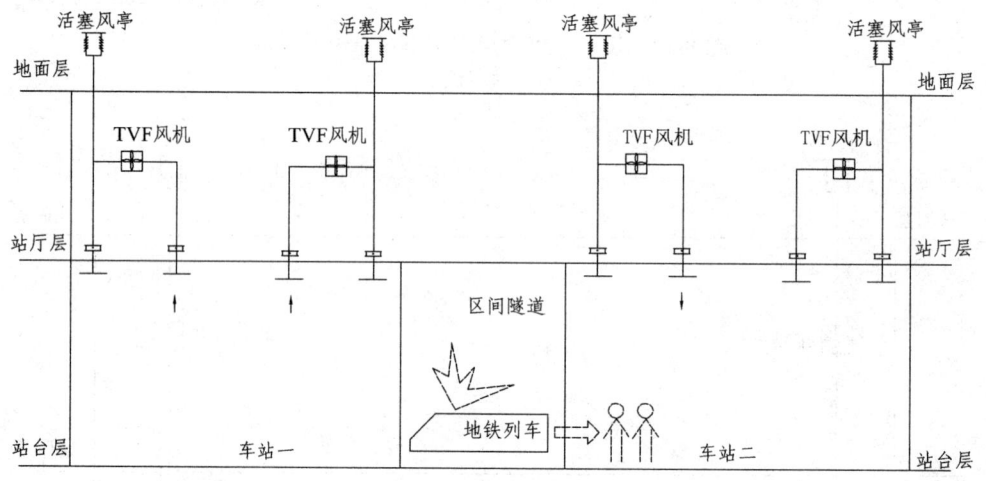

1. 一送二排（$v \geq 2$ m/s）； 3. 关闭火灾端OTE/UPE风机；
2. 近送远排； 4. 人员迎风疏散。

图 8-15 隧道火灾排烟系统示意图

二、典型地铁空调与通风系统施工图的构成

典型地铁空调与通风系统施工图一般由两大部分组成：文字部分和图形部分。文字部分包括图纸目录、图例、设计施工说明、设备及主要材料表等；图形部分包括基本图和详图。其中，基本图包括空调与通风系统的风平面图、水平面图、剖面图、原理图、轴测图等；详图包括系统中某局部或某构件的放大图、加工图、施工图等，详图采用国家颁布的标准图集中的图纸需要附加说明。

（一）文字部分

详见附录 D。

模块 8 典型车站空调与通风系统施工图识读

（二）图纸部分

图纸部分主要包括空调与通风系统平面图、空调机房平面图、制冷机房平面图、剖面图、系统图、详图等。其中平面图包括建筑物各层空调与通风系统平面图、空调机房平面图、制冷机房平面图等。有时各层空调与通风系统平面图包含本层空调机房平面图，无须另外单列，如何划分是根据具体项目由设计者来编排。

1. 空调与通风系统平面图

空调与通风系统平面图主要说明空调系统的设备、风管布置、冷热水管道布置、凝结水管道布置等内容。可参考附录 D。

（1）风系统：风管一般用双线绘出，包括风管系统构成、布置、风管上各部件、设备的位置，并且注明系统编号、送回风的空气流动方向。

（2）水系统：水管一般用单线绘出，包括冷热水管道、凝结水管道的构成、布置及水管上各部件、设备的位置，并注明冷热水管内水流方向、坡度等。

（3）空气处理设备：空气处理设备主要是设备轮廓及位置。

（4）尺寸标注：各种管道、设备、部件的尺寸大小、定位、设备的基础尺寸，各设备、部件的名称、型号、规格。有些图纸用编号表示，单列编号表达设备、部件具体型号规格。

2. 空调机房平面图

空调机房平面图如图 8-16 所示，内容如下：

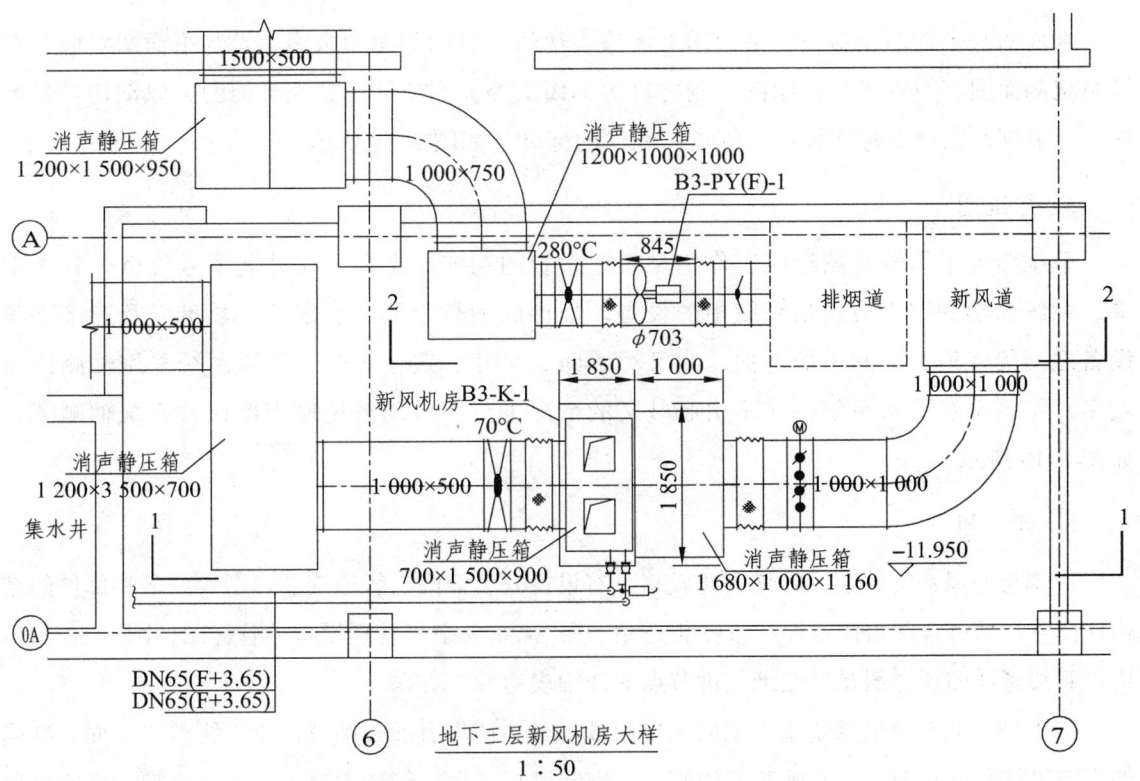

图 8-16　某空调机房平面大样图

（1）空气处理设备：在空调机房平面图注明标准图集或产品样本要求所采用的空调器或空调器组合段代号，组合式空调器内风机、加热段、表冷器、加湿器等设备的型号、数量，以及该空气处理设备的定位尺寸。

（2）风管系统：用双线表示，包括与空调箱相连接的送风管、回风管、新风管。

（3）水管系统：用单线表示，包括与空调箱相连接的冷热水管道，凝结水管道。

（4）尺寸标注：指机房各设备、管道、部件的尺寸大小、定位尺寸。其他还包括消声设备、柔性软接、防火阀、调节阀的位置尺寸等。

3. 制冷机房平面图

制冷机房与空调机房是两个不同的概念，制冷机房内的制冷主机为空调机房内的空气处理设备提供冷媒或热媒，即空调机房中的空气处理设备连接的冷热水管就是来自制冷机房中的主机设备，冷媒来自主机的蒸发器，热媒来自机房的制热设备如锅炉。经空气处理设备的热交换后，冷热媒又会回到制冷机房，不断循环。冷冻机房的平面图主要包括制冷机组的型号和台数、锅炉、冷冻水泵、冷却水泵的型号和台数、机房冷（热）媒管道的布置、机房设备、管路上的配件（过滤器、阀门等）的尺寸大小和定位尺寸，如图 8-17 所示。

4. 剖面图

剖面图与平面图相对应，平面图上无法表达的一般用剖面图来表达。与平面图对应，有风系统剖面图、空调机房剖面图、制冷机房剖面图等。剖切的位置在平面图上以剖切符号标识。一般剖面图会有标注设备、管道、配件的标高，如图 8-18 所示。

5. 系统图

系统图可采用轴测图绘制，作用是表达系统的构成、走向、尺寸和型号规格。具体来讲，系统的轴测图上应包括系统中的设备、配件的型号、尺寸、定位、数量以及连接于各设备之间的管道在空间上的弯曲、交叉、走向、尺寸、定位等。一般风系统采用轴测图比较多。空调系统的水系统，在不引起歧义的情况下，一般用系统原理图代替系统轴测图，如图 8-19 所示。

6. 详 图

空调与通风系统施工图的详图比较多，有设备安装详图，管道安装详图、设备和部件的结构详图等，部分详图可以参照标准图集选用。图 8-20 为空气处理设备接管详图，图 8-21 为风机盘管接管详图。详图是对图纸关键节点的详细表达。

以上是空调与通风系统施工图的主要组成部分。使用者通过阅读图纸，完整、全面、准确的理解设计者的意图，了解施工者的施工、安装过程。运行管理者也可以获取维护、维修保养的理论依据。

模块 8　典型车站空调与通风系统施工图识读

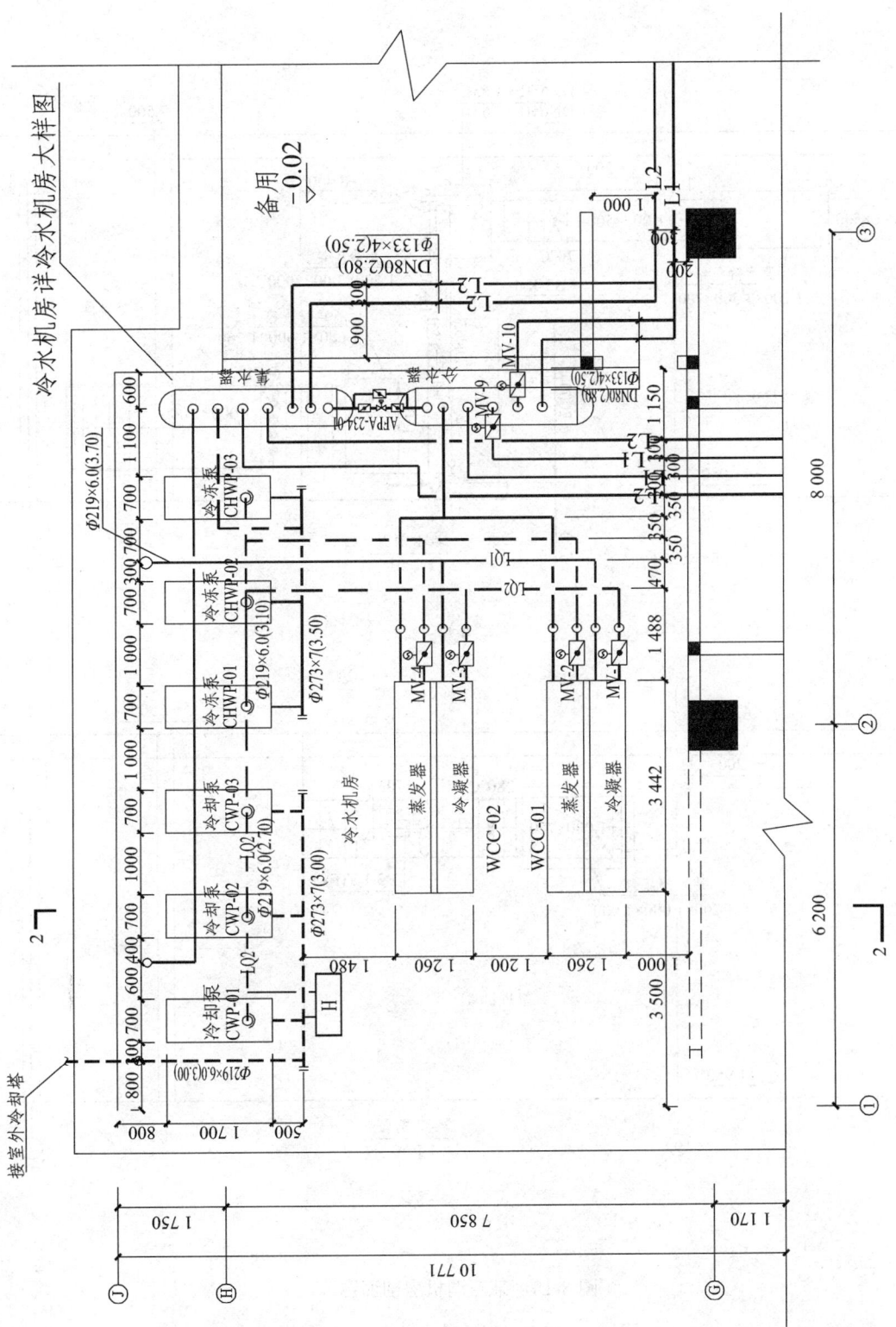

图 8-17　某地铁工程 A 端制冷机房平面图（局部）

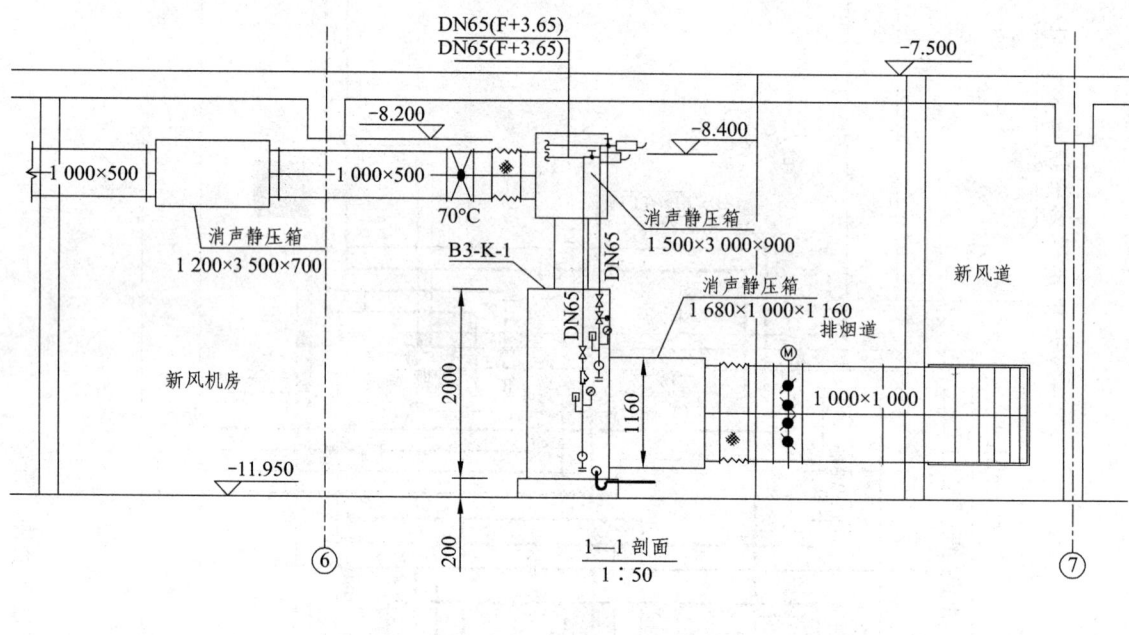

(a)

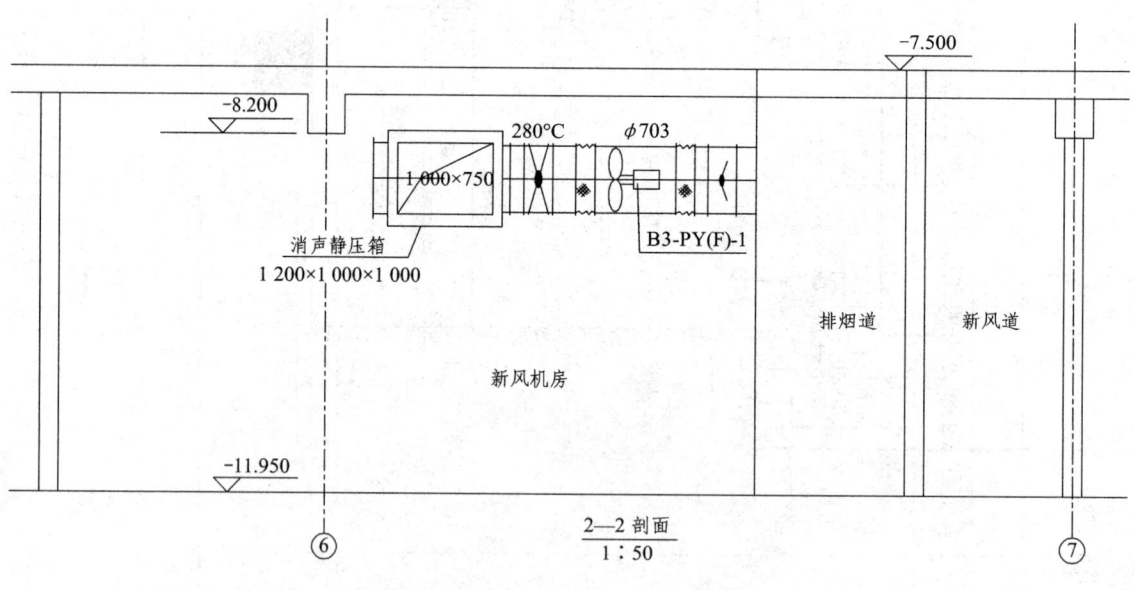

(b)

图 8-18 某空调机房剖面图

模块 8　典型车站空调与通风系统施工图识读

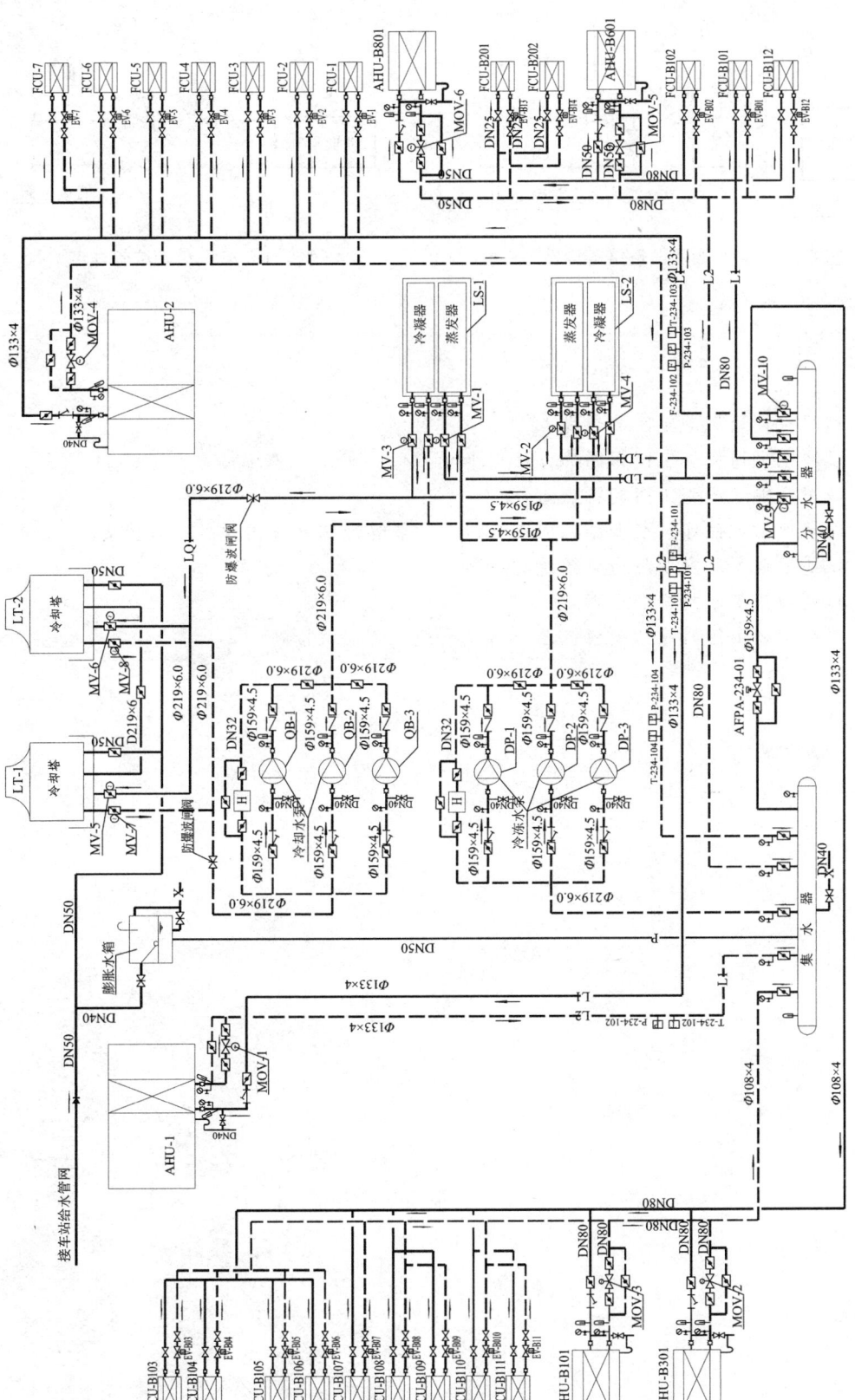

图 8-19　某地铁车站通风与空调水系统原理图

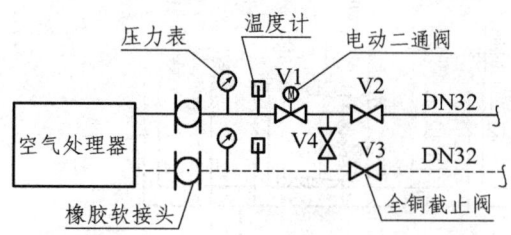
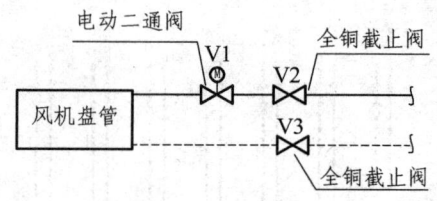

图 8-20 空气处理设备接管详图　　　图 8-21 风机盘管接管详图

习 题

1. 试述空调通风施工图的组成。
2. 试述空调通风施工图识图的方法与步骤。
3. 试述空调通风施工图的特点。
4. 就某典型地铁通风空调施工图进行识读,能够熟练掌握图样表达的含义。
5. 试述地铁车站空调与通风系统的原理。
6. 试述地铁车站防排烟原理。
7. 平时地铁出行时注意观察空调与通风系统,可尝试描述。

模块 9　地铁空调与通风系统运行管理及检修

地铁是较为特殊的建筑系统，一般由车站和区间隧道组成，车站又由站厅层、站台层及站台板下层三部分组成，从功能上车站又可分为车站公共区和设备管理用房两部分。因此，地铁建筑具有面积大、空间广、区域应用功能复杂、区域间无隔断、人员流动性大等特点，不同的建筑功能区域有多种发热源，如人体散热、站场设备散热、列车散热、外界空气带入热量等，负荷常处于较快变化状态；空气中的粉尘、有害物质及人员呼出的 CO_2 必须进行过滤和排放；在火灾等特殊紧急情况需及时提供通风排烟。因此，地铁环境特性就会使得地铁空调与通风系统在实际的运行中常会出现诸多问题，如局部负荷突变、负荷跨区域变化、区段实际使用功能变更、存在调节的空间死角等。与普通建筑相比，运行管理和检修程序更加多变和复杂。

项目 1　空调与通风系统运行管理制度

地铁空调与通风系统运行管理的主要任务是负责城市轨道交通所属范围内所有建筑物的通风系统、制冷系统的运行管理。通过对通风与空调设备、设施等的巡视、操作、保养和维修，使之能持续、高效地运行，不因空调与通风系统设备、设施等出现故障导致城市轨道交通受到影响。为保证运行管理的任务，一般城市的轨道交通运营管理部门会根据自身管辖的地铁运营线路特点制定各自的运行管理制度、空调与通风系统操作规程及检修规程。

一、运行管理的组织及职责

空调与通风系统运行管理一般由运营分公司维修工程部负责，涉及技术管理人员、工班长、检修工三级人员。各自的岗位职责如下：

1. 技术管理人员岗位职责

（1）接受上级的领导，负责本专业技术和管理工作。
（2）负责制订、组织、实施、检查本专业工作目标和生产计划及其完成情况。
（3）负责本专业维修文本、规章、制度等编制、修订、完善工作。
（4）负责本专业技术资料、图样等收集、整理、核对、修改、完善工作。
（5）负责解决本专业生产中技术难题，为维修人员提供技术支援，协调专业接口关系。
（6）负责检查本专业安全生产情况。
（7）负责对本专业维修人员和其他相关人员进行技术和管理的培训。

（8）组织实施技术改造、国产化技改立项、委外项目立项等工作。

（9）密切关注本专业新技术、新设备、新材料的应用与发展趋势。

2．工班长工作岗位职责

（1）接受上级的领导，服从专业工程师的工作安排。

（2）负责协助协调不同专业、工班之间工作。

（3）执行下达的检修计划，负责安排本工班员工工作。

（4）负责本工班班组工器具、维修材料及元器件领用、借用和保管。

（5）负责向上级提供本工班检修、故障处理等生产报表。

（6）负责向车间、技术管理人员汇报本班组工作情况，收集和向上反映本工班员工的意见和建议。

（7）担任本工班安全生产责任人，负责本工班生产安全和员工人身安全。

（8）负责组织本工班员工学习和参加各项活动。

（9）负责本工班员工工作考评，指导本工班新员工熟悉本职岗位工作。

3．检修工的岗位职责

（1）接受工班长的领导和工作安排。

（2）做好本专业所辖设备维护、保养、巡视工作，填写相关报表、记录。

（3）领用、保管个人工器具。

（4）按要求做好安全生产工作。

（5）钻研业务，接受培训。

（6）参加公司、本专业、本工班组织的学习和活动。

（7）向上级、本专业、本工班组提出、反映本人对环控设备合理化建议和意见。

二、值班及交接班制度

1．值班制度

系统运行时，必须有人值班监护。影响运行质量的因素很多，如系统与设备的状况、空调运行工的责任心和技术水平、值班质量等。为了保证值班质量，必须有相应的制度来配合，其基本内容应规定相关人员在值班期间应该做什么、不能做什么等。

（1）要按规定的班次值班，不能迟到、早退、无故缺勤，不能私自调班、顶班，因故不能值班者必须向主管领导请假。

（2）要了解值班期间的室外气象情况和室内负荷情况，从安全、经济的角度，参照有关规定拟出值班期间的运行调节方案，并认真实施，努力使空调区域的温湿度控制在符合要求的数值范围内。

（3）系统开机前要对有关设备与装置进行检查，做好运行前的准备工作，如无异常情况，准备工作就绪后才可开机。

（4）开机要严格按照有关规程规定的操作程序认真、正确地操作，严禁违章操作，各设备启动后应马上巡视一次，观察设备运转是否正常。

（5）需手动停止系统运行时，要严格按照有关规程规定的操作程序认真、正确地进行操作，停机后还要进行必要的检查，消除安全隐患。

（6）当多台（套）同类设备只需要部分投入运行时，要注意合理搭配、轮流运行。

（7）认真做好每两小时一次的运行记录，读数要准确，填写要清楚，写错了只能重写，不能涂改。

（8）按照巡回检查制度的要求，对中央空调系统的各设备、装置进行巡回检查。

（9）不能擅离职守，不能睡觉，不能做与值班工作无关的事情；要勤巡视、勤检查、勤调节；注意倾听运转设备的声音，感测设备的温度，观察仪表的指示情况，发现问题或故障要及时处理，并在运行记录表上做好详细记录，重大的及处理不了的问题和故障要立即向上级主管报告。

（10）出了事故，首先要防止事故蔓延，然后按照有关条例的规定进行处理。

（11）负责值班期间整个中央空调系统和机房的管理，来人参观必须有主管部门人员的陪同，并做好相关记录。

（12）必须搞好环境卫生，保持值班室和机房的整洁，并按规定做好系统的维护保养工作。

（13）值班期间不得饮酒，不准在值班室和机房内吸烟。

（14）要严格按交接班制度进行交接班。

2. 交接班制度

当系统连续运行1个工班（8小时计），运行管理人员需要多人多班轮换上岗值班。通常上一工班运行的情况往往会影响到下一工班的运行质量，因此做好交接班工作就显得十分重要。为了在换人不停机的情况下，能把上下工班的工作衔接好，不出现纰漏、扯皮和推诿现象，责任分明，必须有一个相关的交接班制度来保证，其基本内容应规定怎样交接班，什么情况下不能交接班等。某中央空调运行管理交接班制度如下：

（1）交接班工作应在下一工班正式上班时间前 10~15 min 进行。

（2）按职责范围，交接双方共同巡视、检查主要设备，核对交班前的最后一次记录数据。

（3）交接班双方要在交接班记录表上签字，接班人员有不同意见可当场写明，未对交班人员申明而在本班发生（现）问题，由接班人员负责。

（4）交接班时间以前发生的问题或故障未处理完不能交接班，由交班人员负责继续处理，接班人员配合，处理完后方可进行交接班。

（5）交接班过程中如发现问题或故障，双方应共同处理，待处理完后再办理交接班手续。

（6）对交班人员的要求：

① 做好交班准备工作，认真填写交接班记录表上的"本班运行情况及特别留言"。

② 要向接班人员简要介绍本班运行情况、应注意的问题和需要继续进行的工作并须明确回答接班人员提出的问题，办完交接检查并在交接班记录表上签字后，方可下班。

③ 接班人员未到之前不能离岗，并要及时向主管领导报告。

④ 发现接班人员有醉酒现象或其他神志不清的表现不能交班，并立即报告主管领导，听候处理意见文。

（7）对接班人员的要求：

① 上班前不能饮酒，要在规定的接班时间前到达接班地点。

② 因故不能上班或要迟到，应提前请假或通知交班人员。

③ 要认真听取交班人员的情况介绍，进行交接检查，在交接班记录表上签字后即开始上班。

④ 发现交班人员未认真完成有关工作或在交接检查中发现问题，应向交班人员提出询问，如交班人员不能给予明确回答或可能造成不良后果，接班人员可拒绝接班，并立即报主管领导处理。

三、设备巡检制度

空调与通风系统涉及的设备种类和数量多，安装地点分散。以水系统为例，冷水机组、水泵、冷却塔、膨胀水箱、空气处理设备（如风柜）等通常分设多处。地铁建筑，由于技术或使用上的特殊要求，可能设置集中冷站机房和车站制冷机房，在人员配备上并非每个机房都设值班人员。因此，为保证系统安全正常的运行，需要运行维护人员和检修人员定时或定期地进行巡回检查，以预防为主，发现故障和问题及时处理。

巡回检查制度包括巡回检查的时间、内容和要求等，对有特殊要求的还应规定巡回检查的路线和必须做的记录内容，一般巡回制度如下：

（1）需要做运行记录的设备就由运行值班人员结合抄表进行巡回检查，其他设备一个班次巡回检查一次（对连续运行的设备，在运行中检查不了的内容则要定期停机检查），对新设备和修理过的设备要酌情增加检查次数。

（2）作为经常性的检查内容主要是检查设备是否有不正常的振动、噪声、过热、结露、泄漏，过滤材料是否需要清洗或更换，各种阀门的位置是否正确，动作是否灵活，保温层是否有损坏，风机皮带松紧是否合适等。

（3）运行值班人员的检查主要通过看、听、摸、嗅的形式来进行，一般不做拆卸检查；维修人员则主要借助仪器、仪表或进行必要的拆卸来做定期检查。

（4）巡回检查中发现的问题要立即处理，处理不了的要及时向班（组）长或空调工程师（主管）汇报，并做好有关记录。

（5）对冷水机组、水泵、柜式风机盘管（风柜）、冷却塔、膨胀水箱等设备及相关运行参数必须重点巡检。

（6）在巡回检查时，要注意观察各种仪表读数是否处于正常范围内，如果不正常，要及时查明是仪表原因还是非仪表原因，并进行针对性处理。

四、维护保养制度

空调与通风系统和设备自身良好的工作状态是其安全经济运行、延长使用寿命、保证供冷（热）质量的基础。有针对性地做好各项维护保养工作是空调与通风系统和设备保持良好工作状态的重要条件之一。

维护保养工作是一项预防性的、有计划进行的经常性工作，其主要内容是根据维护保养制度进行必要的加油、清洁、清洗、易损材料与零件的更换等工作，以及视具体情况而进行的紧固、调整、小修小补等工作。忽视这些琐碎而繁杂的维护保养工作，往往是系统和设备运行不正常、故障频繁发生的主要原因之一。

各种设备和装置的构造、性能、所起的作用以及工作环境不同，因此维护保养的内容和要求会有差别，需要根据制造厂商的使用说明书或维护保养手册，结合使用场合的实际情况制订出各自的维护保养规程。

为了使维护保养工作不仅制度落实，而且工作落实，各主要设备还应有必要的维护保养记录，把每一次维护保养工作的内容都记录在案备查，便于督促、检查。也可积累运行管理原始资料，便于日后总结与参考。

五、设备检修制度

系统加强维护保养,只能降低设备的损坏速度,设备不出现故障或不发生部件损坏是不可能的。空调与通风系统在运行一定时间后,运动部件都会出现磨损、疲劳、间隙增大,甚至丧失工作能力;而静止的部件和管道也会产生堵塞、腐蚀、结垢、松动等现象,使设备的技术性能、系统的工作状况发生改变,甚至发生事故。这些都会影响到空调与通风系统的正常运行和使用效果。因此,必须定期对系统和设备进行检验和测量,以便根据检测情况及时采取相应的预防性或恢复性修理措施,及时发现、消除系统和设备存在的问题和潜在的事故隐患,来提高中央空调系统的"健康水平",保证空调与通风系统安全经济运行,防止意外事故的发生,延长其使用寿命。当前常用的检修方式有以下 4 种:

1. 定期检修

定期检修通常也称为计划检修,是按照一定周期进行检修的传统方式。其优点是可以有计划地利用设备中长期停机时进行检修,人力、备件均可以有充分的准备。

2. 视情检修

视情检修通常也称为状态检修,是根据设备运行时检测出的数据表明必须进行检修时才安排有针对性的检修。故障状态可以通过检测数据预先判断,因此能提前做好检修计划和准备,提高检修效率,减少检修的停机时间。

3. 事后检修

事后检修,即出了故障再修,不坏不修。因为通过检测的方式不可能把所有的故障隐患都发现。此外,这种方式要求低,花费少,适用于构造简单或不重要的设备。

4. 改进检修

改进检修也称改善检修,是对设备进行改造,弥补设备的先天不足或改进设备的性能,提高设备的先进性、可靠性与使用寿命。

一般空调与通风系统检修流程如图 9-1 所示。

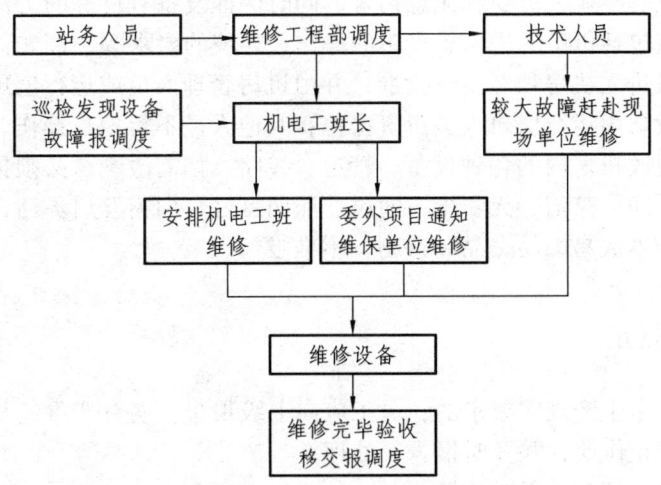

图 9-1 空调与通风系统检修流程

检修规程没有统一的格式和条文内容，需要各运管单位结合自己的实际情况，灵活制订。有些设备还应根据制造厂商的使用说明书或维修手册单独制订维修规程。

六、运行与检修记录制度

空调与通风系统原始技术资料包括空调系统设计、施工、安装图纸和说明书，各种设备的安装、使用说明书，系统和设备安装竣工及验收记录等，分别由设计、设备制造、工程施工安装单位提供，在中央空调系统正式投入运行前就形成的。而运行和检修记录则是在空调与通风系统投入运行后形成并不断积累起来的。通过这些记录，可以使运行和管理人员掌握系统和设备的运行情况和现状，一方面可以防止因为情况不明、盲目使用而发生问题；另一方面还可以从这些记录中找出一些规律性的东西，经过总结、提炼后，再用于工作实际中，使管理和操作检修水平不断提高。因此，运行与检修记录是设备技术档案的重要组成部分之一。

一般各机组运行记录表格均是按 1 台机组运行数据单独编制的，当实际运行机组多于 1 台时，也可以参照相应表格形式将数台机组运行参数按机组编号排序，全部记录在 1 张大记录表上。

为了便于记录、对比数据和保存记录表，通常将空调水系统的冷冻水泵和冷却水泵以及冷却塔的有关运行数据与机组的运行数据记录在同一张运行记录表上，这种综合性的表格是各相对独立的设备运行记录表的有机组合，有利于掌握系统整体运行状况。此外，在各设备运行记录表中设置"备注"一栏是为了记录设备运行期间发生的、需要备案的一些情况，如发现异常情况的现象与时间，出现故障的部位（件）及时间，采取的措施和排除情况等。

七、机房管理制度

机房指安装运行设备的专用房间，空调与通风系统机房一般有制冷机房、空调机房、新风机房、二次泵房、锅炉房等，多数为单独设置的专用机房。在某些建筑中，也有将空调与通风系统的一些设备直接安放在设备层里与其他系统的机电设备混合布置的情况。为了保证设备的运行安全，同时避免非专业人员受到无意伤害，同时保证设备有良好的工作环境，必须制定机房管理制度。内容应包括机房的进入、设备的操作、环境的要求等，例如：

（1）非工作人员进入机房须经主管批准，并由机房管理人员或运行值班人员陪同。
（2）机房内的设备由运行值班人员负责操作，其他人员不得擅自操作。
（3）不得擅自更改机房内的各种设备、管道、线路，如需改动，必须报请主管部门审批。
（4）保持机房干净、整洁、无积尘，通风、照明良好，门窗开启灵活，消防设施完备。
（5）机房内不准堆放易燃易爆品和杂物，不准吸烟。

八、安全操作规定

（1）凡不符合安全生产规定要求的，员工应向上级报告。遇有严重危及生命安全、生产安全的情况，应立即停止作业，并及时报告、处理。
（2）上班前应穿戴好劳动保护用品。
（3）文明生产，保持办公场所、设备间和通道整齐、清洁、畅通无阻。

（4）设备在运行中严禁清扫、擦拭和润滑机器的旋转、移动部位。只有在转动部位对操作人员确无危险时，在有人监护的情况下方可允许使用专用工器具加油。

（5）工作范围内如发现有破损电线和开关、电线外露、电线落地现象，应做好必要的防护措施后再通知机电维修人员及时处理。

（6）不允许用湿布擦带电设备的外壳，更不能用湿手去触摸带电设备。不准把水洒到带电设备上。

（7）设备未完全停止运行时，不得对设备进行检修工作。修理前，检修人员应在通知站务人员后关闭设备电源，并在设备的就地控制按钮处、闸刀或开关上挂"有人工作，严禁合闸"警示牌，确认无误后才能进行检修。警示牌必须"谁挂谁取"。

（8）设备的金属外壳、吊车轨道及使用电动工具、移动式风机等工具时均要接地或接零，否则不准开动。

（9）设备开机前，操作人员必须确认设备上无人工作后才能送电。联动设备开机前，必须发出信号，得到对方的确切回答后才能开机。

（10）设备上面及附近不准堆置衣服、布、棉纱等杂物。

（11）冷水机组运行时，如发生泄压阀动作，应立即停机检查水系统。

项目2　空调与通风系统运行工况的测定与调整

知识点1　风量的测定及调整

空调与通风系统运行时，可对风管内和送回风口的风量进行测量，对空气的输送和分配进行调整，以达到水力平衡的目的。管内风量的测定一般在送风管道、回风管道、排风和新风管道及各分支管道上采用皮托静压管和微压计配合进行测量；风口风量的测定是利用风速仪进行测量。风量测量可按照图9-2所示的流程进行。

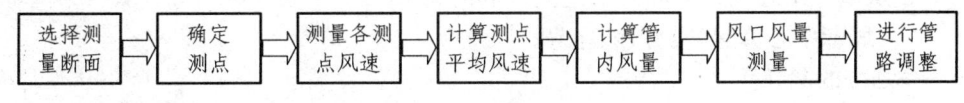

图9-2　风量测量流程

一、风管风量测定

1. 选择测量断面

测量断面原则上应选择在气流均匀、稳定的直管段上，即尽量选择远离产生涡流的局部构件（如三通阀、风门、弯头、风口等）的地方。按气流方向，一般选在离前一个产生涡流的部件4倍以上风管直径（或矩形管道的长边尺寸），距后一个产生涡流的部件1.5倍以上风管直径（或矩形管道的长边尺寸）的距离为最好。如实际测量时条件不满足，可适当降低标准，但也应使测定断面到前一个产生涡流部件的距离大于测定断面到后一个产生涡流部件的距离，并适当增加断面上的测点数目。

2. 确定测点

管道断面由于内壁与流动空气存在摩擦，导致断面风速分布不均匀，因此，在同一个断面应布置多个测点，分别测得各点动压，求出测点风速，各测点风速相加除以测点数，再求出断面的平均风速。

测点越多，所得结果就越准确，但也不能太多，增加测量工作量。一般根据风管断面的形状和大小，划分成若干个相等的小截面，在每一个小截面的中心布置测点。矩形风管测点位置如图 9-3 所示，一般要求各小截面面积不大于 0.05 m²（即边长小于 200 mm）。圆形风管根据风管直径的大小，将其划分为若干个面积相等的同心圆环，圆环数由直径大小决定，每一个圆环测 4 个点，并且 4 个测量点应在互相垂直测孔的两个直径上，测点位置如图 9-4 所示。

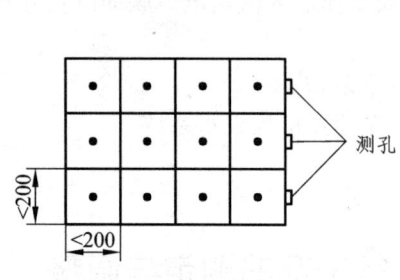

图 9-3 矩形风管的测点位置

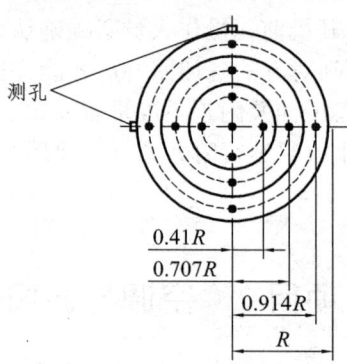

图 9-4 圆形风管的测点位置

圆形风管各测点距圆心的距离按下式计算：

$$R_n = R\sqrt{\frac{2n-1}{2m}} \tag{9-1}$$

式中　　R ——风管断面半径，mm；

　　　　R_n ——从风管中心到第 n 测点的距离，mm；

　　　　n ——从风管中心算起的测点顺序号；

　　　　m ——划分的圆环数。

圆形风管划分的圆环数见表 9-1。

表 9-1　圆形风管划分的圆环数

圆形风管直径/mm	200 以下	200~400	400~700	700 以上
圆环个数/个	3	4	5	5~6

3. 计算断面平均风速 v_p

在风量测量中，采用皮托管测出的空气动压值，实际上就是流动空气所具有的动能，即

$$p = \frac{\rho v^2}{2g} \tag{9-2}$$

则有

$$v = \sqrt{\frac{2gp}{\rho}} \tag{9-3}$$

式中　v——风速，m/s；

　　　g——重力加速度，一般取 $g = 9.8 \text{ m/s}^2$；

　　　p——风管内气流的动压，kg/m²；

　　　ρ——风管内空气的密度，常温下空气的密度为 1.2 kg/m³。

将 g 和 ρ 代入式（9-3），则可简化为

$$v = 4.04\sqrt{p} \tag{9-4}$$

利用式（9-4）求出每个测点的风速后，可求平均风速值 v_p。

断面各测点所测风速的算术平均值，可看作是测量断面的平均风速，即

$$v_p = (v_1 + v_2 + \cdots + v_n)/n \tag{9-5}$$

式中　v_p——断面的平均风速，单位 m/s；

　　　$v_1, v_2, \cdots, v_n$——各测点的风速，单位 m/s；

　　　n——测点数。

在实际测量中，测量断面可能处于气流不稳定区域。测量仪器在正确使用的前提下，测量的动压可能出现负值，表明某些测点产生了涡流。在一般工程测量中，遇到这种情况，可在计算平均动压时，近似假设负值为零，但测点数不能取消。

4．计算风管风量 L

已知平均风速 v_p，便可计算出通过测量断面的风量。风管内风量的计算式为

$$L = 3\,600Fv_p \tag{9-6}$$

式中　L——风量，m³/h；

　　　F——风管测定断面的面积，m²；

　　　v_p——风管测定断面上的平均风速，m/s。

二、送风口、回风口风量测定

对于空调房间的风量或各个风口的风量，如果无法在各分支管上测定，可以在送、回风口处直接测定风量，一般采用热球式风速仪或叶轮风速仪测定。

当在送风口处测定风量时，由于该处气流比较复杂，通常采用加罩测定法，即在风口外直接加一罩子，罩子与风口的接缝处不得漏风。这样使得气流稳定，便于准确测量。

在风口外加罩子会使气流阻力增加，造成所测风量小于实际风量。但对于风管系统阻力较大的场合（如风口加装高效过滤器的系统）影响较小。如果风管系统阻力不大，则应采用图 9-5 所示的罩子。因为这种罩子对风量影响很小，使用简便又能保证足够的准确性，故在风口风量的测定中常用此法。

回风口处由于气流均匀，所以可以直接在贴近回风口格栅或网格处用测量仪器测量风量。

三、风量的调整

空调系统风量调整的目的是使经处理后的空气能按设计要求沿着干管、支干管及支管和送风口输送到各空调房间，为空调房间所需要的温度和湿度环境提供保证。

对于正常工作的空调系统来说，各空调房间送风口的实际送风量的总和应等于总的送风量，回风口吸入的总回风量应等于各空调房间回风口实测的风量之和。在空调系统运行过程中，允许各空调房间全部送风口测得的风量之和与送风机出口处测得的总送风量之和有 ±10% 的误差。

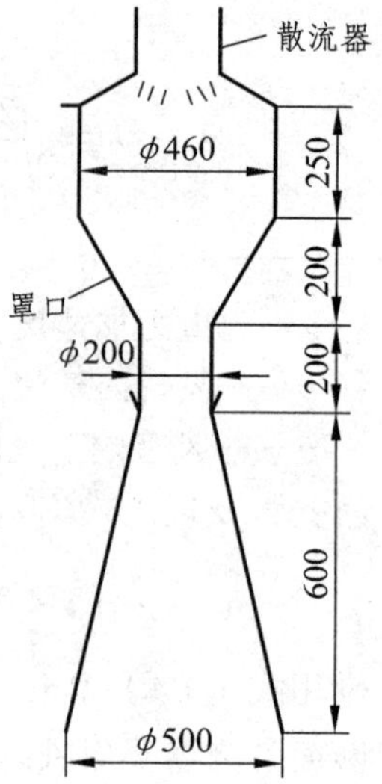

1. 风量调整的程序

图 9-5 加罩法测定送风口风量

风量测定和调整一般按下列步骤进行：
（1）初测各干管、支干管、支管及送风口和回风口的风量。
（2）按设计要求调整送风、回风干管、支干管及各送风口和回风口的风量。
（3）在进行送风、回风系统的风量调整时，同时测定与调整新风量，检查系统新风比是否满足要求。
（4）按设计要求调整送风机的总风量。
（5）在系统风量达到平衡后，进一步调整送风机的总风量，使其满足空调系统的设计要求。
（6）调整后，空调系统各部分调节阀不再变动，重新测定各处的风量，作为最终的实测风量。
（7）空调系统风量测定和调整完毕后，用红漆在阀门把柄上做好标记，将阀门位置固定，不随意变动。

2. 风量调整的原理

调整空调系统风量是通过改变阀门开度来实现的。调节阀门开度实质上是改变阀门在管网中的阻力特性，进而改变管网中管段的阻力，阻力改变后，风量也随之相应地发生变化。

由流体力学可知，任一管段的阻力 ΔH 与风量之间存在如下关系：

$$\Delta H = KL^2 \tag{9-7}$$

式中 ΔH ——风管系统的阻力，Pa；
L ——风管内的风量，m^3/h；
K ——风管系统的阻力特性系数，K 值与空气性质、风管长度、尺寸、局部管件阻力系数及摩擦阻力系数有关。在给定的管网中，如果只改变风量，其他（包括阀门）都不变，则 K 值基本不变。

如图 9-6 所示的风管系统，管段 1 的风量为 L_1，阻力特性系数为是 K_1，风管阻力为 H_1；管段 2 的风量为 L_2，阻力特性系数为 K_2，风管阻力为 H_2。则有

$$\Delta H_1 = K_1 L_1^2 \tag{9-8}$$

$$\Delta H_2 = K_2 L_2^2 \tag{9-9}$$

由于管段 1 和管段 2 为并联管段，所以 $\Delta H_1 = \Delta H_2$，即有

$$K_1 L_1^2 = K_2 L_2^2 \tag{9-10}$$

$$\frac{K_1}{K_2} = \frac{L_2^2}{L_1^2} \tag{9-11}$$

若图中 A 点处的三通调节阀的位置不变，即 K_1、K_2 不变，仅改变送风机出口处的总调节阀；使总风量改变，则管段 1 和管段 2 的风量相应地变化为 $L_{1'}^2$ 和 $L_{2'}^2$，应符合

$$\frac{K_1}{K_2} = \frac{L_{2'}^2}{L_{1'}^2} \tag{9-12}$$

综合式（9-11）和式（9-12）有

$$\frac{L_2^2}{L_1^2} = \frac{L_{2'}^2}{L_{1'}^2} \tag{9-13}$$

则

$$\frac{L_2}{L_1} = \frac{L_{2'}}{L_{1'}} \tag{9-14}$$

上式表明，只要三通调节阀的位置不变，即系统阻力特性系数 K 不变，无论总风量如何变化，管段 1 和管段 2 的风量总是按固定比例进行分配的。也就是说，若已知各风口的设计风量的比值，就可以不管此时总风量是否满足设计要求，只要调整好各风口的实际风量，使它们的比值与设计风量的比值相等，然后调整总风量达到要求值，则各风口的送风量必然会按设计比值分配，并等于各风口的设计风量。

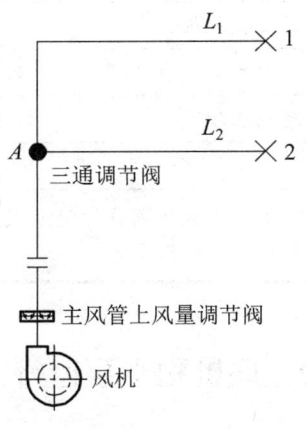

图 9-6　风管风量分配示意图

3. 风量的调整方法

空调系统风量的调整应从最远空调房间的送风支管开始，逐步向风机出口调整，如图 9-7

所示。风量的调整步骤如下：

（1）调整 L_1 与 L_2，L_3 与 L_4，L_7 与 L_8，使它们分别等于对应的设计风量之比。

（2）调整 L_5 与 L_6，使之等于对应的设计风量之比。

（3）调整 L_9 与 L_{10}，使之等于对应的设计风量之比。

（4）调整 L_{11} 使其等于设计的总风量。

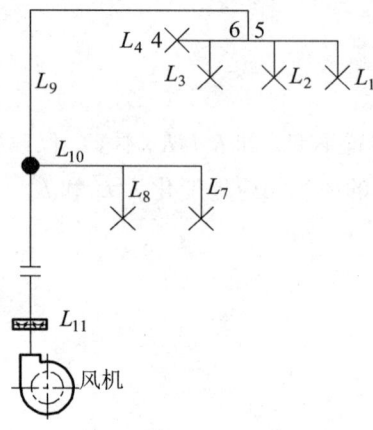

图 9-7　送风支管示意图

四、存在问题

风量测量和调整过程中常见问题分析和解决方法见表 9-2。

表 9-2　风量测量常见问题分析与解决办法

序号	问题	原因分析	解决办法
1	实测风量大于设计风量	系统的实际阻力小于设计阻力	有条件时可改变风机的转速
		设计选用风机容量偏大	关小风量调节阀，降低风量
		运行工况比设计工况风压低	进行节流调节，增加管路阻力
2	实测风量小于设计风量	系统的实际阻力大于设计阻力	加大断面尺寸，减小系统阻力
		系统阻塞（如滤网脏堵）	拆洗滤网
		系统漏风	堵漏（管路接口处，测孔等）
		风机出力不足（如风机达不到设计能力或叶轮旋转方向不对，传动带打滑等）	检查，排除影响因素

知识点 2　风机和水泵运行工况调节

一、风机与水泵的性能曲线

在风机与水泵的基本性能参数中，转速 n 是一个常量，扬程 H、流量 Q、功率 N 和效率 η 等性能是相互影响的，参数之间存在函数关系。如以流量 Q 为横坐标，用曲线绘制函数关系在坐标图上，形成的这些曲线称为风机或水泵的性能曲线，如图 9-8 所示。在无损失的理想条件下的曲线称作理想性能曲线，考虑各项损失得到的是实际性能曲线。

风机、水泵的性能曲线大致可分为 3 种 Q-H 曲线，即平坦型、陡降型、驼峰型，如图 9-9 所示。具有平坦型 Q-H 曲线的风机和泵，当其流量变动很大时能保持基本恒定的压头；陡降型 Q-H 曲线的风机和泵与平坦型曲线的风机性能相反，当流量变化时，压头的变化相对比较大；驼峰型 Q-H 曲线的风机和泵，当流量自零开始逐渐增加时，相应的压头先上升，达最高值后下降，这种性能的风机和泵在一定的运行条件下可能会出现不稳定工况。风机与泵的性能曲线，全面地反映了其性能。

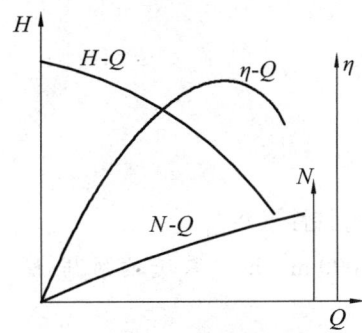

图 9-8 风机与水泵的性能曲线

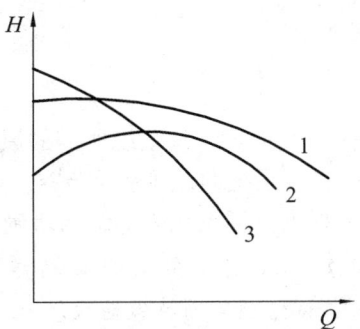

图 9-9 三种不同的 Q-H 性能曲线

1—平坦型；2—驼峰型；3—陡降型

二、风机与水泵的性能换算方法

风机与水泵制造厂提供的性能是在标准工况下的性能，在实际运行中，由于其用途的不同，实际工况不同于标准工况，因此实际工作中需要对风机与泵的性能进行换算，以确定实际性能参数。设标准工况下性能参数为 Q_1、H_1、N_1、η_1，当流体密度 ρ、转速 n、叶轮直径 D 发生变化时，可求实际性能参数 Q_2、H_2、N_2、η_2 的变化。其变化关系见表 9-3。

表 9-3 风机与水泵的性能换算公式

性能参数	工况变化			
	ρ 变化	n 变化	D 变化	ρ、n、D 同时变化
流量 Q	$Q_2 = Q_1$	$\dfrac{Q_2}{Q_1} = \dfrac{n_2}{n_1}$	$\dfrac{Q_2}{Q_1} = \left(\dfrac{D_2}{D_1}\right)^3$	$\dfrac{Q_2}{Q_1} = \dfrac{n_2}{n_1} \times \left(\dfrac{D_2}{D_1}\right)^3$
全压 H	$\dfrac{H_2}{H_1} = \dfrac{\rho_2}{\rho_1}$	$\dfrac{H_2}{H_1} = \left(\dfrac{n_2}{n_1}\right)^2$	$\dfrac{H_2}{H_1} = \left(\dfrac{D_2}{D_1}\right)^2$	$\dfrac{H_2}{H_1} = \dfrac{\rho_2}{\rho_1} \times \left(\dfrac{n_2}{n_1}\right)^2 \times \left(\dfrac{D_2}{D_1}\right)^2$
功率 N	$\dfrac{N_2}{N_1} = \dfrac{\rho_2}{\rho_1}$	$\dfrac{N_2}{N_1} = \left(\dfrac{n_2}{n_1}\right)^3$	$\dfrac{N_2}{N_1} = \left(\dfrac{D_2}{D_1}\right)^5$	$\dfrac{N_2}{N_1} = \dfrac{\rho_2}{\rho_1} \times \left(\dfrac{n_2}{n_1}\right)^3 \times \left(\dfrac{D_2}{D_1}\right)^5$
效率 η	$\eta_2 = \eta_1$	$\eta_2 = \eta_1$	$\eta_2 = \eta_1$	$\eta_2 = \eta_1$

三、风机与水泵在管路系统中工作点的确定

当泵与风机安装在管路系统中，除了需要考虑泵与风机自身性能外，还需综合考虑管路系统（如风管系统、水管系统等）的性能，也即管路的特性曲线。当性能曲线与管路特性曲线相交，则交点为泵与风机在管路系统中的实际运行工况。以离心风机为例进行说明。

在风系统中，空气流经空气处理设备、风管、风阀和其他风管部件、送风口，并以一定的风速送出时，需要克服沿程摩擦阻力、局部阻力，还需形成一定风速，这些所消耗的能量称为管网能量（压头）损失。

压头损失与风速的平方成正比，风量为流速与管道横截面积的乘积。因此，风压与风量的函数关系式如下：

$$H = KQ^2 \tag{9-15}$$

式中　H——空气通过空调系统所需的风压，Pa；
　　　Q——空调系统的送风量，m³/s；
　　　K——根据空调系统内部结构所确定的管网水力特性系数。

【例 9-1】　某空调系统的实测送风量 $Q = 65\,000$ m³/h，系统的风压 H 为 294.21 Pa（30 mmH$_2$O），试绘制管网特性曲线。

【解】　根据公式 $H = KQ^2$ 求管网水力特性系数 K。

$$K = \frac{H}{Q^2} = \frac{294.21}{\left(\dfrac{65\,000}{3\,600}\right)^2} = 0.902\,5$$

将 $K = 0.902\,5$ 代入式（9-15）中，得出管网特性方程式为

$$H = 0.902\,5Q^2$$

根据上式可求出不同风量时空调管网中的风压，见表 9-4。

表 9-4　风机的风量与风压

风量 Q/(m³/h)	风压 H/Pa
65 000	294.21
60 000	254.98
50 000	176.53
40 000	112.78
30 000	63.75

将表 9-4 的数据在以 Q 为横坐标、H 为纵坐标的图上标识出来，即为该空调系统的管网特性曲线。该曲线是一条过原点的抛物线。

在管路系统中，风机提供的空气流量即为管路中的流量。空气从风机中获得的能量（全

压）即空气在管路中流动时克服阻力所消耗的能量。因此，泵与风机在管路系统中工作必须同时满足风机的性能曲线和管路的特性曲线。其实际工况是由风机的性能曲线和管路特性曲线综合确定。将性能 Q-H 曲线与管网特性曲线叠加在一个坐标系中，两曲线的交点 A 即为实际工况条件下的工作点。风机的工作图如图 9-10 所示。

水泵的管路特性曲线函数式为 $H = H_1 + KQ^2$，式中 H_1 为水的静压。管网特性曲线为不过原点的抛物线，如图 9-11 所示。交点 A 即为水泵在水系统管路中的工作点。

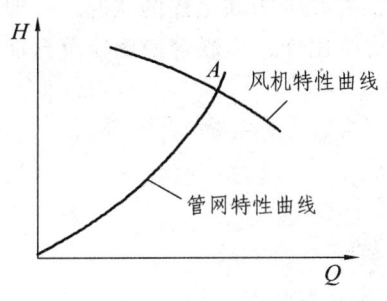

图 9-10　风机在管路中的工作点

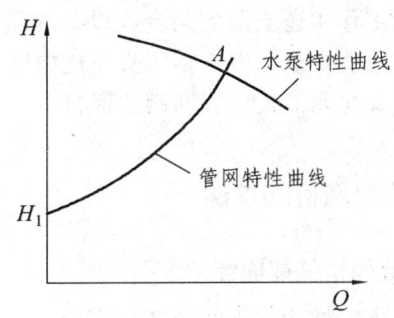

图 9-11　水泵在管路中的工作点

四、风机与水泵运行工况调节

在实际运行中，由于制造质量的影响，风机的全压、水泵的扬程达不到设计性能值；或者由于施工现场的设计变更导致管路系统的阻力大于设计值，使风机和泵的实际工作点偏离设计的最佳工作点。为满足设计的流量，就需对风机和泵的工作点进行调整。

以离心风机为例，如图 9-12 所示，由于在计算管路阻力时，阻力系数选取偏大，或者确定管路阻力时安全系数偏大，会使设计工作点 A 的压力大于实际工作点 B 的压力。为保证风机设计风量，可通过两种方法调整。

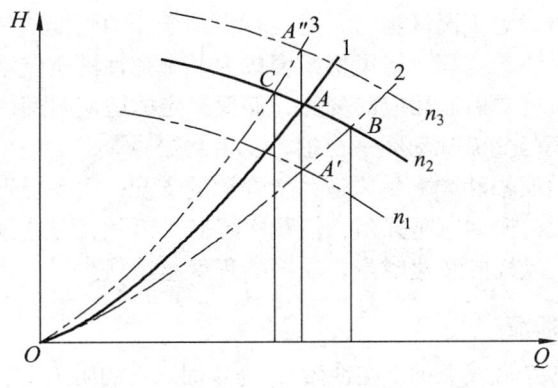

图 9-12　风机在实际运行中的调整

1. 调整管路特性

调节风机的出口风阀、入口风阀或同时调节，也可以调节风管管路中其他阀门的开度，提高管路系统总阻力，使实际管路曲线 2 变为 1，从而使工作点 B 调整到设计工作点 A。

2. 改变风机性能

降低风机转速从 n_1 降至 n_2，则实际管路曲线 2 与风机性能曲线 n_2 相交于 A' 点，使得 $Q'_A = Q_A$，可满足风量要求。

反之，当设计工作点的压力小于实际工作点 C 的压力，则需采取减少管路阻力的措施或提高风机的转速。在提高风机转速调整风量时，需校核风机是否超最高转速和电动机是否过载。

在实际工作中还会遇到两台或以上的风机与水泵并联或串联工作的状况，一般是在选择一台无法满足系统要求且流量和压头变化幅度大的情况下出现，但联合使用比单台使用效果差。联合使用的工况调节，可查询相关资料。

五、轴流风机的性能

1. 轴流风机性能曲线

轴流风机的性能曲线如图 9-13 所示。它具有以下几个特点：

（1）压力性能曲线 H-Q 的右侧陡峭，左侧呈马鞍形，c 点的左侧为不稳定工作区。

（2）当流量减小时，所消耗功率 N 反而增大，当流量 $Q = 0$ 时，功率达到最大值。

（3）最高效率点位置比较接近不稳定工况区的起始点 c。

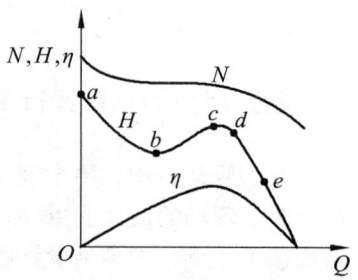

图 9-13 轴流风机的性能曲线

2. 轴流风机的喘振

如果轴流风机在不稳定工况区运行时，就会出现流量的脉动等不正常现象。有时脉动现象相当剧烈，流量 Q 和压力 H 的大幅度波动使运转噪声增大，风机和通风管道也会发生激烈地振动，这种现象称为轴流风机的"喘振"。喘振发生的条件有以下几点：

（1）轴流风机处于不稳定工况区运行，且运行点位于压力性能曲线的上升区段。

（2）进出口风道有足够的容积，与风机组合成为一个弹性的空气动力系统，因而在风机的流动工况发生变化时，风道中引起相应的变化，需要一定的适应时间。

（3）系统的振荡频率与气流扰动频率合拍，发生共振。

喘振的特点是喘振的振幅和频率受风道系统容积的支配，但不受形状的影响。系统的容积越大，喘振的振幅也越大，振动也越强烈，但频率越低。因此，可通过缩小系统的容积来减轻喘振的激烈程度。此外，风机的转速越高，喘振的程度越激烈。

3. 轴流风机的旋转脱流

轴流风机的叶片通常是流线型的。在冲角 α_k 为零时，它的阻力主要为表面的摩擦力，而绕翼型的气流仍保持其流线形状。随着冲角 α_k 的增大，在叶片的后缘附近产生涡流，并且气流开始从上表面分离。图 9-14 所示为叶片正常工况和脱流工况情况。当冲角 α_k 很小时，气流分离点接近于后缘。但随着冲角 α_k 增大，分离点向前移动，在升力增加的同时，尾部涡流变宽，阻力急剧增加，压力迅速降低。此现象称为轴流风机叶片的"脱流"或"失速"。此时如果冲角 α_k 再增大，脱流现象将更为严重，甚至出现部分流道阻塞的情况。

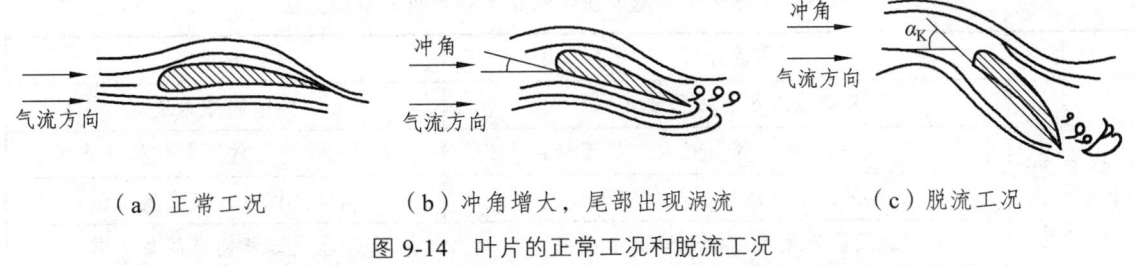

(a) 正常工况　　　　(b) 冲角增大，尾部出现涡流　　　　(c) 脱流工况

图 9-14　叶片的正常工况和脱流工况

旋转脱流具有极大的危害性，当轴流风机进入不稳定工况区运行时，叶片上就有旋转脱流产生。由于旋转脱流造成叶片流道的阻塞而使叶片前后的压力产生变化，改变了叶片原来的受力关系。叶片依次经过脱流失速区，由于受到交变力的作用，这种交变力使叶片产生疲劳。同时，由于叶片本身存在固有的振动频率，叶片每经过一次脱流区就要受到一次激振力的作用，当这一激振力的作用频率与叶片的固有频率相等时，将使叶片发生共振，叶片的切应力显著增加，甚至可达几十倍以上而使叶片很快断裂。如果有一个叶片断裂，轴流风机的其余叶片将可能全部被打断。因此，轴流风机长期在不稳定工况区运行时，易使叶片疲劳断裂，造成严重事故。运行操作人员在运行中应力求避免使轴流风机在不稳定工况区运行，一旦进入不稳定工况区，应迅速脱离而恢复其稳定工况。

知识点 3　空调系统运行效果测定与调整

一、室内温度和相对湿度的测定与调整

室内温度和相对湿度的测定，可以使用水银玻璃温度计（分度为 0.1 ℃，量程为 0~50 ℃即可）、热电偶温度计、通风干湿球温度计等测量仪器。

测点的选择如下：

（1）精度高的空调房间，要沿房间高度选择几个有代表性的横断面测点和沿房间宽度选择几个纵断面测点。如对于恒温恒湿房间测点应布置在离房间围护结构 0.5 m，离地高度 0.5~1.5 m 的范围内，纵断面上的测点间隔一般为 0.5 m，横断面上的测点按面积等分格（每分格常为 1 m）。系统运行稳定后，分别测定纵、横断面上的温度和相对湿度值，并按断面绘制温度和相对湿度分布图。

（2）一般空调房间，测点要选择在工作区和工作面及人员经常活动的范围内。

（3）无条件按测点分布测量时，一般在回风口处测定温度和相对湿度。空调区域均为回流区，因此，可将回风口的空气参数作为室内空气的平均参数。

测定时系统必须连续稳定运行，每隔 0.5~1 h 测定一次，连续测量 12~24 h。

温度和相对湿度测量常见问题分析与解决办法见表 9-5。

表 9-5　温度和相对湿度测量常见问题分析与解决办法

问题	原因分析	解决办法
室内温度、相对湿度均偏高	制冷系统产冷量不足	检修制冷系统
	通过空气处理设备的风量过大、热湿交换不良	调节处理设备的风量使风速正常
	回风量大于送风量，室外空气渗入	调节回风量，使室内正压
	送风量不足（可能过滤器堵塞）	清理过滤器使送风量正常
	表冷器结霜，造成堵塞	调节蒸发温度，防止结霜

二、室内气流组织的测定与调整

室内气流组织的测定包括室内气流速度和气流流型的测定。气流速度一般采用热球式风速仪测定。气流流型测定一般用轻细的纤维丝或烟雾来观察气流的方向，然后人工描绘下来（测定时人要远离气流流动方向）。测定完毕后，将测定结果绘制成速度分布图和气流流型图，根据测定结果进行分析，可全面评估室内气流组织的合理性。气流组织测量常见问题分析与解决办法见表 9-6。

表 9-6　气流组织测量常见问题分析与解决办法

问　题	原因分析	解决办法
气流速度过大	送风口速度过大	增大风口面积或增加风口数
	总送风量过大	降低总送风量
	送风口的型式不合适	改变送风口形式，增加紊流系数
气流组织不合理	气流组织设计考虑不周	调整送风口位置或增加送风口数量
	送风口风量不均匀	调整送风口风量

三、室内正压的测定与调整

室内正压值是指室内的压力应高于室外压力的数值，宜采用微压计测定；一般空调房间应有 5~10 Pa 的正压值。正压测定应在系统送、回风量调整完毕后进行。测定时把被测房间的门窗关闭，将微压计的正、负压接口用橡皮管接至室内和室外（应避免管口迎风），此时通过微压计的压差值即为室内外压差值。若正压值不满足要求，一般通过调整房间回风口的风门（调整回风量）来调整室内正压值。

四、室内噪声的测定与调整

噪声测量宜在室内工作区进行，用声级计测量，一般在房间中心区域离地 1.2 m 标高处选择测点。面积大的民用建筑测点需按照相应的设计要求确定。噪声测量常见问题分析与解决办法见表 9-7。

表 9-7　噪声测量常见问题分析与解决办法

问　题	原因分析	解决办法
室内噪声大于设计要求	风机噪声高于额定值	改进风机的减震降噪措施
	风管内风速过大	减小风速，降低风噪
	局部风管构件引起噪声	改进风管构件
	消声器质量问题	修理或更换消声器

知识点 4　地铁空调与通风系统的控制

城市轨道交通空调与通风系统的控制有很多类型和方式，按系统控制范围可划分为全面控制和局部控制。如果对空调系统从主机到末端所有的设备和附件的参数和运行情况进行控制，称为全面控制；仅对部分设备和相关参数控制则是局部控制。一般空调系统都是局部控制，如采用全面控制会使控制系统特别烦琐、复杂。例如，某局部控制元器件出错，会导致整个空调系统瘫痪；对运行管理人员的专业素质要求更高；会导致项目投资剧增，业主难以接受。按系统控制方式可划分为遥测和遥控。系统遥测就是仅对空调系统的有关参数如送回风温度、供回水温度、水系统流量、房间正压、过滤器阻力等就地测量，值班室管理人员远程读数，对空调系统运行情况进行判断，提出对策，从而满足空调工况的要求。遥控就是不仅仅停留在测量读数，而是可以分析、判断与设计值的偏差，指定执行机构（电动或气动元件）开/关通风与空调设备，使偏离设计值的参数回归到规定范围而自动满足空调工况的要求。一般空调系统采用局部系统遥控，满足主要控制参数的要求。因此，根据地铁空调与通风系统的布置特点，控制存在 3 种形式：中央控制、车站控制和就地控制。

（1）中央控制：中央控制装置设在控制中心（OCC），该中心配置中央级工作站（OCC 工作站）和全线隧道通风系统中央模拟显示屏。OCC 工作站可对隧道通风系统进行监控，执行隧道通风系统预定的运行模式，可向车站下达各种隧道通风系统运行模式指令；同时 OCC 工作站还能对全线车站空调与通风系统进行监视，向车站下达各种大小系统和水系统运行模式指令。

（2）车站控制：车站控制装置设在各车站控制室，该控制室配置车站级工作站和综合后备盘（IBP）。在正常情况下，车站级工作站可监视车站所管辖范围内的隧道通风系统、车站大小系统和水系统。向 OCC 传送信息，同时可执行中央控制室下达的各项运行模式指令；在紧急情况和控制中心授权下，车站级工作站可作为车站消防指挥中心，根据实际情况将车站大小系统转入紧急运行模式和执行控制中心下达的区间隧道紧急运行模式；当车站工作站出现故障时，在 IBP 上可执行控制中心下达的所有紧急模式运行指令。

（3）就地控制：就地控制设置在各车站空调与通风系统电控室（或就地控制箱），具有单台设备就地控制功能，主要为了方便设备的调试、检查和维修。就地控制具有优先权。

一、制冷系统的控制

在城市轨道交通制冷系统主要采用独立车站供冷系统和集中供冷系统。

（一）独立车站供冷系统

1. 系统的配置

独立车站供冷系统是指每个车站内独立设置冷水机组，通过冷冻水泵将二次冷源供给车站大系统空调或车站小系统空调，空调末端采用大组合空调柜、小空调柜及风机盘管等设备。冷水机组、冷冻水泵、冷却水泵和冷却塔是一一对应的。制冷主机蒸发器制备 7 ℃ 冷冻水，经冷冻水泵、分水器及站内冷冻水管提供给车站大小系统组合式空调器、柜式空调器和风机盘管进行热交换，水温升至 12 ℃，经站内冷冻水管及集水器回到冷水机组蒸发器，形成冷冻水循环。以广州地铁 1 号线某车站供冷系统为例，其系统设备配置和原理如图 9-15 所示。地下车站配置了两台 19XL 系列离心式冷水机组，大、小系统的冷水机组分开设置。运营时段内小系统的空调冷源由大系统冷水机组提供，非运营时段内由小系统的活塞式冷水机组提供。

2. 系统的控制

根据图 9-15，独立车站供冷系统采用的是一次泵末端变流量系统，即冷水机组是定流量，在分水器和集水器之间设置压差旁通装置，在末端空气处理设备（组合风柜、风机盘管等）的回水管上设比例积分电动二通阀。

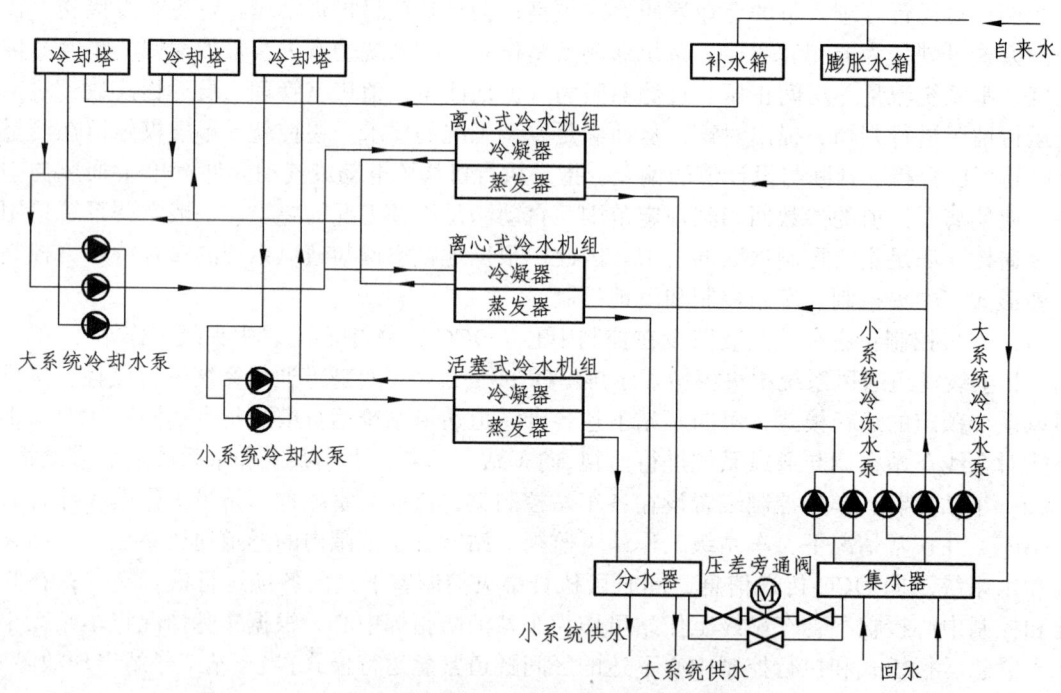

图 9-15　广州地铁 1 号线某车站独立供冷系统示意图

当空调系统处在空调工况时，自动监控系统根据回风处的测温装置反馈所需冷量的大小，调节末端空气处理设备（风柜、风机盘管）回水管上比例积分电动二通阀的开度控制进入空调机组的冷冻水流量，实现公共区的温度调节。

当系统按额定满负荷运行时，分、集水器之间的压差旁通阀关闭；当车站需要的冷负荷减少时，比例积分电动二通阀按照自控指令关小，进入末端空气处理设备的冷冻水流量减少，分、集水器之间的压差增大，则分、集水器之间的压差旁通阀打开，多余的冷冻水量由分水器流进集水器，经回水总管进入冷水机组蒸发器。系统控制示意图如图 9-16 所示。

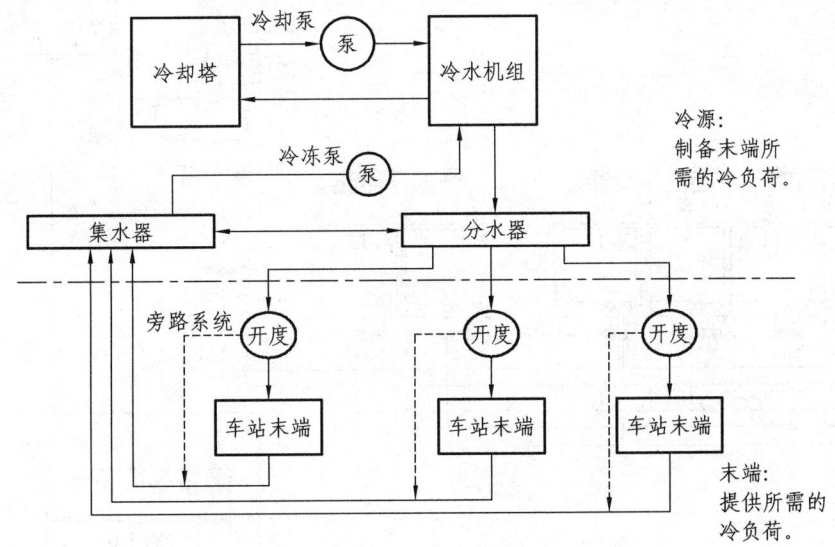

图 9-16　独立车站供冷系统控制示意图

当非空调季节或火灾时，比例积分电动二通阀自动关闭，冷水机组停止运行。对于并联运行的冷水机组，可根据实际负荷决定开启的数量。如广州地铁的空调系统，处于正常空调模式工况下时，开启 1 台冷水机组；当 1 台冷水机组运行负荷达目标值 95% 以上，系统自动启动第 2 台冷水机组；当两台冷水机组目标值均小于 40% 时，关闭工作时间长的机组，实现均衡运行。

独立车站供冷系统是各车站单独配置制冷系统，占用车站地下空间的建筑面积，设置于地面的冷却塔一般都设置在风亭出入口等部位，噪声、飞水等问题会给居民带来不便。同时，制冷系统分散导致运营公司需较多管理人员，地铁冷负荷变化大，冷水机组难以保证总是高效运行，造成能源的浪费。因此，有些地铁线路考虑使用集中供冷方式。

（二）集中供冷系统

1. 系统的配置

集中供冷是指将制冷机组、联动设备及其他辅助设备集中设置在集中冷冻站，通过室外管廊、地沟架空、区间隧道敷设冷冻水管，用二次水泵将冷冻站制备的冷冻水长距离输送到车站空调大系统末端，以满足多个车站所需的冷量，如图 9-17 所示。例如，广州地铁 2 号线全线有 4 个冷冻站，分别为北部冷冻站、海珠广场冷冻站、鹭江冷冻站、赤沙冷冻站，其中火车站至纪念堂的 3 个站是由北部冷冻站供冷，公园前至江南西的 4 个站是由海珠广场冷冻站供冷，晓港至赤岗的 5 个站是由鹭江冷冻站供冷，磨碟沙至琶洲的 3 个站是由赤沙冷冻站供冷。

冷冻站制冷机房内布置了 3 台水冷式冷水机组及相应的冷冻水一次泵、冷冻水二次泵、冷却水泵，同时配用冷却塔。冷却塔布置在冷冻站屋顶或相关建筑上面。

制冷主机蒸发器制备 7 ℃ 冷冻水，经冷冻水一次泵、分水器、冷冻水二次泵、分水器、站内及区间冷冻水管提供车站相关空调器进行热交换，水温度升至 12～17 ℃，经站内及区间冷冻水管、集水器回到冷水机组蒸发器，形成冷冻水循环。

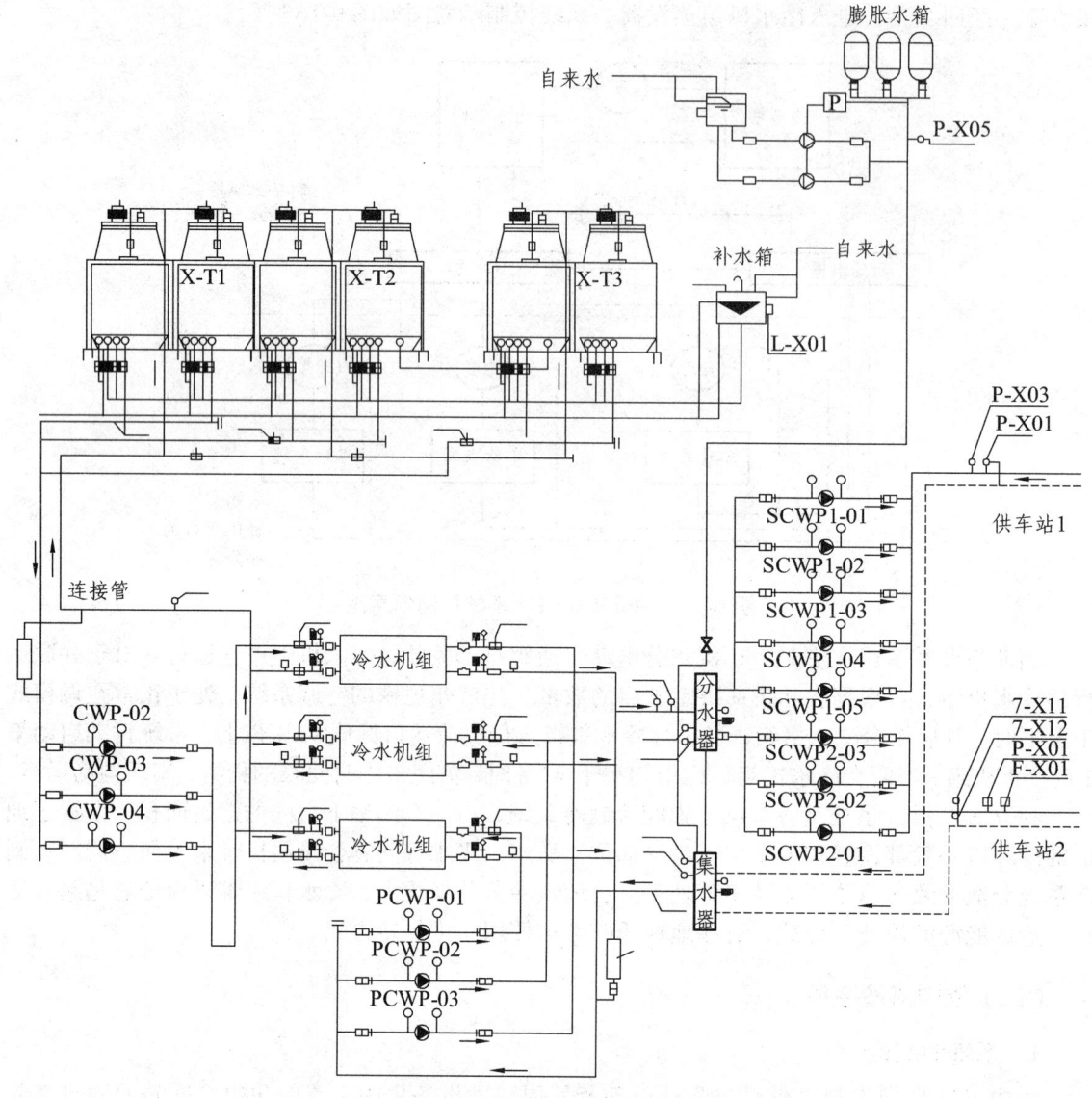

图 9-17 集中供冷系统示意图

2. 系统的控制

集中供冷系统是向多个车站供冷，通过合理的系统设计与设备配置实现总冷量的多级调节，为整个系统的节能运行提供了非常有利的条件。因此，在集中供冷系统冷冻站的设计中引入自动控制与变频技术，每个集中冷冻站均设有一套独立的自动监控系统，对所管辖集中冷冻站设备进行监控，同时可对供冷车站参数进行监视，实现集中冷冻站设备的自动化管理和优化控制，即环控设备控制的中央控制模式。

集中冷冻站空调水系统主要由冷源部分（包括冷水机组、冷却水泵、冷却塔风机、冷冻水一次泵及相应的电动阀等）、冷冻水二次泵系统（包括变频泵及相应的电动阀等）以及车站末端系统（包括末端调节阀等）三大部分组成。集中冷冻站空调水系统控制示意图见图 9-18。

模块9 地铁空调与通风系统运行管理及检修

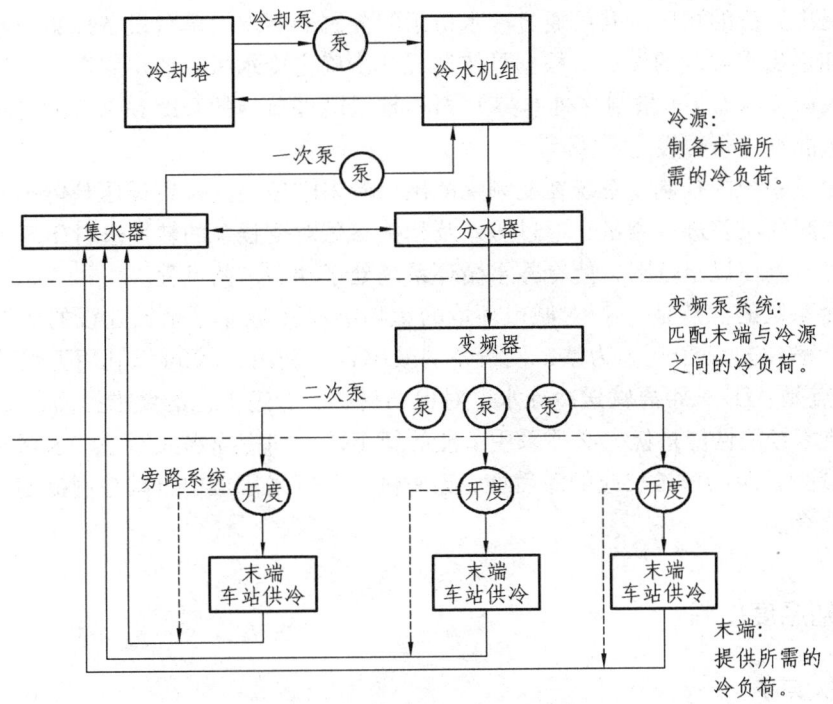

图 9-18 集中冷冻站空调水系统控制示意图

系统通过冷冻水的输送和分配来实现冷量的传递。冷源提供冷量；冷冻水二次泵系统是以变频泵为主的变水量系统来传递冷量，根据末端冷负荷变化，用变频方式将冷源提供冷量与末端冷负荷进行匹配，同步变化；车站末端是使用冷负荷的部分，通过对调节阀开度的控制，满足车站大系统的舒适性要求。

集中供冷系统将整个空调水系统综合考虑，其控制对象为多个末端车站的大系统，控制变量为各车站大系统的实际温度，执行机构为装在末端空调机组回水管上的比例积分电动二通阀，调节设备为变频泵和冷机，比例积分电动二通阀的开度调节实现对车站大系统温度的精确控制，末端冷冻水的供水温度实现对车站系统温度的粗调。

比例积分电动二通阀的开度调节由车站机电设备监控系统执行，集中冷冻站监控系统负责对比例积分电动二通阀的工况进行调整，使比例积分电动二通阀两端的压差和冷冻水的供回水温度在允许的范围内，保证比例积分电动二通阀处于最佳的线性调节区间，使其具有较高的灵敏度。

此外，通过网络采集车站末端调节阀的开度、末端车站的实际冷负荷、冷冻水的供回水温度差等数据，建立冷冻水供水温度与末端车站实际冷负荷、调节阀的开度、开度变化平等量的关联关系，按主元分析法进行模式分类，建立相应的模式数据库。采用模式聚类与迭代学习法，根据地铁的环境因素选择相近的模式类型，在此基础上进行迭代学习，让系统自动寻找最佳的冷冻水温度设定点，克服时间滞后的影响，实现整体优化控制。集中冷冻站一般的控制策略如下：

（1）冷水机组启动组数的控制（群控）。根据冷水机组及管路上主要设备的运行状况、累计运行时间、作息时间表等对冷水机组进行群控。冷水机组、冷冻水一次泵、冷却泵、冷却塔风机的连锁控制由冷水机组控制盘实现。根据车站负荷大小，确定开启冷水机组的组数和确定各组投入和退出运行的顺序，并可通过冷水机组的控制器实现对单台设备控制与监视。

（2）冷冻水出水温度的设定。根据具体情况初步确定冷水机组的出水温度，进行粗调、待系统启动进入调节状态后（指制冷机本身），再根据末端调节阀的开度和末端的实际冷负荷对制冷主机的出水温度进行再设定。

（3）变频泵系统的控制。系统在变频泵的出口及末端适当的位置设压差传感器，对冷冻水供回水总管之间的压差进行测量。通过压差及相关参数对变频泵的转速进行闭环调节，控制冷冻水管末端的压差在设定范围，使冷冻水循环系统处于动态平衡过程。

集中供冷系统的优点是：① 对城市环境的影响小；② 减小了地铁建设的协调工作量，减少了投诉的概率；③ 便于化零为整，使设备的效率合理利用；④ 可以利用天然冷源冷却（如江水）。其缺点是：① 长距离输送冷冻水，对保温材料、管道工艺的要求提高；② 为保证供冷系统的总体技术经济性能最优，必须采用节能的新工艺，如冷冻水大温差、水系统变频调节等措施；③ 为减少长距离输送反应的滞后性，集中供冷系统采用集中自动控制措施，这些措施都会增加项目投资。

二、车站温度控制

1. 车站大系统

车站大系统以车站控制为主，通过对车站大系统的组合式空调器或风机盘管、空调新风机、排风机、排烟风机、相关风阀、传感器、水系统二通阀等设备的监控，达到环控工艺提出的工艺要求，保证车站公共区的环境舒适及火灾情况下的系统联动。车站小系统与车站大系统类似，保证车站各类设备和管理房间的环境及在火灾情况下的模式联动。

车站大系统环控系统运行分空调季节小新风、空调季节全新风、非空调季节、夜间运行等几种模式。通过运行时间表或者根据车站内外焓值比较结果，自动选择运行工况，也可以人工干预运行工况。焓值计算由 PLC 控制器来完成，以 20 min 的移动平均焓值作为计算结果，每 20 min 比较一次，作为地铁空调系统工作模式智能选择和工况的转换控制依据。其切换条件参考工艺模式表，一般按照下列条件进行切换：

（1）空调季节小新风：当 $i_n < i_w$ 时，系统进入小新风空调运行工况。

（2）空调季节全新风：当 $i_n \geqslant i_w$ 时，系统进入全新风空调运行工况。

（3）非空调季节：当 $t_w \leqslant t_0$ 时，系统进入全新风非空调运行工况。

式中　i_w——车站室外焓值，根据设在车站进风道的温湿度传感器的传输值经运算后得出焓值，并监测；

　　　i_n——车站回风焓值，根据设在车站环控机房回风室的温湿度传感器的传输值运算后得出焓值，并监测；

　　　t_w——室外空气温度；

　　　t_0——车站空调送风温度，依据设计确定。

2. 车站小系统

以车站控制为主，对车站内设备及管理用房的空调器、风机、风阀进行控制，实现车站小系统通风、排烟功能。小系统的排风、排烟系统是共用的一套系统。在正常运行情况下，小系统送风机正常运行,排风机正常运行,若排风机为双速风机,则处于低速运行,在灾害时,处于高速运行。车站小系统的空调系统冷源主要来源于车站内的冷水机组,柜式空调器和风机盘管负担车站内设备及管理用房的热湿负荷。柜式空调器通过测量各类相关房间中的温度和其他相关的参数,以所控设备用房温湿度要求最高的房间参数作为控制指标,通过 PID 控制方式,对小系统二通调节阀加以控制,以满足系统各类相关房间温度和湿度的要求。

三、事故防灾控制

地铁建筑的事故防灾原则是预防为主、防消结合。地铁空调与通风系统按全线同一时间内发生 1 次火灾考虑,换乘站按站内同一时间内发生 1 次火灾考虑。全线所有建筑物设置火灾自动报警及消防联动和防排烟联动控制系统,火灾自动报警系统的控制指令具有优先权。发生火灾时,FAS 发出相应的火灾模式信号,如果这时系统处于自动状态,则自动启动对应的火灾模式。可以在人工界面上人工干预启动火灾模式,如果计算机死机,还可以在消防联动盘上手动启动模式。大系统火灾模式时,各小系统将自动处于停机状态,关闭风阀,减少串烟。火灾结束,按火灾恢复指令按钮,系统恢复正常工况。

1. 区间火灾控制

火灾情况下,隧道通风系统应能迅速排除烟气和向乘客及消防人员提供必要的新鲜空气,并有一定的迎面风速,疏导乘客安全撤离。列车在区间隧道火灾时的处理过程如下。

列车火灾处理流程如图 9-19 所示,当列车在区间运行过程中发生火灾,列车尽量驶向前方车站,在前方车站疏散乘客,利用前方车站隧道排风系统排除烟气,并用灭火设备灭火;若出现列车不能运行到前方车站而停在区间隧道内时,列车监控驾驶员将根据列车火灾位置组织疏散乘客,同时通过通信系统向控制中心、车站报告列车灾情和多数乘客疏散的方向情况,控制中心根据多数乘客撤离方向、列车火灾位置和列车所在区间位置,确定并启动相应的隧道通风系统火灾运行模式进行火灾通风。

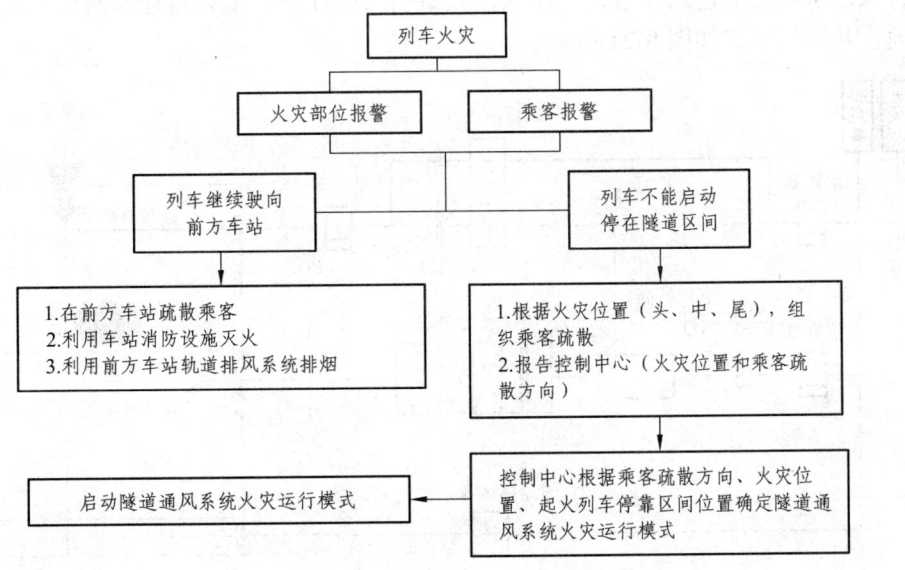

图 9-19 列车火灾处理流程图

当列车与控制中心和车站失去联络时应按车头着火的情况处理，一般按与行车一致的方向送风。当区间内运行的着火列车行驶到前方车站或停靠在站台的列车发生火灾时，由隧道通风系统按相应火灾模式进行排烟，车站则按照站台火灾模式协助排烟。

2. 车站公共区火灾控制

车站内发生火灾时，应立即停止车站空调水系统，转换车站大系统进入火灾模式。

（1）站台层火灾：利用站台排烟系统将烟气经排风井排至地面，为保证站厅站台连通口处具有一定的向下气流风速，应打开屏蔽门，利用隧道通风系统（车站两端隧道风机排风未标出）加强排风，乘客迎风从站台与站厅的连接楼梯，经站厅疏散至地面，其运行模式如图9-20所示。

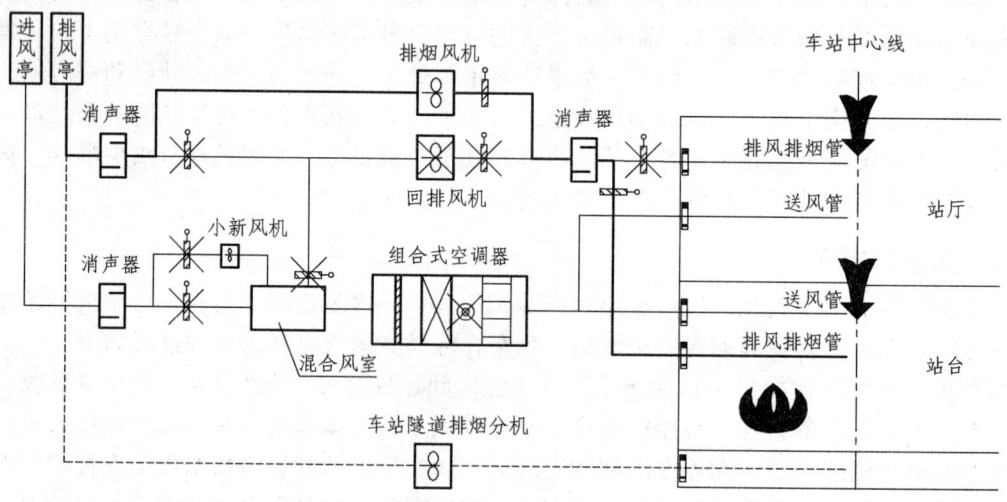

图9-20 站台火灾运行模式图

（2）站厅层火灾：当站厅层发生火灾时，站厅排烟风机进行排烟，关闭站厅层送风及站台层送、排风，新风是通过站厅层的负压从出入口引入站厅层，乘客将迎着新风方向从出入口疏散至地面，其运行模式如图9-21所示。

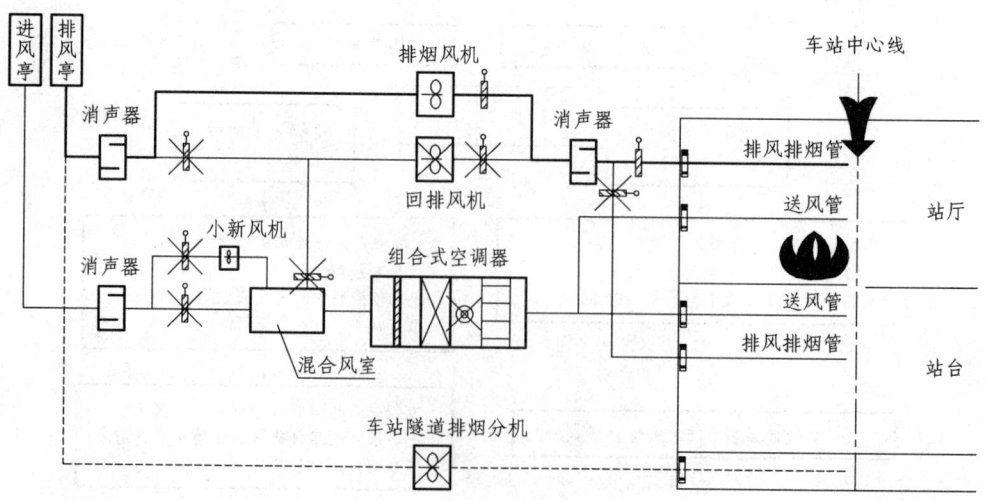

图9-21 站厅火灾运行模式图

3. 车站设备管理用房火灾控制

车站设备管理用房区域设置小系统，防排烟系统主要有以下 3 类：

（1）气体灭火系统保护范围内的房间。当火灾自动报警系统确认发生火灾时，由消防联动控制系统先控制关闭该保护区的送、排风管上的防火阀，然后喷洒灭火气体，待达到设计要求的淹没时间后消防人员进入保护区内确认已灭火，再将通风系统转换到相应的排除灭火气体模式并恢复至正常模式。

（2）建筑面积大于 50 m² 的房间（经常有人，已设置机械排烟）。当火灾自动报警系统确认某房间发生火灾时，消防联动控制系统将服务于该房间的环控系统转换到相应的预定排烟模式，同时房间外的走道排烟系统及楼梯间、车站控制室加压送风系统将被系统启动，走道内的排烟补风系统启动，消防人员进入该着火区域利用有效的消防灭火设备进行灭火。

（3）建筑面积小于 50 m² 的房间（一般不设置机械排烟）。每个房间送、排风管上均设有 70℃熔断式防火阀进行防火隔断。火灾发生时，着火房间外的走道排烟系统及楼梯间加压送风系统将会被启动，进行走道排烟，同时启动走道内的排烟补风系统。

项目 3　空调与通风系统操作规程

操作规程是指系统或设备从静止状态进入到运行状态，或从运行状态回复到静止状态的过程中应遵守的规定和操作顺序。这种规定和操作顺序对由众多设备和管道组成的中央空调系统和某些大型设备（如冷水机组、锅炉）来说尤其重要，稍有不慎就会对系统或设备造成损害，甚至造成灾难性事故。例如，水冷式冷水机组的启动过程就不是一个孤立的冷水机组启动问题，必须在冷冻水系统和冷却水系统均运行起来后才能进行其启动操作。而冷冻水系统和冷却水系统的正常运行又分别建立在空气处理装置和冷却塔启动并工作的基础上，否则冷水机组启动后就有可能受到损伤，甚至损毁。有些设计或配置比较好的控制系统具有单向操作保护功能，不按规定顺序操作就进行不下去，系统或设备就无法启动，如果不了解情况，会以为设备损坏。因此，操作规程要根据中央空调系统和设备的类型、功能、使用条件，结合设备制造厂家提供的技术资料来制订，不能生搬硬套，也不能过于简单，以保证系统和设备的安全使用、高效运行并达到或超过使用寿命。

为了使系统或设备的开停过程都能安全、正常地进行，应该把相应的、规范的操作规程简明扼要地书写清楚，并醒目地张贴在控制或操作地点，减少人为误操作或乱操作所造成的损失和危害。

知识点 1　冷水机组运行管理

一、冷水机组操作规程（以某地铁的螺杆式冷水机组为例）

（一）设备的性能参数

蒸发器出水温度：7 ℃。

蒸发压力：0.227~0.262 MPa。
冷凝压力：0.81~0.915 MPa。
吸气过热度：0.6~1.1 ℃。
排气过热度：11.1 ℃以上。
液体过冷度：2.8~4.4 ℃。
工作电压：400×(1±10%) V。

（二）相关设备系统的关联

冷水机组从对应的 MCC 柜引入电源。

冷水机组在机载控制柜中与水系统的冷冻水泵、冷却水泵、冷却塔风机、电动蝶阀实现内部联锁。

冷水机组机载控制柜为 BAS（监控）或 EMCS 提供数据通信接口。

（三）设备安全防护装置及说明

1. 控制电源断电保护（微机控制）

（1）断电设定值 B 为 0，当出现控制电源断电后，允许机组自动重启。

（2）断电设定值 B 为 1，当出现控制电源断电后，微机会记录一个断电报警，复位后断电报警才会再启动。

（3）车站冷水机组断电设定值要求设置为 0。

2. 蒸发压力过低停机保护（微机控制）

（1）蒸发压力低至低压设定值以下时，微机就会让压缩机停机，打开报警信号灯。

（2）微机内低压设定值：0.19 MPa。

（3）故障处理完毕后，在操作界面复位报警。

3. 蒸发器结冰停机保护（微机控制）

（1）冷冻水出水温度降低到结冰设定值以下时，微机就会让压缩机停机，打开报警信号灯。

（2）结冰温度设定值：3 ℃。

（3）故障处理完毕后，在操作界面复位报警。

4. 冷凝器压力过高保护（微机控制）

（1）当冷凝器压力达到高压设定值时，微机就会让压缩机停机，打开报警信号灯。

（2）微机内高压设定值：1.13 MPa。

5. 安全泄流阀

（1）机组运行时不得关闭其前面的角阀。

（2）在压缩机机组冷凝器上设有双作用安全阀，一用一备，将阀门旋到相反的一端，就可以启动备用阀门。

（3）故障处理完后，更换新的安全阀。

6. 油浮球开关（微机控制）

（1）压缩机运行时，油位过低指示持续 60 s，微机就会让压缩机停机，打开报警信号灯。

(2)故障处理完毕后,在操作界面复位报警。

7. 油温过高控制器(微机控制)
(1)当油温超过95 ℃时,微机就会让压缩机停机,打开油温过高报警信号灯。
(2)故障处理完毕后,在操作界面复位报警。

8. 马达温度保护器(微机控制)
(1)压缩机马达线圈中埋有温度传感器,当传感器温度超过105 ℃时,微机就会让压缩机停机,打开马达温度过高报警信号灯。
(2)故障处理完毕后,在控制面板上复位电机高温复位按键。

9. 过载保护(微机控制)
(1)过载保护器通过监控三相电流来防止压缩机电流过高,跳闸设定值为工厂设定。
(2)故障处理完毕后,在操作界面复位报警。

10. 欠电压保护继电器
(1)当供电出现电压过低、电压过高、相序不正确、缺相等故障时,微机就会让压缩机停机,打开报警信号灯。
(2)掉电设定值 A 为 0 时,允许故障出现后自动启动;设定值 A 为 1 时,需复位报警后才能重新启动。

11. 压差过低报警(微机控制)
(1)为保护良好润滑,在冷凝器与蒸发器之间压缩机需有 0.21 MPa 的压差。
(2)当机组运行时,若压差小于 0.21 MPa 达 3 min,微机就会让压缩机停机,打开报警信号灯。
(3)故障处理完毕后,在操作界面复位报警。

(四)冷水机组操作要点

1. 开机的必备条件
(1)冷水机组各部分完好,无损伤或变形。
(2)冷水机组控制柜、供液阀调节马达、油加热继电器、带状发热丝、主机、冷冻水泵、冷却水泵、冷却塔风扇电动机等都处在可送电状态。
(3)长时间停机时要通电预热 24 h,油温是否在 38 ℃ 以上或比冷媒蒸发温度高 18 ℃(如果电阻低于 200 MΩ 时要对机组继续加热,达到电阻值要求才能开机),油槽内最低温度为 38 ℃,最高温度不超过 95 ℃。
(4)电压为 $400 \times (1 \pm 10\%)$ V 范围内。
(5)启动冷水机组前检查冷却水温度,要求水温不能过低,一般进水温度高于 20 ℃ 为好,如不能满足要求,要对冷却水流量进行控制,调节冷凝器出水阀门开度,排气压力控制在 0.81 ~ 0.915 MPa。
(6)停机时冷冻油液位在视液镜的 1/2 ~ 3/4 处,正常运行时,视液镜应看不到油位,冷媒阀及冷冻油回路电磁阀在正常工作位置。

2. 操作顺序（以某品牌螺杆式冷水机组为例）

（1）在机组控制电源接通以后首先会出现欢迎画面，如图9-22所示。

（2）触压屏幕，屏幕保护取消后，显示出监控主页面，如图9-23所示，触压"操作主菜单"，再触压"授权操作"选择"操作级"，输入密码"****"，触压"返回前页"，返回操作主菜单。

图9-22 开机画面

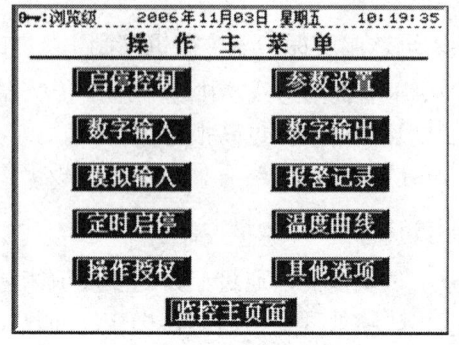

图9-23 操作主菜单

（3）触压"启停控制"，触压"启动"将开关置于开机位置，再触压"返回主菜单"，退回监控主页面，等待开机，如图9-24所示。

（4）检查数字输入量（见图9-23），在"操作主菜单"屏触压"数字输入"，检查各压缩机油位开关，水流开关处于"闭"的状态。在"操作主菜单"触压"授权操作"，选择"浏览级"（见图9-25），输入密码为"****"，设为浏览级，退回监控主页面。

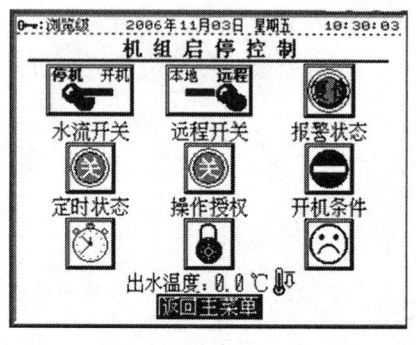

图9-24 开机

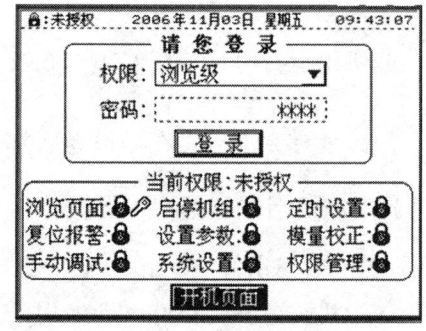

图9-25 浏览级

（5）机组启动后，观察吸气压力和排气压力，调整冷却水水流量，使机组尽快形成0.21 MPa的吸排气压差。如果压差3 min内未达到，机组会报警，多次反复，压缩机会出现低油位报警，这样会对压缩机使用寿命构成威胁，严重时造成压缩机损坏。

（6）机组运行正常后，检查电机三相电流是否平衡，观察机组供液镜、油平衡视镜、回油视镜、二次补气镜和蒸发器视镜，正常时机组供液镜应看不到液体流动，蒸发器视镜开机应看不到液面，只有机组满负荷运行且冷冻水出水温度达到设定值时才可以看到液面，如果出现液面过高或过低或有许多白沫为不正常。

（7）开机后要用手摸压缩机排气管，当排压正常时，排气管应该是热的，不热时要对吸气压力进行调整。

知识点 2　水泵运行管理

一、水泵运行保养要求

水系统的水泵在使用中要经常进行检查和维护保养，才能保证其正常工作。

（一）水泵运行中的检查

（1）水泵结构完好，水泵各部分无损伤或变形。
（2）电源正常，环境控制室、就地控制箱、变频柜等指示灯指示正确。
（3）管路上控制阀门动作灵活，开关到位，并处于正确的位置。
（4）电动机不能有过高的温升，无异味产生。
（5）轴承温度不得超过周围环境温度 35~40 ℃，轴承的极限温度不得高于 80 ℃。
（6）轴封处（除规定要滴水的形式外）、管接头均无漏水现象。
（7）地脚螺栓和其他各连接螺栓的螺母无松动，无异常噪声和振动。
（8）基础台下的减振装置受力均匀，进出水管处的软接头无明显变形，这些都起到了减振和隔振作用。
（9）运行电流在正常范围内，压力表指示正常且稳定，无剧烈抖动。

（二）定期维护保养

1. 加润滑油

如轴承是采用润滑油润滑的，使用期间，每天都要观察油位是否在规定范围内。若油不够，就要通过注油杯加油，一年清洗换油一次。根据工作环境温度情况，选用 20 或 30 号机械油。如轴承采用润滑脂（俗称黄油）润滑，使用期间，每工作 2 000 h 换油一次。润滑脂采用钙基脂，也可以采用专用轴承脂。

2. 更换轴封

填料使用一定时间会磨损，如发现漏水或漏水滴数超标时就要考虑是否需要压紧或更换轴封。采用普通填料的轴封，泄漏量一般为 30~60 ml/h；机械密封的泄漏量则一般不得大于 10 ml/h。

3. 解体检修

每年对水泵进行一次解体检修，包括清洗和检查。清洗是刮去叶轮内外表面、流道内的水垢，清洗泵壳的内表面以及轴承。清洗过程对部件进行检查，确定是否需要修理或更换，特别是叶轮、密封环、轴承、填料等部件要重点检查。

4. 除锈刷漆

水泵运行处于潮湿的空气环境，泵体表面由于结露可能覆盖水珠，长期如此，泵体表面会生锈。因此，每年应对没有进行保温处理的冷冻水泵的泵体表面进行一次除锈刷漆作业。

5. 放水防冻

水泵停用期间，如果环境温度低于 0 ℃，就要将水泵内的水全部放干净，以免水的冻胀作用胀裂泵体。

二、水泵操作规程（以某地铁空调系统水泵为例）

（一）水泵的性能参数

（1）轴承的温升不得大于 35 ℃，极限温度不得大于 75 ℃。
（2）水泵不能在低于 30% 设计流量下长期运转，工作电压为 380×(1±10%) V。
（3）轴封的漏水量以每分钟少于 10 滴为适当。

（二）相关设备系统的关联

（1）水泵从对应的 MCC 柜引入电源。
（2）冷冻水泵、冷却水泵、冷水机组、电动蝶阀实现内部联锁。

（三）水泵操作规程要点

1. 开机的必备条件

（1）管路各阀门处于正常状态，旁通管道上的手动蝶阀关闭，其余的手动蝶阀按标识打开，如图 9-26 所示。

图 9-26　各阀门处于正常状态

（2）确保水管及泵内充满水，压力表指示正确（一般情况下车站内进出水管注满水后，水泵离管内水面最高处高度差大于 5 m，水泵进出口处表压大于 0.05 MPa）。
（3）电压 380×(1±10%) V。

2. 操作顺序

（1）将 MCC 柜的本地/远程按钮转到本地挡，如图 9-27 和图 9-28 所示。

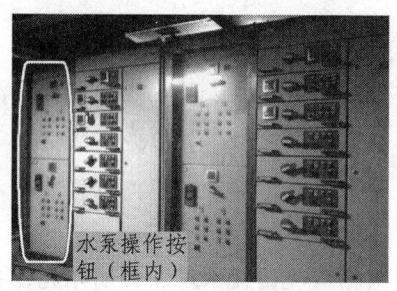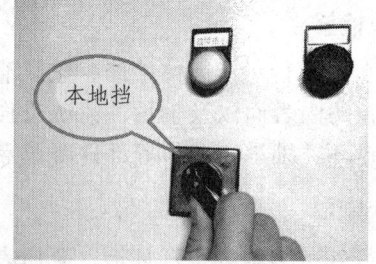

图 9-27　MCC 水泵操作按钮　　　　图 9-28　旋到本地挡

（2）检查无误后，按下变频启动按钮，如图 9-29 所示。
（3）水泵变频启动，运行正常后，检查电机的运行电流、水泵进出口压力等运行参数。
（4）在运转过程中，发现有不正常的声音或其他故障时，应换泵运行或按《冷水机组操作规程》停止水泵运行。排除故障后才能继续运行。

（5）绝不允许用吸入管路上的阀门来调节流量，以免产生气蚀。

（6）水泵不能在低于 30% 设计流量下长期运转。

（7）停机时，按下停止按钮，水泵停止运转，同时运行指示灯灭，停止指示灯亮，如图 9-30 所示。

图 9-29　按下变频启动按钮

图 9-30　水泵停止按钮

（8）现场控制的操作完成后，将 MCC 柜的"本地/远程"旋钮转换到远程挡，如图 9-31 所示。

图 9-31　操作完成打到远程挡

知识点 3　冷却塔运行管理

一、冷却塔运行保养要求

（一）冷却塔运行中的检查

（1）观察圆形塔布水装置的转速是否稳定、均匀。如不稳，可能是由于管内存在空气，应设法排除。

（2）观察圆形塔布水装置的转速是否减慢或部分出水孔不出水。可能是管内有污垢或微生物附着，出水孔堵堵塞，要及时清洁。

（3）检查浮球阀开关的灵敏度、集水盘（槽）中的水位。如有问题需及时调整或修理浮球阀。

（4）检查矩形塔配水槽（又叫散水槽）内是否有杂物堵塞散水孔，有堵塞要及时清除杂物。槽内积水深度不能小于 50 mm。

（5）塔内各部位是否有污垢形成或微生物繁殖，特别是填料和集水盘（槽）里，如果有污垢或微生物附着要分析原因，做好水质处理和清洁。

（6）注意听冷却塔工作声音，如有异常噪声和振动声，要迅速查明原因，消除隐患。

（7）检查布水装置、管道的连接部位、阀门是否漏水。如有漏水，要查明原因，采取相应措施堵漏。

（8）对使用齿轮减速装置的冷却塔风机，检查齿轮箱是否漏油。如有漏油，要查明原因，采取相应措施堵漏。

（9）检查风机轴承的温升，一般不大于 35 ℃，最高温度低于 70 ℃。

（10）检查是否有飘水现象，如有，要及时查明原因予以消除。

（二）冷却塔的清洁

冷却塔要发挥冷却效能，需定期清洁，外壳可以不停机清洁，其他各项清洗均要停机后进行。

1. 外壳的清洁

冷却塔外壳一般采用玻璃钢或高级 PVC 材料制成，当其外观不洁时，只需用水或清洁剂清洗即可。

2. 填料的清洁

填料是空气与水在冷却塔内进行充分热湿交换的媒介，一般由高级 PVC 材料加工而成，有污垢或微生物附着时，用水或清洁剂加压冲洗或从塔中拆出分片刷洗即可。

3. 集水盘（槽）的清洁

集水盘（槽）中的污垢或微生物积存采用刷洗的方法清除。清洗前要堵住冷却塔的出水口，清洗时要打开排水阀，脏水从排水口排出，避免清洗的脏水进入冷却水回水管。

4. 圆形塔布水装置的清洁

圆形塔布水装置的支管从旋转头上拆卸下来仔细清洗。

5. 矩形冷却塔配水槽的清洁

当矩形冷却塔的配水槽需要清洁时，采用刷洗的方法即可。

6. 吸声垫的清洗

吸声垫是疏松纤维型的，长期浸泡在集水盘中，容易附着污物，可以用清洁剂配以高压水进行冲洗。

（三）冷却塔定期维护保养

冷却塔的正常使用需定期维护保养。

（1）使用传动带减速装置的冷却塔，每两周停机检查一次传动带的松紧度，不合适时要调整。如果几根传动带松紧程度不同，则要全套更换。如果冷却塔长时间不运行，将传动带取下保存。

（2）使用齿轮减速装置的冷却塔，每一个月停机检查一次齿轮箱中的油位。油量不够时，要补加到位。每运行六个月要检查一次油的颜色和黏度，达不到要求必须全部更换。当冷却塔累计使用 5 000 h 后，不论油质情况如何，都必须对齿轮箱做彻底清洗，并更换润滑油。齿轮减速装置润滑油选用 30 或 40 号机油。

（3）冷却塔风机的电动机长期在湿热环境下工作，为了保证绝缘性能，不发生电动机烧毁事故，每年需做一次电动机绝缘情况测试。如果达不到要求，要及时进行维修或更换电动机。

（4）随时注意检查冷却塔的填料是否损坏，若有，要及时修补或更换。

（5）冷却塔风机系统所有轴承的润滑脂一年更换一次。

（6）当采用化学药剂进行冷却水的处理时，要防止风机叶片腐蚀。为了减缓腐蚀，每年清除一次叶片上的腐蚀物，均匀涂刷防锈漆和酚醛漆各 1 道或者在叶片上涂刷一层 0.2 mm 厚的环氧树脂，其防腐性能可维持 2~3 年。

（7）冬季冷却塔停用期间，可以采取两种办法避免风机叶片因积雪变形：一是停机后将叶片旋转到垂直于地面的角度紧固；二是将叶片或连轮毂一起拆下放到室内保存。

（8）冬季冷却塔停用期间，要将冷却塔集水盘（槽）和室外部分的冷却水系统中的水全部放光，以免冻坏设备和管道。

（9）冷却塔的支架、风机系统的结构架以及爬梯通常采用镀锌钢件，一般不需要油漆。如果发现生锈，再进行去锈刷漆工作。

二、冷却塔操作规程

（一）设备的性能参数

（1）冷却塔的供电电压为 $380\times(1\pm10\%)$ V。

（2）集水盘的水位是否在 50~80 mm。

（二）设备相关设备系统的关联

（1）冷却塔电控柜从对应的低压配电柜引入 $380\times(1\pm10\%)$ V 电力。

（2）冷却塔、冷水机组、电动蝶阀实现内部联锁。

（三）冷却塔操作规程要点

1. 操作前的准备工作

（1）运行冷却塔之前，检查管路上的各阀门，使之处于正常的操作状态。

（2）检查冷却塔水路是否畅通。

（3）检查冷却塔风路是否畅通。

（4）检查供电电源的电压是否在 $380\times(1\pm10\%)$ V。

2. 操作顺序

（1）合闸后，将冷却塔控制箱的"本地/远程"控制旋钮转换到本地挡，如图 9-32 所示。

（2）检查清理冷却塔进风百叶处的障碍物、洒水盆处的杂物；检查或调整集水盆的水位；检查集水盆水缸及配管，确保无漏水现象。

图 9-32　转换本地/远程挡到本地挡

（3）检查冷却塔的供电电压是否在 $380×(1±10\%)$ V。

（4）检查无误后，合闸，如图 9-33 所示，转换到本地挡，并启动冷却塔电动蝶阀启动按钮，如图 9-34 所示，开启进水管和出水管上的电动蝶阀。

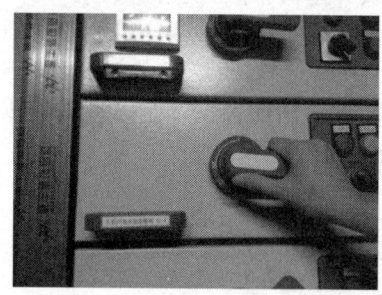　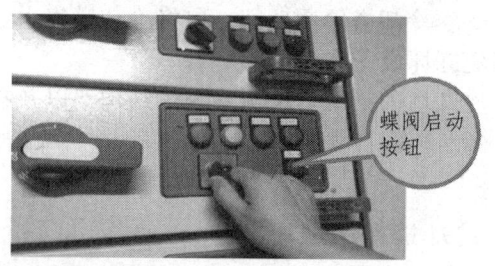

图 9-33　冷却塔电动蝶阀合闸　　　图 9-34　旋至就地挡并启动按钮

（5）按下冷却塔风机 1 和冷却塔风机 2 启动按钮运行风机，如图 9-35 所示。

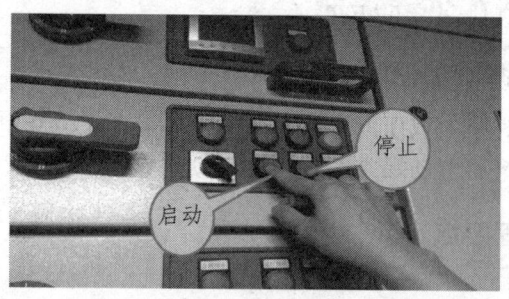

图 9-35　启动冷却塔风机

（6）冷却塔风机运转正常后，检查电机三相电流是否平衡，是否在正常范围内。若冷却塔有异常的噪声和振动，<u>应立即停机检修</u>。

（7）当冷却水泵运行后，应检查冷却塔布水是否均匀，洒水盆的水位是否在 50~80 mm 的正常范围内，有无飘水、溅水现象。

（8）停机时，按下停机按钮，冷却塔风机停止运行（见图 9-35）。

（9）冷却水泵停止运行后，关闭冷却塔蝶阀，检查调整集水盆水位，确定浮球阀处于完全关闭状态。现场控制的操作完成后，将控制柜"本地/远程"旋钮转换到远程挡。

（10）冷却塔长期停机后运行时，应开启水盘底部排污阀，清扫塔内污物，排出塔内积水。

知识点 4　组合式空调机组运行管理

一、组合式空调机组正常使用要求

（1）机组外观无变形，支座弹簧平衡，风机和各部件紧固。
（2）空调机组各功能段内部清洁、干净、无杂物。
（3）空调机组的检修门不漏风、变形。
（4）空调机组尘网干净，每 15 日清洗一次，无压差报警。
（5）风机叶轮运转灵活，无碰撞蜗壳现象。
（6）传动带无过松、过紧或打滑现象。
（7）机组的进出风风阀处在开启状态，空调季节空调机组冷冻水进出管路上阀门处于开启状态。二通阀能受 EMCS 控制。
（8）设备运行时无异常响声或振动。如有异常，应立即停车检查，严禁机组"带病"运行。
（9）风机运行时电流在正常范围内，不应超过额定电流。
（10）空调季节接水盘冷凝水排水顺畅、无积水，风机段无飞水现象。
（11）空调季节进出水压力、压差和进出水温差在正常范围内。

二、组合式空调机组操作规程

（一）相关设备系统的关联

（1）组合式空调机组从控制箱引入电源。
（2）出口风阀实现内部联锁。
（3）BAS 或 EMCS 接口。

（二）组合空调箱操作规程要点

1. 开机的必备条件
（1）管路上的各阀门处于正常状态，如图 9-36 所示。
（2）组合空调机组水路畅通。

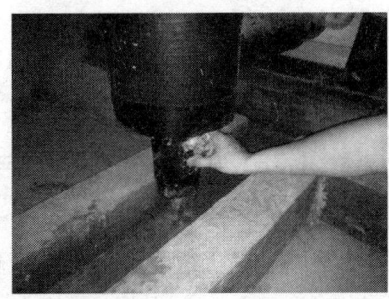

图 9-36　各类阀门处于正常状态

（3）组合空调机组风路畅通，打开照明开关，打开检修门，查看内部情况，如图 9-37 所示。

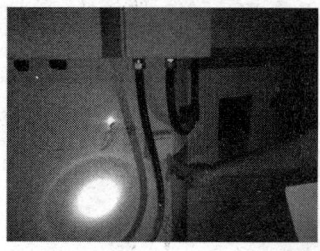 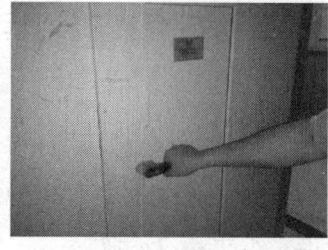 

图 9-37 查看组合式空调机内部情况

（4）供电电源的电压在 $380 \times (1 \pm 10\%)$ V。

2．操作顺序

（1）将控制箱的"本地/远程"旋钮转换到本地挡，如图 9-38 所示。

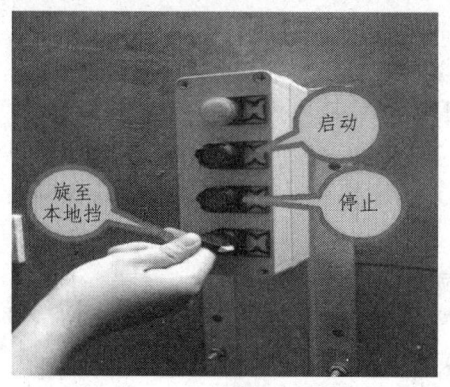

图 9-38 启动组合式空调机组

（2）按下启动按钮，联锁电动风阀开到位后，组合式空调机开始工作，同时运行指示灯亮，如图 9-38 所示。

（3）机组运行正常后，检查电机的运行电流是否在正常范围内，三相电流是否平衡。

（4）观察机组的运行状况，在正常运行过程中，机组不会出现异常的振动和噪声。

（5）检查过滤段的压差检测装置的检测值，在正常情况下，该值为 0~150 Pa。

（6）检查机组整体无漏风现象。

（7）停机时，按下停止按钮，机组停止运行，同时运行指示灯灭，停止指示灯亮，电动风阀关闭。

（8）现场控制的操作完成后，将控制箱的"本地/远程"按钮换到远程挡。

知识点 5　空气处理机组运行管理

本节所述的空气处理机组主要指空调柜机、吊顶空调器等，不包含组合式空调机组。

一、柜式、吊式空调器正常使用要求

（1）空调器安装牢靠、部件无松脱。

（2）空气过滤网定期清洗、干净，无堵塞。
（3）空调器检修门不漏风、变形。
（4）空调器风机的转向正确，进、出风管风阀打开，风路顺畅。
（5）空调运行时柜内无异常响声或振动。
（6）电动机运行时电流在正常范围内，电流不超过额定电流，发现异常立即停机。
（7）空调季节接水盘冷凝水排水顺畅、无积水，风机段不飞水。
（8）空调季节要求进出水压力、压差和进出水温差在正常范围内。

二、空气处理机操作规程

（一）相关设备系统的关联

（1）空气处理机从对应的控制箱柜引入电源。
（2）出口风阀实现内部联锁。
（3）BAS 或 EMCS 接口。

（二）空气处理机操作规程要点

1. 开机的必备条件

（1）管路上的各阀门处于正常状态。
（2）空调箱各水路畅通。
（3）空调箱风路畅通。
（4）供电电源的电压在 $380\times(1\pm10\%)$ V。

2. 操作顺序

（1）将控制箱的"本地/远程"旋钮转换到本地挡。
（2）按下启动按钮，联锁电动风阀开到位后，空气处理机开始工作，同时，运行指示灯亮。
（3）机组运行正常后，风机的运行电流是否在正常范围内，三相电流是否平衡。
（4）观察机组的运行状况，在正常运行过程中，机组不会出现异常的振动和噪声。
（5）停机时，按下停机按钮，机组停止运行，同时运行指示灯灭，停止指示灯亮，电动风阀关闭。
（6）现场控制的操作完成后，将控制箱的"本地/远程"旋钮转换到远程挡。

知识点 6 风机盘管运行管理

一、风机盘管操作规程

（一）相关设备系统的关联

（1）风机盘管的电控柜从对应的低压配电柜引入电源。
（2）受三速开关控制。

（二）风机盘管操作规程要点

1. 开机的必备条件

（1）水路畅通。

（2）供电电源的电压在 220×(1±10%) V。

2. 操作顺序

（1）检查风机盘管安装附近的地板和天花有无漏水现象。

（2）将三速温控器的启停开关拨至"ON"位置，如图 9-39 所示，风机盘管开始运行。

（3）运行后，仔细确认风机有无异常声音。

（4）根据房间温度的需要，选择风速"1""2""3"（有些温控器采用"H""M""L"）三速风速挡中一挡。

（5）检查送风口的送风量，在相应风速挡下，是否会出现风量过小或无风送出现象。

（6）根据房间温度的需要，将温控器旋钮调至该温度值。温控器将按需求控制房间温度。

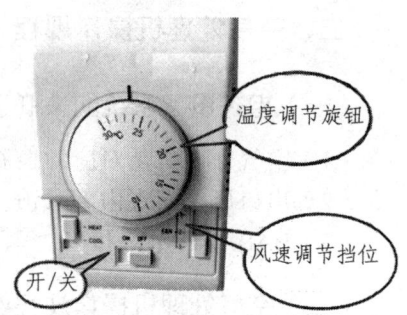

图 9-39 温控器控制

（7）停机时，将三速温控器的启停开关拨至"OFF"位置，风机盘管停止运行。

知识点 7 风机运行管理

一、各种风机的使用要求

（1）风机外观完好，表面无损伤或变形。

（2）供给电源正常，风机就地和环控室控制箱电源指示灯指示一致。

（3）风机联动风阀和相关调节阀动作灵活，开关到位，并处在正确位置阀要全开。

（4）风机叶轮与机壳无碰撞，机壳内无杂物。

（5）风机地脚螺栓或避振器无松脱、变形等异常。

（6）风机运行时无异响、碰撞或金属摩擦声，振动无异常，防止有不规则振动。

（7）风机叶轮旋向与标志一致，隧道风机、射流风机、推力风机的运转方向符合设计功能要求。

（8）风机运行电流在正常范围内且无异常波动，仪表指示正常。

（9）与风机连接的风管无破损或漏风，送、排风口顺畅。

在运行检查时常用看、听、摸、测检查风机及其相关设备，如电动机的温升情况、风机轴承温升情况（不能超过 60 ℃）、轴承润滑情况、噪声情况、振动情况、转速情况及风机与风道软接头完好情况。

模块 9　地铁空调与通风系统运行管理及检修

二、风机操作规程

（一）相关设备系统的关联

（1）风机从对应的控制箱引入电源。
（2）风机与风阀联锁。
（3）BAS 和 FAS 接口。

（二）TVF 风机操作规程要点

1. 开机的必备条件

（1）风路上的各阀门处于正常状态。
（2）供电电源的电压在 $380 \times (1 \pm 10\%)$ V。

2. 操作顺序

（1）根据 OCC 指令或现场要求按下 TVF 风机的高速正转、低速反转，操作方法为旋转按钮到"正转/反转"后再按红色启动按钮，如图 9-40 所示。

（2）按下按钮后，控制柜的 PLC 模块发出开启风阀的信号，风阀打开。

（3）风阀开度到位的信号反馈到 PLC 模块后，PLC 模块输出风机的高速正转、低速反转的运行信号，相应的运行指示灯亮，风机开始按风机的高速正转、低速反转运行。

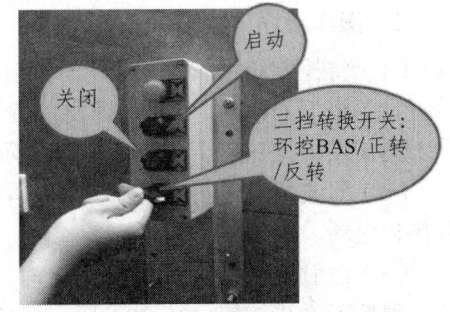

图 9-40　TVF 风机操作按钮

（4）TVF 风机运行正常后，检查电机的三相电流是否平衡并在正常范围内，在正常情况下，风机不应发出异常的声音和振动。

（5）在 TVF 风机高正转/低反转运行时，若根据 OCC 指令或现场要求，该风机需要低速反转/高速正转运行，则在控制柜上按下停止按钮，软启动器接受停机信号，风机实行能耗制动，同时关闭联锁风阀，风阀关到位后，再旋转正反转按钮，联锁风阀开到位，相应的运行指示灯亮，风机开始启动运行。

（6）停机时，按下 TVF 风机停止按钮，风机停止运行，停止信号灯亮，风阀关到位后，风阀关闭指示灯亮。

（7）操作完成后，将控制箱旋钮转换到 BAS 挡。

（三）U/O 风机操作规程要点

1. 开机的必备条件

（1）管路上的各阀门处于正常状态。
（2）供电电源的电压在 $380 \times (1 \pm 10\%)$ V。

2. 操作顺序

（1）将控制箱的"本地/远程"旋钮转换到本地挡。

（2）在正常工况时，按下 U/O 风机的启动按钮。

（3）按下按钮后，控制箱的 PLC 模块发出打开风阀的信号，风阀开始打开。

（4）U/O 风机采用变频启动，风阀开到位的信号反馈到 PLC 模块后，PLC 模块输出风机启动信号。

（5）风机开始运行，频率由调度远程设置。

（6）U/O 风机运行正常后，检查电机的三相电流是否平衡并在正常范围内，在正常情况下，风机不应发出异常的声音和振动。

（7）停机时，按下 U/O 风机的停止按钮，风机停止，停止信号灯亮，风阀关到位后，风阀关闭指示灯亮。

（8）现场控制的操作完成后，将控制箱的"本地/远程"旋钮转换到远程挡。

（四）射流风机操作规程要点

1. 开机的必备条件

供电电源的电压在 $380 \times (1 \pm 10\%)$ V。

2. 操作顺序

（1）将控制箱的"本地/远程"旋钮转换到本地挡。

（2）根据 OCC 指令或现场要求按下射流风机的正转或反转按钮。

（3）按下按钮后，相应的运行指示灯亮，风机开始按正转或反转运行。

（4）射流风机运行正常后，检查电机三相电流的平衡，并在正常范围内，风机不发出异常声音和振动。

（5）在射流风机正转/反转运行时，若根据 OCC 指令或现场要求，该风机需要反转/正转运行，则按下停止按钮，待 30 s 后，风机叶片停转，按"反转/正转"按钮，风机开始按反转/正转运行。

（6）停机时，按下射流风机的停止按钮，风机停止运行，风机停止信号灯亮。

（7）现场控制的操作完成后，将控制箱的"本地/远程"旋钮转换到远程挡。

（五）大、小系统风机操作规程要点

1. 开机的必备条件

（1）管路上的各阀门处于正常状态。

（2）大、小系统风机风路畅通。

（3）供电电源的电压在 $380 \times (1 \pm 10\%)$ V。

2. 操作顺序

（1）将控制箱的"本地/远程"旋钮转换到本地挡。

（2）在正常工况时，按下风机的启动/低速启动按钮（有高、低速启动按钮的就按下低速启动按钮）。

（3）按下启动/低速启动按钮后，控制箱的 PLC 模块发出打开风阀的信号，风阀开始打开。

（4）风阀开度到位的信号反馈到 PLC 模块后，PLC 模块输出风机运行/低速运行的信号，运行/低速运行指示灯亮，风机开始运行。

（5）回/排风机运行正常后，检查电机的三相电流平衡，并在正常范围内，风机不应发出异常的声音和振动。

（6）在火灾工况时，根据 OCC 指令或现场要求：小系统，按下回/排风机的高速启动按钮，高速指示灯亮，风机开始按高速运行；大系统，按下排烟风机的启动按钮，排烟风机启动，开始运行。

（7）停机时，按下风机的停止按钮，风机停止信号灯亮，风机停止运行，风阀关到位后，风阀关到位指示灯亮。

（8）现场控制的操作完成后，将控制箱的"本地/远程"旋钮转换到远程挡。

知识点 8　风阀、电动风阀运行管理

一、风阀的使用要求

（1）风阀框架无变形，与风管连接紧密，无漏风。
（2）风阀执行器与连杆连接紧密，转动灵活，无松脱或打滑。
（3）风阀执行器动作与环控电控柜指示动作一致。
（4）风阀叶片无松脱、变形，密封胶完好。

二、组合式风阀操作规程

（一）相关设备系统的关联

（1）组合式风阀从对应的控制箱引入电源。
（2）风机与组合式风阀联锁。

（二）组合式风阀操作规程要点

1. 开机的必备条件

供电电源的电压在 $220 \times (1 \pm 10\%)$ V。

2. 操作顺序

（1）将控制箱柜的"本地/远程"旋钮旋转换到本地挡。
（2）按下开启或关闭按钮，接触器吸合后，组合式风阀执行机构开始动作，约 30 s 后执行机构停止动作，相应的状态指示灯亮。
（3）观察检查组合式风阀的动作，发现噪声、堵转等异常现象时采取处理措施。
（4）需要现场就地人工操作时，电机后罩装有手把，将电/手动转换旋钮转到手动位置上，制动盘与制动轮脱开，执行机构可手动操作，将旋钮转到自动位置上时，即可保证电机断电是制动。
（5）现场控制的操作完成后，将控制箱的"本地/远程"旋钮转换到远程挡。

三、电动风阀操作规程

1. 开机的必备条件

（1）供电电源的电压在 $220\times(1\pm10\%)$ V。
（2）阀门叶片没有障碍物。

2. 操作顺序

（1）把电动风阀操作箱"就地/远程"开关转换到"就地"挡，如图 9-41 所示。

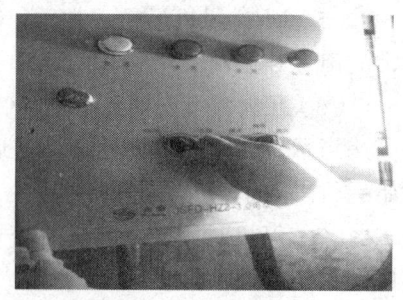

图 9-41　电动风阀操作箱

（2）旋转到"阀开"处，风阀开启，风阀开启到位后"全开"指示灯亮。
（3）阀门开启需要一定角度时可把按钮打到"阀停"处。
（4）关阀时把旋转按钮打到"阀关"处即可。

知识点 9　防火阀、消声器运行管理

一、防火阀的使用要求

（1）防火阀框架无变形，与风管连接紧密，无漏风。
（2）防火阀叶片无松脱、变形。
（3）当电信号或手动拉绳使其关闭时，可逆时针转动叶片主轴上的复位手柄使其复位。
（4）当易熔断片熔断使其关闭时，则须更换新的易熔断片并重新使其复位。
（5）通过 EMCS（消防报警系统）控制显示器可检查防火阀的开关状态。
（6）发现防火阀关闭应立即进行复位，遇到重要位置（如主风管、风机出入口等）防火阀意外关闭时，立即关闭相应的正在运行的风机或空调机，并对防火阀进行复位。

二、防火阀操作规程

正常状态下，防火阀为开启状态，如图 9-42（a）所示，当用力向下拉扣环时，阀门关闭，如图 9-42（b）所示。逆时针旋转手柄时可以开启防火阀，如图 9-42（c）所示，当旋转 90°左右时，会听到咔的一声，阀门开到位，如图 9-42（a）所示。

（a）开启状态的防火阀

（b）手动关闭防火阀

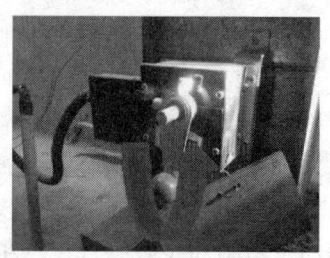

（c）开启防火阀的方法

图 9-42　防火阀

三、消声器操作规程

对地铁来说，一般采用阵列式消声器，如图 9-43 所示。与土建风道尺寸灵活配合，可提高低频消声效果。

当需要通过风道的消声器时，可以打开消声器的滑动门通过。具体方法如下：扭开滑动门顶端槽钢的螺栓后（见图 9-44），推开滑动门即可通过（见图 9-45）。

图 9-43　阵列式消声器

图 9-44　锁定的滑动门

图 9-45　推开滑动门

知识点 10　VRV 空调系统运行管理

一、VRV 空调机组操作规程

（一）设备的性能参数

（1）室内机工作电压采用单相交流电压 $220 \times (1 \pm 10\%)$ V，工作频率 $50 \times (1 \pm 5\%)$ Hz。

（2）室外机工作电压采用三相交流电压 $380 \times (1 \pm 10\%)$ V，工作频率 $50 \times (1 \pm 5\%)$ Hz。

（二）相关设备系统的关联

（1）室内机的电控柜从对应的控制箱引入 $220 \times (1 \pm 10\%)$ V 电力。

（2）室外机的电控柜从对应的控制箱引入 $380 \times (1 \pm 10\%)$ V 电力。

（3）室内机受就地有线控制器或遥控器控制。集中控制器实现对多联机系统的室内机、外机的监视和控制。就地有线控制器控制优先权高于集中控制器。

（三）设备安全防护装置及说明

1. 排气温度保护

（1）压缩机排气温度超过 120 ℃并持续 10 s 停机报警，停机 2′50″后自动恢复，1 h 3 次故障确认。

（2）故障排除后，手动复位重新启动机组。

2. 高压压力保护

（1）压缩机开机连续 10 s 检测到高压压力在 4.0 MPa 以上停机报警，停机 2′50″后自动恢复，1 h 3 次故障确认。

（2）故障排除后，手动复位重新启动机组。

3. 低压压力保护

（1）压缩机开机连续 10 s 检测到低压压力在 0.05 MPa 以下，回油连续 10 s 检测到低压压力在 0.03 MPa 以下停机报警，停机后 2′50″后自动恢复，1 h 3 次故障确认。

（2）故障排除后，手动复位重新启动机组。

（四）室内机操作规程要点

1. 开机的必备条件

（1）供电电源的电压在 $220 \times (1 \pm 10\%)$ V，线控器显示上一次的工作状态。

（2）为保护压缩机，在开机前空调机组应通电 12 h 以上。同一冷媒系统的所有室内机使用统一的电源开关，保证空调使用时，该系统所有内机处于通电状态。

2. 操作顺序

（1）检查室内机安装附近的地板和天花有无漏水现象。

（2）按线控器的"开机/关机"键，室内机开始运行，线控器或遥控器的 LED 灯亮或接收窗上的电源灯亮。

（3）选择运行模式，按"模式"键，每按一次线控器的运行方式改变如下："自动"→"送风"→"制冷"→"除湿"→"制热"。

（4）根据房间的温度设定要求，按"温度"键，线控器按温度"＋""－"键设置室内温度。

（5）选择风量调节按"风量"键，线控器风速按以下变换（在除湿运行时，风速自动设定）："自动"→"高风"→"中风"→"低风"→"自动"。

（6）选择风向调节按线控器"摆风"键，导风板摆动。

（7）运行后，仔细确认风机有无异常声音。

（8）检查送风口的送风量，在相应风速挡下，是否会出现风量过小或无风送出现象。

（9）需要停机时，按线控器的"开机/关机"键关机，线控器的 LED 灯灭或接收窗上的电源灯灭。

3. 使用过程中注意事项

（1）使用线控器几秒后，室内机的设置就会改变。

（2）每天在相同条件（运行方式、设置温度、风量调节和风向调节）下对室内机的启动/改变重复操作时，按线控器的"开机/关机"键即可，线控器会显示上一次设置的内容。

（3）避免频繁地进行"开机"和"关机"操作。

（4）多联机采用"模式一致"的控制方式，当选择了制冷（除湿）和制热运转时，如果其他室内机在不同的方式下运转，空调机就处于待机方式。线控器上选择的运转方式显示会不停闪烁。

项目 4　空调与通风系统检修规程

城市轨道交通通风与空调设备检修工作，应贯彻"预防为主，防治结合，修养并重"的原则，为保证行车安全、提升运营水平、为乘客提供"安全、准点、舒适、快捷"的乘车环境，必须坚持为一线服务的宗旨。检修作业内容比巡视更深入，是主动的预防性维修，根据通风与空调设备的构成、运行和使用特点等因素，周期性地纠正设备运行后可能积累的误差、磨损，或零部件使用寿命到期后的更换，对相应设备进行小修、中修、大修，有效地预防故障的发生，有计划地减少设备损耗，以取得较好的技术、经济效益，保证空调与通风系统设备的状态良好、运行正常。

由于空调与通风系统的设备使用场合不同，设备多且分散，而且不能影响正常运营时间的限制，其维修工作要按照统一调度安排，遵章办理一切必要的作业手续，确保运营安全，包括行车安全、乘客安全和工作人员安全，特别是在轨行区维修或进入设备区域做检修作业时，必须在收车后进行。维修计划由专业技术人员根据空调与通风系统的构成、运行和使用特点等因素制订，由专业工班人员执行，执行过程包括作业过程手续办理、作业内容的记录、作业过程发现的异常问题反馈及其解决方法。

技术和维修人员应按照公司每年的年度工作和检修计划，对设备进行检查、保养和预防性维修，负责故障设备的修复处理。如遇突发性事件时，服从车间轮值和维修调度的命令，在抢险总指挥的指挥下进行抢修。

为方便和规范设备维修及管理，维修人员对系统设备、设施进行维修时做到有章可循，结合城市轨道交通实际维修管理经验，运营管理公司一般需要制订空调与通风系统设备、设施的维修周期与工作内容，各公司制订的规程不会完全相同，需根据各自的运营特点制订。

知识点 1　制冷机组检修

一、检修概述

制冷机组按照压缩机的不同，有活塞式、螺杆式、离心式、涡旋式。压缩机的故障是机组检修的核心内容。为了保证制冷机组安全、高效、经济地长期正常运转，在运行管理和维修中一般通过"看、摸、听、测"来对制冷机组运行中的故障进行分析和判断。

一看：看制冷机组运行参数和外观表象。如高、低压力，油压，冷却水和冷媒水进出口水压等参数，参数值满足设定的参数值为正常，偏离设定的参数值为异常，异常参数可能是故障导致。还有运行机组外观表象，如压缩机吸气管结霜，表示制冷机组制冷量过大、蒸发温度过低、压缩机吸气过热度小、吸气压力低。活塞式制冷机组将会引起"液击"，离心式冷水机组则会"喘振"。

二摸：用手触摸冷水机组各部分及管道（包括气管、液管、水管、油管等），感觉压缩机工作温度及振动，蒸发器、冷凝器的进出口温度，管道接头处的油迹及分布情况等。异常温感意味着相应的部位存在故障因素。用手触摸物体的温度感觉特征见表 9-8。

表 9-8 触摸物体测温的感觉特征

温度/℃	手感特征	温度/℃	手感特征
35	低于体温	65	强烫灼感,触3 s缩回
40	稍高于体温,微温舒服	70	剧烈烫灼感,手指触3 s缩回
45	温和而稍带热感	75	手指有针刺感,1~2 s缩回
50	稍热但可长时间承受	80	有烘灼感,一触即回,稍停留会有轻度灼伤
55	有较强热感,有回避意识	85	有辐射热,有焦灼感,触及烫伤
60	有烫灼感,触4 s急缩回	90	极热,有畏缩感,不可触及

用手触摸物体测温,只是一种近似方法,要准确测定制冷压缩机的温度应使用远红外线测温仪等测温仪器,可准确地判断。

三听:对运行中的制冷机组异常响声分析,来判断故障。听机组运行时响声是否符合正常工作的声响规律。重点听压缩机、润滑油泵及离心式冷水机组的抽气回收装置的小型压缩机、系统的电磁阀、节流阀等设备有无异常响声。如果运转中听到活塞式或离心式压缩机发出轻微的"嚓,嚓,嚓"声或连续均匀轻微的"嗡,嗡"声,说明压缩机运转正常;如听到的是"咚,咚,咚"声或叶轮时快时慢的旋转声,或者有不正常的振动声音,表明压缩机发生液击或喘振。

四测:在看、听、摸等基础上,使用相应的仪器仪表,对机组的绝缘、运行电流、电压、温度等进行测量,从而准确找出故障的原因及其发生的部位,迅速予以排除。

制冷机组故障的处理基本程序如图 9-46 所示。

表 9-9 为某地铁运营公司编制的制冷机组检修项目及检修周期。表 9-10 和表 9-11 为机组运行参数标准。需要注意的是不同制冷机组应根据各自安装、操作、维修说明书来制定参数标准。一般附于机组巡检记录本首页,供巡检记录人参考。

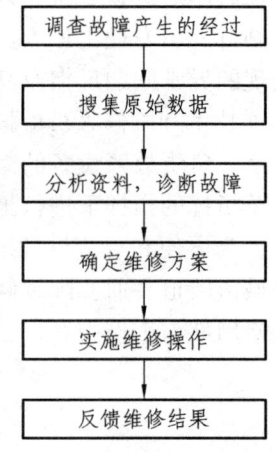

图 9-46 制冷机组故障处理基本程序

表 9-9 制冷机组检修项目与周期

修程	检修工作内容	标 准	周期
日检	1. 主机与周围环境的清洁	清洁无杂物	每日
	2. 检查现场状态,主机运行状况	外观正常,无异常噪声及振动	
	3. 制冷系统泄漏检查	无泄漏	
	4. 记录运行参数	见表 9-8 和表 9-9 中标准	
月检(空调季节)	1. 包含日检内容	同日检标准	每月(空调季节)
	2. 启动柜或控制箱内接触器的检查或更换	保证接触器功能完好	
	3. 电源线接点松脱情况	接触良好,无松动	
	4. 水流开关的检验	水流指示正确	
	5. 温度,压力传感器的校验或更换	传感器显示准确	

续表

修程	检修工作内容	标 准	周期
季检	1. 包含月检内容	同月检标准	每季
	2. 各控制元件的检查或更换	元件功能和外观完好	
	3. 安全阀的检查或更换	无泄漏（电子检漏仪不发生报警）	
	4. 电机绝缘检查	对地绝缘电阻大于 0.5 MΩ	
	5. 视需要添加制冷剂	满负荷运行时视镜内无气泡	
	6. 电气安全性能检查	压缩机绝缘电阻值不低于 200 MΩ	
年检	1. 包含季检内容	同季检标准	每年
	2. 控制程序测试	空动作测试正常	
	3. 机组冷冻机油的检查或更换	油位、油色正常或油样分析指标符合规范要求	
	4. 上卸载机构的检查，更换	机组正常上卸载	
	5. 表面除锈，油漆（必要时）	表面油漆无脱落及锈蚀	
	6. 热交换器的内部清洁	换热温差不大于 1 ℃	
	7. 干燥过滤器，油过滤器的更换	冷水机组高低压油压差不小于 210 kPa	
	8. 冷凝器通泡	达到规范要求	
	9. 安全阀检测	达到规范要求	

表 9-10　某制冷机组主要检查项目运行参数标准

检查项目	正常标准	备注
吸气压力/kPa	>200	标准工况下
排气压力/kPa	<1 100	标准工况下
冷凝器传热温差/℃	冷凝器传热温差<3	标准工况下
冷凝器进水温度/℃	32	标准工况下
冷凝器出水温度/℃	37	标准工况下
蒸发器进水温度/℃	14	标准工况下
蒸发器出水温度/℃	7	标准工况下
实际电压/V	400×(1±10%) V	
压缩机电流/A	大于铭牌额定电流	

表 9-11　某螺杆式制冷机组蒸发器/冷凝器水压参数标准

型　号	蒸发器最小压差 /kPa	蒸发器最大压差 /kPa	冷凝器最小压差 /kPa	冷凝器最大压差 /kPa
1号主机型号	8.8	85	53	70
2号主机型号	9.5	90	75	90
3号主机型号	9.7	47	40	60
4号主机型号	8.5	80	43	68
5号主机型号	12	95	49	72
6号主机型号	9	81	38	55
7号主机型号	16.5	102	42	82
8号主机型号	12	95	45	77
9号主机型号	9.5	93	48	68
10号主机型号	9.2	89	40	74
11号主机型号	8.2	77	41	66

二、常见故障分析

（一）活塞式制冷机组

活塞式制冷机组的压缩机大、中、小检修的内容以开启式压缩机为例，一般应根据运行时间来决定。正常运行下，压缩机累计运行 1 000 h 后进行小修，压缩机累计运行 2 000 h 后进行中修，压缩机累计运行 3 000 h 后进行大修。活塞式制冷压缩机大、中、小检修的内容如表 9-12 所示。

表 9-12　活塞式制冷压缩机的检修内容

序号	主要部件	修理级别	修理内容
1	排气阀组、安全弹簧与阀	小修	检查和清洗阀片、内外阀座，更换已损坏的阀片及弹簧，调整开度，密封性试验
		中修	检查安全弹簧是否有斑痕或裂纹；检查余隙，并进行调整；修理或更换不严密的阀
		大修	检查修理和校检控制阀以及溢流阀，更换阀的填料，重浇合金阀座或更换密封圈
2	气缸套与活塞	小修	检查气缸套与吸气阀片接触密封面及阀座面是否良好，检查气缸壁的表面粗糙度，并清洗污垢
		中修	检查活塞环和油环的锁口间隙，环与槽的高度、深度、间隙以及弹力是否符合要求。若不符合要求，应更换新的。检查活塞销与销座的间隙及磨损情况
		大修	测量气缸套与活塞的间隙，以及气缸套和活塞的磨损情况。若超过极限尺寸，应更换气缸套或活塞（包括活塞环和油环）

续表

序号	主要部件	修理级别	修理内容
3	连杆体和连杆大头轴瓦	小修	检查连杆螺栓和开口销或防松铅丝,有无松脱及折断现象
		中修	检查连杆大头轴瓦径向和轴向间隙,以及小头衬套的径向间隙和磨损情况。若超过极限尺寸,应更换新的
		大修	依照修复后的曲拐轴径配大头轴瓦,或重浇轴承合金;以修复后的连杆大头孔来配大头轴瓦;测量活塞销的圆度和圆锥度以及磨损情况;测量连杆大头与小头孔的两个方向的平行度,以确定连杆是否弯曲
4	曲轴和主轴承	小修	
		中修	测量各轴承的径向和轴向间隙,需要时应修整
		大修	测量曲轴主轴颈与曲拐轴径的平行度,或各轴颈的磨损度(圆度和圆锥度),以便修整或更换曲轴;修整主轴承或重浇轴承合金
5	轴封	小修	
		中修	检查调整轴封的各零件配合情况。若密封性良好,待大修时进行拆卸
		大修	检查静环和动环的密封面是否良好,内、外弹性圈是否老化,弹簧性能是否符合要求。若不符合要求,应更换为新的
6	润滑系统	小修	清洗曲轴箱及粗滤油器,更换润滑油
		中修	检查和清洗油三通阀以及润滑系统;检查卸载装置是否良好,否则,进行修理或更换新的
		大修	检查油泵齿轮的配合间隙,或更换齿轮和泵轴轴衬;检查和清洗精滤油器;检查和清洗油分配阀,若弹性圈老化,则应更换
7	其他	小修	检查卸载装置的灵活性,查看油冷却器是否有漏水现象,清除污垢,检查和清洗吸气过滤器
		中修	检查电动机与压缩机传动装置的倾斜度和轴的同轴度;检查压缩机基础螺栓和联轴器的紧固情况,以及活塞销或橡胶套的磨损情况
		大修	检查和校验压缩机的压力表、控制仪表和安全装置;检查和清洗回油浮球阀,或进行修理;清洗气缸盖水套的污垢

(二)螺杆式制冷机组

螺杆式制冷机组的压缩机的常见故障主要有泄漏、石墨环炸裂、电气控制元件失灵等。

1. 泄 漏

螺杆式制冷机组的氟利昂泄漏可分为内漏和外漏两种。内漏是指制冷循环管路上阀门(如供液阀、吸排气阀)不能完全密封,制冷剂在机组系统内部泄漏,影响机组的操作和制冷效果;

外漏是指机组系统内氟利昂向外界环境（即大气）的泄漏，它使机组无法运行并产生严重经济损失。相对而言机组外漏的概率较高，原因可能是以下几点：

（1）机组一些铸件在铸造中由于型砂质量较差或铸造工艺不好，形成砂眼和裂纹，而机组管理人员在检漏时重点放在密封连接处，常忽略对铸件机体的检漏，从而发生氟利昂外漏。

（2）密封件磨损或破裂，如吸排气阀阀杆和阀体的圆形环老化、磨损导致密封失效，机械密封的轴封动环擦伤，静环破裂。

（3）换热器内泄漏，蒸发器由于低压过低（低压控制器失灵）或冷冻水循环不畅，蒸发温度低于 0 ℃，蒸发器传热管冻裂，氟利昂可能从冷冻水循环系统中泄漏。

2. 石墨环炸裂

螺杆式制冷机组的螺杆是高速旋转的机械，其轴端密封采用机械密封，动环和静环（石墨环）密封面会由于操作不当发生磨损裂纹。发生石墨环炸裂可能是下述原因导致。

（1）冷却水断水。当冷却水系统中混入空气或者冷却水循环不畅时，冷凝器内氟利昂冷凝不充分，压缩机高压端排气压力骤然上升，动环和静环密封油膜被击破，出现半干摩擦或干摩擦，在摩擦应力作用下，石墨环产生裂纹。

（2）压缩机起动时加载过快，高压突然增大同样可使石墨环破裂。

（3）轴封的弹簧及压盖安装不当，石墨环受力不均，造成石墨环破裂。

（4）轴封润滑油的压力和黏度影响密封动压液膜的形成。

3. 电气控制元件失灵

电气控制元件失灵可能是下述几种原因导致的。

（1）元件质量问题。

（2）安装存在缺陷。

（3）使用环境湿度大，导致元件生锈、腐蚀。

（三）离心式制冷机组

离心式制冷压缩机的常见问题分析与解决办法见表 9-13。

表 9-13　离心式制冷压缩机的常见问题分析及其解决办法

序号	问题	原因分析	解决办法
1	通电后压缩机不启动	供电电源有问题	检查电源供电线路，找出问题，恢复正常供电
		离心式制冷压缩机的导叶没有处在全关位置	将离心式制冷压缩机的导叶自动—手动开关换到手动位置上，并用手动将导叶关闭
		控制电路中的熔断器烧毁	找出控制电路中熔断器烧毁的原因，更换新的熔断器
		机组的过载继电器动作	按下机组过载继电器的复位开关，看其能否工作，或重新调整过载继电器的动作参数的设定值

续表

序号	问题	原因分析	解决办法
2	压缩机运行时转动不平稳	机组运行时油压过高	将机组的油压降至额定值
		机组轴承间隙过大	调整机组的轴承间隙或更换轴承
		机组防震装置调整不对	调整或更换防震装置中的弹簧
		机组密封填料和旋转体接触	调整机组密封填料和旋转体之间的间隙
		机组的增速齿轮磨损严重	修理或更换机组的增速齿轮
		机组的主轴弯曲	校正机组的主轴
3	压缩机运行时电动机负荷过大	机组的制冷负荷过大	采取起动备用机组的方法,减小机组的制冷负荷
		压缩机吸入大量的液体制冷剂	降低蒸发器中的液面,杜绝压缩机吸入大量的液体制冷剂的可能
		冷凝器中的冷却水温度过高	调整冷却水流量或改善冷却塔工况的方法,降低冷凝器中冷却水的温度
		冷凝器中的冷却水量过少	提高水泵转速或增加水泵工作台数的方法,加大冷却水流量
		制冷系统内有不凝性气体	起动机组的抽气回收装置,排除制冷系统内的不凝性气体
4	压缩机"喘振"	冷凝压力过高	提高水泵转速或增加水泵工作台数的方法,加大冷却水流量,降低冷凝压力
		蒸发压力过低	打开旁通阀,增加机组的吸气量,提高机组吸气的蒸气压力
		进口导叶开度过大	调整机组运行时进口导叶开度,使之与机组运行负荷相适应
5	压缩机运行时冷凝压力过高	机组内渗入了空气	起动机组的抽气回收装置,排除系统中的空气
		冷却水系统流量不足	清洗水系统的过滤器或提高水泵转速的方法,加大冷却水流量,降低冷凝压力
		冷却水系统的水温过高	改善冷却水系统的散热条件,用降低冷却水的温度方法,达到降低冷凝压力的目的
		冷凝器管壁上结垢太厚	机械或化学方法清洗冷凝器的管壁,除去冷凝器管壁上的水垢,改善热交换条件,降低机组的冷凝压力

续表

序号	问题	原因分析	解决办法
6	压缩机运行时蒸发压力过高	系统的制冷负荷过大	机组运行时开足进口导叶
		机组的浮球室液面下降,没有形成液封	检修机组的浮球室,使其形成液封
7	压缩机运行时蒸发压力过低	系统中的制冷剂不足	适量向系统中补充制冷剂,使其满足制冷运行的需求
		蒸发器管路中污垢太多	清洗蒸发器管路系统
		机组的浮球阀动作失灵	检修浮球阀使其动作灵活
		制冷剂不纯	用收氟机提纯或更换制冷剂
		制冷系统的负荷减少	适量关小机组的进口导叶
		水路系统中有空气	排除水系统中的空气
8	润滑油压力过低	润滑油中有制冷剂,润滑能力低	减少向油冷却器的冷却水供应量,提高润滑油的温度
		系统润滑油的过滤器堵塞	清洗油路系统的过滤器
		润滑油压力调节阀失灵	检修或更换机组的润滑油压力调节阀
		油箱内的压力过低	加大机组润滑油系统均压管的开度

知识点 2　水泵检修

一、水泵检修项目及周期

水泵检修的项目与检修周期可参照表 9-14。

表 9-14　水泵检修项目与周期

修　程	检修工作内容	标　　准	周　期
日检	1. 水泵及周围环境的清洁	清洁无杂物	每日
	2. 噪声及振动情况检查	电机、泵体无异常噪声及振动	
	3. 电机温升检查	温升不超过 35 ℃	
	4. 运行参数的检查	进出口压力正常(见设备现场标识)	
月检(空调季节)	1. 包含日检内容	同日检标准	每月(空调季节)
	2. 电机接线检查	功能正常,接线标准	
	3. 检查地脚螺栓,减震器	紧固(必要时,力矩要求参见附录 D)	
	4. 清洗 Y 形过滤器	过滤器无堵塞	
	5. 水泵电气检查	接触良好,无松动	

续表

修 程	检修工作内容	标 准	周 期
季检	1. 包含月检内容	同月检标准	每季
	2. 检查轴承的磨损情况,视磨损情况清洗轴承或更换轴承,更换润滑油	无异常噪声及振动	
	3. 机械密封件、缓冲胶的检查或更换	密封件,橡胶完好无损	
	4. 检查泵叶轮、泵轴等内部零件的磨损情况	磨损在允许范围内	
	5. 轴封的检查或更换	轴封滴水不超过 10 滴/min	
	6. 电机绝缘检查	对地绝缘电阻大于 0.5 MΩ	
年检	1. 包含季检所有内容	同季检标准	每年
	2. 水泵机械检查	电流正常,无异常噪声,(必要时)检测设备振动值(水平≤0.8 mm/垂直≤0.4 mm)	
	3. 局部除锈,补漆	无锈蚀,美观	
	4. 更换联轴器(如果需要)	无异常噪声及振动,两个联轴节必须具有相等的距离(最小间隙为 3~5 mm),两联轴节的振动不应超过 0.1~0.15 mm	
	5. 检查更换叶轮(如需要)	叶轮无变形	
	6. 检查更换轴泵(如需要)	泵轴无损坏	
	7. 表面除锈,油漆(如需要)	表面油漆无脱落及锈蚀	

二、水泵常见故障分析

水泵在启动后及运行中的常见问题分析与解决办法见表 9-15。

表 9-15 水泵常见问题分析与解决办法

序号	问 题	原因分析	解决方法
1	出水管不出水	进水管和泵内的水严重不足	将进水管和泵内充满水
		水泵叶轮旋转方向反了	调换水泵电动机任意两根接线位置
		进水和出水阀门未打开	进水和出水阀门开至最大
		进水管部分或叶轮内有异物堵塞	清除进水管部分或叶轮内的异物
2	出水压力表有显示,但回水管道系统末端无水	水泵转速未达到额定值,填料压得过紧	检查电压是否偏低,调整水泵装配,重新码放填料
		管道系统阻力过大	更换合适的水泵或加大管径,减少管道弯道

续表

序号	问 题	原因分析	解决方法
3	出水压力表和进水真空表指针剧烈摆动	有空气从进水管随水流进泵内	查明空气进入渠道,放出水系统中的空气
4	开始有出水,但立刻停止	进水管中有大量空气积存	查明空气进入渠道,放出水系统中的空气
		水系统中有大量空气吸入	检查、做好进水管、口和轴封的密封性
5	在运行中突然停止出水	水系统进水管、口被堵塞	清除水系统进水管、口堵塞物
		水系统有大量空气吸入水泵叶轮严重损坏	检查、做好进水管、口和轴封的密封性更换水泵叶轮
6	轴承过热	水泵润滑油不足	立即补充润滑油
		润滑油(脂)老化或油质不佳	清洗后更换合格的润滑油(脂)
		轴承安装不正确或间隙不合适	调整安装位置或间隙
		水泵与电动机轴不同轴	调整水泵与电动机轴的同轴度
7	填料函漏水过多	水泵填料压得不够紧	拧紧水泵填料的压盖或补加一层填料
		水泵填料磨损	更换水泵填料
		填料缠法错误	重新正确缠放水泵填料
		水泵轴有弯曲或摆动	校正或更换水泵轴
8	泵内声音异常	有空气吸入,发生气蚀	查明空气进入渠道,放出水系统中的空气
		水泵内有固体异物	拆开水泵,清除异物
9	泵振动	水泵地脚螺栓或各连接螺栓螺母有松动	拧紧水泵地脚螺栓或各连接螺栓螺母
		有空气吸入,发生气蚀	查明空气进入渠道,放出水系统中的空气
		水泵的轴承磨损	更换水泵的轴承
		水泵的叶轮破损	更换水泵的叶轮
		水泵的叶轮局部有堵塞	清除水泵叶轮局部堵塞物
		水泵与电动机的轴不同轴	调整水泵与电动机轴的同轴度
		水泵的轴弯曲	校正或更换水泵轴
10	流量达不到额定值	水泵转速未达到额定值	检查水泵电动机的电压及填料、轴承的状态
		水系统阀门开度不够	将水系统阀门开到适宜的开度

续表

序号	问 题	原因分析	解决方法
10	流量达不到额定值	输水管道过长或过高	缩短输水距离或更换大功率的水泵
		输水管管道系统管径偏小	更换大管径或更换大功率的水泵
		水系统中有空气吸入	查明空气进入渠道,放出水系统中的空气
		进水管或叶轮内有异物堵塞	清除进水管或叶轮内的堵塞物
		水泵密封环磨损过多	更换水泵的密封环
		水泵叶轮磨损严重	更换水泵的叶轮
11	耗用功率过大	水泵转速过高	检查调整水泵电动机的工作电压、电流
		在高于额定流量和扬程的状态下运行	调节出水管阀门开度
		水泵填料压得过紧	适当放松水泵填料压紧程度
		水中混有泥沙或其他异物	拆下水过滤器,倒出泥沙或其他异物
		水泵与电动机的轴不同轴	调整水泵与电动机轴的同轴度
		水泵叶轮与蜗壳摩擦	调整水泵叶轮与蜗壳之间的间距

知识点 3 冷却塔检修

一、冷却塔检修项目及周期

水泵检修的项目与检修周期可参照表 9-16。

表 9-16 冷却塔检修项目与周期

修 程	检修工作内容	标 准	周 期
日 检	1. 检查现场状态	电机、电扇无异常噪声和振动,皮带无松脱、松动	每日
	2. 检查集水盆水位	水位保持距溢流口 5~10 cm,浮球补水正常	
	3. 检查塔体外观	外观正常,无异常漂水	
	4. 查看补水浮球	浮球能正常工作	
月检(空调季节)	1. 包含日检全部内容	同日检标准	每月(空调季节)
	2. 检查洒水盆	无堵塞,水位保持 5~8 cm,无漂水	

续表

修 程	检修工作内容	标 准	周 期
月检（空调季节）	3. 检查集水盆水位	水位标尺距溢流口 5~10 cm	
	4. 补水浮球阀的检查、调整	阀门完好、补水正常	
	5. 风机皮带松紧度检查与调整或更换	按压皮带，位移约 1 cm；皮带无裂纹、磨损及开层	
	6. 检查风机运转情况	无异常噪声和振动	
	7. 电机接线、手操箱检查	功能正常，接线良好	
	8. 冷却塔风机维护	性能完好，风机转动正常，无异常声音	
	9. 转动部位的运行状态检查（全部为封闭轴承，在使用寿命期内无须注油）	无异常噪声和振动	
	10. 冷却水水质处理	达到规范要求	
季检	1. 包含月检全部内容	同月检标准	每季
	2. 接水盘补漏	无漏水	
	3. 集水盆及洒水盆的清洁	清洁	
	4. 润滑油的更换	注油周期为半年，润滑脂为 EP2，150 g/次	
	5. 电机绝缘检查	对地绝缘电阻大于 0.5 MΩ	
年检	1. 包含季检全部内容	同季检标准	每年
	2. 外壳、检修梯的检查与修补	完好无损	
	3. 钢索的检查和更换	紧固、无腐蚀	
	4. 外表框架和水管的防锈处理	无锈蚀、美观	
	5. 塔体结构的加固	牢固	
	6. 轴承的检查或更换（如需要）	无异常噪声和振动	
	7. 冷却塔风机风量检测（只在风机更换或调整叶片时测量）	风量是否正常	
	8. 视需要更换冷却塔散热片	表面平整、无塌落、无穿孔破裂	

二、冷却塔常见问题分析

冷却塔在运行过程中的常见问题分析与解决办法见表 9-17。

表 9-17 冷却塔常见问题分析与解决办法

序号	问 题	原因分析	解决方法
1	出水温度过高	冷却塔循环水量过大	调整水系统阀门开度或调整水泵电动机转速
		冷却塔布水管（配水槽）部分出水孔堵塞，造成偏流	清除水管中的堵塞物
		进出冷却塔的气流不畅或短路	清除冷却塔进出风口处的堵塞物
		冷却塔通风量不足	调整冷却塔通风机的转速或风机带轮的直径
		冷却塔进水温度过高	检查冷水机组的工作状态，进行调整
		冷却塔吸、排空气短路	改善冷却塔周围空气循环流动的条件
		冷却塔填料部分堵塞造成偏流	清除冷却塔填料上的堵塞物
		冷却塔室外湿球温度过高	减小冷却塔冷却水量的流量
2	通风量不足	传动带松弛，轴承润滑不良造成风机转速降低	调整电动机的地脚螺栓位置或更换传动带，补充润滑油或更换轴承
		风机叶片角度不合适	调整风机叶片角度至合适位置
		风机叶片破损	更换风机叶片
		填料部分堵塞	清除填料上的堵塞物
3	集水盘溢水	集水盘（槽）出水口（滤网）堵塞	清除堵塞物
		浮球阀失灵，不能自动关闭	修理浮球阀的调节杆
		冷却塔循环水量超过冷却塔额定容量	减少循环水量或更换与容量匹配的水泵
4	集水盘（槽）中水位偏低	浮球阀开度偏小，造成补水量小	调整浮球阀的调节杆，使开度合适
		补水压力不足，造成补水量小	修理补水阀门，或提高水压、加大管径
		管道系统有漏水的地方	找出漏水处，进行堵漏
		冷却塔循环水失水过多	调整风扇电动机转速或挡水板角度
		冷却塔循环水补水管径偏小	更换冷却塔循环水的补水管
5	有明显飘水现象	冷却塔循环水飘损量过大	调整风扇电动机转速或挡水板角度
		冷却塔通风量过大	降低风机转速或调整风机叶片角度
		填料中有偏流现象	重新码排填料，使其均流
		布水装置转速过快	调整水压，使布水装置转速合适
		挡水板安装位置不当	重新调整挡水板安装角度
6	布（配）水不均匀	布水管（配水槽）部分出水孔堵塞	清除布水管出水孔中的堵塞物
		冷却循环水量过小	开大循环水阀门或调整水泵电动机转速

续表

序号	问题	原因分析	解决方法
7	配水槽中有水溢出	配水槽的出水孔堵塞	清除配水槽的出水孔堵塞物
		冷却循环水供水量过大	关小循环水阀门或调整水泵电动机转速
8	有异常噪声或振动	风机转速过高，通风量过大	降低风机转速或调整风机叶片角度
		风机轴承缺油或损坏	给风机轴承加油或更换轴承
		风机叶片与其他部件碰撞	调整风机叶片与其他部件的间隙
		风机部件紧固螺栓螺母松动	拧紧风机部件紧固螺栓螺母
		风机叶片螺钉松动	拧紧风机叶片螺钉
		传动带与防护罩摩擦	张紧传动带，紧固好防护罩的固定螺栓
		齿轮箱缺油或齿轮组磨损	补充润滑油或更换齿轮组
9	滴水声过大	填料回水偏流	重新码排填料，使其均流
		冷却水量过大	集水盘中加装吸声垫或换成填料埋入集水盘中

知识点4 空气处理设备检修

空气处理设备的检修包括组合式空调风柜、空调风柜和风机盘管，各自的检修项目及周期有所不同，见表9-18～9-21。

表9-18 组合式空调风柜检修项目与周期（适用于正线）

修程	检修工作内容	标准	周期
日检	1. 检查现场状态	控制柜指示正常并处于远控位，设备外观正常，无异常噪声及振动	每日
	2. 检修门的密封性检查	无漏风	
	3. 底盘漏水检查及清洁	无漏水	
	4. 机体变形检查	无变形	
	5. 积水槽积水检查	排水通畅、干净	
月检	1. 包含日检全部内容	同日检标准	每月
	2. 滤网的清洁及更换（只对过滤网、机内进行清洗）	阻力小于150 Pa	
	3. 运行状态检查	运控启停正常；启动运转平稳，风向正确，无异常振动与声响，运行电流满足设备技术要求	
	4. 内部照明装置的检修	照明正常	

续表

修 程	检修工作内容	标 准	周 期
月检	5. 风机运行情况检查	电流满足设备技术要求,无异常噪声(见现场设备铭牌)	
	6. 电机接线检查	电机接线良好、无松动	
	7. 手操箱检查	功能正常,接线良好	
	8. 皮带张紧度检查、调整、更换	下压位移约1 cm;皮带无裂纹、磨损及开层	
	9. 风机段积水检查	无积水	
	10. 风机及内部环境的清洁	整洁	
	11. 各紧固件的检查	牢固(力矩要求参见螺栓拧紧力矩表)	
季检	1. 包括月检全部内容	同月检标准	每季
	2. 电机绝缘检查	对地绝缘电阻大于0.5 MΩ	
	3. 风机段检查	软接无破损、机座减振器无偏移	
	4. 挡水板清洗	干净	
	5. 空气净化消毒装置检查及清洗	送电后电源指示灯亮,设备干净	
	6. 清洁表冷器表面积尘	无尘	
	7. 消声器检查	清洁、完整	
	8. 风机及电机轴承的检查及润滑油的更换	无异常噪声和振动;注油周期为半年,润滑脂为EP2,注油量为45 g/次	
	9. 支吊架、预埋件的检查与紧固,必要时除锈、补漆	牢固、五松脱、无锈蚀、无安全隐患	
年检	1. 包括季检全部内容	同季检标准	每年
	2. 表冷器的检查及翅片清洗	干净	

表9-19 空调风柜检修项目与周期

修 程	检查工作内容	标 准	周 期
日检	1. 检查现场状态(空调机房)	控制柜指示正常并处于远控位,设备外观正常,无异常噪声及振动	每日
	2. 检修门的密封性检查(空调机房)	无漏风	
	3. 底盘漏水检查及清洁(空调机房)	无漏水	
	4. 机体变形检查(空调机房)	无变形	
	5. 积水槽积水检查(空调机房)	排水通畅、干净	
月检	1. 包含日检全部内容	同日检标准	每月
	2. 滤网的清洁(空调机房)	清洁	

续表

修 程	检查工作内容	标 准	周 期
月检	3. 运行状态检查	运控启停正常；启动运转平稳，风向正确，无异常振动与声响，运行电流满足设备技术要求	
	4. 风机运行情况检查	电流满足设备技术要求，无异常噪声（见现场设备铭牌）	
	5. 电机接线检查	电机接线良好	
	6. 手操箱检查	功能正常，接线良好	
	7. 皮带松紧度检查、调整、更换	下压位移约1cm；皮带无裂痕，磨损及开层	
	8. 风机及内部环境的清洁	清洁	
	9. 各紧固件的检查	牢固（力矩要求参见表9-21）	
季检	1. 包括月检全部内容	同月检标准	每季
	2. 电机绝缘检查	对绝缘电阻大于0.5 MΩ	
	3. 滤网的清洁	清洁	
	4. 风机及电机轴承的检查及润滑油的更换	无异常噪声和振动；注油周期为半年	
	5. 支吊架、预埋件的检查与紧固，必要时除锈、补漆	牢固、无松脱、无锈蚀，无安全隐患	
年检	1. 包括季检全部内容	同季检标准	每年
	2. 表冷器的检查及翅片清洗（必要时）	清洁	
	3. 系统末端风口风速检查	送风风速≤7 m/s	
	4. 表面除锈，油漆（必要时）	表面油漆无脱落及锈蚀	

表9-20 风机盘管检修项目与周期（适正线，车辆段）

修 程	检修工作内容	标 准	周 期
季 检	1. 温度调节器检查	功能完好	每季
	2. 风机轴承的检查及润滑油的更换	轴承无异常噪声	
	3. 表冷器表面积尘的清洁	清洁	
	4. 电气完全性能检查	性能良好	
	5. 导水槽的检查	排水畅通，干净	
年 检	1. 包含季检全部内容	同季检标准	每 年
	2. 表冷器内部的清洁	内部清洁	
	3. 机体的防锈处理	无锈蚀	
	4. 机体结构的加固和稳定	结构稳定	

表 9-21 螺栓拧紧力矩表

序号	螺栓规格	力矩/(N·m)
1	M8	8.8~10.8
2	M10	17.7~22.6
3	M12	31.4~39.2
4	M14	51.0~60.8
5	M16	78.5~98.1
6	M18	98.0~127.4
7	M20	156.9~196.2
8	M24	274.6~343.2

知识点 5　风机检修

一、风机检修项目及周期

地铁空调与通风系统涉及的风机比普通空调会更多，更大型，更复杂，有射流风机、推力风机、TVF 风机、U/O（TEF）风机、大小系统风机，还有事故排风（烟）机、一般排风机等。检修项目及周期见表 9-22～9-24。

表 9-22　射流风机、推力风机检修项目与周期（适用于正线）

修程	检修工作内容	标准	周期
月检	1. 检查震动	运转时无异常振动	每月
	2. 检查噪声	运转时无异常噪声	
	3. 检查功能情况	启停正常，风机正反转运行正常，风机本体标识与 BAS 中显示一致	
	4. 支吊架、预埋件的检查与紧固	牢固，无松脱，无安全隐患	
季检	1. 包含月检全部内容	同月检标准	每季
	2. 检查紧固风叶及其组件	无变形，无断裂无松动，角度一致无变化	
	3. 手操箱检查	功能正常，接线良好	
	4. 电机绝缘检查	对地绝缘电阻大于 0.5 MΩ	
	5. 电机接线检查	电机接线良好	
	6. 局部除锈、补漆	无锈蚀，美观	

续表

修程	检修工作内容	标 准	周 期
两年检	1. 包含季检全部内容	同季检标准	每两年
	2. 检查紧固螺丝及安全绳（如有所需扭矩要求，参见附录D）	紧固无松动	
	3. 风机机械检查及清洁	性能完好	
	4. 检查风机轴承或按注油周期更换润滑油脂	无异常噪声和振动；JET风机注油周期为两年，注油量为30 g/次，润滑脂均为EP2	
	5. 机体、支吊架及预埋件的除锈，补漆	美观，无锈蚀	
	6. 检查风机平衡情况，必要时做动静平衡试验	无异常噪声和振动	
	7. 根据需要检测风量及风压（更换叶片、电机时需测量）	达设计标准（见现场设备铭牌）	

表9-23 TVF风机、U/O（TEF）风机、大小系统风机检修项目与周期（适用于正线）

修程	检修工作内容	标 准	周 期
日检	1. 检查现场状态	控制柜指示正常并处于远控位，风机外观正常，无异常噪声及振动	每日
	2. 外观检查	风机清洁、无杂物	
月检	1. 包含日检全部内容	同日检标准	每月
	2. 运行状态检查	启停正常；启动运转平稳，风向正确，无异常振动与声响，电流满足设备技术要求	
	3. 电机接线检查	电机接线良好	
	4. 控制箱检查	功能正常，接线良好	
	5. 检查紧固地脚螺丝	紧固无松动	
	6. 风机机械检查	性能完好	
	7. 支吊架、预埋件的检查与紧固	牢固，无松脱、无安全隐患	
季检	1. 包含月检全部内容	同月检标准	每季
	2. 电机绝缘检查	绝缘电阻大于0.5 MΩ	
	3. 检查风机轴承或按注油周期更换润滑油脂	无日常噪声和振动；TVF风机注油周期为两年，U/O风机注油周期为两年，注油量均为145 g/次	
	4. 检查紧固风叶及其组件	无变形、无断裂无松送、角度一致无变化	

续表

修 程	检修工作内容	标　准	周　期
年检	1. 包含季检全部内容	同季检标准	每年
	2. 检查风机平衡情况，必要时做动静平衡试验	无异常噪声和振动	
	3. 根据需要检查风量和风压（更换叶片、电机时需测量）	达设计标准（见现场设备铭牌）	
	4. 根据需要检查风机叶片的角度（更换叶片时需测量）	角度一致，符合出场要求（各类风机叶片角度不一，需核查合同）	
	5. 转动叶轮，检查其传动情况	叶尖与壳体的径向间隙均匀	
	6. 机体、机吊架及预埋件的除锈、补漆（必要时）	表面油漆无脱落及锈蚀	

表 9-24　车辆段事故排风机检修项目与周期（适用于车辆段）

修 程	检修工作内容	标　准	周　期
日检	1. 检查现场状态	控制柜指示正常并处于远控位，风机外观正常，无异常噪声及振动	每日
	2. 外观检查	风机清洁，无杂物	
月检	1. 包含日检全部内容	同日检标准	每月
	2. 运行状态检查	启停正常，启动运转平稳，风向正确，无异常振动与声响，电流满足设备技术要求	
	3. 电机接线检查	电机接线良好	
	4. 控制箱检查	功能正常，接线良好	
季检	1. 包含月检全部内容	同月检标准	每季
	2. 电机绝缘检查	绝缘电阻大于 0.5 MΩ	
	3. 检查紧固地脚螺丝	紧固无松动	
	4. 风机机械检查	机械性能完好	
	5. 支吊架、预埋件的检查与紧固	牢固，无松脱、无安全隐患	
	6. 检查紧固风叶及其组件	无变形、无断裂，无松动，角度一致无变化	
年检	1. 包含季检全部内容	同季检标准	每年
	2. 转动叶轮，检查其转动情况	叶尖与壳体的径向间隙均匀	
	3. 检查风机轴承或按注油周期更换润滑油脂（必要时）	无异常噪声和振动	
	4. 机体、支吊架及预埋件的除锈、补漆（必要时）	表面油漆无脱落及锈蚀	

表 9-25 车辆段排风机（不含事故排风机）检修项目与周期（适用于车辆段）

修 程	检修工作内容	标 准	周 期
季检	1. 运行状态检查	启停正常；启动运转平稳，风向正确，无异常振动与声响，电流满足设备技术要求	每季
	2. 电机接线检查	电机接线良好	
	3. 控制箱检查	功能正常，接线良好	
	4. 检查紧固地脚螺丝	紧固无松动	
	5. 风机机械检查	性能良好	
	6. 电机绝缘检查	绝缘电阻大于 0.5 MΩ	
年检	1. 包含季检全部内容	同季检标准	每年
	2. 转动叶轮，检查其转动情况	叶尖与壳体的径向间隙均匀	
	3. 检查紧固风叶及其组件	无变形，无断裂无松动，角度一致无变化	
	4. 检查风机轴承或按注油周期更换润滑油脂（必要时）	无异常噪声和振动	
	5. 支吊架，预埋件的检查与紧固	牢固，无松动，无安全隐患	
	6. 机体，支吊架及预埋件的除锈，补漆（必要时）	表面油漆无脱落及锈蚀	

二、风机常见问题分析

风机运行中的常见问题分析及解决方法见表 9-26。

表 9-26 风机常见问题分析与解决办法

序号	问题	原因分析	解决方法
1	电动机温升过高	流量超过额定值	关小阀门
		电动机或电源方面有问题	查找电动机和电源方面的原因
2	轴承温升过高	润滑油（脂）不够	适量补充润滑油（脂）
		润滑油（脂）质量不好	清洗轴承后更换合格润滑油（脂）
		风机轴与电动机轴不同轴	调整风机轴与电动机轴的同轴度
		风机的轴承损坏	更换风机的轴承
		风机的两轴承不同轴	调整风机两轴承的同轴度
3	传动带方面的问题	传动带过松（跳动）或过紧	调整电动机的地脚螺栓位置，增加或减小传动带松紧度

模块 9 地铁空调与通风系统运行管理及检修

续表

序号	问 题	原因分析	解决方法
3	传动带方面的问题	多条传动带传动时,各传动带松紧不一致	调整或全部更换为新传动带
		传动带经常自动脱落	调整电动机和风机两带轮的平直度
		传动带擦碰传动带保护罩	张紧传动带或调整传动带的保护罩
		传动带磨损严重或脏污	更换传动带
4	噪声过大	叶轮与进风口或机壳摩擦	调整风机叶轮与进风口、机壳间的位置
		轴承部件磨损,造成间隙过大	更换轴承及其附属部件
		风机转速过高	降低风扇电动机转速或更换风机的带轮直径
5	振动过大	风机地脚螺栓或其他连接螺栓的螺母松动	拧紧风机地脚螺栓或其他连接螺栓的螺母
		风机轴承磨损或松动	更换风机轴承或调整轴承与轴承座的间隙
		风机轴与电动机轴不同轴	调整风机轴与电动机轴同轴度
		风机叶轮与轴的连接松动	紧固风机叶轮与轴的松紧度
		风机叶片质量不对称或部分叶片磨损、腐蚀	调整平衡或更换叶片或叶轮
		风机叶片上附有不均匀的附着物	清除风机叶片上的附着物
		风机叶轮上的平衡块质量或位置不对	重新校正平衡块质量或安装位置
		风机与电动机两带轮的轴不平衡	调整风机与电动机两带轮的轴平衡
6	叶轮与进风口或机壳摩擦	轴承在轴承座中松动	紧固轴承与轴承座的配合
		风扇叶轮中心未在进风口中心	调整风扇叶轮中心至进风口中心
		风扇叶轮与轴的连接松动	紧固风扇叶轮与轴的连接
		风扇叶轮变形	更换新的风扇叶轮
7	出风量偏小	叶轮旋转方向反了	调换电动机任意两根接线位置
		风道的阀门开度过小	将风道的阀门开度调至合适开度
		风机与电动机两带轮间的传动带过松	调整电动机的地脚螺栓位置,增加或减小传动带松紧度
		风机转速达不到要求	检查电源电压是否欠电压或轴承是否损坏,予以排除
		进风或出风口、管道中堵塞	清除进风或出风口、管道中的堵塞物
		风扇叶轮与轴的连接松动	紧固风扇叶轮与轴的连接

知识点 6　风阀、消声器检修

组合风阀、防火阀、防烟防火阀及消声器等风管部件的检修项目及周期参照表 9-27～9-29。

表 9-27　组合式风阀检修项目与周期

修　程	检修工作内容	标　准	周　期
日检	1. 检查现场状态	开闭状态到位，执行机构电机不发热	每日
	2. 检查 BAS 系统状态	现场状态在 BAS 系统上显示正确	
月检	1. 包含日检全部内容	同日检标准	每月
	2. 状态检查	开启与复位操作灵活，关闭时严密；反馈信号正确	
	3. 风阀的清洁	无明显异物	
	4. 检查阀框	牢固	
	5. 手操箱检查	功能正常，接线良好	
	6. 电气接线及开关触点检查	接线与元器件完好	
季检	1. 包含月检全部内容	同月检标准	每季
	2. 执行机构的检修与更换	动作灵敏、可靠	
	3. 传动部位松紧度调校	动作灵敏、可靠	
	4. 电机绝缘检查	对地绝缘电阻大于 0.5 MΩ	
年检	1. 包含季检全部内容	同季检标准	每年
	2. 阀片的修复或更换	坚固、完好	
	3. 密闭度检查	密闭（必要时测量风率≤0.5%）	
	4. 表面除锈、油漆（必要时）	表面油漆无脱落及锈蚀	

表 9-28　防火阀/防烟防火阀检修项目与周期

修　程	检修工作内容	标　准	周　期
月检	1. 检查防火阀 BAS 监控状态	正常，无中间位或状态相反	每月
	2. 阀片是否产生噪声或振动	无异响、小振动	
	3. 状态检查	开启与复位操作灵活，关闭时严密，反馈信号正确	
	4. 阀体的检查	整洁、牢固、完好	
	5. 易熔片的更换（必要时）	性能完好	
年检	1. 包含月检全部内容	同月检标准	每年
	2. 密闭度检查	密闭（必要时测量风率≤0.5%）	
	3. 阀片的修复或更换	坚固、完好	
	4. 表面除锈、油漆（必要时）	表面油漆无脱落及锈蚀	
	5. 支吊架的检查与紧固	牢固、无松动	
	6. 执行机构的检修或更换	动作灵敏、可靠	
	7. 传动部位松紧度调校及润滑（必要时）	动作灵敏、可靠	
	8. 电气接线及开关触点检查	接线与元器件完好	

表 9-29 消声器检修项目与周期（适用于正线、车辆段）

修程	检修工作内容	标 准	周 期
月检	1. 消声器表面及整体	无变形或位移	每月
	2. 检查声学填料	无损伤、泄漏	
季检	支吊架、预埋件的检查与紧固	牢固、无松动、无安全隐患	每季
年检	1. 包含月检全部内容	同月检标准	每年
	2. 检查消声片形状	表面平直、光滑、无锈蚀	
	3. 检查连接接点	无松动、损坏	
	4. 调整消声片的间距、垂直度	符合原产品安装标注	
	5. 支架的检查、防锈及涂漆处理	牢固、无锈蚀、美观	

知识点 7　VRV 空调系统、分体空调检修

地铁环控系统的一些功能用房采用直接蒸发式制冷方式，如 VRV 空调系统、分体空调等，其检修项目与周期见表 9-30~9-31。

表 9-30　VRV 空调系统检修项目与周期

修　程	检修工作与内容	标　准	周　期
日检	检查室外机运行状态	室外机组外观正常，运行无异常噪声及振动	每日
月检	1. 包含日检全部内容	同日检标准	每月
	2. 室外机清洁及周围环境清扫	整洁	
	3. 运行参数的检查	参数在正常范围内（制冷工况：吸气压力 $0.6~1.0$ MPa，排气压力 $2.0~3.5$ MPa；制热工况：吸气压力 $0.3~0.8$ MPa，排气压力 $2.2~2.8$ MPa）	
	4. 电源线接点松脱、老化检查	接线牢固，无老化	
	5. 检查冷凝水管排水是否顺畅	畅通	
	6. 检查压缩机运行情况是否正常（噪声及振动情况等）	无异常噪声和振动	
季检	1. 包含月检全部内容	同月检标准	每季
	2. 室外机冷凝器的清洗（如需要）	干净	
	3. 制冷系统泄漏检查	无泄漏（电子检查仪不发生报警）	
	4. 室内机过滤网的清洗	干净	
	5. 电机绝缘检查	对地绝缘电阻大于 0.5 MΩ	
年检	1. 包含季检全部内容	同季检标准	每年
	2. 视需要添加制冷剂	满负荷运行工作压力在正常范围	
	3. VRV 机组安全保护功能检查	模拟测试保护功能正常	
	4. 表面除锈，涂漆（必要时）	表面油漆无脱落及锈蚀	

表 9-31　分体空调检修项目与周期（适用于正线、车辆段、主所）

修　程	检修工作内容	标　准	周　期
年检	1. 室内过滤网清洗	清洁	每年
	2. 视需要添加制冷剂	满负荷运行时工作压力在正常范围	
	3. 制冷系统泄露检查	无泄漏（电子检漏仪不发生警报）	
	4. 表面除锈、油漆（必要时）	表面油漆无脱落及锈蚀	
	5. 室外机冷凝器的清洗	清洁	
	6. 电机绝缘检查	对地绝缘电阻大于 $0.5\,\mathrm{M}\Omega$	
	7. 检查冷凝水管排水是否通畅	通畅	

习　题

有条件可与当地地铁运管公司联系现场实习。

参考文献

[1] 北京市规划委员会. GB50157—2013 地铁设计规范[S]. 北京：中国建筑工业出版社，2013.

[2] 中华人民共和国住房和城乡建设部. GB50736—2012 民用建筑供暖通风与空气调节设计规范[S]. 北京：中国建筑工业出版社，2012.

[3] 上海市城乡建设和交通委员会. GB50015—2003 建筑给水排水设计规范[S]. 北京：中国计划出版社，2010.

[4] 中华人民共和国住房和城乡建设部. GB50243—2016 通风与空调工程施工质量及验收规范[S]. 北京：中国计划出版社，2016.

[5] 中华人民共和国住房和城乡建设部. GB50490—2009 城市轨道交通技术规范[S]. 北京：中国建筑工业出版社，2009.

[6] 中华人民共和国住房和城乡建设部. GB50016—2014 建筑设计防火规范[S]. 北京：中国计划出版社，2014.

[7] 中华人民共和国住房和城乡建设部. GB/T50114—2010 暖通空调制图标准[S]. 北京：中国计划出版社，2010.

[8] 中华人民共和国住房和城乡建设部. GB500189—2015 公共建筑节能设计标准[S]. 北京：中国计划出版社，2015.

[9] 王晓刚，严如珏，陈一鸣. 智能楼宇管理师（城轨车站）（三级）[M]. 北京：中国劳动社会保障出版社，2016.

[10] 人力资源和社会保障部教材办公室. 机电设备检修工环控系统检修[M]. 北京：中国劳动社会保障出版社，2011.

[11] 建设部工程质量安全监督与行业发展司. 全国民用建筑工程设计技术措施：暖通空调·动力[M]. 北京：中国计划出版社，2003.

[12] 车轮飞. 地铁暖通空调工程常见问题及分析[M]. 北京：中国建筑工业出版社，2016.

[13] 李晓东. 制冷原理与设备[M]. 北京：机械工业出版社，2016.

[14] 龙建佑，徐言生. 制冷与空调综合基础[M]. 北京：机械工业出版社，2006.

[15] 田娟荣. 通风与空调工程[M]. 北京：机械工业出版社，2010.

[16] 李援瑛. 中央空调运行管理与维护技术[M]. 北京：机械工业出版社，2013.

[17] 易新,梁仁建. 现代空调用制冷技术[M]. 北京:机械工业出版社,2007.

[18] 李志生. 中央空调设计与审图[M]. 北京:机械工业出版社,2012.

[19] 朱济龙,唐春林. 城市轨道交通车站机电设备[M]. 北京:机械工业出版社,2016.

[20] 付小平,杨洪兴,安大伟. 中央空调系统运行管理[M]. 北京:清华大学出版社,2008.

[21] 上海申通地铁集团有限公司轨道交通培训中心. 城市轨道交通车站机电设备[M]. 北京:中国铁道出版社,2016.

[22] 何宗华,汪松滋,何其光. 城市轨道交通车站机电设备运行与维修[M]. 北京:中国建筑工业出版社,2005.

附 录

附录 A R22 压焓图

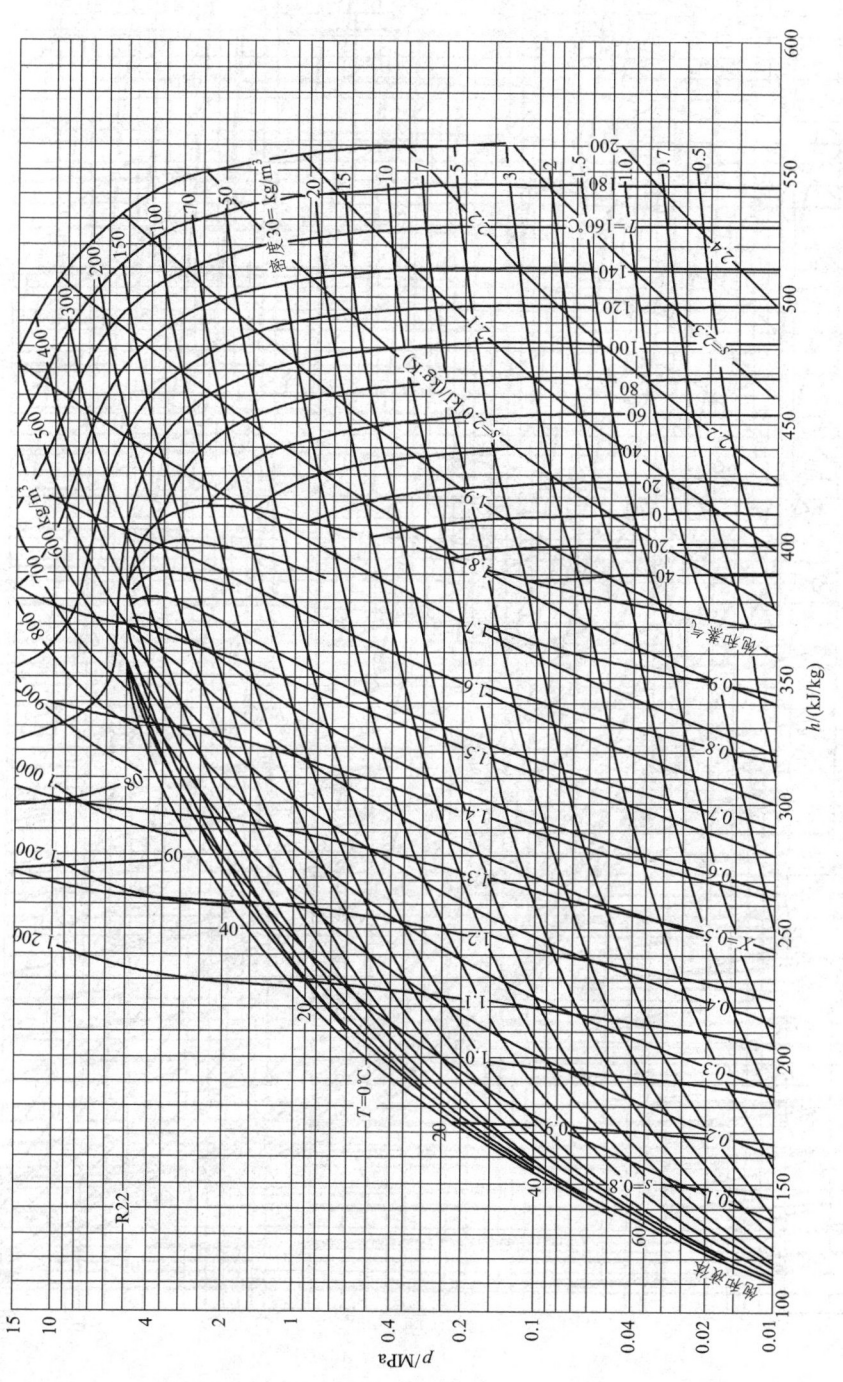

附录 B R134a 压焓图

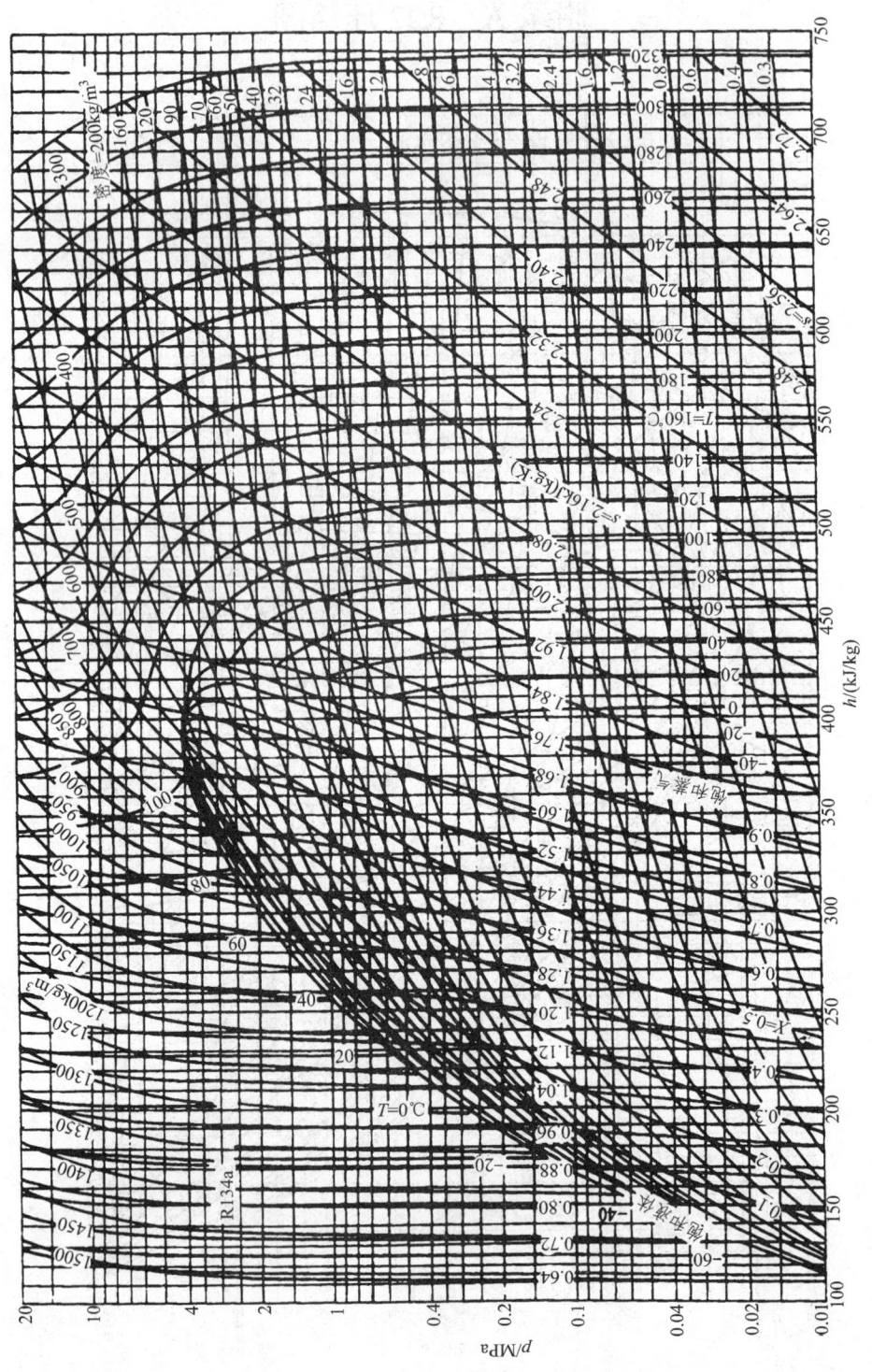

附录 C 湿空气焓湿图

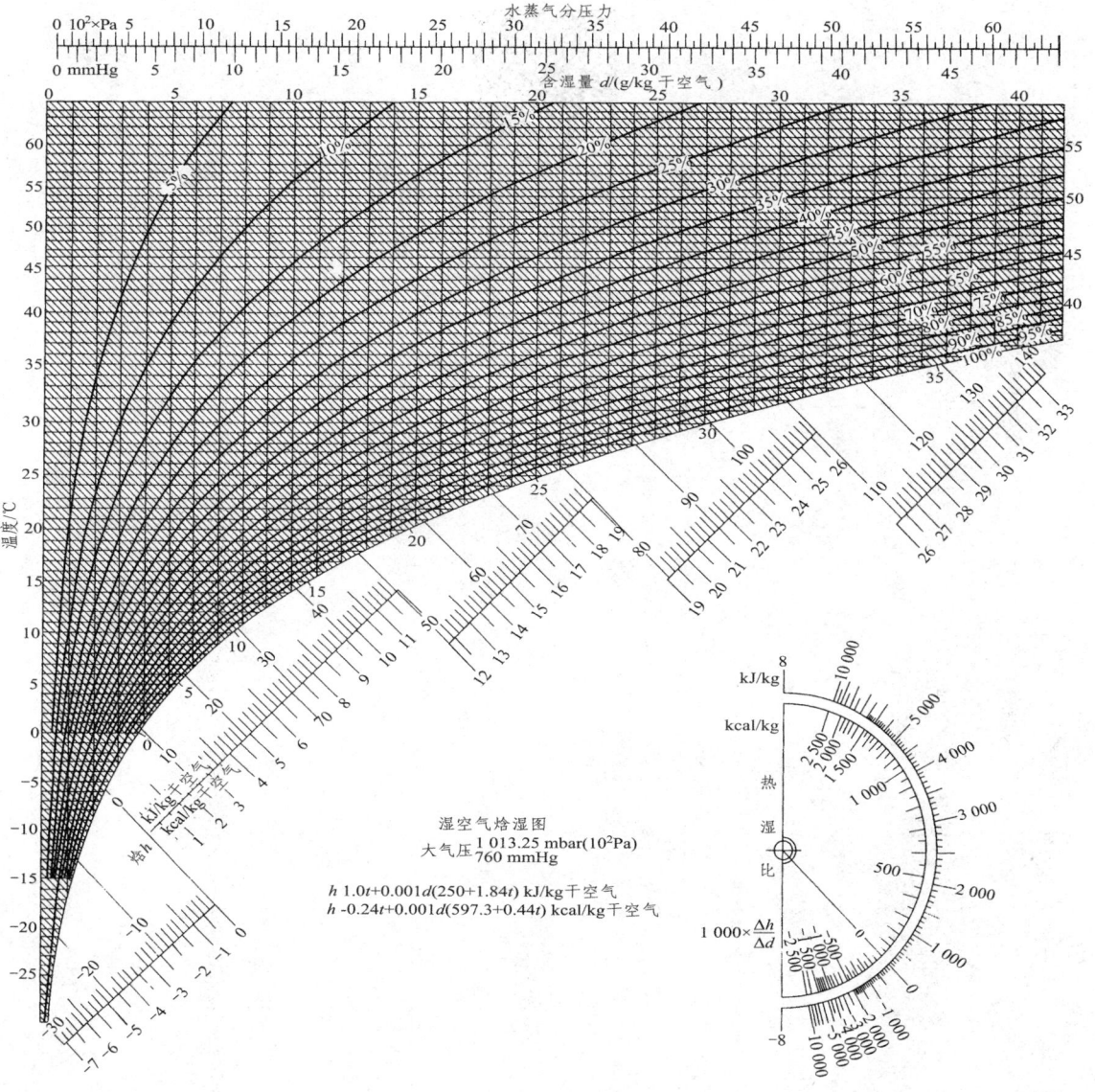

附录 D 某地铁空调与通风系统施工图（二维码）